국화와 칼

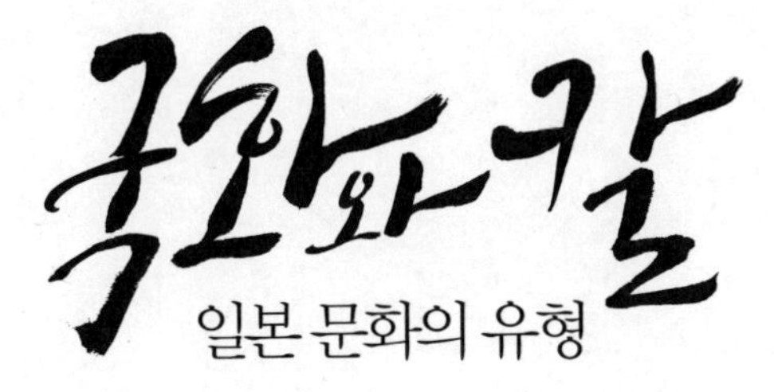

The Chrysanthemum and the Sword
Patterns of Japanese Culture

국화와 칼
일본 문화의 유형

루스 베니딕트 지음 | 김승호 옮김

책만드는집

옮긴이의 말

이 책은 루스 베니딕트Ruth Benedict(1887~1948) 교수의 『국화와 칼, 일본 문화의 유형The Chrysanthemum and the Sword, Patterns of Japanese Culture』을 번역한 것이다.

루스 베니딕트는 20세기 미국의 저명한 인류학자로, 이 책은 1946년 발간되자마자 베스트셀러가 되었고, 일본에 관심 있는 사람들의 필독서가 되었다.

이 책에서 루스 베니딕트는 문화의 훌륭한 분석을 통해 일본인의 성격, 일상생활에서의 태도, 습관, 전통 등을 잘 소개하고 있다.

그 자신의 말대로 일본 전문가도 아니고, 일본 땅을 한 번도 밟아본 적이 없는 루스 베니딕트는 1944년 미 국무성의 요청에 따라 학술적인 일본 관련 서적, 번역된 일본 소설 등을 섭렵함은 물론 영화를 관람하고 귀화한 일본인을 인터뷰하면서 7세기부터 제2차세계대전에 이르기까지 정치, 종교, 문화, 생활을 추적했다. 그리고 일본 이데올로기의 진화 과정을 제시하고 약간의 흥미진진한 복합성을 들추어냈다.

《U. S. News & World Report》는 이 책을 일본 사회에 관한 최우량 서적이자 일본인의 성격을 사려 깊게 연구한 역작으로 평했고, 〈New York Times〉는 독특하고도 중요한 내용을 기술한 것으로, 단순성의 광채를 더하는 힘을 과시하고 있다고 썼다.

보통 국가와 강한 일본을 지향하고 있는 현재의 일본인을 이해하는 데 이 책이 기여할 것을 희망한다.

김승호

감사의 말

제2차세계대전 때 미국에서 살고 있던 일본인들은 큰 어려움을 겪어야 했다. 많은 미국인이 일본인을 의심에 찬 눈길로 대했기 때문이다. 그런 때에 내가 이 책의 자료를 모으면서 그들의 도움과 호의를 얻을 수 있었던 것은 고마운 일이 아닐 수 없다. 이 책을 통해 감사의 마음을 전할 수 있게 된 것을 기쁘게 생각한다. 특히 전쟁 때의 동료 로버트 하시마에게 고맙다는 말을 하고 싶다. 하시마는 미국에서 태어나 일본에서 자란 사람인데, 미국으로 다시 돌아온 1941년에 외국인 격리 수용소에 갇혀 전쟁이 끝날 때까지 그곳에 있어야 했다. 내가 그를 알게 된 것은 그가 수용소에서 나와 미군 관련 기관에 근무하기 위해 워싱턴에 왔을 때였다.

그리고 이렇게 책을 쓸 수 있도록 과제를 주었던 전쟁정보국, 그중에서도 극동부 차장인 조지 E. 테일러 교수와 전쟁 당시 외국윤리분석과 과장이었던 미 해군 예비군 군의부의 알렉산더 H. 리턴 중령에게 감사의 말을 전하고 싶다.

또 이 책의 원고를 읽어준 리턴 중령, 클라이드 클러큰 교수, 네이선 리이츠 박사에게도 감사를 드린다. 이분들은 내가 일본을 연구하고 있던 당시에 전쟁정보국에 계셨던 분들인데 여러모로 도움을 받았다. 그리고 콘래드 에어렌즈버그 교수, 마거릿 미드 박사, 그레고리 베이트슨 씨와 노먼 씨께도 고맙다는 말을 꼭 전하고 싶다. 이분들이 준 여러 제안은 큰 도움이 되었다.

루스 베니딕트

국화와 칼

차례

옮긴이의 말 • 004

감사의 말 • 006

제1장 연구 과제 : 일본 011

제2장 전쟁 중의 일본인 032

제3장 제자리 찾기 057

제4장 메이지유신 092

제5장 과거와 세상에 빚진 사람 115

제6장 만분의 일 은혜 갚기 134

제7장 기리만큼 괴로운 것은 없다 156

제8장 오명 씻기 169

제9장 인정의 세계 204

제10장 덕의 딜레마 224

제11장 자기 수양 262

제12장 어린이는 배운다 290

제13장 패전 후의 일본인 341

일러두기

- 각주에서 주 앞에 *표를 표시한 것은 원주이고, 그 외의 것은 역주다.
- 우리나라에서도 사용되는 단어지만 어감상 그 뜻에 미묘한 차이가 있거나 일본의 독특한 명칭일 경우, 일본어 표기를 그대로 살려 온과 같이 단어 위에 곁점을 표시해두었다.

제1장

연구 과제 : 일본

지금까지 미국이 총력을 다해 싸운 나라 중에서 일본만큼 이해하기 힘든 나라도 없었다. 또한 다른 나라와 전쟁을 하면서 상대방의 이질적인 행동과 습관에 대해 이토록 검토해야 할 필요성을 느낀 적도 없었다. 1905년 러일전쟁으로 우리보다 먼저 일본과 싸웠던 제정러시아가 그랬듯이, 우리는 서양의 문화적 전통에 속하지 않는 나라와 싸웠다. 더욱이 상대는 훈련되고 완전무장을 한 나라였다. 서양에는 전쟁 시에 당연히 지켜야 하는 관례라는 것이 존재하는데, 우리는 그러한 관례가 인간의 본성에 속한 것이라고 생각했다. 그러나 일본인은 그런 전시 관례란 것을 아예 가지고 있지 않았다. 덕분에 태평양에서 펼쳐진 그 전쟁을 겪는 동안, 골치 아픈 군사 문제의 해결이나 섬에서 섬으로 상륙작전을 감행하는 것보다 적을 이해하는 것이 훨씬 더 중요하다는 것을 미국은 뼈저리게 느꼈다. 낯선 적의 행동에 대응하기 위해서는 우선 그들의 행동을 이해해야 했다.

일본인들의 행동을 이해하고자 하는 노력은 결코 쉽지 않았다. 75년 전 일본의 문호가 개방된 이후로 일본에 관해 쓰인 많은 문헌을 뒤적이면 아주 특이한 표현이 눈에 띈다. 아마 어느 나라에 대해서도 그런 표현이 쓰인 적은 없을 것이다. 그것은 다름 아닌 "그러나 또한"이라는 말이다. 어떤 성실한 연구자가 일본이 아닌 어느 나라 국민에 대해서 글을 쓴다고 하자. 그런 경우 그 나라 사람들이 전례를 찾아볼 수 없을 정도로 예절 바른 국민이라고 표현했다면 "그러나 또한 그들은 아주 무례하며 거만하다"라고 덧붙이는 일은 거의 없다. 또 그들을 더할 나위 없이 고지식한 사람들이라고 표현했다면 바로 이어서 "그러나 또한 어떠한 새로운 제도에도 쉽게 적응한다"라고 하지 않을 것이다. 유순한 사람들이라고 썼다면 "윗사람의 통제를 잘 따르지 않는다"라고 설명하지 않을 것이며, 충실하고 너그러운 성격의 소유자들이라고 했다면 "그러나 또한 그들은 신뢰할 수 없으며 소심한 사람들이다"라고 할 리도 없다. 타협하지 않는 순수한 용기를 거론하면서 겁이 많은 일면을 장황하게 늘어놓지도 않을 것이다. 그들이 항상 다른 사람의 평판을 신경 쓰면서 행동한다고 쓰고 나서 곧 훌륭한 양심의 소유자라고 쓰지도 않을 것이다. 또 로봇처럼 훈련받는 그들의 군대를 묘사하면서, 덧붙여 병사들이 여간해서는 명령에 잘 따르지 않고 노골적으로 반항하기도 한다고 서술하는 법도 없다. 그들이 서양 학문에 빠져 있다는 점을 들면서 동시에 열렬한 국수주의자로서의 일면을 자세히 묘사하는 일도 없다. 예를 들어 아름다운 것을 사랑하고 배우와 예술가를 존경하며 국화 재배에 온 정성을 다하는 국민에 대한 책을 집필한다고 하자. 거기에 일부러 다른 책까지 인용하면서, 그 국민이 칼을 숭배하고 무사에게 최고의 영예를 돌린다는 것을 강조하는 사람은 없을 것이다.

그러나 이러한 모든 모순이 일본에 관한 책에서는 씨줄과 날줄처럼 얽혀 있다. 앞서 말한 것은 모두 사실이다. 칼도 국화도 하나의 그림 속에서 공존하고 있다. 일본인은 싸움을 아주 좋아하면서도 유순하고, 군국주의적이면서도 탐미적이며, 무례하면서도 예의 바르고, 고집불통이면서도 융통성이 있으며, 외부에 순종적이면서도 그 자신이 주변으로 밀려나는 것에는 분개한다. 또한 충직하면서도 반항적이고, 용감하면서도 겁이 많으며, 보수적이면서도 새로운 것을 기꺼이 받아들이는 면을 가지고 있다. 그들은 자신의 행동을 남이 어떻게 생각할까 무척 신경을 쓰면서도, 한편 다른 사람들이 자신의 행동을 보지 않을 때는 쉽사리 범죄의 유혹에 이끌린다. 그리고 군인들은 철저히 훈련되어 있지만 명령을 거역하기도 한다.

일본을 이해하는 것이 미국에 매우 중요한 안건으로 떠오르자 앞서 열거한 모순들, 그리고 그 외에도 무수히 있을 모순들은 지나칠 수 없는 문제가 되었다. 중대한 국면이 연이어 우리 앞에 모습을 드러낸 것이다. 일본인은 과연 어떻게 나올까? 일본 국토를 침공하지 않고서 그들을 항복시킬 방법은 없을까? 우리는 천황의 거처를 폭격해야만 할까? 일본인 포로들에게는 무엇을 기대할 수 있을까? 미국인들을 구출해내고, 최후의 한 사람까지 싸우겠다는 일본인들의 결의를 약화시키려면 일본군과 일본 국토에 대해 어떤 식으로 선전을 펼쳐야 할까? 이런 의문에 대해서는 누구보다 일본을 잘 알고 있다는 사람들 사이에서도 현저한 의견 차이를 보였다. 앞으로 평화가 찾아왔을 때 일본인을 통제하기 위해 영구적인 계엄령을 선포해야만 할까? 그에 앞서 우리 군이 일본의 산속 수많은 요새에서 죽을 각오로 끝까지 저항할 일본인들과 싸울 준비를 철저히 해둬야 할까? 러시아혁명이나 프랑스혁명처럼 세계 평화가 정착되려면 일본도 혁명이라는 순서를 거쳐야만 할까? 그렇다면 그 혁명의 지도자는 누가 되어야 할까? 아니면 일본 국민을 아예 멸종시켜야 하는 것일까? 이런 모든 물음에 대한 우리의 판단 여하에 따라 결과는 엄청나게 달라질 것이었다.

내가 일본 연구를 담당하게 된 것은 1944년 6월의 일이었다. 일본인이 어떠한 사람들인가를 밝히기 위해 나는 인류학자로서 가능한 모든 연구 기술을 이용하도록 지시를 받았다. 일본에 대한 미국의 대공격이 막 시작된 초여름 무렵이었다. 미국 내에서는 여전히 대일 전쟁이 3년이나 10년, 혹은 그 이상 지속될지도 모른다는 풍문이 돌고 있었다. 일본에서는 100년 전쟁이라고 했다. 그도 그럴 것이 그들의 말대로 미군이 국부적인 승리를 얻고 있긴 했어도 승리를 얻은 곳은 뉴기니나 솔로몬 군도와 같이 일본열도로부터 몇천 마일이나 떨어진 곳이었던 것이다. 일본의 공식적인 성명은 해군의 패배를 쉽게 인정하려 들지 않았고, 일본 국민은 자신들이 이기고 있다고 굳게 믿고 있었다.

그러나 6월이 되자 형세는 바뀌어갔다. 유럽에서는 제2전선이 개시되어 최고사령부가 2년 반에 걸쳐 유럽 전역에 우선시하여 집중시켰던 군사적 필요성이 거의 없어지게 되었다. 대對독일 전쟁의 끝이 보이기 시작했다. 태평양에서는 일본의 종국적 패배를 예고하는 대작전으로서 우리 군이 사이판 상륙에 성공했다. 그로부터 미군은 점차 전선을 좁혀 들어가 일본군과 마주하게 되었는데, 뉴기니, 과달카날 섬, 버마, 애투, 타라와, 비아크에서의 전투 경험을 통해 우리는 상대방이 만만치 않다는 것을 충분히 실감할 수 있었다.

그래서 1944년 6월 당시 적국인 일본에 대한 많은 궁금증을 푸는 것이 무엇보다 중요하게 되었다. 그것은 군사나 외교뿐만 아니라 최고

정책에서 일본군이 전선에 떨어뜨린 선전 책자에 이르기까지 모든 측면을 살펴본 것이어야 했다. 다시 말하자면 우리가 알아야 할 것은 단순히 도쿄에 있는 지도자들의 목적이나 동기, 일본의 기나긴 역사, 경제나 군사적 통계 등만이 아니었다. 일본 정부가 어떤 면에서 국민에 의지하고 있는지도 이해할 필요가 있었다. 일본인의 사상과 감정의 습관, 그리고 그 습관이 가진 양식뿐 아니라 행동과 의견 뒤에 숨어 있을 강제력까지도 이해해야 했다. 우리가 미국인으로서 행동할 때의 전제는 잠시 접어두고, 될 수 있으면 주어진 상황 속에서 일본인이 어떻게 행동하는지를 알아야 했다. 여기서 그들의 행동이 우리가 취할 행동과 그다지 차이가 없을 거라고 쉽게 결론지어서는 안 되었다.

이런 과제를 풀기란 쉬운 일이 아니었다. 그때 미국과 일본은 한창 교전 중이었다. 전쟁 중에 적을 비방하는 것은 간단한 일이지만, 적국의 사람들이 삶을 어떻게 보고 있는가를 그들의 눈을 통해 본다는 것은 어려운 작업이다. 문제는 일본인이 어떤 행동을 하는가이지, 만일 우리가 그들과 동일한 입장에 놓인다면 어떤 행동을 할까가 아니었다. 나는 전쟁 중 일본인의 행동을 그들을 이해하는 데 있어서 부정적 요소가 아닌 긍정적 요소로서 이용하려고 노력했다. 그들이 전쟁 자체를 어떻게 수행하는가를 관찰하는 데 있어서도 일정 기간 동안 군사적 측면이 아닌 문화적 측면에서 바라보았다. 평상시도 그렇지만 전쟁 중에도 일본인은 너무나 일본인답게 행동했다. 그들이 전쟁을 진행해가는 방법 속에서 일본인의 삶의 방식, 사고방식을 잘 말해주는 어떤 특이한 조짐을 찾아낼 수 있을까? 그들의 지도자들이 전의를 불태우게 하고 겁먹은 국민들을 안심시키며 전쟁터에서 병사들을 이용하는 방식, 그 모든 것은 일본인이 자신의 어떤 면을 활용 가치가 있는 장점으로 보는가를 말해주고 있었다. 나는 일본인이 전쟁에서 어떻게 자신의 모습을 드러내는지를 이해하기 위해 전쟁에 대해 살펴보기로 했다.

그러나 당연한 일이지만 두 나라가 교전 중이라는 것은 내게 상당히 불리한 일이었다. 그것은 문화인류학의 가장 중요한 연구 기술인 현지 조사를 단념해야 한다는 것을 의미했다. 일본으로 건너가 일본 가정에서 생활하면서 일상생활의 여러 활동을 관찰하고, 그런 중에 무엇이 중요하고 무엇이 중요하지 않은지를 내 눈으로 확인하는 게 불가능했던 것이다. 일본인이 하나의 결정을 내리기까지 거치는 복잡한 과정도, 일본의 어린이가 교육을 받는 과정도 지켜볼 수 없었다. 일본 촌락에 관해서, 인류학자의 저서로서는 유일한 존 엠브리의 『스에무라』[1]는 매우 귀중한 문헌이긴 했지만, 이 연구가 쓰인 당시에는 1944년의 우리가 직면한 문제들이 아직 문제화되지 않았었다.

이렇게 커다란 어려움 속에서도 문화인류학의 연구 기술과 필요 조건을 나 스스로가 갖추고 있다는 자신감이 내겐 있었다. 그리고 적어도 인류학자들이 크게 의지하고 있는, 연구 대상과의 직접 면담까지 단념할 필요는 없었다. 미국에는 일본에서 자란 많은 일본인이 살고 있었다. 그들이 직접 경험한 구체적 사실을 물어 그들이 어떤 식으로 판단하고 있는가를 살핌으로써 인류학자로서 문화 이해에 필요한 지식의 많은 공백을 메울 방법이 있었다. 당시 일본을 연구하고 있던 사회과학자들은 도서관을 이용하여 과거의 사건이나 통계를 분석하고, 문자 또는 음성으로 표현된 일본 측 선전 문구의 변화를 추적하고 있

●●●

1 1935년 존 엠브리가 일본 남부의 스에무라라는 마을에 1년간 체재한 후 귀국하여 일본의 전형적인 농촌을 소개한 책.

었는데, 나는 이들이 추구하고 있는 해답의 많은 부분이 일본 문화의 규칙과 가치 내부에 가려 보이지 않는다고 생각했다. 난 그런 해답을 얻기 위해서는 실제로 그 문화 속에서 살고 있는 사람들을 통해 연구해야만 더 만족스러운 결과를 얻을 수 있을 것이라고 확신했다.

그렇다고 해서 내가 관련된 책을 전혀 읽어보지 않았다는 것은 아니다. 또 일본에서 생활한 경험이 있는 서양인들의 신세를 지지 않은 것도 아니다. 나도 일본에 관한 방대한 분량의 문헌과 일본 경험이 있는 뛰어난 서양 과학자들의 덕을 톡톡히 보았다. 아마존 강 상류 지역이나 뉴기니의 고지高地로 문자가 없는 부족을 연구하러 가는 인류학자들과는 다르게 말이다. 이런 부족은 문자 언어를 가지고 있지 않기 때문에 자신들의 모습을 글로 표현하지 못한다. 서양인들의 설명도 극히 적은 데다가 피상적이기만 하다. 또 누구도 그들의 지나간 역사를 알지 못한다. 현지 조사자는 선배 연구자의 도움 없이 부족의 경제생활 운영 방식부터 사회의 계층구조, 또는 부족의 종교 생활에서 가장 우선시되는 것 등의 모든 사항을 스스로 발견하지 않으면 안 된다. 그러나 나는 일본을 연구하는 데 있어서 많은 학자의 유산을 이어받을 수 있었다. 생활의 세세한 부분에 걸친 묘사가 호기심 많은 사람들의 기록 속에 담겨 있었다. 유럽인이나 미국인의 생생한 경험이 남아 있는가 하면 일본인도 자기 폭로의 글을 놀랄 만큼 많이 남겨놓았다. 다른 동양인과 달리 일본인은 자신에 대해 쓰고자 하는 충동이 강하다. 그들은 세계로 뻗어갈 야망뿐 아니라 생활의 사소한 일까지도 기록을 한다. 그것도 너무나 거리낌없이 말이다. 그렇다고 그들이 자신의 생활을 정말로 남김없이 옮겨놓은 것은 아니다. 물론 그렇게 할 수 있는 사람은 아무도 없다. 자신의 나라에 대해 쓰는 사람은 아주 중요한 부분을 놓쳐버릴 때가 있다. 호흡하는 공기와 같이 너무나 익숙해서 눈에 띄지 않기 때문이다. 미국인이 미국에 대해 쓸 때도 마찬가지다. 여하튼 일본인이 스스로 드러내는 것을 좋아한다는 것은 사실이다.

일본 관련 책을 읽으면서 나는 우선 도저히 이해하기 힘든 사항부터 읽어나갔다. 다윈이 『종의 기원』에 관한 이론을 마무리 지을 때에 이런 식으로 읽었다고 한다. 국회 연설에서 늘어놓는 관념을 이해하기 위해 나는 무엇을 알아둬야 할까? 내가 보기에 일본인은 대수롭지 않은 행동은 맹렬히 비난하고, 무법 행위라고 생각되는 행동은 아무렇지도 않게 받아들이는데, 이러한 태도에서 무엇을 읽어낼 수 있을까? 나는 바로 일본이라는 이 그림의 "어디가 이상한가?"를 알고자 했다. 그리고 그 책들을 앞에 두고 내가 알아야 할 것이 무엇인가를 끊임없이 되물었다.

홍보 영화나 역사 영화, 도쿄나 농촌의 현대 생활을 그린 영화 등 일본에서 쓰이고 제작된 영화도 관람했다. 그러고 나서 그 영화들을 일본인들과 같이 자세히 검토하면서 다시 보았다. 그들 중에는 동일한 영화를 이미 일본에서 본 사람도 있었다. 일부러 다시 봤던 이유는 주인공이나 악역의 등장인물을, 내가 보는 입장과 달리 그들은 일본인의 방식으로 관람하기 때문이었다. 내가 잘 이해하지 못해서 곤란해하는 부분에서도 확실히 그들은 달랐다. 줄거리나 모티브도 내가 이해한 바와 달랐으며, 영화의 전체적인 구성에서 되짚어봐야만 비로소 의미가 통하는 것 같았다. 소설을 읽었을 때처럼 내게 전달된 의미와 일본에서 자란 사람들에게 전달되는 의미 사이에는 언뜻 보기에도 눈에 띌 만큼 확연한 차이가 있었다. 이해를 달리하는 나를 보며 일본인들 중 일부는 그 자리에서 일본의 관습을 변호했으며 어떤 이는 일본 것이라면 무엇이든 거부하는 태도를 보였다. 두 종류의 사람들 중 내가 어느 쪽으로부터 더 많은 것을 배웠는지는 판단하기 어렵다. 기꺼이 받아들였든 씁쓸한 표정으로 거부반응을 보였든 간에 영화가 일본의 생활 방식을 그려놓았다는 점에서는 양쪽 모두가 동의했다.

재료와 해석을 자신이 연구하고 있는 문화권 사람들에게서 직접 얻어낸다는 점에서는 연구의 대상이 되는 곳에 거주하지 않는 인류학자도 일본에 거주하면서 그 나라를 연구하는 여느 서양 관찰자들과 다를 바가 없다. 그러나 인류학자의 연구가 그 정도에서 그쳐버린다면, 외국인 연구자가 지금까지 쌓아온 귀중한 일본 연구에 무엇 하나 새로이 더할 게 없을 것이다. 그러나 나는 이렇게 생각했다. 문화인류학자는 다른 방면의 학자들에게 없는 특별한 능력을 조금씩 가지고 있고 또 나름대로 훈련을 쌓은 사람이다. 그러므로 설사 연구자나 관찰자가 남아도는 분야에서라도 독특한 성과를 올릴 수 있고, 따라서 도전해보는 것도 무익하지 않을 것이라고 말이다.

인류학자는 아시아나 태평양권 문화에 대해 상당한 지식을 가지고 있다. 일본의 사회제도나 생활 습관에는 태평양 제도의 미개 부족과 밀접히 상응하는 부분이 있음을 느낄 때가 많은데, 어떤 것은 말레이 반도, 어떤 것은 뉴기니, 어떤 것은 폴리네시아에서 발견하게 된다. 이러한 유사점이 일찍이 이주, 혹은 접촉이 있었던 것을 말해준다고 보는 의견도 물론 흥미롭지만, 내가 문화적 유사점을 가치 있게 여기는 이유는 그 사이에 있을지 모를 역사적 관계 때문만은 아니다. 그것은 내가 미개 부족의 단순한 문화 속에서 그들의 습관이 어떤 식으로 작용하는가를 이해함으로써 일본인의 생활을 이해할 실마리를 얻어낼 수 있기 때문이다. 나는 또한 아시아의 태국과 버마, 중국에 대해 어느 정도의 지식을 가지고 있다고 믿었기 때문에 아시아의 위대한 문화적 유산의 한 부분을 이루고 있는 다른 나라들과 일본을 비교하는 작업도 할 수 있었다. 인류학자들은 그런 문화 비교가 미개인 연구에서 얼마나 유효한지를 거듭 증명해왔다. 어떤 부족은 관습의 90% 정도를 주위 부족과 공유하면서도 나머지 10%는 자신들만의 생활양식과 도덕적 가치에 맞추기 위해 그 관습을 바꿔간다. 어떤 근본적인 제도는 그것이 가령 전체에 대한 비율은 작다고 해도 부족의 장래 발전을 독특한 방향으로 이끌어가기 위해 거부됐을 것이다. 이와 같이 전반적으로 많은 특성을 공유하고 있는 민족들 사이에서 발견되는 차이는 인류학자에게 매우 유익한 연구 대상이 된다.

인류학자는 자신의 문화와 타 문화의 차이에 익숙해져야 한다. 특히 그를 위해 연구 기술을 익혀두어야 한다. 인류학자는 서로 다른 문화를 가진 사람들이 반드시 부딪치게 되는 상황이나, 그들이 상황의 의미를 규정하는 방법에 커다란 차이가 있다는 것을 경험을 통해 알고 있다. 인류학자는 북극의 촌락 혹은 열대지방의 사막 어딘가에서 친족간 책임 문제나 경제적 교환을 위해 여러 가지 조정을 하는 부족을 만나 전혀 듣도 보도 못한 일을 겪어보기도 했다. 그럴 때 인류학자는 친족 관계나 교환의 세세한 사항뿐 아니라 이러한 조정이 부족의 행동에 어떤 영향을 미칠 것인가와 각 세대가 그들의 조상과 같이 행동하기까지 어릴 때부터 어떤 교육을 받고 자랐는지를 살펴보았던 것이다.

차이와 조건, 그리고 결과에 대한 이러한 전문적 관심은 일본 연구에서도 충분히 활용할 수 있는 것이었다. 미국과 일본 사이의 뿌리 깊은 문화적 차이를 깨닫지 못한 사람은 아무도 없었다. 미국 내에서는 일본인의 행동과 우리의 행동은 완전히 정반대라는 말까지 퍼졌을 정도다. 그러나 연구자가 이 차이에 대해, 참 기괴한 것이니 그런 민족을 이해하는 것은 도저히 불가능하다는 식으로 모든 것을 단순히 결론지어버린다면 그것은 바람직하지 못하다. 인류학자는 경험상 아무리 기묘한 행동이라도 꽤 깊은 이해도를 가질 수 있다. 그들은 다른 어떤 사회과학자보다 그 차이를 부정적 요소가 아닌 긍정적 요소로 이용해왔다. 그들은 제도나 민족에 독특한 점이 있으면 더욱 주의 깊게 관찰한 것이다. 그들이 연구 대상으로 다루는 생활양식 속에서 처음부터 당연시되는 것은 하나도 없다. 그래서 인류학자는 소수의 엄선된 사실뿐만 아니라 모든 사실을 살펴본다. 서양권에 대한 연구에서도 비교문화학적 연구의 소양이 없는 사람은 행동 영역의 많은 부분을 미처 보지 못한다. 그런 사람은 많은 사실을 너무도 당연히 여기고 연구에 착수하기 때문에, 일상생활의 사소한 습관이나 익숙한 일로 판단된 모든 것을 자세히 살펴보지도 않은 채 지나치는 것이다. 그러나 국민 전체의 스크린 위에 크게 비췄을 때에는 이러한 자질구레한 것들이야말로 그 국민의 장래에 미치는 영향이 외교관이 조인한 조약보다 더 크다고 할 수 있다.

인류학자가 평범한 사실을 연구하는 특별한 기술을 개발해야 하는 또 다른 이유는, 연구 대상 부족에게는 일상적인 일이 연구자의 나라에서는 그렇지 않은 경우가 종종 있기 때문이다. 어떤 부족의 지나친 사악함이나 지나친 소심함을 이해하려고 할 때, 또는 그들이 어떤 일정한 상황에서 취하는 행동과 느끼는 감정을 밝히고자 할 때, 문명국 국민에게 그다지 주의가 요구되지 않았던 관찰 사항이나 세세한 사실이 커다란 도움이 된다. 이처럼 인류학자가 이러한 특성이야말로 매우 중요하게 생각해야 한다고 주장하는 데에는 충분한 근거가 있는 것이다. 그러므로 특성을 발굴해내는 연구 방법을 숙지해야 한다.

일본의 경우에도 이 방법은 시도해볼 가치가 있었다. 인간의 행동이 일상생활 안에서 '학습되는' 것이라는 인류학자의 전제가 갖는 중요한 의의는, 한 국민의 지극히 인간적인 일상생활에 주의를 기울여야만 비로소 충분히 이해할 수 있는 것이기 때문이다. 이는 한 미개 부족 혹은 문명의 선두에 서 있는 국민도 마찬가지다. 그 행위나 의견이 아무리 별난 것이라 해도 개인이 느끼는 감정이나 사고방식은 그의 경험과 관계를 가진다. 그래서 나는 내가 일본인의 어떤 행동을 보고 당혹감을 느끼면 일본인의 생활 어딘가에 그런 이질감을 자아내는 무엇인가가 너무나 당연한 조건으로 존재하고 있을 거라고 판단하게 되었다. 만일 그 조건을 찾아내기 위해 일상생활의 사소한 것을 돌아보아야 한다면 그것은 더욱 바람직한 일이었다. 일상생활이야말로 사람이 학습하는 장소이기 때문이다.

나는 문화인류학자라는 입장에서 독립적인 행동 하나하나가 어떤 식으로든지 서로 체계적 관계를 가지고 있을 것이라는 전제에서 출발했다. 그리고 수백 가지 개개의 사실이 어떤 식으로 종합적 유형을 이루어 분류되는가를 중요하게 보았다. 인간 사회는 스스로를 위해 생활을 설계해야 하는데, 하나의 사회에는 그 사회가 인정하고 있는 상황 대처 방법, 혹은 각각의 상황을 평가하는 일정한 방식이란 것이 존재한다. 가령 어려움에 부딪히게 되더라도 그 사회의 사람들은 그 해결 방법을 전 세계의 기초로 간주하여 하나의 전체적 체계로 완성해나간다. 이렇게 생활의 기준이 되는 일정 가치 체계를 받아들인 사람들이 자신의 삶과 격리된 부분을 따로 설정해놓고 그런 자신의 사고 체계와 정반대로 생각하고 행동한다면 비능률성과 혼돈을 초래하게 된다. 그들은 되도록 더 큰 조화를 이루고자 자신들의 행동에 공통의 근거와 공통의 동기를 부여하는데, 여기에는 어느 정도 일관성이 있어야 한다. 그렇지 않으면 전체 체계가 무너지기 때문이다.

그리하여 경제적 행동, 가족 조직, 종교적 의식, 정치 목적 등은 서로 톱니바퀴처럼 맞물리게 된다. 한 영역이 다른 영역보다 급속한 변화를 일으켜서 다른 영역에 큰 압박을 가하게 되는 경우도 있지만, 그러한 압박 자체가 일관성을 만들어낼 필요성에서 생겨나는 것이다. 타인을 지배하는 권력 추구에 전념하는, 아직 문자를 소유하지 않은 사회에서는 그 권력의 의지가 그들의 경제적 행위나 타 부족과의 관계뿐 아니라 종교적 관습에서도 그대로 드러난다. 이런 문자를 가지지 못한 부족과는 달리 문자로 쓰인 오랜 경전을 가진 여러 문명국에서는 교회가 필연적으로 옛 구절을 그대로 보존하고 있다. 그러나 교회는 경제적, 정치적 권력이 대중으로 확대되어 그와 충돌하는 영역에서는 권위를 포기했다. 어구는 남아 있어도 의미가 바뀐 것이다. 종교적 교리, 경제적 관습, 정치는 결코 따로 떨어진 작은 연못에 고인 물이 아니다. 당연히 있을 서로의 경계를 넘어서 어느 쪽 물인지 구별할 수 없을 정도로 뒤섞여 버리는 것이 진리다. 그러므로 연구자가 하나의 연구를 경제나 성생활, 종교, 육아와 같이 언뜻 보기에는 어수선하게 여러 사실로 분산시키고 있는 듯 보인다면, 그럴수록 그는 연구하고 있는 사회에서 실제로 일어나고 있는 일을 잘 짚어가고 있는 것이라 할 수 있다. 생활의 어떠한 영역에서도 가설 설정과 자료 수집은 가능하며 동시에 이득을 얻을 수 있는 것이다. 또한 국민 한 사람의 여러 요구가 정치, 경제, 도덕 등 그 어떤 방식으로 표현되어 있다 해도 그것을 한 개인이 사회적 경험 속에서 익힌 습관이나 사고방식의 표현으로 간주하는 방법을 연구자는 배울 수 있다. 따라서 여기에서는 일본인의 종교나 경제생활, 정치, 가족제도 등 어느 특정한 면만을 다루지는 않는다. 이 책은 일본의 생활 방식에 대한 일본인의 가정假定을 검토해보는 책이다. 또한 눈앞에 보이는 활동이 어떠하든지 그 속에 담긴 가정이 어떻게 표현되는가를 설명하는 책이다. 즉 이 책은 일본을 일본인의 나라일 수 있게 하는 면, 바로 그것들을 다뤄나갈 것이다.

20세기의 우리가 가진 약점 중 하나는 일본을 일본인의 나라일 수 있게 하는 것뿐 아니라 미국을 미국인의, 프랑스를 프랑스인의, 러시아를 러시아인의 나라일 수 있게 하는 면에 대해서 여전히 막연하거나 편향된 관념을 가지고 있다는 것이다. 이러한 지식의 부족이 국가 간에 상호 오해를 불러일으키고 있다. 우리는 무척 비슷한 두 나라 간에 일어난 불화에 대해서는 거기에 화해를 불가능하게 하는 엄청난 차이라도 있는 것처럼 착각을 하는 한편, 어떤 국가의 국민은 그들이 가진 모든 경험과 가치 체계로 인하여 우리가 의도하는 바와 전혀 다른 행동 방침을 심중에 품고 있음에도 불구하고 공통의 목적을 가지고 있는 것처럼 말하기도 한다. 우리는 그들의 습관과 가치가 어떤 것인가를 알아보려고 하지도 않는다. 자세히 알아보기만 한다면 타국의 행동 방침이 우리의 것과 다르다고 해서 반드시 나쁘다고는 할 수 없음을 깨닫게 될 텐데 말이다.

각국의 국민이 자신들의 사상이나 감정의 관습에 대해서 말하는 것을 전부 그대로 믿을 수는 없다. 여러 나라의 문필가들이 그들 자신에 대해 표현하고자 애써왔지만 그것은 결코 쉬운 일이 아니다. 한 국민이 자신들의 생활을 바라보는 렌즈는 나라마다 다르다. 우리가 무언가를 볼 때에 반드시 필요로 하는 자신의 눈에 대해 정작 스스로 의식하면서 보기란 쉽지 않다. 어떤 나라도 새삼스럽게 자신의 눈을 문제 삼지 않는다. 마찬가지로 국민들도 자신의 눈을 당연한 것으로 여기며, 그들에게 공통적인 인생관을 주는 초점의 조절 방법이나 원근 조절법은 신으로부터 부여받은 풍경과 같이 간주하곤 한다. 안경의 경우에 그것을 쓰고 있는 사람이 렌즈의 처방까지 알고 있을 것으로 기대하지 않는 것처럼, 우리는 국민들이 자신들의 세계관을 분석할 수 있을 것이라고 기대할 수 없다. 만일 안경에 대해 알고 싶다면, 안과 의사를 양성하고 안과로 안경을 가져가서 렌즈를 제대로 처방해줄 것을 기다리기만 하면 된다. 우리는 사회과학자들이 현대의 세계 각국에 대해 바로 이 안과 의사와 같은 역할을 해준다고 생각하면 될 것이다.

이들의 작업은 강인한 정신력과 관대함을 함께 요구한다. 국제 친선을 외치는 사람들이 비난할 법한 완강한 정신력 또한 필요로 한다. 이들 '하나 되는 세상'을 제창하는 사람들은 세계 구석구석의 사람들에게 동양과 서양, 흑인과 백인, 기독교도와 이슬람교도 간의 차이는 피상적인 것이며, 인류는 모두가 비슷한 생각을 가지고 있다는 신념을 심는 것에 희망을 가져왔다. 이러한 입장을 사해동포주의四海同胞主義라고 부르기도 하는데, 사해동포를 믿는다고 해서 각 생활 방식에 있어서 일본인은 일본인 특유의, 미국인은 미국인 특유의 생각을 가지고 있다는 것을 왜 인정해서는 안 되는지 도무지 이해할 수가 없다. 이러한 사람들을 보면, 모두가 같은 판에서 찍어낸 인쇄물처럼 똑같은 민족으로 세상이 이뤄져야만 국제 친선의 원리가 성립된다고 생각하는 것 같다.

그러나 다른 민족을 존중하는 조건이 그와 같은 획일성을 요구하는 것이라면, 자기 가족에게 획일성을 요구하는 것과 마찬가지로 지나친 신경과민이라고 생각한다. 강인한 정신력의 소유자는 차이를 인정하고 존중한다. 그들의 목표는 차이가 존재하더라도 안심할 수 있는 세상, 세계 평화를 위협하지 않고도 미국이 철저히 미국다울 수 있고 프랑스는 프랑스다우며 일본은 일본다울 수 있는 그런 세상이다.

차이가 지구 위에 매달린 다모클레스의 칼[2]을 뜻하는 것은 아니라고 보는 연구자들 입장에서는, 외부의 간섭으로 인해 삶에 대한 태도가 작은 부분이라도 그 성숙을 방해받는다는 것은 너무나 어처구니없는 일이다. 또한 차이를 존중하는 입장을 취하는 것 때문에 자신이 세계를 어지러운 현 상황으로 동결시키는 것을 돕고 있는 것은 아닐까 두려워할 필요도 없다. 문화적 차이를 조장하는 것이 고정된 사회를 의미하지는 않는다. 엘리자베스 여왕 시대에 이어 앤 여왕 시대, 그리고 빅토리아 여왕 시대가 왔다고 해서 영국은 결코 영국다움을 잃지 않았다. 그것은 영국인 스스로가 자기를 잃지 않고, 각 시대에 걸맞게 다른 기준과 다른 국민적 분위기를 만들어냈기 때문이다.

국민적 차이에 대한 체계적인 연구를 수행하기 위해서는 강인한 정신력과 함께 어느 정도 관대함이 필요하다. 종교의 비교 연구는 사람들이 스스로가 확고부동한 신념을 가지고도 타인에 대해 확실히 관용적인 태도를 취했던 시대에만 활발히 이뤄졌다. 그 연구자가 예수회 신자, 아랍권 학자, 혹은 신앙이 없는 사람이었을 수도 있지만, 그들은 결코 열광적인 신자는 아니었다. 문화의 비교 연구도 생활양식을 고수하는 것만이 유일한 해결 방법이라고 믿고 사람들이 자신의 생활양식

●●●

2 디오니시우스 왕이 아첨을 잘하는 신하 다모클레스의 머리 위에 말의 털 한 가닥으로 칼을 매달아놓아 왕의 자리에는 항상 위험이 따른다는 것을 일깨운 일화. 절박한 위험을 의미한다.

을 지키는 데에만 급급한 상황에서는 절대로 활기를 띨 수가 없다. 그러한 사람들은 다른 생활양식을 알게 됨으로써 자신의 문화에 더 깊은 애정을 가질 수 있다는 것을 절대로 깨닫지 못할 것이다. 그들은 모처럼 자신을 윤택하게 해줄 즐거운 경험을 스스로 차버리는 것이다. 그리고 지나치게 방어적이 되어 타 국가의 국민에게 자신의 특수한 해결방법만을 강요하는 것 외에는 어떠한 방책도 가지지 않는다. 만일 그가 미국인이라면 미국인이 즐겨 쓰는 신조를 전 세계 사람들이 받아들이도록 강요할 것이다. 그러나 타 국가의 국민이 미국의 생활양식을 받아들일 수 없음은 말할 것도 없다. 미국인이 십진법 대신에 십이진법으로 계산을 하거나 동아프리카의 어느 원주민처럼 한쪽 다리로 서서 쉬는 것을 도저히 익힐 수 없는 것과 마찬가지다.

그러므로 이 책에서는 일본에서 당연시되고 예상되는 습관에 대해 쓰고자 한다. 일본인은 어떠한 경우에 예의를 갖추고 어떠한 경우에 그러지 않는가, 어떠한 경우에 수치를 느끼고 어떠한 경우에 당혹감을 느끼는가, 자기 자신에게 무엇을 요구하는가 등에 대해 설명할 것이다. 이 책에서 쓰인 사실의 이상적인 출처를 굳이 밝히자면, 그것은 다름 아닌 여느 동네의 평범한 사람이다. 누구든 해당된다. 물론 이것은 그 평범한 사람이 특수한 상황에서 행한 일을 의미하는 것이 아니다. 누구라도 그러한 경우에는 그렇게 했을 법하다고 인정되는 것을 의미한다. 이와 같은 연구의 목표는 그 속에 깊이 뿌리를 내리고 있는 사람들의 사상과 행동의 태도를 밝히는 데에 있다. 가령 이 책이 거기까지 미치지 못했다 하더라도 그것을 이상으로 삼고 기술했음을 밝힌다.

이러한 연구에서는 이 이상 정보 제공자들의 증언을 더 추가한다 해도 그것이 더 큰 확실성을 보장해주는 것은 아니라는 단계에 이를 때가 있다. 예를 들면 누가 누구에게 언제 고개를 숙여 절을 하는가 하는 것은 일본인 전체의 통계적 연구까지 필요로 하지 않는다. 일본인이 보통 절을 하는 관습적 정황에 대해서는 누구라도 보고할 수 있는 것이다. 그런 다른 것을 두세 개의 보고를 통해 확인한다면, 거기에 100만인이나 되는 일본인의 동일한 보고를 또 추가할 필요는 없다.

일본인의 생활양식의 바닥에 깔린 여러 가지 가정을 밝혀내고자 하는 연구자에게는 통계적인 확인보다 훨씬 더 곤란한 작업이 있다. 그것은 이러한 공인된 습관이나 판단이 어떻게 해서 일본인에게 삶을 보는 렌즈가 되는가를 설명하는 것이다. 연구자는 그들의 가정이 그들이 인생을 바라볼 때의 초점과 원근법에 어떤 식으로 영향을 주는가를 풀어가야 한다. 또한 인생을 전혀 다른 초점으로 바라보고 있는 미국인들도 이해할 수 있도록 해야 하는 것이다. 이 분석 작업에서 권위 있는 절대적 기준을 평범한 일본인 '다나카 씨' 에게 한정할 필요는 없다. 왜냐하면 다나카 씨는 자신의 가정을 일일이 말로 설명하지도 않을 것이며, 만약 그가 미국인을 위해 쓰인 해석을 본다면 쓸모없는 이야기가 구구절절이 나열된 것으로밖에 생각하지 않을 것이기 때문이다.

때로 미국에서는 기성 사회를 연구함에 있어 문명국의 문화가 이미 입각해 있는 여러 전제에 대해서는 외면을 했다. 대개의 연구는 이러한 전제를 너무나 명백한 것으로 하고 있는 것이다. 사회학자나 심리학자는 여론이나 행동의 '분포' 에만 신경을 쓴다. 그리고 그 상투적인 연구 기술이란 결국 통계적 방법이다. 그들은 방대한 조사 자료, 설문지나 면접 조사자의 질문에 대한 엄청난 양의 회답, 심리학적 측정 등을 모두 통계적 분석에 맡긴다. 그리고 거기서 어떠한 요인의 독립성이나 상호 의존 관계를 끌어내려고 한다. 미국의 여론조사는 과학적으로 선택된 표본 인구를 이용하여 전국적 조사를 시행하는 유효한 기술이 거의 완전한 경지에 이르고 있다. 그것을 통해 어떤 공직의 후보자나 어떤 정책에 대한 지지자와 반대자가 각각 몇 명인가를 밝혀낼 수 있는 것이다. 또한 지지자와 반대자는 시골 사람인가 도시 사람인가, 저소득층인가 고소득층인가, 공화당인가 민주당인가 하는 것을 분류할 수도 있다. 이와 같은 조사 결과는 보통선거가 시행되며 국민의 대표자에 의해 법률이 기안되고 실시되는 나라에서 실제적인 중요성을 가진다.

미국인은 미국인의 의견을 투표를 통해 알아보고 그 결과를 이해할 수 있다. 그러나 그것은 그 이전에 너무나 당연해서 누구도 입에 담지 않는 또 하나의 단계가 있기 때문에 가능한 일이다. 즉 미국인은 미국인의 생활 방식을 이미 알고 있고 그것을 당연한 것으로 가정하고 있다. 여론조사의 결과는 이미 우리가 알고 있는 사실 위에 지식을 더해주는 것에 지나지 않는다. 그러나 타국을 이해하고자 할 때에는 그 나라 사람들의 습관이나 가정에 관한 질적 연구를 체계적으로 행한 후에야 비로소 수량적 조사가 의미를 가진다. 신중한 표본 선택으로 여론조사는 정부를 지지하는 사람과 반대하는 사람이 몇 명씩인지를 알아낼 수 있다.

하지만 그들이 국가에 대해 어떠한 관념을 가지고 있는지 우리가 미리 알아두지 않는다면, 그러한 조사를 통해 도대체 우리는 무엇을 배울 수 있을까? 그들의 국가관에 대해 알고 있어야 우리는 거리나 의회에서 여러 당파가 무엇을 놓고 언쟁을 벌이는지 이해할 수 있다. 한 국민의 정부에 대한 가정은, 정당의 세력을 표시하는 숫자보다도 훨씬 더 일반적이고 변하지 않는 중요성을 지닌다. 미국에서는 공화당도 민주당도 정부란 필요악이며 개인의 자유를 제한하고 있다고 본다. 전쟁 중에는 다를지 몰라도, 정부의 관직에 들어가는 것이 민간 기업에서 그에 상당하는 자리에 취직하는 것만큼 사회적 지위를 주지는 못한다. 국가에 관한 이와 같은 견해는 일본인의 생각과는 큰 차이가 있고 많은 유럽 국가 사람들의 생각과도 동떨어져 있다. 그래서 우리가 무엇보다 먼저 알아야 할 것은 바로 그들의 견해는 어떠한가 하는 것이다. 그들의 견해는 그들의 풍습, 성공한 사람들에 대한 그들의 비평, 자국 역사에 얽힌 신화, 경축일의 연설 등에서 구체적으로 드러난다. 그리고 이러한 간접적 표현에 근거하여 연구를 진행할 수가 있다. 단 그것은 체계적인 연구여야 한다.

한 국민이 생활 속에서 만들어내는 근본적인 가정이나 받아들이고 있는 해결법은 선거에 즈음하여 찬성표가 얼마나 되고 반대표가 얼마나 되는지를 알아내는 것만큼 주의 깊고 상세하게 연구할 수 있는 사항이다. 일본은 그 근본적인 가정을 탐구해볼 만한 가치가 충분히 있는 나라였다. 나는 서양인의 가정과 일본인의 인생관이 어디서 불일치하는지를 찾아내어 일본인이 사용하는 범주나 상징에 대해 약간의 이해를 얻기만 한다면, 서양인의 눈에 보이는 일본인의 많은 모순된 행동도 이미 모순이 아니라는 것을 깨달은 적이 있었다. 그리고 왜 일본인은 우리가 보기에 급격한 행동의 변화를 하나의 일관된 체계 속의 떼어낼 수 없는 부분으로 간주하는지 이해하게 되었다. 나는 그 이유를 명확히 설명할 수 있다. 일본인과 함께 일하기 시작했을 무렵에는 그들이 사용하는 단어나 관념의 많은 부분이 이상하게 여겨졌지만, 곧 그것이 중요한 함축성을 띠고 있으며 수백 년의 세월을 거친 감정이 담겨 있는 것임을 알게 되었다. 일본인의 덕과 악덕은 서양인이 생각하고 있는 것과는 전혀 달랐다. 몹시 독특한 체계를 가지고 있었다. 그것은 불교적인 것도, 유교적인 것도 아니었다. 그것은 단지 일본의 장점과 단점을 모두 포함한, 일본적인 것이었다.

제2장

전쟁 중의 일본인

모든 문화적 전통에는 전시 관례라는 것이 있다. 그리고 다소 특수한 차이는 있겠지만 서양의 여러 나라는 전시 관례를 공유하고 있다. 예를 들면 전쟁 수행을 위해 국민들이 전력을 기울이도록 고무하는 방법, 부분적 패배를 당했을 때 국민들을 안심시키는 방법, 전사자와 투항자 비율에 있어서의 일정한 규칙성, 포로가 지켜야 할 행동 규칙 등이다. 이것들은 서양 국가 간의 전쟁에서는 처음부터 예측이 가능하다. 이런 관례는 서양 여러 나라가 공통으로 가진 커다란 문화적 전통 속에 포함되어 있기 때문이다.

이러한 서양의 전시 관례와 너무나 달랐던 일본의 여러 행위는 일본인의 인생관과 인간의 의무 전반에 걸친 그들의 신념을 알려주는 좋은 자료가 되었다. 우리는 일본인의 문화 및 행동에 대한 체계적인 연구를 목적으로 하고 있었기 때문에 우리가 가진 정석을 벗어난 그들의 일탈 행위가 군사적으로 중요성을 가지는가는 문제가 되지 않았다. 그들의 어떠한 행위도 우리가 해답을 찾고 있는 일본인의 성격에 관한 문제를 제기하는 것이었기에 우리에겐 모두 중요했다.

그들은 전쟁을 정당화하기 위해 사용한 전제부터가 미국과 전혀 달랐다. 일본은 국제 정세를 우리와 다르게 규정하고 있었다. 미국은 추축국의 침략 행위를 전쟁의 원인으로 보았다. 즉 일본, 이탈리아, 독일의 3국이 불법적인 침략 행위로 국제 평화에 피해를 주었으며, 그들이 권력을 잡은 곳이 만주국이든 에티오피아든 폴란드든 간에 약소민족을 억압하는 사악한 길로 들어섰다고 보았다. 그들은 '공존공영' 혹은 적어도 자유 기업에 대한 '문호 개방' 이라는 국제 규약을 어긴 것이다.

그런 반면에 일본은 전쟁의 원인에 대해 다른 시점을 가지고 있었다. 각국이 절대적 주권을 가지고 있는 한 세계는 무정부 상태가 지속될 것이므로, 일본은 그 계층적 질서를 수립하기 위해 싸워야 한다고 보았다. 그 질서의 지도자는 물론 일본이어야 했다. 그 이유는 일본은 상하의 계층적인 조직을 갖추고 있는 유일한 국가며, 따라서 각국이 '제자리' 를 찾을 필요성을 누구보다 제대로 이해하고 있기 때문이었다. 일본은 이미 국내 통일과 평화를 이루었으며 폭동을 진압했고 도로나 전력, 철강 산업을 건설한 상태였다. 공표된 숫자에 의하면 공립학교에서 청소년의 99.5%가 교육을 받았다. 그러므로 이러한 계층적 질서라는 전제에 입각해 볼 때 일본으로서는 뒤처진 동생인 중국을 이끌어주지 않을 수 없는 것이다. 또한 일본은 '대동아' 의 나라들과 동일 인종이라는 점에서 우선 미국에 이어서 영국, 러시아를 이 지역에서 몰아내고, 일본의 '제자리' 를 찾아야만 했다. 그렇게 모든 국가는 국제적 계층구조 속에서 각각의 일정한 자리를 얻어 하나의 세계로 만들어져야만 한다는 것이 일본의 생각이었다.

우리는 다음 장에서 이처럼 계층 제도를 높게 평가하는 것이 일본 문화에 있어서 어떠한 의미를 가지는가를 검토할 것이다. 이것은 일본이 만들어내기에 너무나 적합한 환상이었다. 그러나 일본의 불행은 그들의 점령하에 있던 나라들이 그 이상을 일본과 같이 생각하지 않았다는 것에 있었다. 그럼에도 일본은 패전 후에도 '대동아' 이상을 도덕적으로 부정해야 할 것으로 보지 않았다. 그리고 일본인 포로 중에서 그나마 맹목적 애국주의의 색채가 옅었던 사람조차도 대륙 및 서남태평양에 대한 일본의 계획을 규탄하는 일은 거의 없었다. 앞으로도 꽤 오랫동안 일본인은 타고난 자신의 입장을 굳건히 지켜갈 것이다. 그러한 태도 중 특히 중요한 것은 바로 계층 제도에 대한 신앙과 신뢰다. 평등을 사랑하는 우리 미국인으로서는 받아들이기 어려운 것이지만, 계층 제도를 통해 일본이 의미하고 있는 것이 무엇인지, 이 제도에 어떠한 장점이 있다고 보는지를 이해할 필요가 있다.

일본은 미국이 일반적으로 생각하는 바와는 전혀 다른 바탕에 승리의 희망을 두고 있었다. 일본은 정신력은 반드시 물질의 힘을 이긴다고 외쳤다. 그들은 미국은 물론 대국이며 군비도 뛰어나지만 그런 것은 모두 처음부터 예상했던 일이기에 문제시하지 않았다고 말했다. 그즈음에 일본인들은 일본의 유력 일간지 〈마이니치신문〉을 통해 다음과 같은 기사를 읽게 되었다. "만일 우리가 숫자를 두려워했다면, 전쟁은 시작하지도 않았다. 적의 풍부한 자원은 이번 전쟁에서 처음 생긴 것도 아니지 않은가?"

일본이 한창 이기고 있던 무렵에 일본의 정치가들이나 대본영[3], 그리고 군인들은 모두 입을 모아 이 전쟁은 군비 간의 전쟁이 아니며, 미국인의 물질에 대한 신앙과 일본인의 정신에 대한 신앙의 싸움이라고 거듭 강조했다. 미국 측이 이기고 있었던 때에도 그들은 이런 싸움에 있어서는 물질의 힘이 질 것이 틀림없다고 했다. 사이판과 이오지마에서 처참한 패배[4]를 당했을 때에는 구실 좋게 발뺌하는 데에 이 신조를 사용하기도 했다. 하지만 이 신조가 패배를 얼버무리기 위해 날조된 것은 아니었다. 그것은 일본군이 승승장구를 자랑하고 있던 수개월간 진군나팔의 역할을 담당했으며, 진주만 공격 훨씬 이전부터 공인되어 있던 슬로건이었다. 1930년대의 광신적 군국주의자이자 전쟁 당시 육군 대신이었던 아라키 사다오[5]는 『전 일본 민족에게 호소한다』라는 소책자에서 "일본의 진정한 사명은 황도[6]를 세상에 널리 펼치어 선양宣揚하는 것이다. 힘의 부족은 우리가 염려할 바가 아니다. 어찌하여 물질적인 것에 신경을 쓸 필요가 있겠는가?"라고 썼다.

물론 그들도 실제로는 전쟁 준비에 전력을 기울였다. 1930년대 전반에 걸쳐 세입 중 군비로 충당된 비율은 천문학적으로 증가 추세를 탔다. 진주만 공격 당시 국민 총소득의 절반 가까이가 육해군을 위해 사용되었고, 군사 이외의 일반 행정에 조달된 경비는 정부 총지출의 17%에 지나지 않았다. 이렇듯 일본과 서양 여러 나라의 차이점은 일본이 물질적 군비에 소홀했다는 것에 있지 않다. 그러나 군함이나 대포란 것은 결코 사라지지 않는 '일본 정신'의 단순한 표면에 지나지 않았다. 무사의 칼이 그 용기의 상징이듯이 그것들은 모두 하나의 상

3 당시 천황 직속으로 설치되었던 최고 통수부.

4 이 두 곳에서 각각 1944년 7월 7일, 1945년 3월 25일 일본군이 전멸당했다.

5 패전 후 A급 전범으로 종신형을 선고받았다.

6 천황을 중심으로 받드는 사상.

징이었다.

미국이 시종일관 물량 증대에 전념한 것처럼, 일본은 비물질적 수단을 이용하는 데 힘을 기울였다. 일본도 미국과 마찬가지로 생산 증강 운동을 벌여야 했는데, 그 운동이란 것이 일본 특유의 전제에 근거한 것이었다. 그들의 말을 빌리자면, 정신은 모든 것이며 영구 불멸한 것이고, 물질적인 것도 물론 필요하지만 그것은 이차적인 것이며 영원한 것이 못 된다고 했다. 일본의 라디오는 "물적 자원에는 한계가 있다. 물질이 천 년도 지속하지 못한다는 것은 자명한 사실이다"라고 외치곤 했다. 그리고 이러한 정신에 대한 신뢰는 전쟁 동안 문자 그대로 받아들여졌다. 그들의 전쟁 지침서에는 "숫자에는 훈련으로 대응하며, 강철에는 육탄으로 부딪쳐라"라는 표어가 실렸다. 이 표어는 이번 전쟁을 위해 특별히 만든 것이 아닌 전통적인 것으로서, 첫머리에는 "필독필승"이라는 문구가 굵은 서체로 인쇄되어 있었다. 그 조그만 비행기를 타고 우리 군함을 향해 돌진하여 자폭하는 조종사들은 물질에 대한 정신의 우월성을 보여주는 영구한 교훈으로 받아들여졌다. 이 조종사들은 '가미카제 특공대'라는 이름으로 불렸는데, '가미카제'는 13세기 징기스칸이 일본을 침략했을 때 그 수송선들을 전복시켜 일본을 구한 신풍神風을 일컫는다.

일본 당국은 일반인의 생활에 있어서도 물질적 환경에 대한 정신의 우위를 문자 그대로 적용했다. 이를테면 공장에서의 24시간 노동과 야간 폭격 때문에 피로가 극도에 달해 있는 국민들에게도 "우리의 육체가 고통스러울수록 우리의 의지, 우리의 정신은 육체를 뛰어넘는다", "녹초가 되면 될수록 더 훌륭한 훈련이 이뤄진다"라고 말했다. 그리고 국민들이 겨울에 온기 없는 방공호에서 부들부들 떨고 있을 때, 일본

체육회는 라디오를 통해 방한 체조를 하도록 명령했다. 이 체조는 난방 시설이나 잠자리, 한층 더 나아가 이미 국민들이 체력을 정상적으로 유지해나가기엔 부족해진 식량 사정을 보충해주었다. "지금과 같이 식량이 부족한 때에 체조를 하라니 말도 안 되는 이야기라고 말하는 사람도 물론 있을 것이다. 그러나 결코 그렇지 않다. 식량이 부족할수록 우리는 더더욱 우리의 체력을 다른 방법으로라도 향상해나가야 하는 것이다." 즉, 주어진 체력의 한계 이상을 소모해서 체력을 키워나가야 한다는 것이다. 미국인은 항상 전날 수면을 8시간 취했는지 아니면 5시간 취했는지, 혹은 평상시와 같은 식사를 했는지, 한기를 느끼지는 않았는지를 통하여 어느 정도의 체력을 써도 지장이 없는가를 계산하지만, 일본인은 체력을 비축하는 것 따위는 안중에 두지도 않는다. 그런 생각은 물질주의적인 방식이라고 여기기 때문이다.

전쟁 중 일본 방송은 한층 더 극단적인 발언을 했다. 전투에서 정신은 죽음이라는 자연적 사실조차 초월한다고 말한 것이다. 한 방송에서는 영웅적인 비행기 조종사와 그가 정복한 죽음에 대해 다음과 같이 보도했다.

공중전이 끝나고 나서 일본의 비행기는 세 대 혹은 네 대의 편대로 나뉘어 기지로 돌아왔다. 처음 도착한 몇 대 중 한 대에는 대위 한 명이 타고 있었다. 자신의 비행기에서 내린 그는 지면에 멈춰 서서 쌍안경으로 하늘을 바라보았다. 부하가 돌아오는 것을 세고 있었던 것이다. 약간 얼굴빛이 창백하기는 했으나 늠름한 모습이었다. 마지막 비행기가 귀착한 것을 확인한 그는 보고서를 작성하여 사령부로 가서 사령관에게 보고를 했다. 그러나 보고를 마치자마자 돌연 그는 무너지듯 바닥으로 쓰러져버렸다. 마침 그 자리에 있던 사관들이 급히 달려가 일으켜 세우려 했지만, 이미 숨은 끊어져 있었다. 몸을 만져보니 벌써 차가워진 상태였다. 그리고 흉부에는 한 발의 적탄이 꽂혀 있었는데 그것이 치명상이 되었음을 곧 알 수 있었다. 이제 막 숨을 거둔 그의 몸이 그렇게 차가울 리가 없었다. 그럼에도 대위의 몸은 얼음처럼 차디찼다. 대위는 분명 훨씬 이전에 죽은 것이다. 잠시 전에 보고를 마친 것은 그의 혼이었으리라. 전사한 대위가 가지고 있었던 엄격한 책임감이 이러한 기적과 같은 사실을 일으킨 것이다.

물론 미국인의 입장에서 보면 이것은 터무니없는 이야기다. 하지만 교육을 받은 일본인조차도 이 방송을 웃어넘기지 않았다. 일본의 청취자들이 이 방송을 결코 황당무계한 이야기로 생각하지 않았다는 것은 미국인도 느낄 수 있었다. 그들이 가장 먼저 지적한 것은 아나운서가 이야기한 대로 대위의 영웅적 행동은 확실히 "기적과 같은 사실"이라는 것이었다. 기적이 일어나지 말란 법이 있을까? 영혼은 단련할 수 있다. 대위는 그러한 수양의 대가였다. 일본인도 이미 알고 있는 바지만 "강인한 정신은 사후 천 년이라도 지속할 수 있는 것"이라고 한다면, '책임'을 생활의 중심에 놓고 살아온 대위의 육체 속에 영혼이 몇 시간 정도 더 머무르는 거야 간단한 일이 아닐까? 일본인은 사람은 특별한 수양을 통해 그 정신을 지고한 수준까지 올릴 수 있다고 믿는다. 대위는 그 도를 익혀 효과를 얻은 것이다.

우리 미국인으로서는 이러한 일본인의 과잉적 사고를 못사는 나라의 넉살 좋은 구실, 혹은 기만당하고 있는 국민들의 유치한 망상이라고 완전히 무시할 수도 있다. 하지만 그런 식으로 해석하면 그만큼 전쟁 시는 물론 평화 시에도 일본인을 다루는 능력을 우리 스스로 잃어버리게 된다. 그들의 신조는 일정한 금기와 절제, 그리고 일정한 훈련과 단련의 절차를 통해 마음속 깊이 심겨온 것이다. 단순히 고립된 괴벽과는 다르다. 이러한 신조를 인정해야만 비로소 우리는 일본인들이 패전 당시 했던 말, 즉 정신력만으로는 무리였다는 것, '죽창' 만으로 방어한다는 것은 헛된 망상이었다고 자인하는 그 발언의 진정한 의미를 이해할 수 있을 것이다. 하지만 그보다 더 중요한 것은, 정신력의 부족으로 전쟁터와 공장에서 미국인의 정신력에 패배했다고 일본인 스스로 인정하는 것을 어떻게 평가하느냐 하는 것이다. 패전 후 그들이 말했던 것처럼 전쟁 동안 그들은 "완전히 주관적인 태도로 싸워왔던" 것이다.

계층 제도나 정신력의 우월성에 관한 것뿐만 아니라, 전쟁 중에 모든 사물에 대해 일본인이 했던 말은 비교 문화 연구자에게 일본인을 알게 해주는 좋은 자료가 되었다. 그들은 안정감과 사기士氣란 마음을 어떻게 먹느냐 하는 각오에 달린 문제라고 강조했다. 어떠한 절망적인 상황에 놓였다 해도, 이를테면 도회지 폭격이라든지 사이판의 패배라든지 혹은 필리핀 방위의 실패라든지, 그때마다 일본은 국민들에게 판에 박은 듯 같은 말을 반복했다. 즉 이러한 일은 이전부터 예상하고 있었던 일이며, 조금도 염려할 필요가 없다는 것이었다. 일본의 라디오는 "여러분은 변함없이 이미 알고 있던 세상에서 살고 있다"라는 말이 일본 국민을 안심시킬 거라고 확신하고 있었기 때문에 마음껏 극단적인 방송을 내보냈다.

"키스카 섬[7]을 미국이 점령함으로 인해 일본은 미군 폭격기의 행동반경 내에 들어가게 되었다. 그러나 이렇게 될 것을 미리 알고 있었기에 필요한 조치는 전부 취해놓은 상태다."

"적은 반드시 육해공 삼군의 연합 작전으로 공격해올 터이지만, 그것은 이미 우리 계획 속에서 예상된 일이다."

포로들도, 그리고 일본이 승산도 없는 전쟁을 언제까지고 지속할 게 아니라 빨리 투구를 벗어야 한다고 바라던 사람들조차도 폭격으로는 일본 국내 전선의 사기를 저하시키는 것은 불가능하다고 믿었다. "왜냐하면 그들은 이미 각오를 다지고 있었기 때문"이다.

미군이 일본의 도시를 공격하기 시작했을 무렵, 항공기제조업자협회의 부회장은 다음과 같은 방송을 내보냈다.

"드디어 적기는 우리의 머리 위로 날아오기 시작했습니다. 하지만 항공기 생산을 담당하고 있는 저희로서는 다가올 사태를 이미 예상하고 있었던 바, 이에 대처할 만반의 준비를 이미 완료해놓은 상태입니다. 따라서 전혀 우려할 바가 없음을 알려드립니다."

모든 것은 이미 알고 있었던 것이며 계획된 것이다, 이런 가정을 통해서만 일본인은 모든 상황이 상대방이 아닌 자신들이 바라던 것이며 결코 남에게 강요당한 것이 아니라는 주장을 계속할 수 있었다. 이 주장은 그들로서는 필수적인 것이었다.

"우리는 공격을 당했다고 수동적으로 생각해서는 안 된다. 적극적으로 적을 우리 가까이로 끌어들인 것이라고 생각해야 한다."

"적이여, 올 테면 와봐라. 우리는 '드디어 올 것이 왔다' 라고 말하는 대신 오히려 '학수고대하던 때가 찾아왔다. 우리는 마침내 찾아온 이 절호의 기회를 기뻐한다' 라고 말할 것이다."

---

7 미국 알래스카 주에 속한 섬. 한때 일본이 점령했으나 1943년에 미국이 되찾았다.

당시의 해군 장관은 의회 연설에서 1870년대의 위대한 무사 사이고 다카모리[8]의 유언을 인용하면서 다음과 같이 말했다.

"기회에는 두 가지 종류가 있다. 하나는 우연히 찾아오는 것이고, 다른 하나는 우리가 만들어내는 것이다. 힘든 고난의 시기에는 우리 스스로 기회를 만들어가지 않으면 안 된다."

또 라디오는 미군이 마닐라 시내로 진입했을 때, "야마시타 장군[9]이 활짝 웃으면서 적은 이제 우리 가슴속에 있다고 말했다……"라고 보도했다. "적이 링가옌 만에 상륙하여 곧 마닐라를 점령할 수 있었던 것은 오로지 야마시타 장군의 뛰어난 전술의 결과로 모든 것이 장군의 계획대로 움직이고 있었던 것이며, 야마시타 장군의 작전은 여전히 진행 중인 것으로 보인다." 바꿔 말하면 지면 질수록 만사가 순조롭게 진행되어가고 있다는 식이었다.

미국인도 일본인과 다를 바 없이 극단적으로 몰려간 경향이 있었지만, 방향은 그들과 정반대였다. 미국인은 우선 이 전쟁은 상대편이 걸어온 싸움이라는 이유로 전쟁에 힘을 기울였다. 우리는 공격을 당했으니 적에게 쓴맛을 보여주어야 한다는 것이었다. 어떻게 하면 미국 국민들을 안심시킬 수 있을까를 꾀하던 대변인은 진주만이나 바탄반도[10]의 참패에 대해 "이는 우리 계획에서 충분히 예상했던 것이다"라고 하지는 않았다. 우리 관리들은 그 대신에 "적은 화를 자청했다. 저들에게 우리의 힘을 한번 보여줘야 하지 않겠는가?"라고 했다. 미국인은 생활

8 1827~77. 막부 말기, 메이지 초기의 정치가. 메이지유신의 중심인물.

9 야마시타 도모유키(1885~1946). 1944년 필리핀 주둔 총사령관. 패전 후 군사재판으로 처형되었다.

10 필리핀 루손 섬 남서부에 위치한 반도. 마닐라 방위상의 요지.

전체를 끊임없이 도전해 오는 세계에 맞춘다. 그리고 그 도전에 언제든지 맞설 수 있도록 준비한다. 하지만 일본인은 미리 계획되고 진로가 정해진 생활양식 안에서만 안심하며 예견하지 못한 상황을 최대의 위협으로 받아들인다.

우리는 일본인이 전쟁 수행 중 자주 반복했던 또 다른 문구를 통해 일본인의 생활을 잘 알 수 있는데, 그중 하나가 "세계는 우리의 일거수일투족을 주시하고 있다"라는 것이다. 그러므로 일본인은 일본의 정신을 최대한 발휘하지 않으면 안 되었다. 미군이 과달카날 섬[11]에 상륙했을 때 일본의 군인들이 받은 명령은 "이제 우리는 전 '세계'가 지켜보고 있으니 유감없이 우리의 기질을 발휘해야 한다"라는 것이었다. 일본의 해병들은 어뢰 공격을 받아 배에서 탈출하라는 명령을 받고 구명정으로 옮겨 탈 때도 되도록 의젓한 태도를 취하도록 지시를 받았다. 그러지 않으면 "온 세계의 웃음거리가 될 것, 미국인은 그대들의 추태를 영화로 만들어 뉴욕에서 상영할 것"이라고 했다. 그들에겐 자신들의 행동 하나하나가 세계의 사람들에게 어떻게 비칠 것인가가 중요했다. 그리고 그들의 이 점에 관한 우려는 일본 문화에 깊이 심긴 관심사의 하나이기도 했다.

일본인의 태도에 관한 의문 중 가장 유명한 것은 천황을 대하는 그들의 태도다. 천황은 신하에 대해 어느 정도의 지배력을 가지고 있을까? 미국의 권위자 두세 명이 지적한 바에 의하면 일본의 봉건시대 700년 동안 천황은 그림자와 같은 존재이자 단순한 명목상의 원수에

[11] 남서 태평양 서부, 솔로몬 제도의 남동부에 위치한 섬으로 이 섬에서의 패배가 일본 패전의 결정적인 역할을 했다.

지나지 않았다. 각자가 충성을 다해야 할 상대는 직접적으로는 그들의 군주인 다이묘大名[12]였으며, 그 위에는 군사상의 대원수인 쇼군將軍[13]이 있었다. 천황에 대한 충성은 거의 문제가 되지 않았다. 천황은 고립된 궁정에 유폐되어 있었고, 궁정의 의식이나 행사는 쇼군이 정한 규정에 따라 엄중한 제한을 받고 있었다. 신분이 높은 봉건 영주조차도 천황에 경의를 표하는 것은 반역을 꾀하는 것으로 간주되었으며 일반 시민에게 천황은 없는 존재나 마찬가지였다.

그렇다면 현 세대 사람들의 기억에도 남아 있을 만큼 가까운 시대에 와서야 겨우 그늘에서 벗어난 천황이란 존재가 어떻게 해서 일본과 같은 보수적인 국민들 속에서 구심점이 될 수 있었을까? 일본이란 나라는 그 역사를 통해 비로소 이해할 수 있다고 주장하는 미국 학자들은 다음과 같이 말했다. 일본 정치 평론가들은 신하에 대해 쇠하지 않는 천황의 지배력을 언급하고 있지만 그것은 과장일 뿐이다. 그들이 그렇게 애써 주장하지 않으면 안 된다는 것 자체가 그 근거의 미약함을 증명하는 것이다. 그렇기 때문에 미국의 전시 정책에서 천황을 처리하는 것을 조심스럽게 다룰 필요는 전혀 없다. 오히려 우리에게는 일본이 최근에 꾸며낸 이 사악한 지도자 개념에 대해 맹렬하게 공격의 화살을 겨누어야 할 이유가 훨씬 더 많다. 또한 천황이야말로 현대 일본의 국가 신토神道[14]의 핵심이므로 만일 우리가 천황이 신성하다는 근거를 무너뜨리고 그에 도전한다면 적국 일본의 기강은 대들보를 빼낸 건물처

---

12 막부 시대에 1만 석 이상의 독립된 영지를 소유한 영주.

13 막부의 수장.

14 일본 고유의 민족 신앙으로 조상신 숭배를 중심으로 대대로 내려온 민간신앙이 외래 사상인 불교와 유교의 영향을 받아 융합되었다.

럼 무너져버릴 것이다. 이것이 미국 학자들의 견해였다.

그러나 일본을 알고 제일선이나 일본에서 보도되는 많은 소식을 접하고 있던 현명한 미국인들은 이와 반대되는 의견을 가지고 있었다. 일본에서 생활한 경험이 있는 사람들은 천황에 대한 모독이나 눈에 띄는 공격만큼 일본인의 증오심을 자극하고 전의를 부채질하는 것은 없다고 했다. 또한 그들은 우리가 천황을 공격한다면 일본인들이 그것을 군국주의에 대한 공격이라고 생각하지 않으리란 점을 정확히 알고 있었다. 그리고 제1차세계대전 후 모두가 민주주의를 외쳐대던 시절, 군인이 도쿄 시내로 외출할 때는 평상복으로 갈아입는 게 현명하다고 할 정도로 군국주의가 천대를 받던 그 시절에도 천황을 존경하는 일본인의 마음은 여전히 열렬했던 것을 그들은 익히 보아온 것이다. 일본인의 천황 숭배는 나치의 성쇠를 점치는 기준이자 모든 파시즘적 악행과 밀착된 '하일 히틀러' 숭배와는 도저히 같은 선상에서 이야기할 수 없는 거라고 일본에 거주했던 이들은 일찍부터 주장했다.

일본인 포로의 증언은 이러한 주장을 확실하게 뒷받침해주었다. 서양의 병사들과 달리, 일본인은 포로로 붙잡혔을 경우에 무슨 말을 해야 하고 또 어떤 것에 대해서 침묵해야 하는지 전혀 교육받지 못했다. 그래서 질문에 관한 그들의 대답을 보면 통제가 결여되어 있다는 것을 알 수 있었다. 이같이 포로가 되었을 때의 상황을 훈련하지 않은 이유가 일본의 무항복주의에 기인한다는 것은 두말할 필요도 없다. 이는 전쟁 막바지의 수개월 동안도 달라지지 않았으며, 그런 훈련이 시행된 곳이 있다 하더라도 소수의 군단軍團 내지는 국지적 부대에 그쳤다. 포로들의 증언에서 주목할 만한 점은 그들이 일본군 전체 의견을 횡단면처럼 골고루 보여주었다는 것이다. 그들은 결코 전의를 상실하여 항복한 병사들이 아니었다. 극소수를 제외하고는 포로가 되었을 당시 저항할 수 없을 정도로 부상을 입었거나 실신한 상태였다.

최후까지 어떻게든 완강히 저항했던 일본 포로들은 극단적인 군국주의의 근원을 천황에게 두고 있었다. 그들은 '천황의 뜻을 실천하고', '그 심기를 편안케 해드리며', '천황의 말씀대로 몸과 생명을 바치고' 있었던 것이다. "천황이 국민을 전쟁으로 이끄셨다. 그리고 그에 따르는 것이 나의 의무다"라는 것이 그들의 주장이었다. 그런 한편 이번 전쟁을 반대했거나 이후의 일본 정복 계획에 대해 거부의 태도를 보이던 사람들도 자신들의 평화주의적 신념의 출처를 한결같이 천황으로 들었다. 천황은 모든 이에게 모든 것이었다. 싸움에 지친 사람들은 천황을 "평화를 사랑하시는 폐하"라고 했고 "폐하는 항시 자유주의자이셨으며, 전쟁에는 반대하셨다"라고 주장했다. "폐하는 도조[15]에게 속으신 것이다.", "만주사변 중에 폐하는 군부에 반대 의사를 표명하셨다.", "전쟁은 천황이 알지 못하는 중에, 천황의 허가 없이 시작된 것이다. 천황은 전쟁을 좋아하시지 않으며 따라서 국민이 전쟁에 휩쓸리는 것을 허락하셨을 리도 없다. 천황은 병사들이 얼마나 심한 학대를 받고 있는지 모르고 계신다."

이러한 진술은 독일 병사들의 경우와는 너무나 달랐다. 독일 포로들은 장군이나 최고사령부가 히틀러를 배신한 것에 대해서는 크게 불만을 보였지만, 그래도 전쟁 및 전쟁 준비에 대한 책임은 최고의 선동자였던 히틀러가 져야 한다고 했다. 일본 포로들은 황실에 바치는 존경

---

15 도조 히데키(1884~1948). 관동군 참모장과 육군 최고 책임자를 거쳐 1941년 내무 대신이 되어 제2차세계대전을 일으켰으며 패전 후 A급 전범으로 교수형을 당했다.

은 군국주의 및 침략적 전쟁 정책과는 동떨어진 것이라고 단언했다.

천황은 그들에게 있어서 일본과 떼어낼 수 없는 존재였다. "천황이 없는 일본은 상상할 수 없다.", "일본의 천황은 일본 국민의 상징이며 종교 생활의 중심이다. 천황은 종교를 초월한 존재다."

가령 일본이 전쟁에 진다 하더라도 패전의 책임은 천황에게 없는 것이었다. "국민은 천황이 전쟁의 책임을 져야 한다고는 생각하지 않는다.", "만일 패전한다 해도 책임은 내각 및 군 지도자들이 져야 하며, 천황에게는 책임이 없다.", "설혹 일본이 지더라도 일본인은 열 명이면 열 명 모두가 천황을 따를 것이다."

이처럼 모두가 일치하여 천황을 비판을 초월하는 존재로 여기는 것은, 인간이라면 누구도 회의적인 탐색과 비판의 대상에서 제외하지 않는 미국인들이 보기에는 사기詐欺처럼 느껴졌다. 그러나 패전의 그날에도 이러한 생각이 일본의 목소리가 될 것이라는 점에는 조금도 의문의 여지가 없었다. 포로 심문에 경험이 많은 사람들은 심문서에 "천황 비방을 거부한다"는 항목까지 일일이 기입할 필요는 없다고 했다. 포로들은 한 사람도 빠짐없이 천황 비방을 거부했다. 심지어 연합군에 협력하거나 미국을 위해 대對일본 방송을 맡아주었던 사람들도 그러했다.

수집된 무수히 많은 포로 진술서 가운데 온건한 비판을 포함해서 반反천황적이라 볼 수 있는 진술서는 겨우 세 통에 불과했다. 더욱이 그 세 통 중에서도 "천황제를 저대로 남겨두는 것은 잘못이다"라고 극언한 것은 한 통에 그쳤을 뿐이다. 두 번째 진술서는 천황은 "의지가 약한 분으로 꼭두각시에 지나지 않았다"라고 했으며, 세 번째 진술서는 "천황은 황태자를 위해 그 자리에서 물러나실지도 모른다. 그래서 만일 군주제가 폐지된다면 일본의 젊은 여성들은 자신들이 선망하던 미국 여성들과 같은 자유를 획득하게 될 것이다"라고 억측했다.

일본군 지도자들은 이렇듯 거의 모든 국민이 지지하고 있는 천황 숭배를 이용할 목적으로 부하 장병들에게 '천황이 하사한' 담배를 나눠주거나, 천황 탄생일에 부하들과 함께 동쪽을 향해 세 번 고개를 숙이고 "반자이萬歲"를 외치기도 했다. 또한 '부대가 밤낮으로 끊임없는 폭격을 받고 있던 때에' 천황이 자상하게도 몸소 '군인에 내린 칙유勅諭' 중에서 군대를 위한 '신성한 말씀'을 아침저녁으로 휘하 부대 전원과 함께 낭송했고 "그 낭송 소리는 숲속 구석구석까지 메아리쳤다"고 한다. 군국주의자들은 모든 방법을 동원하여 천황을 향한 충성심에 호소했으며 이를 철저히 이용했다. 그들은 부하 장병들에게 "폐하의 뜻에 따라 그 심려를 덜어 편안하시게 해드리며", "폐하의 인자하심에 대한 제군들의 존경심을 보이도록", 그리고 "천황을 위해 죽도록" 호소했다.

천황의 의지를 받들어 모신다는 것은 어느 쪽으로도 잘리는 양날의 검과 같은 것이었다. 많은 포로가 증언한 대로, 일본인은 "천황의 명령이라면 가령 무기가 죽창 한 자루밖에 없다 하더라도 주저 없이 싸울 것이지만, 이와 마찬가지로 천황이 명하신다면 일본은 내일이라도 곧 싸움을 중단할 것"이고, "만주의 관동군, 즉 가장 호전적이며 강경파인 그들조차도 무기를 내려놓을 것"이며, "일본의 국민들은 천황의 말씀을 통해서만 패전을 인정하고 재건을 위해 살아야 함을 납득할 수 있을 것"이었다.

천황에 대한 이러한 무제한적이고 무조건적인 충성은, 천황 이외의 다른 인물이나 집단에게는 많은 비판을 퍼부었던 사실과는 현저한 대조를 이룬다. 일본의 신문과 잡지, 혹은 포로들의 증언에서도 정부나 군 지도자들에 대한 비평은 다수 찾아볼 수 있다. 포로들은 현지 지휘관, 특히 부하들과 함께 위험과 고충을 겪지 않은 이들에 대해서는 온갖 욕설을 해댔다. 그리고 최후까지 싸우던 휘하의 부대를 버려두고 비행기로 철수해버린 지휘관들을 비난했다. 그들은 어떤 사관은 칭찬했으며 어떤 사관은 격렬히 비난했다. 이것은 일본인이 자국에 대해 선악 판단의 의지가 부족하지 않았음을 보여준다. 일본 국내에서도 신문이나 잡지는 '정부'를 비난했다. 그들은 더 강력한 지도력과 더 긴밀한 조정 노력을 함께 요구하면서 정부가 그것을 제때에 잘해내지 못했음을 지적했다. 그들은 언론의 자유에 대한 규제에 대해서도 비난했다. 1944년 7월 도쿄의 모 신문에 실렸던 좌담회 기사가 그 좋은 예다. 그 좌담회는 신문기자, 전 국회의원, 일본의 전체주의적 정당이었던 대정익찬회[16]의 지도자들로 이뤄진 것이었다. 한 발언자가 다음과 같이 말했다.

"일본 국민이 일어나게 하기 위해서는 여러 방법이 있다고 봅니다. 그러나 그중 가장 중요한 방법은 언론의 자유입니다. 최근 몇 년간 국민은 자신이 생각하고 있는 것을 솔직히 표현할 수가 없었습니다. 그들은 잘못 얘기했다가 책망을 당할까 봐 두려웠던 것이죠. 그들은 주저하며 겉으로는 적당히 꾸미려고 노력해왔던 것입니다. 민심은 잔뜩 겁을 먹은 상태입니다. 이런 상황에서 국민이 총력을 발휘하는 것은 도저히 불가능합니다."

또 다른 사람도 같은 취지로 다음과 같이 말했다.

16 당시의 고노에 내각이 만든 국민 통제 조직.

"저는 선거구 사람들과 거의 매일 밤 회담을 거듭하며 그들의 의견을 묻습니다. 하지만 아무리 해도 모두들 무서워서 입을 열지를 않습니다. 이것은 분명히 전의를 불태우게 하는 올바른 방법이 아닙니다. 국민은 소위 전시특별형법과 치안유지법으로 큰 제약을 받아, 마치 봉건시대의 백성들처럼 겁쟁이가 되어버렸습니다. 그래서 이제까지 마땅히 쏟아낼 수 있었던 전력戰力을 지금도 여전히 발휘하지 못하고 있는 것입니다."

이렇게 전쟁 중에도 일본인은 정부나 대본영, 혹은 직속상관에 대해 거침없는 비판을 가했다. 그들은 계층 제도 전체의 덕을 무조건적으로 승인하지는 않았다. 그러나 천황만은 그 비판을 면할 수 있었다. 천황에게 주어진 절대적 지위는 최근에 생겨난 것인데, 어떻게 이런 일이 있을 수 있었을까? 일본인의 성격 중 어떤 기이한 면이 천황으로 하여금 신성불가침의 지위를 확보할 수 있도록 했을까? 천황이 명령만 내린다면 '죽창을 휘두르며' 죽을 때까지 싸우겠지만 그와 마찬가지로 칙명이라면 순순히 패전과 점령을 감수할 것이라고 말하는 일본인 포로들의 주장은 사실일까? 우리를 속이기 위해서 그런 허튼소리를 하는 것은 아닐까? 아니면 진심일까?

반反물질주의적 경향에서 천황에 대한 태도에 이르기까지, 전쟁 중 일본인의 행동에 관한 모든 질문은 전쟁터뿐 아니라 본토의 일본인과도 깊이 관련된 문제였다. 이외에도 특히 일본군과 관련된 태도 몇 가지가 있었는데 그 하나가 일본군의 병력 소모에 관한 것이었다. 일본의 라디오는 미 해군이 포모사[17]에서 기동부대를 지휘하고 있던 조지

[17] Formosa, 타이완의 옛 이름.

매케인 제독에게 훈장을 수여했을 때 그 사실이 의외라는 듯이 아래와 같은 방송을 했다. 이는 미국인의 태도와는 현격한 차이가 있음을 말해준다.

> 사령부의 존 매케인[18]이 훈장을 받은 공식적인 이유는 그가 일본군을 격퇴했기 때문이 아니었다. 이에 대한 니미츠의 공식 성명에 따르자면 납득이 가지 않는 점이 있다. (중략) 매케인 제독이 훈장을 받은 이유는 그가 두 척의 손상된 미 군함을 성공적으로 구조하여 무사히 기지까지 호송해 왔기 때문이었다. 이 한 편의 보도가 중요한 것은 이것이 꾸며진 이야기가 아니라 사실이라는 점에 있다. (중략) 우리는 매케인 제독이 두 척의 군함을 구조했다는 것을 의심하는 것이 아니다. 이를 통해 미국에서는 부서진 배만 구조해도 훈장을 받을 수 있다는 사실을 국민 여러분이 알게 되기를 바라는 바다.

미국인은 어떤 구조 활동이나 궁지에 빠진 사람을 돕는 것에 감명을 받는다. 용감한 행동이, 만일 그것이 '부상당한' 사람을 구하는 것이라면 한층 더 영웅적 행동으로 비친다. 그러나 일본인의 용기는 그러한 구조 활동을 배척한다. 우리 측 B-29와 전투기에 장착된 구조 장비에 대해서도 일본인은 '비겁하다'는 야유를 보냈다. 신문도 라디오도 이 점을 거듭하여 화제에 올렸다. 그들에게는 생사가 갈리는 위험을 태연히 받아들이는 것이야말로 훌륭한 태도며 위험에 대한 예방책을 취하는 것은 경멸해야 마땅한 일이었다. 이 같은 태도는 부상자나

[18] 앞서 나온 이름과 다른 것은 아마도 일본 측의 잘못된 보도를 그대로 옮겼기 때문일 것이다.

말라리아 환자를 대할 때 뚜렷이 드러났는데, 그런 군인은 소위 파손된 물건이었다. 효율적인 전투력 유지에 필요한 최소한의 의료조차도 제대로 제공되지 않았다. 이러한 의료 설비의 미비는 시간이 지남에 따라 다른 모든 종류의 보급난과 더불어 더욱 악화되었다. 그뿐 아니라 일본인의 물질주의에 대한 경멸은 그것을 한층 더 부채질했다. 일본 병사들은 죽음 그 자체가 정신의 승리며 우리 미국인과 같이 정성껏 환자를 간호하는 것은 폭격기의 구명 장비처럼 영웅적인 행동을 방해하는 것이라고 교육받았다.

일상생활에서도 일본인은 미국인과 같이 그렇게 자주 의사에게 진료받는 것에 익숙하지 않다. 미국에서는 다른 복지 수단보다 환자를 돌보는 것에 큰 관심을 기울이는데, 이 점에 대해서는 평상시 유럽에서 온 여행자들까지도 자주 언급한다. 이는 일본인에게서는 볼 수 없는 면이다. 여하튼 전쟁 중 일본군에게는 부상자를 포화 속에서 구출하여 응급처치를 해줄 훈련된 구조대도 없었고, 전방의 임시 수용소와 후방의 야전병원, 그리고 전방과는 멀리 떨어져 건강이 완전히 회복될 때까지 안심하고 의료를 받을 수 있는 대규모 병원과 같은 조직적인 의료 시스템도 없었다. 또한 의료품 보급에 있어서는 개탄을 금치 못할 정도였다. 다급한 상황에서 입원 환자는 죽도록 방치되었다. 특히 뉴기니나 필리핀에서 일본군은 병원이 있는 지점에서 퇴각을 해야 할 곤경에 몇 번이나 빠지게 되었는데, 아직 여유가 있을 동안 부상병을 후송하는 관례는 없었다. 부대의 이른바 '계획적 철수'가 이뤄지고 있는 도중이거나 적이 곧 점령해오는 때만 겨우 조치가 취해지곤 했다. 게다가 그 조치라는 것도 주임 군의관이 퇴각에 앞서 입원 환자들을 사살하거나 환자 자신이 수류탄으로 자살하는 것이었다.

부상자에 대한 일본인의 이러한 태도가 그 국민을 취급하는 방식의 기조를 이루는 것이라고 한다면, 이는 한편으론 그들이 미국인 포로를 다루는 방식에 있어서도 중요한 역할을 했다. 우리 기준에서 본다면 일본인은 포로에 대해서만이 아니라 그들의 동포에 대해서도 학대라는 범죄를 저지르고 있었다. 전 필리핀 군의관인 해럴드 글래틀리 대령은 포로로 3년간 포모사에 억류된 경험을 이렇게 진술했다.

"미국인 포로가 그나마 일본 병사보다는 나은 의료 조치를 받았다. 우리는 포로수용소에 있는 연합국 측 군의관에게 치료를 받을 수 있었지만 일본인에겐 의사가 한 명도 없었다. 한동안 일본 병사의 치료를 했던 유일한 의무요원이 상병이었는데 그는 나중에 하사관이 되었다." 그리고 그가 일본 군의관을 본 것은 겨우 1년에 한두 번뿐이었다.[19]

일본인의 이러한 병력 소모 이론이 극단적으로 추진된 것이 바로 무항복주의였다. 서양의 군대라면 최선의 노력을 다하고 나서 중과부적임을 깨달으면 적군에게 항복을 한다. 그들은 항복한 후에도 여전히 자신을 명예로운 군인으로 생각하며, 그들의 이름은 그들의 생존을 알리기 위해 본국으로 통지된다. 그들은 군인으로서, 국민으로서, 그리고 그들 자신의 가정에서도 모독을 받지 않는다. 그러나 일본인은 상황을 다르게 규정한다. 명예란 요컨대 죽을 때까지 싸우는 것이다. 도저히 희망이 없는 상황에 몰린 경우에도 일본 병사는 최후의 수류탄으로 자살을 하거나 무기 없이 적에게 공격을 감행하여 집단적 자살을

19 * 1945년 10월 15일 〈워싱턴 포스트〉의 보도.

하면 했지 결단코 항복해서는 안 된다. 만일 부상을 당하거나 실신하여 포로가 되었다면, 그는 '일본으로 돌아가면 얼굴을 들고 다닐 수 없으리라' 고 생각한다. 그는 명예를 잃은 것이며, 그 이전의 생활에 비춰 '죽은 자' 가 되는 것이다.

물론 항복을 금하는 군율이 있긴 했지만, 전방에서 이것을 특별히 정식으로 교육할 필요는 없었던 듯하다. 일본군은 이 군율을 충실히 실천했다. 그 결과 버마의 북부 전투를 예로 들자면 포로와 전사자의 비율은 142명 대 17,166명으로, 1 대 120이었다. 게다가 포로수용소에 수감된 142명 중 소수를 제외하고는 모두가 포로로 잡힐 당시 부상을 입었거나 실신한 상태였다. 혼자 혹은 두세 명이 함께 '항복' 한 경우는 극소수에 지나지 않았다. 서양 군대에서는 전사자가 부대 전 병력의 4분의 1 내지는 3분의 1에 달했을 때 저항을 단념하고 손을 드는 것이 거의 자명한 이치로 되어 있다. 투항자와 전사자의 비율은 대부분 4 대 1이다. 그러나 그 후 홀란디아[20]에서 처음으로 상당한 숫자의 일본군이 투항했을 때에도 그 비율은 1 대 5였다. 그것도 버마 북부에서의 1 대 120에 비하면 대단한 진보였다.

그러므로 일본인에게 있어서 포로가 된 미국인은 단지 항복을 했다는 사실만으로도 스스로 명예를 실추시킨 사람이었다. 그들은 부상이나 말라리아 혹은 이질 등으로 인하여 '완전한 인간' 의 부류에서 제외되지는 않았어도 역시 '폐물' 이었다. 많은 미국인이 포로수용소에서 미국인이 웃는다는 것이 얼마나 위험한 일이었는지, 그리고 그것이 얼

20 인도네시아의 항구도시 자야푸라를 가리킨다. 홀란디아는 네덜란드 식민지 시대에 불렸던 이름.

마나 간수들을 자극했는지 들려주었다. 일본인이 보기에 포로란 치욕을 당한 자인데 미국인들이 그것을 알지 못한다는 것은 그들에게 견딜 수 없는 일이었다. 미국인 포로가 복종해야 했던 명령의 많은 부분은, 일본인 간수 자신들이 일본인 장교로부터 준수하도록 요구받는 명령이기도 했다. 강행군을 하는 것이나 운송선에 콩나물처럼 실리는 것이 일본 병사에게는 드문 일이 아니었다. 또 미국인들은 보초로부터 탈법 행위를 들키지 않게 하라고 귀가 따갑게 들었던 것을 말해주었다. 드러내어 규칙을 위반하는 것이 아니라면 그다지 큰 죄는 되지 않았다는 것이다. 포로가 낮 동안 밖에 나가 도로나 사업장에서 작업을 하는 수용소에서는 외부로부터 음식물을 들여와서는 안 된다는 규칙이 있었는데, 그것은 때때로 무의미해지기도 했다. 과일이나 야채를 숨겨 가지고 오는 것은 그다지 어렵지 않았기 때문이다. 그러나 만일 그것이 들통이 났을 때에는 중대한 죄과가 되어버리고 미국인이 보초의 권위를 무시한 것이 되었다. 드러내 놓고 권위에 도전하는 것은, 가령 그것이 단순한 '말대답'에 지나지 않을지라도 심하게 처벌을 받았다. 일본인은 일상생활에서도 말대답을 아주 엄격히 금하고 있다. 그리고 그에 엄벌을 내리는 것은 일본 군대의 관습이었다. 어쨌든 포로수용소에서 폭행과 잔혹 행위가 상당수 있었던 것은 사실이다. 그들의 관습을 언급한 것은 그러한 비도덕적 행위를 문화적 습성의 필연적 결과로 인한 행위와 구별한다는 것일 뿐, 악행을 간과하자는 것은 아니다.

특히 전쟁 초기 단계에서 일본군의 투항자가 적었던 것은, 포로가 된다는 수치 외에 적이 포로를 잡는 대로 모조리 고문하여 죽여버린다고 믿었던 탓도 있다. 과달카날 섬에서 포로가 된 병사들을 탱크로 깔아 죽였다는 소문이 거의 모든 지역에 퍼져 있었다. 사실 항복해 오는 일본인 병사 중 일부는 우리 군에게 의심을 받아 살해당하는 경우도 있었다. 그리고 그 의혹은 때로 들어맞았다. 이미 죽음밖에는 길이 없게 된 일본군 중에서는 적을 저승길의 동반자로 데려가는 것을 흡족하게 생각하는 이도 있었기 때문이다. 또한 이것은 포로가 된 후에도 충분히 저지를 수 있는 일이었다. 한 일본군 포로가 말했듯이 "일단 승리의 희생물이 되기로 한 이상 무엇 하나 공도 못 세우고 죽는 것은 치욕"이었던 것이다. 우리 군은 이 때문에라도 조심하지 않을 수 없었다. 이로 인해 투항자의 수는 더욱 줄어들었다.

항복의 치욕스러움은 일본인의 의식 깊은 곳에 새겨져 있다. 그들은 우리의 전시 관례와는 판이한 행동을 당연시하고 있었다. 그리고 마찬가지로 우리의 행동은 그들에게 이해할 수 없는 것이었다. 미국인 포로로부터 자신의 이름을 본국 정부에 알려서 자신이 살아 있음을 가족에게 알려달라는 부탁을 받았을 때는 너무나 기가 막힌 나머지 충격을 받았다고 일본인들은 말했다. 바탄반도에서 미군이 항복했던 것도 최소한 일반 사병에게는 의외의 일이었다. 그들은 미군이 일본처럼 최후까지 싸울 것이라고 생각했기 때문이다. 그들로서는 미국인이 포로가 되는 것을 조금도 부끄러워하지 않는다는 사실을 납득하기가 어려웠다.

서양의 병사들과 일본 병사들의 가장 커다란 차이점은, 다름 아닌 일본 병사들이 포로 신분으로 연합군에 협력한 데에 있다. 그들은 포로가 된다는 낯선 상황에 적응하는 생활 규칙을 알지 못했다. 그들은 명예를 상실한 자들로 이미 일본인으로서의 생명은 끝났다고 할 수 있었는데, 전쟁의 결과와 상관없이 포로들 중 소수가 본국 귀환을 꿈꾼 것은 전쟁이 끝나기 불과 몇 개월 전부터였다. 어떤 이들은 죽여달라고 부탁했다. 그리고 "하지만 만약 당신들의 관습이 그것을 허락하지 않는다면 나는 모범적인 포로가 되겠소"라고 말했다. 그들은 모범적인 포로 이상이었다. 기나긴 군대 생활과 오랜 기간 극단적인 국가주의 속에 있었던 그들은 탄약고의 위치를 알려주고 일본군의 병력 배치를 면밀히 설명해주었다. 우리 군의 선전문을 쓰고 우리 군의 폭격기에 동승하여 군사 목표로 유도해주었다. 그것은 마치 새로운 장을 펼친 듯했다. 새로운 페이지에 쓰인 것이 예전 페이지의 것과 정반대였음에도 그들은 거기에 쓰인 내용을 한결같은 성실함으로 읽어나갔다.

물론 모든 포로가 다 그러했을 리는 만무하다. 그중에는 끝까지 저항하는 자도 일부 있었다. 어떤 경우도 포로로부터 위와 같은 행동을 끌어내려면 그 전에 좋은 조건을 갖춰주어야 했다. 당연한 일이지만 미군 지휘관들은 일본인의 도움을 액면 그대로 받아들이는 것에 망설였다. 포로의 협조를 전혀 이용하지 않은 부대도 있었다. 그러나 포로의 도움을 받았던 부대에서는 처음에 품었던 의혹을 철회하지 않을 수 없었고 일본인 포로의 성의를 점차 신뢰하게 되었다.

미국인은 설마 포로들이 이렇게까지 돌아설 줄은 상상도 못 했다. 그것은 우리 규범에는 맞지 않는 것이었다. 그러나 일본인은 어느 하나의 행동 방침에 완전히 열중했다가도 그것이 실패하면 다른 방침을 취하는 것을 당연시하는 듯했다. 이것은 우리가 전쟁 후에도 신뢰할 수 있는 행동 양식일까? 아니면 개개인이 따로 포로가 된 병사들에게만 나타나는 특수한 행동일까? 전쟁 중 우리 눈에 비친 일본인의 행동의 특이함도 그랬지만, 이런 포로들의 행동도 그들이 따라야만 했던 모든 생활양식과 여러 제도의 기능, 그리고 그들이 습득해온 사고와 행동의 관습에 대해 많은 의문을 야기했다.

제3장

제자리 찾기

일본인을 이해하려면 우선 "각자가 자신에게 알맞은 자리를 취한다"라는 말의 의미를 일본인들이 어떻게 받아들이고 있는지 알 필요가 있다. 우리에게는 계층 제도를 하나의 사회 기구로 제대로 이해한다는 것이 쉽지 않은 일이다. 질서와 계층 제도에 대한 일본인의 신뢰와 자유와 평등에 대한 우리의 신념이 극단적으로 이질적이기 때문이다. 계층 제도에 대한 일본인의 신뢰야말로 인간 상호 관계나 인간과 국가의 관계에 대해 일본인이 가지는 관념 전체의 기초를 이루고 있다. 가족, 국가, 종교 생활 및 경제생활 등과 같이 그들의 국민적 제도를 설명해야 비로소 일본인의 인생관을 이해할 수 있다.

국내 문제를 이러한 계층 제도의 입장에서 조망해온 일본인은 국제 관계 또한 같은 입장에서 보았다. 최근 십여 년 동안 그들은 일본이 국제적 계층 제도의 피라미드의 정점에 점차 가까워지고 있다고 생각했다. 그리고 그 자리를 이미 서양 여러 나라가 점유하고 있는 지금에도 여전히 현재의 상황을 감수하고 있는 그들 태도의 저변에는 동일한 계층 제도의 견해가 깔려 있다. 일본의 외교문서는 항상 그들이 얼마나 계층 제도를 중시하고 있는가를 보여주었다. 1940년 일본이 독일, 이탈리아와 체결한 삼국동맹의 전문에는 "대일본 제국 정부, 독일 정부 및 이탈리아 정부는 세계 만방이 각자 제자리를 찾는 것이 항구적 평화의 선결 조건이 된다고 인정하는 바……"라고 쓰여 있다. 이 조약이 성사됨에 따라 내려진 조서詔書에도 같은 내용이 실렸다.

> 대의大義를 온 세상에 널리 드높이고 세계를 한집안으로 하는 것은 실로 황조皇祖 황종皇宗의 큰 가르침이니, 짐이 밤낮으로 이를 마음에 두고 있으나 오늘날 세국은 그 소란함을 그칠 줄을 모르고 인류가 받는 재앙과 환난 또한 이루 헤아릴 수가 없다. 짐은 환란이 멎고 평화가 하루 빨리 이뤄지기를 진심으로 바란다. (중략) 이에 3개국 간에 있어 조약의 성립을 보게 됨을 짐은 매우 흡족히 여기는 바다.
>
> 만방으로 각자 제자리를 찾게 하여 모든 사람이 안심하고 살아갈 수 있도록 하는 것이 미증유의 대업으로, 앞으로 가야 할 길이 멀다. (후략)

진주만 공격이 있던 바로 그날에도 일본 사절은 국무 장관 코델 헐[21]에게 이러한 내용을 명확히 담은 성명서를 전달했다.

> (전략) 세계 모든 국가로 하여금 각자 그 제자리를 찾게 하려는 일본

[21] 1871~1955. 당시 미 국무 장관. 그가 미일 교섭에서 제시한 헐 노트를 최후통첩으로 일본은 태평양전쟁에 돌입했다.

정부의 정책은 변하지 않는다. (중략) 현 상태를 영구히 하려는 것은 만방으로 제자리를 찾게 하려는 일본 정부의 근본적인 국책에 위배되므로 결단코 이를 용인할 수 없다.

일본의 이 기록은 그 며칠 전에 제시된 헐 노트에 호응하여 작성된 것이다. 헐 노트는 일본이 계층 제도를 중시하는 것처럼 미국이 기본으로 여기고 존중하는 미국인의 원칙을 기술한 것으로, 헐 장관은 이를 통해 각국의 주권 및 영토의 불가침, 타국 내정에의 불간섭, 국제간 협력과 화해로의 의존 및 평등의 원칙이라는 4원칙을 내세웠다. 우리는 국제 관계뿐만 아니라 일상생활 또한 이 원칙에 근거해야 한다고 믿는다. 평등은 미국인에게는 더 나은 세상을 위한 가장 높고 가장 도덕적인 기초다. 그것은 우리에게 압제와 간섭과 원치 않는 무거운 짐으로부터의 자유를 의미하며 법률 앞에서의 평등과 각자가 스스로의 상황을 개선해갈 권리를 의미한다. 그것은 오늘날 조직적인 형태로 실현되고 있는 기본적 인권의 근거이기도 하다. 우리는 우리가 평등을 침해할 때조차도 평등의 덕을 지지한다. 그리고 올바른 분노를 가지고 계층 제도와 싸운다.

평등의 덕은 미국 건국 이래 변하지 않는 미국인의 태도였다. 토머스 제퍼슨[22]은 이러한 입장을 독립선언문에 써넣었으며 헌법에 포함되어 있는 권리장전權利章典도 이에 기초하고 있다. 새로이 세워진 국가의 공문서에 나타난 이 형식적 문구가 중요했던 이유는 그것이 바로 그 대륙 사람들의 일상생활 속에 구체화된 생활양식이며, 유럽인들에

[22] 1743~1826. 미국의 제3대 대통령이자 미국 독립선언문의 기초자.

게는 미지의 생활양식이었기 때문이다. 미국의 사정을 국제사회에 소개한 중요한 문헌 중 하나로 알렉시스 드 토크빌[23]의 책[24]이 있다. 1830년대 초기에 미국을 방문했던 이 젊은 프랑스인은 이 책에서 미국의 평등 문제에 대해 썼다. 그는 총명하고 감수성이 풍부한 관찰자였기 때문에 별천지인 미국의 여러 뛰어난 점을 잘 파악했다. 정말로 미국은 딴 세상이었다. 토크빌은 당시 활약 중인 세력가들의 기억 속에도 아직 생생히 남아 있던 과거의 역사, 즉 프랑스혁명으로부터 시작해 나폴레옹의 새롭고 철저한 법률에 이르기까지 많은 동요와 충격을 겪어야 했던 프랑스 귀족 사회에서 자라난 젊은이였다. 토크빌은 미국의 낯설고 새로운 생활의 질서를 평가함에 있어 상당히 관대한 입장을 취했지만 그것은 역시 프랑스 귀족의 눈으로 바라본 것이었다. 그의 책은 구세계인 유럽을 향해 다가올 일을 알려주었다. 그의 신념에 의하면 미국이란 나라는 물론 차이는 있겠지만 유럽에 곧 일어날 발전의 전초지였던 것이다.

책에서 그는 새로운 세계를 자세히 설명하고 있다. "여기서 사람들은 정말로 서로를 평등한 인간으로 생각하고 있다. 그들의 사회적 교제는 편안하고 새로운 발판 위에서 이루어지고 있다. 그들은 서로 대등한 입장에서 이야기를 한다. 미국인은 계층적 예의범절의 사사로운 배려에 구애받지 않는다. 그들은 그러한 예의를 타인에게 요구하지 않고 물론 자신도 타인에게 베풀지 않는다. 그들은 또한 누구에게도 신세를 지고 싶어하지 않는다. 여기에는 오랜 귀족제 특유의, 혹은 로마

---

23 1805~1859. 프랑스의 정치학자이자 역사가.

24 『미국의 민주주의』.

적인 의미에서의 가정이란 존재하지 않는다. 구세계를 지배하고 있던 사회적 계층 제도는 사라지고 없다. 이곳 미국인들은 다른 무엇보다도 평등을 굳게 믿고 있다. 그리고 그들은 자유조차도 잠시 한눈을 파는 사이에 놓쳐버릴 때가 있지만 평등만큼은 그 삶 속에서 실천하고 있다."

100년 전에 미국의 생활양식에 대해 기록했던 이 외국인의 안목을 통해 선조들의 모습을 보는 것은 확실히 우리 미국인에게 긍정적인 자극을 준다. 그 후로 미국은 수많은 변화를 겪었지만 그 주요한 윤곽은 조금도 변하지 않았다. 우리는 이 책을 읽으면서 1830년대의 미국이 이미 우리가 알고 있는 그대로의 미국이었다는 것을 확인할 수 있다. 물론 미국에서도 제퍼슨 시절에 알렉산더 해밀턴[25]과 같이 보다 귀족주의적인 사회질서를 지향했던 사람이 있었다. 지금도 존재한다. 그러나 그런 사람들도 미국의 생활양식이 결코 귀족주의적이지 않다는 것은 잘 알고 있다.

따라서 우리가 진주만 피습 직전에 일본에 대해 미국의 태평양 정책의 기초를 이루는 숭고한 도덕적 근거를 밝힌 성명을 발표했던 것은 우리가 가장 신뢰하고 있는 원칙을 말로 표현한 것이라 할 수 있다. 우리는 우리가 지시한 방향을 따라가면, 지금은 불완전한 상태에 있는 세계를 한 걸음씩 개선할 수 있으리라 확신했다. 또한 일본인이 '제자리 찾기' 에 대한 신념을 표명한 것은 다름 아닌 스스로의 사회적 체험을 통해 그들 내에 깊이 뿌리박힌 생활 원리로부터 근거한 것이었다.

●●●

[25] 1755~1804. 워싱턴 대통령 시절에 재무 장관을 지냈으며 현명한 소수에 의한 정치를 주장했다.

불평등은 수 세기에 걸쳐 그들의 조직화된 생활의 규칙이 되어왔다. 그것은 불평등이 쉽사리 예상되고 일반에게 널리 인정된 생활의 바탕이었기 때문이다. 계층 제도를 인정하는 것은 호흡하는 것과 마찬가지로 그들에게는 자연스러운 일이었다. 그러나 그것은 서구식 권위주의와는 다르다. 지배권을 행사하는 자도, 타인의 지배를 받는 자도 모두 우리의 전통과는 상이한 전통에 따라 행동한다. 그렇기 때문에 일본인이 일본에 대한 미국의 권위를 그 계층적 지위상 높이 두게 된 오늘날 그들의 관습에 관해 가능한 한 명료한 개념을 획득해야 할 필요성이 한층 커졌다. 그래야만 우리는 현재와 같은 상황에서 일본인이 취할 것으로 예상되는 행동 양식을 머릿속에 명확히 그려낼 수가 있을 것이다.

일본은 근래에 들어 급격히 서구화되었음에도 불구하고 여전히 귀족주의적 사회로 남아 있다. 사람과 인사를 나누고 접촉할 때에는 반드시 쌍방의 사회적 간격의 성격 및 정도를 표현해야 한다. 일본인은 남에게 "먹어라", "앉아라"라고 말할 때 상대가 친한 사람인가, 손아랫사람인가, 손윗사람인가에 따라 다른 단어를 사용한다. 같은 '당신'이라도 각각의 경우에 따라 다른 말을 사용해야 하며 같은 의미의 동사도 몇 종류의 다른 어간을 가진다. 일본인은 다른 태평양 여러 민족과 마찬가지로 '존댓말'을 가지고 있다. 그리고 존댓말과 함께 예절을 갖춰 절을 하며 앉는다. 이러한 모든 동작은 매우 세밀한 규칙과 관례에 의해 규제를 받는데, 누구에게 절을 할 것인가를 아는 것만으로는 충분하지 않다. 한층 더 나아가 어느 정도로 허리를 굽혀 절할 것인가도 염두에 두어야 한다. 어떤 사람에게는 바르고 알맞은 절이었다 하더라도 절을 하는 사람과의 관계가 조금이라도 다른 누군가에게는 그것이 무례한 것으로 여겨져 분노를 살 수가 있기 때문이다. 절에는 무릎 꿇고 바닥에 앉아서 앞에 놓은 양손에까지 이마를 숙여서 하는 가장 정중한 절부터, 머리와 어깨를 약간 기울이는 정도의 가벼운 절에 이르기까지 여러 종류가 있다. 사람들은 어떠한 절이 각 경우에 적절한 것인지를 배워야 한다. 그것도 어려서부터 익혀두지 않으면 안 된다.

물론 말할 필요도 없이 계급의 차이도 중요하지만 적합한 행동과 함께 항상 기억해야 할 것은 그것 말고도 또 있다. 성별이나 연령, 두 사람 사이의 가족 관계 및 기존의 교제 관계 등도 전부 고려해야 한다. 같은 사람에게라도 그 상황에 따라서 또 다른 정도의 정중함이 요구되는 것이다. 예를 들면 민간인으로 있을 때는 서로 편안한 관계여서 절 같은 건 하지도 않았던 사이가, 군복을 입게 되면 평상복을 입은 친구가 절을 해야 하는 관계로 변하기도 한다. 계층 제도를 지켜나가기 위해서는 무수한 인자 간의 균형을 잘 유지해야 한다. 각각의 경우에 있어서 인자 중 어떤 것은 서로 부정적으로 작용하여 힘을 상쇄시키지만 어떤 것은 긍정적으로 작용하여 그 힘을 상승시킨다.

물론 형식 운운할 필요가 없는 사이도 있다. 미국에서는 바로 자신의 가족권 내에 있는 사람들이 그렇다. 우리는 자신의 가족 안으로 돌아오면 형식적인 예절 따위는 일체 벗어버린다. 그러나 일본에서 예의범절을 익혀서 세심한 주의를 기울여 실천하는 대상은 다름 아닌 가족이다. 어머니는 아기를 등에 업고 다닐 때부터 자신의 손으로 아기의 머리를 숙이게 하여 절하는 것을 가르친다. 그리고 아기가 아장아장 걸어 다닐 즈음이 되면 가장 먼저 아버지나 형에게 예의를 갖추는 법을 가르친다. 아내는 남편에게 머리를 숙이고, 아이는 아버지에게 머리를 숙이고, 동생은 형에게, 그리고 여자 아이는 연령과 상관없이 모든 남자 형제에게 머리를 숙인다. 이는 절대로 내용 없는 몸짓이 아니다. 그것은 머리를 숙이는 쪽이, 사실은 자신이 맘대로 처리하고자 하는 일에 대해 상대가 그 뜻대로 행동할 권리가 있음을 인정하는 것이며, 절을 받는 쪽도 그 지위에 마땅히 지워질 책임을 받아들이겠다는 것을 의미한다. 성별과 세대, 그리고 장자상속에 입각한 계층 제도는 가정 생활의 근간을 이루고 있다.

말할 것도 없이 효는 일본이 중국과 공유하고 있는 숭고한 도덕률이다. 효에 관한 중국인의 논리는 일찍이 6, 7세기 무렵 중국의 불교와 유교의 도덕설, 그리고 세속적인 중국 문화와 함께 일본에 전해졌다. 그러나 일본에서 효의 성격은 중국과는 이질적인 것이 되었다. 일본의 가족 구조에 적합하도록 불가피하게 바뀐 것이다. 중국에서는 지금도 사람은 자신이 속한 거대한 씨족에 대해 충성을 다해야 한다고 생각한다.

씨족은 때로는 몇 만이나 되는 다수로 구성되기도 한다. 씨족 전체에 대해 지배력을 가진 자는 또한 그들 전체에게서 지지를 받는다. 여하튼 광대한 나라의 일이니만큼 지방에 따라 사정은 다를 수 있지만 중국인은 대부분 씨족끼리 모여 살고 있다. 어떤 부락은 모두 같은 씨족으로 이루어져 있다. 중국의 주민은 전부 4억 5천만이나 되는데 성姓은 고작 470여 개밖에 없다. 더욱이 같은 성을 가진 사람끼리는 서로에 대해 어느 정도 씨족적 동포라고 인정하고 있다. 한 지역 일대의 주민이 모두가 예외 없이 같은 씨족에 속하는 경우도 있고 멀리 떨어진 도회에 살고 있는 사람이 그들과 같은 씨족일 때도 있다. 광둥 성과 같이 인구밀도가 높은 지역에서는 씨족의 구성원이 결속하여 큰 씨족 회관을 유지하고 경영한다. 일정한 날 그곳에 모여 공통된 조상을 가진,

고인이 된 이들의 천 개에 달하는 위패를 받든다. 각 씨족은 재산과 토지와 사원을 소유하며, 씨족의 유망한 자손들을 위한 장학 기금을 마련하고, 흩어진 구성원들의 소식을 계속 살피면서 10년마다 면밀히 갱신된 계보를 발행한다. 그리고 그 계보를 통해 씨족의 은전恩典에 권리를 가진 사람의 이름도 밝힌다. 씨족마다 조상 대대로 내려오는 가헌家憲을 가지고 있는데, 씨족이 정부의 뜻에 동의하지 않는 경우에는 그 가헌에 따라 가족 내 범죄자를 국가에 인도하기를 거부하는 일조차 일어난다. 제정 시대에 이러한 반反자율적 씨족의 대공동체 사회는 국가에서 파견된 관료의 통치를 받았다. 하지만 그 지역에서는 이방인인 데다가 빈번히 교체되는 관료를 우두머리로 한 느슨한 관리 기구의 통치는, 상위 조직이라는 명분만 가질 뿐 가능한 약식으로 이루어졌다.

그러나 일본에서는 사정이 전혀 달랐다. 19세기 중엽까지 성姓은 귀족이나 무사의 집안에만 허용되었다. 성은 중국 씨족제도의 근본이다. 당연히 성이나 그에 상당할 만한 것이 없으면 씨족사회는 발달할 수가 없다. 어떤 부족은 족보를 작성하는 것이 성과 같은 역할을 하기도 했다. 그러나 일본에서 계보를 가질 수 있는 것은 상류 계급뿐이었으며 더욱이 그 계보란 것은 미국애국부인회[26]가 했던 것처럼 현재 생존해 있는 사람에서부터 거꾸로 시대를 거슬러 올라가면서 기록하는 것이었다. 그러므로 옛날부터 순서대로 시대를 걸쳐 내려와 시조로부터 나뉘어온 동시대 사람들까지 빠짐없이 망라한 것은 없었다. 이 두 가지

26 1890년 워싱턴에서 설립된 모임으로 미국독립전쟁에 참전한 자의 후손들로 자격이 제한되어 있었다.

방식은 전혀 다른 것이다. 더욱이 일본은 봉건적인 국가였다. 충성을 바칠 상대는 친인척 관계의 일대 집단이 아닌 봉건 군주였다. 봉건 군주는 그 땅에 정착해 있는 주권자로, 일시적으로 파견된 관료적인 중국 관리와는 큰 차이가 있었다. 일본에서 중요하게 보는 것은 어떤 사람이 사쓰마 영지에 속하는가, 히젠 영지에 속하는가 하는 것이었다. 그의 기반은 속한 영지에 매여 있었다.

씨족을 제도화하는 또 다른 방법으로 먼 조상이나 씨족의 신들을 영묘나 성소에서 숭배하는 것이 있다. 이 방법이라면 성이나 계보를 가지지 못한 일본의 '서민' 들에게도 가능하다. 그러나 일본에는 먼 조상을 숭배하는 의식의 관습이 없다. '서민' 이 받드는 신사에는 마을 사람 모두가 모이기 때문에 그들에게는 그 조상이 공통임을 증명할 필요가 없다. 그들은 스스로를 신사 제신의 '아이들' 이라 부르지만 그들이 '아이들' 인 것은 그 제신의 영역 내에 살고 있기 때문이다. 이와 같이 동일한 신을 받드는 촌민은 세계 곳곳의 사람들처럼 몇 대를 같은 토지에 정주한 결과로 맺어진 인연이긴 하지만, 같은 조상의 피를 이어받은 긴밀한 씨족 집단과는 다르다.

조상 숭배는 신사와 전혀 관계없이 집안 거실에 설치된 불단에서 이루어진다. 그곳에는 겨우 예닐곱 명의 근래에 죽은 사람들만이 받들어진다. 일본의 모든 계층의 사람들이 매일 이 불단 앞에서 그 안에 안치된 작은 묘비 모형의 위패가 대표하는 이들을 위해 제사를 드리며 음식을 바친다. 그 대상은 지금도 생생히 기억 속에 남아 있는 부모나 조부모, 또는 가까운 친족이 된다. 증조부모의 묘표는 마모되어 알아볼 수 없게 되어도 글씨를 다시 손질하지 않는다. 3대 이전의 조상의 것이라면 그것이 누구의 묘였는지조차도 잊힌다. 이렇게 해서 일본의 가족적 연대는 서양과 별다른 차이가 없을 정도로 좁혀진다. 아마도 프랑스의 가족 개념이 이와 가장 흡사할 것이다.

따라서 일본의 '효'는 제한된, 즉 직접 얼굴을 맞대고 있는 가족 간의 문제다. 그것은 기껏해야 자신의 아버지와 조부, 증조부나 조부의 형제, 그리고 그 직계 정도를 포함하는 데에 그친다. 그 집단 속에서 세대나 성별, 연령에 따라 자신에게 합당한 자리를 차지하는 것이다. 더 넓은 범위의 집단을 포함하는 집안에서도 가족은 몇 갈래의 다른 계통으로 나뉘어서 차남 이하의 남자는 대체로 분가를 하게 된다. 이렇게 직접 얼굴을 맞대는 소집단 내부에서 '합당한 위치'를 규정하는 규칙은 실로 세밀하다. 연장자가 정식으로 물러날 때까지 연장자의 명령은 엄격히 지켜진다. 오늘날에도 장성한 아들을 몇 명이나 거느린 아버지라 해도 그 자신의 아버지가 아직 은퇴하지 않았다면 무엇을 하든지 일일이 나이 든 아버지의 허락을 거쳐야 한다. 자녀가 서른이나 마흔의 나이에 달했다 해도 부모는 자녀의 결혼 문제를 마무리 짓거나 깨뜨릴 수 있다. 아버지는 한 집안의 가장으로서 식사 때에는 가장 먼저 수저를 들고, 목욕도 가장 먼저 하며, 가족의 정중한 절도 가볍게 고개를 끄덕여 받으면 된다. 일본에서 일반적으로 널리 알려진 수수께끼가 있는데 그것을 우리나라 식으로 바꾸면 다음과 같다. "부모에게 의견을 말하고 싶어하는 아들은 머리털을 기르고 싶어하는 승려와 같다. 이 말의 속뜻은?" 정답은 "아무리 하고 싶어도 할 수 없다"다.

합당한 위치, 제자리란 단지 세대 차이뿐 아니라 연령의 차이에도 적용된다. 일본인은 몹시 무질서한 혼란의 상태를 표현하고자 할 때 "난형난제하다"라고 말한다. 이는 우리가 어떤 일이 "고기도 아니고 새도 아니다"[27]라고 표현하는 것과 비슷하다.[28] 실제로 일본인의 사고에서는 물고기가 물속에 있어야 하는 것과 마찬가지로 사람은 어디까지나 장자로서의 성격을 유지해야 한다고 본다. 장자는 후계자다. 일본을 방문한 여행자들은 '일본의 장남들이 아주 어릴 적부터 몸에 익히는 책임감 있는 태도'에 대해 언급한다. 장남은 아버지와 별다른 차가 없는 특권을 누린다. 옛날에는 동생이 결국 장남에게 신세를 져야 했다. 그러나 지금은 시골집에 머물러 구식의 관습에 얽매이는 것이 장남이다. 차남 이하의 형제들은 널리 세상으로 나아가 교육도 더 받고 수입도 장남을 능가하는 것이 가능하게 되었다. 그러나 기존의 계층 제도의 관습은 여전히 강하게 남아 있다.

현대 정치 평론에서 대동아 정책을 논의하는 와중에도 전통적인 형의 특권은 명백히 거론되었다. 1942년 봄 한 중령이 육군성의 대변자로서 공영권[29]에 관해 다음과 같은 발언을 했다.

"일본은 그들의 형이며 그들은 일본의 아우다. 이 사실을 점령 지역의 주민에게 철저하게 인식시켜야 한다. 주민들을 지나치게 배려하면 그들 마음속에 일본의 친절함에 편승하려는 경향을 초래할 수도 있다. 이는 일본 지배에 유해한 영향을 미치게 될 것이다."

바꿔 말하자면 형은 무엇이 동생을 위한 것인가를 결정하고 그것을 강요할 때 '지나친 배려를 보여'서는 안 된다는 것이다.

연령을 불문하고 한 개인의 계층 제도 내의 위치는 성별에 따라서도

27 정체를 알 수 없다는 뜻.

28 이 책을 일본어로 번역했던 하세가와 마츠지는 '난형난제(누가 형이고 누가 동생인지 분간하기 어렵다)'와, 베네딕트의 '형도 아니고 동생도 아니다'라는 번역에는 엄연히 뉘앙스의 차이가 있다고 지적한다.

29 구미 세력을 몰아내고 일본을 중심으로 만주, 중국, 동남아시아 민족의 공존공영을 이루자고 외치며 사용한 단어.

달라진다. 일본의 부인들은 남편의 뒤를 따라 걸으며 사회적 지위도 남편보다 낮다. 가끔 서양식 복장을 입고 남편과 나란히 걷거나 출입구를 통과할 때 남편보다 앞서는 부인들도 기모노로 갈아입으면 원래대로 뒤로 물러나 버린다. 일본 가정의 여자 아이들은 선물도 사람들의 주목도 교육비도 다 남자 아이에게 돌아가는 것을 얌전히 지켜볼 수밖에 없다. 젊은 여성을 위한 고등교육 수준의 학교가 설립되었을 때에도 거기에 부과된 과목은 예의범절을 가르치는 수업에 중점이 두어졌다. 본격적인 지적 교육의 측면은 남자의 발끝에도 미치지 못할 수준이었다. 실제로 한 학교의 교장이 그 학교의 상위 중산층 여학생들에게 어느 정도 유럽의 언어를 가르치는 것이 좋다고 주장했는데, 그 주장의 근거는 어이없게도 학생들이 결혼한 후 남편의 장서에 앉은 먼지를 털어내고 나서 책장에 책을 거꾸로 꽂는 일이 없도록 해야 한다는 것에 있었다.

그래도 일본의 여성은 다른 아시아 국가들에 비교하면 많은 자유를 누리고 있는 편이다. 게다가 이것이 단지 서구화된 일본의 일면이 나타난 것이라고 단정할 수만도 없다. 일본에는 중국의 상류 계급처럼 여성에게 전족纏足이 행해진 적이 없었다. 또한 오늘날 인도 여성들은 가게를 드나들고 거리를 오가며 신체를 감추지 않는 일본 여성들을 보면 큰 충격을 받을 것이다. 일본에서는 부인이 집안의 물건을 구입하고 집안의 경제권을 갖는다. 살림이 쪼들리게 되면 집에서 적당한 물건을 선택해서 전당포로 가져가는 것도 부인이 할 일이다. 부인은 하인들을 지휘하며 자녀들의 결혼에도 강력한 발언권을 행사한다. 그리고 아들이 아내를 얻어 시어머니가 되면 그 이전 반생을 통틀어 무슨 말을 들어도 예, 예 하며 고개를 숙이던 가련한 제비꽃이었던 부인은 도저히 상상이 되지 않을 정도로 단호한 태도로 집안의 모든 살림을 척척 꾸려나가는 것이다.

일본에서는 이처럼 세대, 성별, 연령의 특권이 엄청나다. 그러나 특권을 행사하는 사람들이란 횡포를 부리는 독재자로서가 아니라 중대한 책무를 위탁받은 자로서 행동한다. 아버지나 장남은 현재 살아 있는 사람, 이미 세상을 떠난 사람, 곧 태어날 사람을 포함하여 그 가족 전체를 책임진다. 그는 중대한 결정을 내리며 또 그 결정이 꼭 실행될 수 있도록 조처한다. 그렇다고 해서 그가 무제한의 권력을 가지는 것은 아니다. 그는 일가의 명예를 지키도록 책임을 가지고 행동할 것으로 기대된다. 자녀나 동생에게 집안의 물질적, 정신적 유산을 상기시키며 그에 어울리는 사람이 되도록 요구한다. 가령 농부의 신분이라도 그에게는 가문의 조상에 대한 무게 있는 태도가 요구된다. 그리고 그가 속한 계층이 상위일수록 그에 비례하여 가문에 대한 책임은 더욱 무거워진다. 가문의 요구가 개인의 요구에 앞서는 것이다.

어떤 중대한 사건이 일어난 경우 가문의 지위 고하를 막론하고 가장은 친족회를 소집해서 그 문제를 토의한다. 예를 들면 혼약에 관한 상담을 위해 구성원은 멀리 떨어진 지방에서 일부러 올라오기도 한다. 결론에 도달하는 과정에 있어서는 아무리 비중이 낮은 사람의 의견이라도 수렴하며 동생이나 아내의 의견이 그 결정을 좌우할 때도 있다. 호주戸主가 모두의 의견을 무시하고 행동하면 큰 곤란에 빠질 수도 있기 때문이다. 물론 그렇게 내려진 결정이 그에 따라 운명이 정해지는 당사자에게 있어서는 도저히 승복할 수 없는 것일 때도 있다. 그러나 이제껏 친족 회의의 결정에 따른 경험이 있는 연장자들은 손아랫사람들에게도 결정에 따를 것을 완강하게 요구한다. 그 요구에 숨겨진 강제력은 프러시아의 아버지처럼 자신의 처자에게 함부로 대하는 권리를 법률이나 관습을 통해 부여받은 것과는 전혀 다르다. 그렇다고 해서 요구 내용이 일본 쪽이 더 느슨하다는 것이 아니다. 그 효과가 다르다는 것이다. 일본인은 가정생활에 있어서 전제적인 권력을 존중하도록 배우지는 않는다. 또한 그에 쉽게 굴하는 습성도 교육받지 않는다. 아무리 부당한 요구일지라도 가족의 전체 의지에 복종하는 것은 가족 전원의 관계를 볼 때 최상의 가치라는 명목하에 요구된다. 즉 공동의 충성이라는 이름으로 요구되는 것이다.

일본인은 누구나 가정 내부에서 계층 제도의 관습을 우선적으로 익히고, 그것을 경제생활이나 정치 등 더 넓은 영역에 적용한다. 또 그는 집단 내 지배력의 유무와는 상관없이 자신보다 상위의 '합당한 위치'를 할당받은 사람에게 가능한 최대의 경의를 표할 것을 배운다. 아내에게 눌려 사는 남편, 동생에게 지고 사는 형이라도 표면적으로는 변함없이 존경을 받는다. 타인에게 조종받고 있는 상위자라고 해도 그것 때문에 특권과 특권 사이의 형식적인 경계선이 파기되지는 않는다. 겉으로 보이는 부분이 실제 지배 관계와 일치되기 위해 변경되는 일은 없다. 그것은 변함없이 침범할 수 없는 영역이다. 형식적 신분의 구속을 받지 않고 실권을 휘두르는 쪽이 오히려 전략상 유리한 때도 있다. 그 편이 공격당할 우려가 적기 때문이다.

일본인은 또한 어떤 결정에 미치는 가장 큰 영향력은 그 결정이 가문의 명예를 지킬 것이라는 가족 전원의 확신에서 비롯한다는 것을 가정생활에서 배운다. 그 결정은 가장의 위치에 있는 폭군의 변덕으로 무리하게 강요되는 법령이 아니다. 일본의 가장은 오히려 물질적, 정신적 재산의 관리인에 가깝다고 할 수 있다. 이 재산은 가족 전원에게 중요한 것이기에 가족 모두가 그들의 개인적 의지를 그 요구에 종속시키는 것이다. 일본인은 완력을 사용하는 것을 꺼리지만, 그 때문에 집안의 요구를 가볍게 여기지는 않는다. 또한 신분이 주어진 사람에게 최고의 경의를 표하는 것에도 변화가 없다. 연장자가 완력을 쓰는 독재자가 되는 경우는 거의 없지만 가정 내 계층 제도는 훌륭하게 유지된다.

이러한 일본 가정에서의 계층 제도를 단지 그대로 써 내려간 설명만 읽어서는, 일본 가정이 가진 강력하고 공인된 감정적 유대를 충분히 이해할 수 없다. 일본 가정의 연대감은 대단히 강하다. 일본인이 어떻게 해서 그러한 연대감을 확립해나가는가 하는 것이 이 책이 다루는 문제 중 하나다. 그러나 정치나 경제생활 등의 보다 광범위한 영역에서의 그들 계층 제도의 요구를 이해하려면, 그보다 앞서 계층 제도의 관습이 가정에서 어떻게 완전히 습득되는지를 아는 것이 중요하다.

일본인 생활 속에서 계층적 조직은 계급 간의 관계에서도 가정과 마찬가지로 철저하다. 일본은 일본의 전 역사 기간 동안 계급적이며 카스트적인 사회를 유지해왔다. 그리고 이같이 수 세기에 걸친 카스트제도의 관습을 가진 국민은 매우 중요한 의의가 있는 장점과 단점을 가진다. 일본에서는 카스트가 그 유사 시대 동안 일관된 생활의 원리였다. 그리고 일본은 7세기 당시 카스트제도가 없던 중국으로부터 차용한 생활양식을 일본 고유의 계층적 문화에 적용하려고 노력했다. 7세기에서 8세기에 걸친 시기 동안 일본의 천황과 궁정은 일본의 사절단을 놀라게 했던 위대한 중국 왕국의 고도의 문명을 받아들여 일본을 윤택하게 하려는 사업에 착수했다. 그들은 이 작업에 전례 없는 정력을 쏟았다. 그 당시 일본에는 아직 문자조차 없었다. 7세기에 중국의 표의문자를 도입한 일본은 그 문자를 중국과 전혀 다른 성질의 문자로 바꾸었다.

그때까지만 해도 일본에 있던 종교는 산이나 마을에 자리 잡고 사람들에게 복을 가져다준다는 4만 신의 이름을 내건 종교였다. 이 민간종교가 그 후 숱한 변천을 겪으면서도 오늘날까지 이어져 신토가 된 것이다. 일본은 7세기에 중국으로부터 "국가를 수호하기에 뛰어난"[30] 종교로서 불교를 대대적으로 받아들였다. 또 당시 일본에서는 공적인 것이든 개인적인 것이든 영구적인 건물을 세우는 일이 없었는데, 천황은 중국의 수도를 따라 새로운 수도 나라奈良를 건설했다. 그리고 전국 곳곳에 중국을 모방한 장엄한 불교의 큰 절과 거대한 승원을 건립했다. 천황은 사절단이 중국에서 가져온 관직 위계의 제도와 율령을 채용했다. 세계 역사상 주권국가에 의한 계획적 문명 유입이 이렇게 순조롭게 이뤄진 예는 찾아보기 힘들 것이다.

그러나 초기부터 일본이 카스트제도가 없는 중국의 사회조직을 그대로 재현하는 것은 불가능했다. 일본이 채용한 관직 제도를 예로 들자면 중국에서는 국가시험에 급제한 행정관에게 관직이 부여되는 반면, 일본에서는 카스트제도의 구성 요소인 세습 귀족이나 봉건영주에게 관직이 주어졌다. 일본은 끊임없이 서로의 세력을 견제하는 영주가 지배하는 반半독립적 상태의 수많은 번[31]으로 갈라져 있었다. 그리고 중요한 사회적 규정은 영주와 가신과 그 부하들의 특권에 관련된 것이

---

30 * George Sansom, Japan : A Short Cultural History, p.131. 나라 시대의 연대기에 나오는 표현에서 인용.

31 봉건제도하에서 각 영지와 그 소속물을 뜻하며 이런 번의 영주를 다이묘라고 한다.

었다. 일본이 아무리 중국 문명을 정력적으로 유입했다 하더라도 자신의 계층 제도 대신에 중국의 관료적 행정제도나, 여러 신분과 직업의 사람들을 하나의 커다란 씨족 아래에 통합하는 중국의 생활양식으로 전환할 수는 없었다. 또한 중국의 세속적인 황제 사상도 받아들이지 않았다. 황실을 일컫는 일본어 명칭은 '구름 위에 사는 사람들' 이라는 의미를 가지며, 그 일족의 사람들만이 황위에 오를 수 있었다. 중국에서는 빈번히 왕조가 교체되었지만 일본에서는 단 한 번도 그런 일이 없었다. 천황은 불가침 존재며 천황의 몸은 신성한 것이었다. 중국 문화를 일본에 도입한 일본 천황들과 궁정은 이 점에 있어서 중국의 조직이 원래는 어떤 형태였는지 전혀 상상도 하지 못했고, 자신들이 어떤 식으로 변형하고 있는지 자각하지도 못했음에 틀림없다.

따라서 중국에서 여러 가지 문물을 들여왔음에도 불구하고 이 새 일본 문명은 세습 영주의 가신들 사이의 수 세기에 걸친 패권 쟁탈전의 길을 닦아주는 데에 지나지 않았다. 8세기 말엽까지 귀족이었던 후지와라 가문은 한때 지배권을 장악하고 천황을 뒷자리로 밀쳐놓았다. 그러나 시간이 지남에 따라 후지와라의 지배는 봉건영주들의 반발에 부딪혔고 국내는 혼란에 빠져들었다. 봉건영주 중 한 사람인 유명한 미나모토노 요리토모[32]가 경쟁자들을 모조리 정벌한 후에 쇼군이라는 예전부터 있었던 군사적 칭호를 업고 일본의 사실상 지배자가 되었다. 이 관명은 약칭으로 그 완전한 형태는 문자 그대로 미개 야만족을 평정하는 대원수라는 의미를 가진 '세이이다이쇼군征夷大將軍'[33]이다. 일본에서는 일반적인 일이지만 요리토모는 다른 봉건영주를 억누를 실

[32] 1147~1199. 가마쿠라막부의 초대 쇼군. 무사 정치의 창시자.

력이 있는 동안은 이 관직을 미나모토 가문의 자손들이 세습하도록 했다.

천황은 무력한 존재였다. 천황의 주된 중요성은 쇼군이 여전히 의례적으로 천황의 임명을 받고 있다는 것에 지나지 않았다. 천황은 어떠한 정치적 권력도 가지지 못했다. 실제 권력은 위력에 굴복하지 않는 번에 대해 무력으로 지배권을 확보해가는 막부가 쥐고 있었다. 막부는 원래 대장의 군영이라는 의미였는데 변하여 쇼군의 정부를 부르는 명칭이 되었다. 봉건영주, 즉 다이묘는 각각 무장한 부하인 무사를 거느리고 있었다. 무사들은 주군의 명령에 따라 그 검을 휘둘렀으며 불안정한 동란 시대에는 언제든지 경쟁 상대인 번이나 지배자인 쇼군의 '합당한 위치' 에 이의를 제기하여 싸울 준비를 갖추고 있었다.

16세기에는 내란이 마치 풍토병처럼 걷잡을 수 없이 번져갔다. 수십 년간의 동란 끝에 무장 도쿠가와 이에야스[34]가 모든 경쟁 상대를 누르고 1603년 도쿠가와 가문의 초대 쇼군이 되었다. 쇼군의 지위는 그 후 두 세기 반에 걸쳐 이에야스의 혈통 내에서 이어지다가 1868년 천황과 쇼군의 '이중 통치' 가 폐지되고 근대가 시작되면서 비로소 그 막을 내렸다. 여러 면에 있어서 오랜 기간이었던 도쿠가와 시대는 역사상 매우 주목할 만한 시대 중 하나라 할 수 있다. 마지막 최후의 시간에 이르기까지 일본에 무장 평화를 유지했으며, 도쿠가와 가문의 목적에 알

---

33 원래는 군을 인솔하여 출정하는 임시직을 가리켰으나 미나모토노 요리토모가 세이이다이쇼군이 된 이후로는 세이이다이쇼군이라는 명칭만이 쓰이게 되고 막부 최고 책임자라는 뜻도 겸하게 되었다.

34 1542~1616. 1600년 세키가하라 전투에서 도요토미 히데요시의 세력을 물리치고 천하의 패권을 장악, 에도(현 도쿄)에 도쿠가와막부를 열었다.

맞은 중앙집권제를 실현한 시대였다.

이에야스는 어려운 문제에 직면했을 때 안이한 해결책을 택하지 않았다. 당시 상황은 내란 동안 그를 적대시했던 일부 유력한 번의 영주들이 최후의 결전에 대패를 당하고 나서 마지못해 그에게 고개를 숙인 참이었다. 이들이 이른바 도자마다이묘外様大名[35]다. 이에야스는 이 다이묘들이 종전대로 그 번 혹은 무사들을 지배하도록 내버려 두었다. 사실 이 다이묘들은 그 영지에서 최대의 자치권을 행사했으나, 이에야스는 그들을 도쿠가와막부의 가신이 되는 영예에서, 또 모든 요직에서 소외시켰다. 중요한 지위는 후다이다이묘譜代大名[36], 즉 내란 때 이에야스 쪽에 섰던 다이묘들에게 돌아갔다. 이런 까다로운 상황에서 정치체제를 유지하기 위한 정책으로, 도쿠가와는 다이묘가 힘을 축적하는 것을 막고 쇼군의 지배를 위협할 우려가 있는 모든 연합을 금지했다. 도쿠가와는 봉건적 체제를 폐지하지 않았을 뿐 아니라 국내 평화와 도쿠가와 가문의 지배를 유지하기 위해 봉건적 체제를 더욱 강화하고 견고히 했다.

일본의 봉건사회는 복잡한 여러 층으로 나뉘고, 각자의 신분은 세습적으로 결정되었다. 도쿠가와는 이 제도를 고정하고 각각의 카스트의 평소 행동을 세밀히 규제했다. 각 가장은 집의 문 앞에 자신의 계급적 지위와 세습적 신분에 관한 소정의 사실을 게시해야 했다. 그가 입을 수 있는 의복, 그가 살 수 있는 음식, 그가 살아도 되는 가옥의 종류는 모두 세습적 신분에 따라 규정되었다. 황실과 궁정 귀족 아래로 무사,

35 본래는 도쿠가와 가문의 가신이 아니었으나 세키가하라 전투 이후에 복종하게 된 영주.

36 세키가하라 전투 이전부터 도쿠가와 가문의 가신이었던 영주.

농민, 공인, 상인의 네 계급의 카스트가 존재했다. 그리고 그 아래로는 사회에서 추방당한 천민 계급이 있었다. 이 천민 계급에서 가장 수가 많고 유명한 이들이 '에타', 즉 금기시하는 직업에 종사하는 사람들이었다. 이들은 쓰레기 줍기, 사형수 매장, 죽은 짐승의 가죽 벗기기, 피혁 제조 등을 그 업으로 했다. 일본에서 그들은 불촉 천민이라 하여, 정확히 말하자면 인간 축에 끼지 못하는 존재였다. 실제로 그들의 부락을 통과하는 큰길은 마치 그 지역에 토지도 주민도 전혀 존재하지 않는 것처럼 이정에 포함되지도 않았다. 그들은 직업을 영위할 수 있도록 인가는 받았으나 정식 사회조직의 외부에 있었기에 생활이 매우 빈곤했다.

상인들은 천민 계급 바로 위에 자리하고 있었다. 미국인에게는 실로 기이하게 느껴지는 점이기도 한데 봉건사회의 실정에는 매우 적합한 일이기도 했다. 상인 계급은 항상 봉건제도의 파괴자이기 때문이다. 실업가가 존경받고 부유해지면 봉건제도는 쇠퇴한다. 도쿠가와 가문이 17세기에 어느 나라에서도 강행한 적이 없는 대담한 법률을 가지고 쇄국을 선언한 것은 바로 상인의 입지를 박탈하기 위한 것이었다. 그때까지 일본은 중국이나 조선의 연안 일대에서 활발한 해외무역을 해온 덕으로 자연히 상인 계급이 발달하는 추세에 있었다. 도쿠가와 가문은 일정 한도 이상의 배를 건조 혹은 운항하는 것을 극형에 해당하는 대죄로 규정하여 그 추세를 저지했다. 허가받은 작은 배로는 대륙으로 건너가거나 상품을 싣고 운반할 수 없었다. 국내 거래도 번 사이의 경계에 새로이 설치된 관소에서 상품의 출입을 엄중히 단속했기 때문에 제한될 수밖에 없었다. 이외에도 상인의 낮은 사회적 지위를 강조할 목적으로 여러 가지 법률이 제정되었다. 한 예로 사치 단속령을 내려 상인이 입을 수 있는 의복이나 휴대할 수 있는 우산, 혼례 혹은 장례식 때 소비할 수 있는 금액을 규정했다. 그들은 무사와 같은 지역에 살 수 없었으며 특권 계급인 무사의 칼에 대해서도 법률상의 보호를 받지 못했다. 상인을 낮은 지위에 묶어두려는 도쿠가와막부의 정책은 화폐경제에 있어서는 물론 순탄하지 않았다. 더욱이 당시 일본은 화폐경제로 운영되던 시대였다. 그러나 그런 취지의 정책이 시도되기는 했다.

도쿠가와막부는 안정된 봉건제도에 어울리는 무사와 농부 두 계급을 고정된 형식으로 동결시켜버렸다. 이에야스의 손에 의해 결국 끝이 난 내란 중에 무장 도요토미 히데요시[37]는 유명한 '칼 사냥'을 통해 이미 두 계급을 완전히 분리해놓았다. 히데요시는 농민에게서 무기를 압수하여 무사에게만 칼을 찰 수 있는 권리를 부여한 것이다. 무사는 농민이나 공인, 상인을 겸할 수 없게 되었으며 아무리 신분이 낮은 무사라도 생산자가 되는 것은 법률로 금지되었다. 그는 농민으로부터 받는 연공미에 봉록을 의존해야 하는 기생적 계급의 일원이 되었다. 다이묘는 이 연공미를 조절하여 가신인 각 무사에게 분배했다. 무사는 완전히 영주에게 의지하게 되었으며 생계에 대한 고민을 할 필요가 없어졌다. 일본 역사 초기에는 봉건적 수령과 부하 무사 간의 견고한 유대가 번과 번 사이의 끊임없는 싸움 속에서 형성되었지만, 태평한 도쿠가와 시대에 있어서 이 유대는 경제적인 성격을 띠게 되었다. 일본의 무사는 중세 유럽의 기사와는 달리 영지나 농노를 소유하는 소小영주가 아

37 1536~1598. 하인 출신인 그는 오다 노부나가에게 인정받아 그의 유업을 이어받고 전국 통일에 성공했으나 1592년 명나라를 정복한다는 명목으로 조선에 침략하여 전쟁 중에 병사했다.

니었으며 유랑 무인도 아니었다. 무사는 도쿠가와 시대 초기에는 일정한 봉록을 받는 연금 생활자였다. 그 봉록은 결코 높은 금액이 아니었다. 일본의 학자들은 무사 계급 전체의 평균 봉록이 농민의 소득과 거의 비슷했다고 추정하는데, 그렇다면 확실히 겨우 먹고살 수 있을 정도에 불과했다고 보여진다.[38] 무사 집안에서 이 봉록을 여러 명의 상속인에게 나누어준다는 것은 매우 어려운 일이었다. 그래서 무사는 그 가족 수를 제한하게 되었다. 그들에게 부와 허식에 따른 권세만큼 저주스러운 것은 없었다. 그런 이유로 덕목 중에서도 근검절약을 유난히 강조하게 되었다.

그러나 무사와 다른 세 계급, 즉 농 · 공 · 상과의 사이에는 도저히 넘을 수 없는 간극이 있었다. 이 세 계급은 '서민' 이었지만 무사는 그렇지 않았다. 무사에게 특권이자 카스트의 징표로 허리에 찬 칼은 단순한 장식이 아니었다. 그들은 서민에게 그것을 행사할 수 있는 권리를 가지고 있었다. 그것은 도쿠가와 시대 이전부터의 전통이었다. 그리고 이에야스의 법령이 "무사에 대해 무례하게 행동하거나 그들의 상관에 대해 경의를 표하지 않는 서민은 그 자리에서 처단해도 좋다"라고 규정한 것은 오래전부터의 관습에 법적 효력을 부여한 것에 불과했다. 이에야스에게는 서민과 무사 간의 상호 의존 관계를 구축해줄 의지가 조금도 없었던 것이다. 그의 정책은 엄중한 계층적 규제에 입각한 것이었다. 서민 계급도 무사 계급도 모두 다이묘가 통솔하며 각각 다이묘와 직접 교섭했다. 양 계급은 이른바 서로 다른 계단 위에 놓인 것이다. 위로부터 아래까지 각 계단 내에서 일관된 법령과 규제, 지배

38 * Herbert Norman, Japan's Emergence as a Modern State, p.17, n.12에서 인용.

와 상호 의무가 이루어졌다. 그러나 상이한 두 계단에 속한 사람들 사이에는 간격이 있을 뿐이었다. 이 두 계급 간의 간격에는 때때로 상황에 따라 어쩔 수 없이 다리가 놓이기도 했지만, 그것은 어디까지나 체제 밖에서의 일이었다.

도쿠가와 시대의 무사는 단지 칼을 휘두르는 무인이 아니었다. 그들은 점차 주군의 재산을 관리하는 집사나, 고전극이나 다도茶道와 같이 평화로운 예능의 전문가로 변모해갔다. 모든 조서가 그들의 소관이었으며 다이묘가 꾀하는 일은 그들의 능수능란한 술책을 통해 수행되었다. 태평한 200년은 기나긴 세월이었다. 그리고 개인적으로 칼을 휘두를 기회도 자연히 제한되었다. 상인이 엄중한 카스트적 제약에도 불구하고 도시 생활, 예술, 오락에 높은 비중을 두는 생활양식을 발달시킨 것처럼 무사는 언제든지 그 칼을 뽑을 준비를 하면서도 평화의 기술을 발달시켜갔다.

농민은 무사에 비해 법률상의 보호를 받지 못하고 무거운 연공의 의무를 지며 여러 제한을 받았지만, 보장받는 부분도 일부 있었다. 그들은 농지의 소유권을 보장받았다. 토지를 소유한다는 것은 일본에서는 특권이 부여되는 것과 동일하다. 도쿠가와의 치세하에서 토지의 영구양도永久讓渡는 금지되어 있었지만 이 법률은 유럽 봉건제도와 마찬가지로 봉건영주를 위한 보증이 아니라 개개의 경작자를 위한 보증이었다. 농민은 다른 무엇보다도 소중한 토지에 대해 영구적인 권리를 가졌다. 아마도 그들은 오늘날 그들의 후손이 전답을 경작하는 것과 같은 근면과 노력으로 그 토지를 경작했을 것이다. 하지만 역시 농민은 결국 쇼군의 정치기구, 번 내의 여러 기관, 무사의 봉록을 포함한 거의 200만에 달하는 기생적 상층 계급 전체를 양어깨에 짊어진 아틀라스[39]

였다. 그들은 부과된 현물세, 즉 수확량의 일정 비율을 다이묘에게 바쳐야 했다. 같은 쌀 생산 국가인 태국에서는 전통적인 연공이 10%였던 것에 비해 도쿠가와 시대의 일본에서는 40%에 달했다. 그러나 실제는 그보다 더 높아 번에 따라서는 80%에 달하는 곳도 있었다. 더욱이 끊임없이 농민의 노동력과 시간에 무거운 압력을 가하는 부역인 강제 노동이 부과되었다. 무사와 마찬가지로 농민도 가족 수를 제한했는데, 그래서 일본 전체의 인구는 도쿠가와 시대 250년을 통틀어 거의 비슷한 수치로 정체되어 있었다. 태평한 세월이 장기간 지속된, 다산으로 유명한 아시아의 한 국가에서 보여주는 이 같은 인구 통계는 그 통치의 성격이 어떠했는지를 그대로 말해준다. 조세로 유지되던 무사나 생산 계급이나 스파르타식 제한을 받기는 마찬가지였다. 그러나 개개의 예속자와 그 상관 사이에는 어느 정도 신뢰가 형성되어 있었고 사람들은 자신의 의무나 특권, 지위에 대해 납득하고 있었다. 그리고 만일 그것이 침해당했을 때에는 아무리 궁핍한 처지의 사람이라도 항의할 수 있었다.

농민은 가장 비참한 빈곤에 빠졌을 때에는 봉건영주뿐 아니라 막부 당국에도 항의할 수 있었다. 도쿠가와 시대 250년 동안 그런 민란이 적어도 천 건은 일어났다. 그것은 전통적인 "4할은 영주에게, 6할은 경작자에게四公六民"라는 막중한 과세 때문에 일어난 것이 아니었다. 그것은 그 이상으로 행해지고 있는 가렴주구에 대한 항의였다. 더는 견딜 수 없게 되었을 때 농민들은 영주의 성으로 몰려갔다. 탄원과 재판의 절차는 합법적으로 이뤄졌다. 농민은 부정을 없애고자 정식으로

39 그리스 신화에서 지구를 어깨에 짊어지는 벌을 받은 신.

탄원서를 써서 다이묘의 측근에게 제출했고, 이 탄원서가 중도에 분실되거나 다이묘가 간청에 귀를 기울이지 않으면 대표자를 에도로 보내 고소장을 막부에 직접 제출했다. 유명한 경우로, 막부 고관이 에도 시내를 지나는 때를 기다려 그가 탄 가마에 고소장을 던져 넣어 그 전달을 확실히 한 일도 있었다. 이렇게 모험을 해서 제출한 농민들의 탄원서는 그 후에 막부 당국의 조사를 받았는데, 그중 절반 정도는 농민에게 유리한 판결이 내려졌다.[40]

그러나 농민의 주장에 대해 막부가 판결을 내리는 것만으로 일본의 법과 질서의 요구가 채워지지는 않았다. 그들의 불만은 정당한 것일 수도 있으며 국가가 그 불만을 존중하는 것은 당연한 조치일지 모른다. 그러나 민란의 지도자는 엄격한 계층 제도의 법을 깨뜨린 것이었다. 설사 판결은 그들에게 유리하게 되었다 해도 그들은 주군을 따라야 한다는 가장 중요한 법을 어겼기 때문에 용서받지는 못했다. 그들은 사형을 언도받았다. 동기의 정당성은 이것과는 관계가 없었으며 농민들도 불가피한 운명으로 받아들였다. 하지만 사형을 선고받은 사람은 그들의 영웅이었다. 민란의 지도자가 기름이 끓는 가마에 들어가거나 목이 베이거나 못 박혀 죽는 형장으로 민중은 몰려들었다. 그러나 결코 폭동을 일으키지는 않았다. 그것이 법이고 질서였던 것이다. 그들은 죽은 이를 위해 사당을 지어 순교자로서 숭배하기도 했지만 처형 자체는 그들이 의지하여 살아가는 계층적 법률의 본질적 요소로서 인정하고 있었다.

40 * Hugh Borton, Peasant Uprisings in Japan of the Tokugawa Period, Transactions of the Asiatic Society of Japan, 2nd Series, 16(1938).

요컨대 도쿠가와 가문의 쇼군은 각 번의 카스트 조직을 고정시키고 모든 계급이 봉건영주를 의지하게끔 했다. 각 번의 계층 제도의 정점에 있는 다이묘는 그 예속자에 대해 특권을 행사하도록 허락받았다. 쇼군의 주된 행정상의 문제는 다이묘를 통제하는 것으로, 다이묘가 동맹을 맺거나 침략 계획을 실행하는 것을 모든 수단을 동원하여 저지했다. 번 사이의 경계에서는 여행 허가증을 조사하게 했으며 관세를 징수하는 관리를 두었다. 또한 다이묘가 처첩을 타지로 보내 총기를 밀수입하는 것을 방지하기 위해 "나가는 아낙네 들어오는 철포"라 하여 엄중히 감시토록 했다. 다이묘는 쇼군의 허가 없이는 결혼도 불가능했다. 결혼으로 위험한 정치적 동맹이 맺어질 우려가 있기 때문이었다. 번 사이의 교역은 다리를 건너지 못할 정도로 저지를 받았다. 또한 쇼군의 밀정이 항상 다이묘의 지출에 관한 자세한 정보를 빼내 갔으며 번의 창고가 가득 차면 쇼군은 그것을 원상태로 돌리기 위해 막대한 비용을 요하는 토목 사업을 지시했다. 그러나 무엇보다도 유명한 규칙은 다이묘를 매년 반년간 수도에 체제시키고 번에 돌아갈 때에도 아내를 쇼군의 수중인 에도에 인질로 두게 하는 것이었다. 이렇게 갖은 수단으로 막부는 그 권력을 유지하고 계층 제도 내에서의 지배적 위치를 확보하는 데 힘썼다.

물론 쇼군이 계층 제도라는 아치에 있어서 결정적인 쐐기돌은 아니었다. 그는 천황의 임명을 받아 지배권을 장악하고 있었다. 천황은 신하인 세습 귀족 구게公卿[41]와 함께 교토에 유폐되어 실권을 빼앗긴 존재였다. 천황의 재력은 작은 다이묘보다도 못했다. 그리고 궁정의 예

[41] 조정에서 정3품, 종3품 이상의 벼슬을 가진 귀족.

식까지 철저한 막부의 법도에 의해 일일이 제약받았다. 그러나 가장 막강한 권세를 가졌던 도쿠가와의 쇼군도 천황과 실제 통치자의 이중 통치를 폐지하는 데까지는 가지 않았다. 이중 통치는 일본에서 결코 드문 일이 아니었다. 12세기 이후로 대원수(쇼군)가 실권을 약탈당한 천황의 이름으로 이 나라를 통치해왔다. 어떤 시대에는 그 기능의 분할이 극단적으로 이루어져서 유명무실한 주권자인 천황이 세습의 세속적 수령인 쇼군에게 위탁한 실권이, 쇼군의 세습 정치 고문에게 넘겨져 행사되는 경우도 있었다. 그리하여 원래의 권력에서 이중, 삼중의 위탁이 이루어졌다. 하지만 도쿠가와막부의 명맥이 막 끊어지려고 하는 최후의 그 순간에도 배후에 천황의 존재가 있음을 페리 제독[42]은 깨닫지 못했다. 그리고 주일 미국 초대 공사이자 1858년에 일본과 최초로 통상조약 교섭을 했던 타운센드 해리스도 천황의 존재를 스스로 발견해야 했다.

사실 일본인이 천황에 대해 가지고 있는 관념은 태평양 제도에서도 가끔 볼 수 있는 것이다. 그는 정치에 관여하기도 하고 관여하지 않기도 하는 신성한 수장이다. 태평양의 일부 섬에서는 수장이 스스로 자신의 권력을 행사했으며 또 다른 섬에서는 타인에게 위탁했다. 그럼에도 항상 그 자신은 신성했다. 뉴질랜드의 여러 부족 사이에서 신성 수장은 신성불가침이어서 스스로 음식을 취해서는 안 되며 급사들이 음식을 입에까지 가져다주었다. 그때 숟가락이 그의 신성한 치아에 닿아서는 안 되었다. 외출할 때에도 사람들이 옮겨주어야만 했는데, 그가

---

42 1794~1858. 미국의 군인. 1853년 일본의 개항을 목적으로 동인도 함대를 이끌고 와서 미 대통령의 친서를 막부에 제출했다.

신성한 발로 내디딘 땅은 자연히 모두 성지가 되어 신성 수장의 소유가 되기 때문이었다. 특히 신성불가침인 것은 그의 머리였다. 누구도 손댈 수 없었다. 그의 말은 부족이 섬기는 신들의 귀에까지 이르는 것이었다. 태평양의 몇몇 섬, 예를 들면 사모아나 통가 등에서 신성 수장은 세속 생활에 전혀 관여하지 않았다. 세속적 지도자가 모든 행정을 집행했다. 18세기 말 동태평양의 통가를 방문한 제임스 윌슨[43]은 그 정치체제가 "신성한 천황이 이른바 총대장의 국사범과 같은 입장에 놓여 있는 일본의 정치체제와 가장 비슷하다"[44]라고 썼다. 통가의 신성 수장은 공무로부터 제외되어 종교적 임무를 수행했다. 그는 과수원의 처음 열매를 먹으며 그의 지휘로 제사가 집행되었다. 누구도 그보다 먼저 과실을 입에 댈 수 없었다. 신성 수장이 죽으면 그 죽음은 "하늘이 공허해졌다"라는 문구와 함께 발표되었다. 그는 지극히 장엄한 장례식과 함께 거대한 왕묘에 묻혔다. 그러나 그는 정치에는 전혀 관여하지 않았다.

천황이 정치적으로 무력하며 "이른바 총대장의 국사범과 같은 존재"였던 시대에도, 일본인의 정의에 따르면 계층 제도에서의 '합당한 위치'는 훌륭하게 채우고 있었다. 천황이 세속적 일에 적극적으로 관여하는 것은 일본인에게 있어서는 천황의 신분을 평가하는 척도가 되지 않았다. 교토에 있는 그의 궁정은 일본인이 수 세기의 긴 세월에 걸

43 1742~1798. 미국 건국기의 정치가.

44 * James Wilson, A missionary voyage to the Southern Pacific Ocean performed in the years 1796, 1797 and 1798 in the ship Duff. London, 1799, p.384. 이는 다음에서 인용한 것이다. Edward Winslow Gifford, Tongan Society. Bernice P. Bishop Museum, Bulletin 61. Hawaii, 1929.

친 세이이다이쇼군의 지배기 동안에도 꾸준히 소중하게 지켜온 가치였다. 그의 기능은 서양의 관점에서 보았을 때에는 쓸모없는 것에 불과하지만, 모든 점에서 계층적 역할의 엄밀한 정의에 익숙한 일본인은 사물을 다른 관점에서 바라보고 있었던 것이다.

아래로는 천민에서부터 위로는 천황에 이르기까지 명확한 형태로 실현된 봉건시대의 일본 계층 제도는 근대 일본 속에도 그 흔적을 깊이 남기고 있다. 봉건제도가 법적으로 막을 내린 것은 겨우 75년 전의 일이다. 그리고 뿌리 깊은 국민적 습성이란 단지 한 사람의 일생에 불과한 짧은 기간에 사라지는 것이 아니다. 다음 장에서 자세히 보겠지만 근대 일본의 정치가들도 국가목적의 근본적인 변경에도 불구하고 제도의 많은 부분을 보존하기 위해 주도면밀한 계획을 짜냈다. 그들은 다른 어떤 주권국보다도 행동의 한쪽 끝에서 다른 끝까지를 마치 지도처럼 정밀하게 미리 규정하고, 국민으로 하여금 각각의 사회적 지위가 정해진 세계 속에서 생활하도록 했다. 법과 질서가 그러한 세계 속에서 무력에 의해 유지되었던 200년간 일본인은 면밀히 기획된 계층 제도야말로 안전하며 보증되는 것이라는 사고방식을 익혔다. 그들은 이미 알고 있는 영역에 머무르는 한, 그리고 이미 알고 있는 의무를 이행하는 한 자신의 세계를 신뢰할 수 있었다. 도적들은 제압되었으며 다이묘 간의 내란도 방지되었다. 백성은 만일 타인이 자신의 권리를 침해한 것을 입증할 수만 있다면 농민들이 착취당했을 때 그랬던 것처럼 공개적으로 호소할 수 있었다. 그것은 개인적으로는 위험을 동반하는 것이었지만 공인된 수단이었다. 도쿠가와막부의 쇼군 중 가장 뛰어난 쇼군은 '투서함' 을 설치했을 정도다. 그리고 그 상자의 열쇠는 쇼군만이 가지고 있었다. 즉 일본에서 침략 행위란, 만일 그것이 현행의 행동

지도에서 허락되지 않는 것이라면, 반드시 교정될 것이라는 보증이 실제로 주어졌던 것이다. 사람들은 그 지도를 신뢰했다. 그리고 실제로 그 지도에 제시된 길을 따르는 때에만 안전했다. 사람들은 그것을 고치거나 그것에 반항하는 대신, 그에 따르는 용기와 성실함을 보였다. 거기에 명기되어 있는 범위는 이미 알고 있는 세계였으며 따라서 일본인이 보기에 신뢰할 수 있는 사회였다. 그 규칙은 모세의 십계명과 같은 추상적 도덕원리가 아니라 이런 경우에는 어떻게 해야 하는가, 또 저런 경우에는 어떻게 해야 하는가, 무사는 어떻게 해야 하는가, 서민은 어떻게 해야 하는가, 형에게는 어떠한 행위가 합당한가, 동생에게는 어떠한 행위가 합당한가와 같은 것을 조목조목 세밀히 규정한 것이었다.

한편 일본인은 이러한 제도 아래 있으면서도 강력히 규제된 계층 제도의 지배하에 있던 다른 나라의 사람들처럼 온화하고 순종적인 국민이 되지는 않았다. 여기서 각 계급에 일종의 보증이 부여되어 있었음을 생각해보는 것이 중요하다. 천민 계급조차도 특수한 직업을 독점할 권리를 보장받았으며 자치단체는 당국자의 승인을 받고 있었다. 각 계급에 가해지는 제한은 컸지만 그 대신 질서와 보증이라는 것이 있었다.

이 카스트적 제한에는 인도에서는 전혀 찾아볼 수 없는 일종의 유연성이 있었다. 일본의 관습에는 일반에게 승인된 관례에 저촉되지 않고 이 제도를 교묘히 이용할 수 있는 몇 가지 명확한 기술이 제공되어 있었다. 사람들은 그 방법을 통해 카스트적 신분을 바꿀 수 있었다. 일본처럼 화폐제도가 시행되고 있는 나라에서는 필연적인 추세이지만, 부유한 고리대금업자나 상인들은 갖가지 전통적 술책을 동원하여 상류계급에 들어가려고 했다. 그들은 저당권과 지세를 이용하여 '지주'가

되었다. 물론 농민의 토지는 양도가 금지되어 있었다. 일본에서는 소작료가 지나치게 높았기 때문에 농민들은 토지에 그대로 두는 것이 더 유리했다. 고리대금업자들은 그 토지에 정주하면서 소작료를 받았는데, 일본에서는 이러한 토지 '소유'가 이윤과 함께 권세를 가져다주었다. 즉 그들의 딸들은 무사와 결혼하여 상류 계급이 될 수 있었다.

또 하나 카스트제도를 교묘히 이용하는 전통적 방법은 양자 관계를 맺는 것이었다. 이 방법을 통해 무사의 신분을 '사는' 길이 열렸다. 상인들은 도쿠가와 가문의 여러 견제에도 불구하고 점차 부유해지면서 자신의 아들을 무사의 집안에 양자로 들여보낼 궁리를 하게 되었다. 일본에서는 아들을 양자로 취하는 일이 거의 없다. 사위를 양자로 들이는 것이다. 이를 '데릴사위婿養子'라고 하는데 데릴사위는 양부의 상속인이 된다. 하지만 그는 큰 희생을 치러야만 한다. 그의 이름이 생가의 호적에서 말소되고 처가의 호적에 기입되는 것이다. 그는 아내의 성을 쓰며 처가로 가서 생활하게 된다. 희생이 크긴 하나 상호 이익 또한 크다. 부유한 상인의 자손은 무사가 되고 빈궁한 무사 가족은 부호와 연분을 맺는 것이다. 물론 카스트제도는 조금도 침해받지 않은 그대로다. 그렇게 제도를 교묘히 조종함으로써 부자는 상류 계급의 신분을 획득할 수 있게 되었다.

말하자면 일본에서는 각 카스트가 반드시 같은 카스트 내부에서만 결혼해야 하는 것은 아니었다. 다른 카스트와의 결혼을 가능하게 하는 공인된 절차가 있었다. 그 결과 점차 부유한 상인이 하층 무사 계급 속으로 침투해갔다. 이것은 서유럽과 일본의 두드러진 차이 중 하나로, 동시에 커다란 역할을 해냈다. 유럽에서 봉건제도가 붕괴된 것은 점점 발달하여 우세 세력이 된 중산 계급의 압력 때문이었다. 그리고 그 계급이 근대의 산업 시대를 지배했다. 일본에서는 그와 같은 강대한 중산 계급이 발생하지 않았다. 상인이나 고리대금업자들은 공인된 방법을 통해 상류 계급의 신분을 '샀다'. 상인과 하층 무사는 동맹자가 되었다. 유럽과 일본에서 봉건제도가 임종의 고통을 겪고 있을 시기에, 일본이 유럽 대륙의 여러 나라보다도 유연하게 계급 간 이동을 승인했다는 것은 기묘하고 놀라운 사실이다. 하지만 이 주장을 뒷받침하는 무엇보다도 유력한 증거는 귀족과 시민 간에 계급투쟁이 일어난 흔적을 전혀 찾아볼 수 없다는 것이다.

이 두 계급이 결탁한 것은 일본에서는 그렇게 하는 것이 서로에게 이익이었기 때문이라고 보면 간단하다. 그러나 만일 그뿐이었다면 프랑스에서도 역시 서로에게 이익이 있었을 터다. 서유럽에서 그와 같은 결탁이 이루어진 일부 특수한 사례를 보면 사실 유리한 점도 있었다. 그럼에도 불구하고 유럽에서는 전체적으로 계급의 고정화가 두드러졌으며 프랑스에서는 계급투쟁이 결국 귀족의 재산 몰수라는 결과를 초래했다. 일본에서는 계급 간의 사이가 좀 더 밀접했다. 쇠퇴해진 막부를 전복시킨 것은 바로 상인과 고리대금업자와 무사 계급의 동맹이었다. 일본에서는 근대에 들어서도 여전히 귀족제가 유지되었는데 이는 만일 일본에 계급 간의 이동을 가능하게 하는 공인된 수단이 없었다면 도저히 있을 수 없는 일이었을 것이다.

일본인이 면밀한 행동 지도를 좋아하고 신뢰하는 것에는 그럴 만한 이유가 또 있다. 그 지도는 사람이 규칙에 따르는 한 반드시 보증을 주었다. 그것은 부당한 침해에 대한 항의를 인정해주었고 그것을 교묘히 이용하면 자신의 이익을 꾀할 수도 있었다. 그것은 또한 상호 의무의 이행을 요구했다. 19세기 후반에 도쿠가와막부가 붕괴했을 때에도 국민 중에서 이 지도를 없애자는 의견을 가진 무리는 하나도 없었다. 프랑스대혁명은 일어나지 않았던 것이다. 하다못해 1848년의 2월혁명조차도 일어나지 않았다. 그럼에도 불구하고 정세는 절망적이었다. 서민에서 막부에 이르기까지 모든 계급이 고리대금업자나 상인들에게 부채를 지고 있었다. 이미 다수의 비생산 계급과 거액의 경상지출을 지탱할 수 없는 지경이었다. 재정 위기에 고통받던 다이묘들은 가신에게 규정에 따른 봉록을 지불할 수 없게 되었다. 그렇게 해서 봉건적 유대의 그물망으로 짜여 있던 조직은 전체가 유명무실해졌다. 그들은 어떻게든 빚을 지지 않고 해결하려고 발버둥치면서 그렇지 않아도 과중한 과세를 더 무겁게 하여 농민들에게 지웠다. 조세를 몇 년분씩 미리 징수하여 농민은 극도의 빈핍 상태에 빠졌다. 막부도 파산 상태였으며 현상 유지조차 거의 불가능해졌다. 페리 제독이 함대를 이끌고 모습을 나타낸 1853년경의 일본은 비참한 궁지에 몰려 있었던 것이다. 페리의 강제 입국에 이어 1858년에는 미국과의 통상조약이 맺어졌는데 당시 일본은 이를 거부할 능력이 없었다.

그때 일본의 곳곳에서 들끓어 일어난 외침이 '잇신一新'이었다. 과거로 돌아가자는 것, 즉 복귀다. 이는 혁명과는 정반대의 것이었다. 그것은 진보적이지도 않았다. '천황 존중尊王'의 외침이 함께 일어났다. 그와 동시에 사람들 마음을 사로잡은 외침은 바로 '오랑캐 추방攘夷'이었다. 국민은 쇄국의 황금시대로 복귀하자는 정강政綱을 지지했다. 그러한 방침은 도저히 시행되기 어렵다는 것을 꿰뚫어 본 일부 지도자들은 그 노력으로 인해 암살당했다. 그러나 그렇게 혁명을 싫어하던 일본이 갑자기 방침을 바꿔 서양 여러 나라의 유형을 따르기로 했다. 그리고 그로부터 겨우 50년 후, 일본은 서양이 본고장이라고 할 수 있는 분야에서 그 나라들과 경쟁을 하게 되었다. 이것은 실로 상상하지도 못한 일이었다. 하지만 그와 같은 일은 실제로 일어났다. 일본은 서양 여러 나라의 장점과는 전혀 다른 그들만의 고유한 장점을 이용했다. 일본의 유력한 고위 관직자나 일반 민중의 여론도 요구하지 않았던 것을 목표로 하여 달성했다. 만일 1860년대의 서양인들이 수정 구슬 속에서 이러한 미래를 보았다면 도저히 믿지 못했을 것이다. 또한 서양인들은 그 후 수십 년에 걸쳐 일본 전역을 휩쓸 폭풍과 같은 격렬한 움직임을 예견하는 손바닥만 한 먹구름이 지평선 위로 모습을 나타내고 있으리라고는 생각하지 못했다. 하지만 그 불가능한 일은 일어났다. 뒤처지고 계층 제도에 밀려나 있던 민중이 새로운 진로로 급회전하여 전진했고 그 진로를 지켜나간 것이다.

제4장

메이지유신

일본 근대의 시작을 알리는 슬로건은 바로 손노조이尊王攘夷, 즉 "천황을 복위시키고 오랑캐를 물리치자"라는 것이었다. 그것은 일본이 외국에 오염되지 않게 함과 동시에 아직 천황과 쇼군의 이중 통치가 있기 전인 10세기의 황금시대로 복귀하자는 외침이었다. 교토의 천황 궁정은 지극히 보수적이었다. 천황 지지자들에게 있어서 존왕파의 승리란 우선 외국인을 굴복시켜 내쫓는 것을 의미했다. 그리고 일본의 전통적인 생활양식을 회복하는 것이었다. 또한 '개혁파'의 정치적 발언권을 묵살하는 것이었다. 유력한 도자마다이묘들이 막부 타도의 급선봉이 되었는데, 그들은 왕정복고를 도쿠가와 가문을 대신해 자신들이 일본을 지배하는 길이라고 해석했다. 그들이 바라는 것은 단지 사람이 바뀌는 것이었다. 농민들은 자신들이 경작한 쌀을 좀 더 많이 소유할 수 있게 되기를 바랐을 뿐 '개혁'은 아주 싫어했다. 무사 계급은 지금까지 지급받던 봉록을 유지한 채로 검을 휘둘러 큰 공적을 쌓을 수 있는 기회를 바랐다. 존왕파에게 군자금을 제공했던 상인들은 중상주의의 확대는 기대했지만 봉건제도의 실책을 규탄하는 일은 결코 하지 않았다.

드디어 반反도쿠가와 세력이 승리를 차지하고 1868년 왕정복고를 통해 '이중 통치'가 종말을 선고받았을 때, 우리 서양인은 우리의 기준으로 보고 이제 그 승리자들로 인해 일본에는 엄청난 보수적 고립주의 정책이 실현될 것이라 예상했다. 그러나 새 정부가 취한 방침은 시작부터가 정반대였다. 새 정부는 성립 후 1년도 채 안 돼서 모든 번에 대해 다이묘의 과세권을 철폐했다. 정부는 토지대장을 회수하여 이른바 "4할은 영주에게, 6할은 경작자에게"라는 사공육민의 연공 중 '사공'의 몫을 정부가 징수하는 것으로 했다. 이 재산 몰수는 무상으로 이루어진 것이 아니었다. 대신에 정부는 각 다이묘에게 정규 수입의 절반 정도에 상당하는 금액을 나누어주었다. 동시에 다이묘가 무사를 부양하고 토목 사업비를 부담하는 책임으로부터 벗어나게 해주었다. 무사도 이제는 다이묘와 마찬가지로 정부에서 봉록을 지급받게 되었다. 그 후 5년에 걸쳐 법률상의 계급 간 불평등은 모두 철폐되었다. 촘마게丁髮[45]도 잘라야 했으며 그러한 카스트나 계급을 나타내는 징표나 차별적 복장도 폐지되었다. 천민 계급도 해방되었다. 토지 양도를 금지하는 법률도 철폐되었으며 번과 번을 나누고 있던 장벽도 철거되었다. 그리고 불교는 국교의 지위에서 밀려났다. 1876년에는 다이묘 및 무사의 봉록이 5년 혹은 15년을 상환 기한으로 하는 일시금으로 교체되었다. 금액은 그들이 도쿠가와 시대에 받았던 봉록에 따라서 차이가

[45] 일본 남자들이 한 상투처럼 틀어 묶은 머리.

있었다. 그래서 그들은 그 돈을 자금으로 새로운 비봉건적 경제하에서 사업을 시작할 수도 있었다. "이것은 도쿠가와 시대에 이미 밝혀졌던 상업 · 금융 귀족과 봉건 · 토지 귀족이라는 특수한 연합을 드디어 정식으로 체결시키는 최종 단계였다."[46]

성립된 지 얼마 안 된 메이지 정부가 시행했던 이 눈부신 개혁은 대중의 지지를 그다지 얻지 못했다. 일반 대중이 가장 열광적으로 지지했던 것은 1871년에서 1873년에 걸쳐 일어난 정한론征韓論이었다. 그러나 메이지 정부는 철저한 개혁을 단행하는 방침을 굽히지 않았을 뿐 아니라 이 침략 계획도 묵살했다. 정부의 시정방침은 메이지 정부 수립을 위해 싸운 대다수의 기대와는 전혀 상반된 것이었다. 그러던 중 1877년에 이 불평분자들의 최대 지도자인 사이고가 반反정부의 기치를 내세우며 대규모 반란을 꾀했다. 그의 군대는 왕정복고 첫해부터 메이지 정부에 의해 배반을 맛봐야 했던, 봉건제도의 존속을 바라는 모든 존왕파의 바람을 대표한 것이었다. 정부는 무사 이외의 사람들로 의용군을 모집하여 사이고의 무사들을 무찔렀다. 그러나 이 반란은 당시 정부가 국내에 얼마나 커다란 불만을 불러일으켰는가를 말해주는 증거였다.

마찬가지로 농민의 불만도 두드러지게 나타났다. 1868년부터 1878년까지, 즉 메이지의 첫 10년간 적어도 190건의 농민 민란이 일어났다. 새 정부는 1877년이 돼서야 겨우 농민의 과중한 세 부담을 경감하는 조치를 취했을 뿐이었다. 농민들이 정부는 농민에게 조금도 도움이 되지 않는다고 여기는 것도 무리가 아니었다. 또한 농민은 학교 설립,

46 * Herbert Norman, Japan's Emergence as a Modern State, p.96.

징병제도, 토지측량, 단발령, 천민에 대한 차별 대우 철폐, 공인된 불교에 대한 극단적인 규제, 달력법 개혁 등 그들의 고정된 생활양식을 변혁하려는 많은 시책에 반대했다.

그렇다면 그만큼 철저하면서도 지지를 얻지 못했던 개혁을 단행시킨 '정부'는 도대체 누구였을까? 그것은 바로 특수한 일본의 여러 제도가 이미 봉건시대 때부터 육성해왔던 하층 무사 계급과 상인 계급 간의 '특수한 연합'이었다. 그들은 다이묘의 재산 관리인이자 가신으로서 많은 정치적 수완을 연마하고, 광산업, 직물업, 판지 제조 등 번의 독점사업을 경영해온 무사, 그리고 무사 신분을 사서 무사 계급에 들어가 생산기술의 지식을 보급한 상인들이었다. 이 무사·상인 동맹이 메이지 정부의 정책을 작성하고 그 계획을 실행하는 유능하고 자신에 찬 위정자들을 영광스러운 무대로 신속하게 내보냈던 것이다. 그러나 문제는 이 정치가들이 어느 계급 출신이었는가에 있지 않다. 어떻게 해서 그렇게 그들이 유능하고 현실적일 수 있었을까 하는 것에 있다. 19세기 전반에야 겨우 중세로부터 벗어난, 오늘의 태국처럼 약소했던 일본이, 어느 나라에서도 시도된 적이 없고 비범한 정치적 수완을 필요로 하는 대사업을 훌륭하게 성공시킬 능력을 가진 다수의 지도자를 배출해낸 것이다. 이 지도자들의 장점은 물론 단점도 전통적인 일본인의 성격에 깊이 뿌리내린 것이었다. 그들의 성격이 어떠했으며 현재 어떤 모습인지 논의해보는 것이 이 책의 주된 목적이다. 여기서는 메이지 정부의 정치가들이 어떻게 하여 이 사업을 수행해나갔는지를 간단히 알아보기로 한다.

그들은 그들의 임무를 결코 이데올로기상의 혁명으로 생각하지 않았다. 그들은 그것을 하나의 사업으로 다루었다. 그들이 뇌리에 그리고 있던 목표는 일본을 세계열강에 서게 하여 비중 있는 나라로 만드는 것이었다. 그들은 인습타파주의자는 아니었다. 봉건 계급을 비방하지도 않았으며 그들의 재산을 빼앗아 무일푼의 상태로 전락시키지도 않았다. 그들은 그 무리에게 많은 금액의 연금을 주어 그것을 미끼로 결국은 메이지 정부를 지지하도록 유도했다. 또한 마지막에는 농민의 대우도 개선했다. 농민에 대한 조치가 10년이나 지연되었던 것은, 정부에 대한 농민의 요구를 계급적 입장에서 거절한 것이 아니라 메이지 초기에 국고가 궁핍했던 탓으로 보여진다.

그러나 메이지 정부를 운영한 정력적이고 기략이 뛰어났던 정치가들은 일본의 계급제도를 없애려 하는 그 어떤 사상도 배척했다. 왕정복고는 천황을 계급제도의 정점에 두고 쇼군을 제거하여 계급적 질서를 단순화했다. 왕정복고 후의 정치가들은 번을 폐지함으로써 번의 영주에 대한 충성과 국가에 대한 충성 간의 충돌을 없앴다. 하지만 이러한 변화가 계급적 관습의 발판을 없앤 것은 아니었다. 단지 그에 새로운 위치를 부여한 것일 뿐이었다. 새롭게 일본의 지도자가 된 '각하' 들은 계층 제도를 약화시키기는커녕 도리어 수완을 발휘해 만든 정강政綱을 국민에게 요구하기 위해 중앙집권적 지배를 한층 더 강화해나갔다. 그들은 위로부터 당근과 채찍을 번갈아 써가며 솜씨 좋게 운영했다. 그러나 그들은 달력법의 개혁이나 공립학교의 설립, 천민에 대한 차별대우 철폐 등을 바라지 않는 국민의 여론에는 영합할 필요가 전혀 없다고 보았다.

이렇게 위로부터 받은 혜택 중 하나가 1889년에 천황이 국민에게 내린 일본 헌법이었다. 이로 인해 국민이 국정에 참여할 수 있는 길이 열렸으며, 제국의회가 설치되었다. 이 헌법은 서양 여러 나라의 다양한 헌법을 비판적으로 연구한 끝에 세심한 주의를 기울여 '각하' 들이 손으로 직접 작성한 것이었다. 그러나 기초자起草者들은 "국민의 간섭과 여론의 침입을 방지하기 위한 모든 예방 수단"[47]을 강구했다. 헌법의 초안을 담당했던 관청 자체가 바로 궁내성의 한 부서, 즉 신성불가침의 장소였다.

메이지의 정치가들은 자신들의 목적을 명료하게 인식하고 있었다. 1880년대에 헌법의 입안자였던 이토[48] 공작은 기도[49] 후작을 영국으로 파견하여 일본의 앞길에 놓인 여러 문제에 대해 허버트 스펜서[50]의 의견을 청하게 했다.[51] 그리고 많은 의견이 오간 뒤 스펜서는 그의 결론을 이토에게 써 보냈다.

스펜서는 계층 제도에 대해 일본의 전통적 조직이야말로 국민 복지의 기초라고 했으며 이를 꼭 존속시켜 소중히 지켜나가야 한다고 했다. 윗사람에 대한 전통적 의무, 특히 천황에 대한 전통적 의무는 일본의 최대 장점이다. 일본은 그 '윗사람' 의 지도하에 견실히 전진할 수 있다고 그는 말했다. 메이지의 정치가들은 자신들의 신념에 이와 같은 확인을 받았기 때문에 크게 만족했다. 그들은 근대적 세계에서 '제자리' 를 지킴으로써 얻는 이득을 계속하여 유지하고자 했다. 계층 제도

47 * Herbert Norman의 같은 책, p.88. 기초자의 한 사람이었던 가네코 남작의 말에 근거하여 기술한 한 일본 학자의 저서에서 인용했다.

48 이토 히로부미(1841~1909). 초대 내각의 총리 대신이자 초대 한국 통감. 메이지 정부의 기초를 다지는 데 큰 역할을 했으나 을사조약의 주도자로 하얼빈에서 안중근에게 저격당했다.

49 기도 다카요시(1833~1877).

50 1820~1903. 영국의 근대 철학자.

51 1889년 이토의 명으로 스펜서를 만난 것은 가네코 겐타로(1853~1942)로, 저자가 기도와 가네코를 혼동한 듯하다.

의 관습을 뒤엎을 생각은 없었다.

메이지의 정치가들은 정치, 종교, 경제 등의 모든 활동 분야에서 국가와 국민 간의 '제자리' 의무를 상세하게 규정했다. 그 전체 계획 체계가 미국이나 영국과는 너무 동떨어진 것이어서 우리는 보통 그 체제의 기본적인 측면을 간과해버릴 때가 있다. 일본에서는 물론 여론에 따를 필요가 없는 위로부터의 지배가 이루어졌다. 이 지배는 계층제의 수뇌부를 차지한 사람들에 의해 관리되었다. 그리고 그 수뇌부에는 국민이 선거로 뽑은 사람은 포함되지 않았다. 이런 수준에서 국민은 전혀 발언권을 가질 수 없었다. 1940년 당시 정치적 계층제의 수뇌부를 구성하고 있던 사람들이란 언제든지 천황을 '배알' 할 수 있는 중신들과 천황의 직접 조언자의 자리에 있던 사람들, 그리고 천황이 옥새를 찍어 임명한 자들이었다. 그 마지막 부류에는 각료, 부府와 현縣의 지사, 판사, 각 부 장관, 그 외의 고관이 포함되어 있었다. 선거에 의해 뽑힌 관리는 계층 제도 내에서 그런 고위까지는 오를 수 없었다. 예를 들어 선거로 뽑힌 의회의 의원이 각료나 대장성, 운수성의 장관을 선임하거나 승인하는 데에 발언권을 가진다는 것은 거의 있을 수 없는 일이었다. 공선의원으로 구성된 중의원은 국민의 의견을 대표하는 사람이어서, 정부 고관에게 질의를 하거나 비판을 한다는 점에서는 적지 않은 특권이 있었지만 임명이나 결정, 예산에 관한 것에서는 사실 발언권이 없었다. 그리고 스스로의 발의를 통해 법률을 제정하는 것도 불가능했다. 중의원은 또한 공선을 통하지 않고 뽑힌 귀족원의 견제도 받았다. 귀족원 의원의 절반은 귀족이었으며 4분의 1은 천황이 칙선했다. 귀족원이 법률에 가지는 영향은 중의원과 별다를 바가 없었으므로 여기에도 또 하나 계층제의 관문이 놓여 있었다.

일본은 이렇게 해서 정부의 주요 직책을 어디까지나 '각하' 들의 수중에 두었다. 그러나 이것이 결코 '제자리' 측면에 있어서 자치제도가 없었다는 것을 의미하지는 않는다. 아시아의 나라들에서는 어디에서든지, 또 어떠한 제도하에서든지 위로부터의 권력이 아래로 이르는 도중에 반드시 아래로부터 올라오는 지방자치의 힘과 마주치게 된다. 나라마다 다른 것은 단지 민주적 책임이 위의 어디까지 올라갈 수 있는가, 지방자치제도의 책임이 어느 정도인가, 그리고 지방의 지도력이 지방 공동체 전체의 바람에 어느 정도 부응하고 있는가, 또 지방 세력가들이 독점하여 주민의 불이익을 야기하지는 않는가 하는 정도에 불과하다. 중국과 마찬가지로 도쿠가와 시대의 일본에는 요즘에는 도나리구미隣組로 불리는 5호 혹은 10호의 집으로 이루어진 소단위 집단이 있었는데, 그것이 주민의 최소 책임 단위였다. 이 소단위의 장長은 공동체의 모든 일에 대해 지휘권을 가지고 있었다. 또 그 구성원들이 나쁜 일을 하지 못하도록 할 책임을 졌는데, 수상한 행위가 있을 때에는 보고하고 낯선 사람이 있으면 관헌에 넘겨야 했다. 메이지의 정치가들은 처음에는 이 조직을 폐지했지만 후에 부활시켜 도나리구미라고 불렀다. 도나리구미는 도회지에서는 정부가 적극적으로 이를 장려하여 만들었지만 오늘날의 농촌에서는 거의 기능을 하지 않고 있다. 그보다 더 중요한 것은 부락 단위다. 부락은 폐지되지 않았다. 하지만 하나의 단위로서 행정 기구 속에 포함되지도 않았다. 그것은 국가의 힘이 미치지 않는 영역이었다. 이 15호 정도의 집으로 이루어지는 부락은 오늘날에도 여전히 매년 교체되는 부락장長의 지도하에 조직적으로 그 기능을 해내고 있다. "장은 부락의 재산을 관리하고, 사망자가 있거나 화재로 재난을 당한 집에 주어지는 부락의 원조를 감독하며, 농작이나 집짓기, 도로 수리 등의 공동 작업에 적당한 날짜를 정한다. 또 화재 경종을 울리거나 일정한 박자로 딱따기를 쳐서 마을의 축제일이나 휴일을 알린다."[52] 장에게는 몇몇 아시아의 나라처럼 그 부락에 대해 국세를 징집할 책임이 없다. 따라서 그는 그 무거운 짐을 지지 않는다. 그들의 지위는 조금도 이중적인 성격이 없으며 단지 민주적 책임의 범위 내에서 직무를 수행하면 되는 것이다.

일본의 근대 정치조직에는 시市·정町·촌村의 지방자치제도가 공식적으로 인정되어 있다. 공선된 '원로'들이 책임 있는 지방의 장을 고른다. 그리고 그 지방의 장이 부府·현縣 및 중앙정부로 대표되는 국가와 절충할 때 시·정·촌의 대표자로서 사명을 다한다. 농촌에서 장은 오래전부터 그 땅에 살고 있는 지주 농민의 집안 사람이 된다. 촌장이 되면 경제적으로는 손해를 보지만 꽤 신망을 얻을 수 있다. 촌장과 원로들이 촌의 재정, 공중위생, 학교 유지, 그리고 특히 재산 등기와 개인의 신상명세서에 대한 책임을 진다. 마을 사무소는 매우 바쁜 곳이다. 그곳에서 초등교육에 대한 국고보조금의 지출과 그보다 훨씬 큰 액수로 마을 자체가 부담하는 교육비의 지출, 마을 재산의 관리 및 임대, 토지개량과 식목 사업, 모든 재산 거래의 등기 등의 업무를 다룬다. 재산 거래는 이 사무소에 정식으로 등록해야 비로소 법률적인 효력을 갖는다. 또한 마을 사무소는 그 마을에 본적을 두고 있는 개개인에 대해 주거, 혼인, 출산, 입양, 위법 행위, 그리고 그 외의 사실을 기입한 최신 기록 및 가족 상황에 대한 여러 자료를 보관한다. 이상의 사항에 조금이라도 변동이 있을 시에는 일본의 어느 지방에서라도 당사

52 * John F. Embree, The Japanese Nation, p.88.

자의 본적지로 보고가 되며 그 사람의 장부에 기입된다. 취직을 희망할 때나 재판을 받을 때, 혹은 그 외 어떤 경우든 신원 증명이 필요할 때에는 본적지의 시 · 정 · 촌 사무소에 편지를 띄우거나 직접 찾아가 등본을 입수하여 상대편에게 제출한다. 그러므로 사람들은 자신의 장부나 가족의 장부에 좋지 못한 기록이 기입되지 않도록 행동을 조심한다.

이와 같이 시 · 정 · 촌은 상당히 큰 책임을 떠맡고 있다. 그 책임은 공동체에 대한 책임이다. 1920년대 일본에 전국적인 정당이 탄생했을 때, 그것은 이 국가에 있어서도 '여당'과 '야당'의 정권 교체를 의미했다. 그러나 지방 행정은 이 정당정치라는 새로운 사실의 영향을 전혀 받지 않았다. 여전히 공동체 전체를 위해 원로들이 일을 맡아 지휘했다. 지방행정기관은 단 세 가지에 있어서만 자치권을 인정받지 못했다. 즉, 판사는 전부 나라에서 임명되며 경찰관 및 교사는 전부 국가의 고용인이었다. 일본에서는 지금도 대개의 민사사건은 조정 재판이나 중재인에 의해 처리되기 때문에 재판소가 지방행정에 대해 행하는 역할은 거의 없다. 경찰관이 한층 더 중요한 역할을 한다. 경찰관은 반드시 집회에 출석해야 한다. 그러나 그 임무는 간헐적이며 대부분의 시간은 주민의 신원 및 재산에 관해 기록하는 사무에 쓰인다. 국가는 경찰관을 그 지역과 관계없는 외부인으로 하기 위해 때때로 이동을 시키기도 한다. 학교 교사도 전근된다. 학교는 구석구석까지 국가의 통제를 받고 있어서 일본의 모든 학교는 같은 날에 프랑스처럼 같은 교과서로 같은 과목을 공부한다. 그리고 같은 시간에 라디오의 반주에 맞춰 같은 체조를 한다. 이처럼 시 · 정 · 촌은 학교, 경찰, 재판소에 대해서는 지방자치권이 없다.

이렇게 일본의 정치기구는 모든 면에서 미국의 기구와 전혀 다르다.

미국의 정치기구에서는 공선된 사람들이 최고의 행정적, 입법적 책임을 지고 있으며, 지방의 단속은 지방자치단체의 지휘 아래에 있는 경찰과 경찰 재판소가 수행한다. 그러나 일본의 정치기구는 네덜란드나 벨기에와 같은 서유럽의 나라들이 가진 정치체제와 형식상 전혀 차이가 없다. 예를 들면 네덜란드에서는 일본과 마찬가지로 여왕의 내각이 모든 법률안을 기초한다. 의회는 사실상 그 발의를 통해 법률을 제정한 적이 없다. 도시의 장도 법률상으로는 여왕이 임명하는 것으로 되어 있다. 그러므로 여왕의 형식적 권리는 1940년 이전의 일본보다도 훨씬 아래까지, 지방단체가 처리할 사항의 범위까지 미친다. 이를테면 일반적으로 여왕이 지방단체의 임명을 승인해주는 관례가 있다는 것도 사실이다. 경찰이나 재판소가 직접 군주에 대해 책임을 지는 것도 네덜란드식이다. 다른 점이라면 네덜란드에서는 학교는 어떠한 종파의 단체에서도 자유로이 설립할 수 있는데 비해 일본의 학교 제도는 프랑스처럼 국가 주도 사업이라는 것이다. 네덜란드에서는 운하나 간척지, 지방 개발 사업 등은 지방의 책임에 맡겨진 공동체 전체의 사업이지, 정당에서 선거로 뽑힌 시장이나 관리는 책임이 없다.

일본의 정치 형태와 이러한 서유럽 나라들의 차이는 형태적인 것이 아닌 기능적인 면에 있다. 일본인은 오랫동안 복종의 관습에 크게 의지해왔다. 이 관습은 과거의 경험 속에서 만들어졌으며 그 윤리 체계와 예식 속에 형식화된 것이다. 국가는 '각하' 들이 '제자리' 에서 직분을 다하면 반드시 그들의 특권이 존중되리라는 것을 기대할 수 있다. 그것은 해당 정책이 승인되기 때문이 아니라 일본에서는 특권의 경계선을 넘는 것을 용납하지 않기 때문이다. 국정의 최상층에 '국민의 여론' 을 위한 자리는 주어져 있지 않다. 정부는 단순히 '국민의 지지' 를 구할 뿐이다. 국가가 그 권한을 지방행정 범위 내에 미치고자 할 때에도 국가 지배권은 국민들에게 감사한 것으로 여겨진다. 국내적 기능을 다양하게 행사하고 있는 국가의 존재는 미국에서 일반적이라고 느끼는 것과 같이 필요악이 아니다. 일본인의 눈에서 보면 국가는 최고선에 가까운 존재인 것이다.

한층 더 나아가 국가는 국민이 바라는 '제자리'를 인지하고자 세심한 주의를 기울인다. 당연히 국민의 여론이 지배적인 영역에서는, 그것이 국민에게 이익이 되는 것이라 해도 일본 정부는 국민의 비위를 맞춰가며 일을 추진해야 한다는 것은 지나친 표현이 아니다. 농업 진흥의 임무를 맡은 정부 관리는 구식의 농경법을 개량하고자 할 때 같은 업무를 맡은 미국 아이다호 주의 관리와 마찬가지로 되도록 권력을 내세우지 않고 공손하게 한다. 정부 보증의 농민 신용조합이나 농민 구매 · 판매조합을 장려하는 정부 관리는 그 지역의 유지들과 무릎을 맞대고 몇 번이고 기나긴 회합을 거친 후에라도 결국에는 그들의 결정에 따르지 않으면 안 된다. 지방에 관한 일은 지방에서 처리해야만 하는 것이다. 일본인의 생활 방식은 각각에 어울리는 권위를 부여하고, 각각의 권위에 어울리는 영역을 규정하는 것이다. 그들은 '연장자'에게 서양 문화권에서보다 훨씬 큰 존경을 표하며, 따라서 훨씬 큰 행동의 자유를 주는데, '연장자'들 또한 그 지위를 제대로 지켜야 한다. "모든 것을 있어야 할 자리에 둔다"라는 것이 일본의 좌우명이다.

종교 분야에서 메이지 정치가들은 정치에 비해 훨씬 더 특이한 형식적 제도를 만들어냈다. 하지만 일본의 좌우명도 착실히 실천했다. 국가는 특히 국민적 통일과 우월의 상징을 경배하는 종교는 국가 관할로 하고, 기타 종교는 개인 신앙의 자유에 맡겼다. 국가의 통제를 받는 영역이 바로 국가 신토[53]다. 미국에서 국기에 대한 경례를 하는 것과 같이 국민적 상징에 대해 정당한 경의를 표하는 것이 본래의 취지라 하여 국가 신토는 "종교가 아니다"라고 그들은 주장한다. 그러므로 일본은 서양과 같은 신앙 자유 원칙에 조금도 저촉함 없이 모든 국민에게 국가 신토를 요구할 수 있었다. 그것은 마치 미국이 국민에게 성조기에 대한 경례를 요구하는 것이 신앙의 자유를 조금도 침해하지 않는 것과 마찬가지다. 그것은 단순한 충성의 상징에 지나지 않았다. '종교가 아니기' 때문에 서양인의 비난을 받을 우려 없이 그것을 학교에서 가르칠 수도 있었다. 국가 신토는 학교에서는 신화시대 이래의 일본 역사와 '만세 일계의 통치자' 인 천황 숭배가 되었다. 국가 신토는 국가에 의해 지지되었으며 국가에 의해 통제되었다. 다른 모든 종교 영역, 이를테면 불교 · 기독교 각파는 말할 것도 없이 교파 신토,[54] 즉 제사 신토까지도 미국과 마찬가지로 개인의 자유에 맡겨졌다. 국가 신토와 기타 종교, 이 두 가지 영역은 행정 및 재정상에 있어서 확실히 구별되었다. 국가 신토는 내무성에 이를 주관하는 사무국을 통해 감독되었으며, 그 신관이나 제식, 신사는 국가의 돈으로 운영되었다. 제사 신토 및 불교 · 기독교 각파는 문부성 종교과課의 소관으로, 각각의 교파에 속한 신자들의 자발적 헌금으로 유지되었다.

앞서 살펴본 일본의 공식적 태도에서도 알 수 있는 것처럼 국가 신토는 거대한 국교까지는 아니어도 적어도 거대한 국가기관으로 볼 수

53 메이지 이후 국가 권력의 보호하에 천황을 신격화하여 제사를 시행하던 신토.

54 신토는 그 중요시하는 내용에 따라 국가 신토, 황실 신토, 학파 신토 등으로 나뉘는데 교파 신토는 천리교 등과 같이 교법을 중시하여 교단화된 신토계 종교 단체를 총칭한다.

있다. 일본에는 태양의 여신[55]을 받드는 이세 신궁伊勢神宮[56]으로부터, 특별한 의식 때마다 제사를 집행하는 신관이 직접 청소를 하는 지방의 작은 신사에 이르기까지 11만 이상에 달하는 각종 신사가 있다. 신관의 전국적 계층제는 정치적 계층제와 병행하는 것으로 권위 계통은 최하위의 신관에서부터 군·시 및 부·현의 신관을 거쳐 '각하'의 경칭을 가진 최고의 신관에 이른다. 그들은 민중이 행하는 예배의 사회를 담당하기보다 오히려 민중을 대신해 의식을 거행한다. 그러므로 국가 신토에는 우리에게 일반적으로 익숙한 교회 정기 출석과 같은 것이 전혀 없다. 국가 신토의 신관들은–그것은 종교가 아니므로–법률에 따라 교의를 가르칠 수 없다. 그래서 서양인이 생각하는 의미의 예배는 없다. 대신 가끔 돌아오는 제삿날에는 지역공동체의 대표자들이 신사에 참배하고 신관 앞에 선다. 그러면 신관은 삼과 종이를 늘어뜨린 막대기를 흔들어 그들을 정결케 한다. 신관은 본당의 문을 열어 날카롭고 높은 목소리로 신들이 공양 음식을 먹으러 내려오도록 부른다. 신관은 기도를 드리고 참배자는 각자 신분의 순서에 따라 정중히 절을 하는데, 그 대상은 예나 지금이나 일본의 어느 곳에서도 볼 수 있는 가늘고 기다란 종이를 여러 갈래로 늘어뜨린 신성한 나무의 작은 가지다. 그리고 신관은 또 한 번 예의 그 목소리를 내어 신들을 배웅하고 본당의 문을 닫는다. 국가 신토의 제삿날에는 천황도 국민을 대표하여 의식을 집행한다. 또한 모든 관청은 휴업에 들어간다. 그러나 이 제삿

55 아마테라스 오미카미.

56 일본 중부 미에 현 이세에 소재한 신궁. 신궁은 신을 제사하는 신전으로 특히 격식 높은 신사를 가리킨다.

날은 그 지역에 있는 신사의 제례나 불교의 제일과 같이 민중적인 축제일은 아니다. 지역의 신사나 불교의 축제는 모두 국가 신토와 떨어진 '자유'의 영역에 놓여 있다.

이 영역에서 일본인은 그들의 심성에 잘 맞는 몇몇 유력한 종파와 축제를 운영하고 있다. 불교는 지금도 역시 국민 대다수의 종교며 각각 서로 다른 가르침과 서로 다른 창시자를 가진 여러 종파가 전국 곳곳에서 활발히 활약하고 있다. 신토에도 국가 신토의 외부에 각종 유력한 교파가 있다. 그중 어떤 교파는 1930년대에 정부가 국가주의 입장을 취하기 이전부터 이미 순연한 국가주의의 요새였고, 어떤 교파는 크리스천 사이언스[57]에 비교되곤 하는 신앙 치료의 종파다. 또 유교의 가르침을 지키는 교파나 신 내린 상태나 신성한 산속에 있는 신사에 참배하는 것을 전문으로 하는 교파도 있다. 민중적 축제일의 대부분도 국가 신토의 외부에서 방임되어왔다. 축제일에는 무수한 군중이 신사로 몰려온다. 참배자는 각각 입을 헹구고 몸을 정결케 한 뒤 줄을 당겨서 방울을 울리며 손뼉을 쳐서 신을 불러들인다. 그들은 경건히 예배를 한 후 다시 한 번 줄을 당겨 방울을 울리고 손뼉을 쳐서 신을 배웅한다. 그러고 나서 신전神前을 떠나 그날의 주요한 용무를 시작한다. 즉, 경내에 노점상을 열고 있는 장사꾼들에게서 장난감이나 맛있는 먹거리를 사서 스모나 푸닥거리 혹은 광대가 나와서 우스꽝스러운 판을 벌리는 가구라[58] 춤을 구경한다. 이를테면 떠들썩한 축제 기분을 즐기

[57] 1866년 M. B. 에디 부인이 창시한 미국의 종교 단체. 교의의 근거를 성경에 두고 있지만 단순하고 속신적인 해석에 지나지 않으며 심리요법을 통해 교파를 확장했다.

[58] 신을 제사하기 위해 신전에서 벌이는 일본의 무악.

는 것이다. 일본에 산 적이 있는 한 영국인은 일본의 축제일이면 아래와 같은 윌리엄 블레이크[59]의 시 한 구절을 떠올렸다고 한다.

> 교회에서 약간의 맥주를 내어주고,
> 우리 영혼 데워줄 흥겨운 불이라도 있다면,
> 우리도 종일 노래하고 기도하면서,
> 교회를 나와 방황할 생각일랑 아예 하지 않을 텐데.
>
> If at the church they would give us some ale,
> And a pleasant fire our souls to regale,
> We' d sing and we' d pray all the livelong day,
> Nor ever once wish from the church to stray.[60]

전문적으로 종교적 고행에 헌신한 소수의 경우를 제외하면 일본에서 종교란 그다지 엄숙한 것이 아니다. 일본인은 멀리 떨어진 신사나 절에 참배하러 가기를 즐기는데 이것은 휴일을 아주 즐겁게 보내는 것이기도 하다.

이와 같이 메이지의 정치가들은 정치에 있어서 국가 기능이 미치는 영역과 종교에 있어서 국가 신토의 영역을 신중하게 구획했다. 그들은 타 영역은 국민의 자유에 맡겼지만, 그들이 판단하기에 국가에 직접 관계된 일에 대해서만은 새로운 계층 제도의 최고 관리인인 자신들의

59 1757~1827. 영국의 시인이자 화가. 『셀의 서』, 『밀턴』 등의 대표작이 있다.
60 윌리엄 블레이크의 시집 『경험의 노래』에 나오는 'The Little Vagabond' 의 한 단락.

손에 지배권이 확보되도록 했다. 육해군을 창설할 때에도 그들은 같은 문제에 부딪쳤다. 다른 분야와 마찬가지로 여기에서도 낡은 카스트제도를 버렸다. 군대에서는 일반인의 생활에서보다 더 철저히 카스트제도가 거부되었는데, 일본식의 경어조차 금지되었다. 물론 실제로는 오랜 관습이 남아 있었지만 말이다. 또한 군대에서는 출신이 아닌 당사자의 실력에 따라 누구라도 이등병에서 사관 계급까지 출세할 수가 있었다. 그만큼 실력주의가 철저히 실현된 분야는 없었다. 군대는 이런 점에서 일본인들로부터 대단히 좋은 평판을 얻었는데 확실히 그럴 만도 했다. 그것은 사실 새로이 탄생한 군대가 일반 민중의 지지를 얻는 가장 좋은 수단이었다. 더욱이 중대나 소대는 같은 지역에서 온 사람들로 편성되어서 평상시의 병역 근무는 자신의 집에서 가까운 곳에 있는 병영에서 할 수도 있었다. 이것은 그 지방과의 연대감을 유지하게 하는 것이었고, 군대교육을 받은 사람은 누구라도 무사와 농민, 부자와 빈자의 관계를 대신해 장교와 병사, 2년병과 초년병의 관계로 2년을 생활하게 되었음을 의미하는 것이었다. 군대는 여러 가지로 민주적인 터를 다듬는 역할을 했다. 또한 많은 점에 있어서 진정한 국민의 군대였다. 다른 대다수의 나라에서 군대는 현상을 유지하는 강력한 힘으로서 기능 하는 것에 비해 일본 군대는 소농 계급에 동정을 일으켜 군대가 대금융 자본가나 생산 자본가들에 대한 항의를 일으키는 일도 다수 있었던 것이다.

아마 일본 정치가들이 국민군 수립으로 인해 생겨난 이 결과를 전부 인정하지는 않았을 것이다. 그들이 계층 제도에 있어서 군부가 패권을 확보해야 한다고 여긴 것은 이런 수준의 문제가 아니었다. 그들은 최고 영역에 일정한 조치를 강구해내어 자신들의 목적을 확실히 달성했다. 그들은 이 조치를 헌법에 기재하지는 않았지만 이미 승인된 군 수뇌부의 정부로부터의 독립을 관례로 지속하게 했다. 그 조치의 예로 육해군 대신은 외무성이나 내정을 관장하는 각 성의 장관들과 달리 천황을 직접 찾아가 말할 수 있는 권리를 가졌다. 따라서 자신들은 천황의 이름을 이용하여 그들의 방책을 강요할 수 있었다. 그들은 문관 각료들에게 보고하거나 협의할 필요가 없었다. 한층 더 나아가 군부에는 어느 내각이라도 마음대로 움직일 수 있는 수단이 있었다. 그들은 자신들이 신뢰하지 않는 내각의 조직을 육해군 장관을 보내는 것을 거부함으로써 간단히 방해할 수 있었다. 높은 지위의 현역 장교가 육해군 대신의 지위를 채워주지 않으면 어떤 내각도 성립할 수가 없었다. 이런 자리에 문관이나 퇴역 장교가 앉을 수는 없기 때문이다. 마찬가지로 내각이 취한 행동에 불만이라도 생기면 군부는 내각에 있는 그들의 대표를 철수시켜서 내각을 총사퇴하게 할 수도 있었다. 이러한 최고 정책 수준에서 군 수뇌부는 외부의 어떠한 간섭도 허용치 않는 수단을 강구했다. 그 위에 또 다른 보증이 필요하다면 그것은 헌법에 부여되어 있었다. 즉 "제국 의회에서 예산안의 승인을 실패할 시 정부는 전년도 예산을 금년도에 시행한다"라는 조항이 그것이다. 외무성에서 결코 그런 수단을 취하지 않게 하겠다고 약속을 했음에도 군이 만주사변이라는 대담한 일을 벌일 수 있었던 것도 많은 예 중에 하나다. 내각 내 통일된 정책이 사라진 상황에 군 수뇌부가 현지 사령관을 지지하여 목적을 이뤄낸 것이다. 군부에 대해서도 다른 분야와 같이 계층적 특권과 얽힌 경우에 일본인은 그것이 어떤 결과를 낳든 그 결과를 감수하려는 경향이 있다. 그것은 정책에 대해서 의견이 일치했기 때문이 아니라 특권의 경계선을 넘어서는 것을 좋게 보지 않기 때문이다.

산업적 발전에서도 일본은 서양 어느 나라에서도 예를 찾아볼 수 없는 길을 걸어왔다. 여기에서도 '각하' 들은 계획을 세우고 규칙을 정했다. 계획을 세울 뿐만 아니라 그들은 자신들이 필요하다고 정한 산업을 정부의 돈으로 건설하고 자금을 공급했다. 정부 관료가 그것을 조직하고 경영했다. 외국 기술자가 초빙되고 일본인이 해외로 파견되었다. 그들이 말하는 바를 인용하자면 그 후 이런 산업이 "조직을 정비하여 당초 계획한 사업으로 번창했기 때문에" 정부는 그것을 민간 기업에 매각했다. 공기업은 점차 "형편없는 헐값으로"[61] 선택받은 소수의 자본가, 즉 미쓰이와 미쓰비시를 주축으로 하는 저명한 재벌들에게 팔려 갔다. 일본 정치가들은 산업 개발이란 것은 일본에 아주 중요한 사업이기 때문에 수요 공급의 법칙이나 자유 기업의 원칙에 맡겨두어서는 안 된다고 생각했다. 그러나 이 정책은 결코 사회주의적 신조에 근거한 것은 아니었다. 결국 단물을 먹을 수 있었던 것은 바로 재벌들이었다. 일본이 이룬 것은 실패와 헛된 소모를 최소로 억누르면서 그들이 필요하다고 보는 산업을 확립한 것이었다.

일본은 이러한 방식으로 "자본주의적 생산의 출발점과 그 후 여러 단계의 일반적 순서"[62]를 새로이 할 수가 있었다. 일본은 소비재의 생산과 경공업에서 시작하는 대신 먼저 중요한 중공업에 착수했다. 조병창, 조선소, 제철소, 철도 건설에 우선권을 두어 기술적 능력을 빠른 속도로 고도의 수준에 달하게 했다. 이 산업들 모두가 민간인의 손에

61 * Herbert Norman, Japan's Emergence as a Modern State, p.131. 이 절의 논의는 Norman의 명쾌한 분석에 바탕을 두고 있다.

62 * 위의 책, p.125.

넘겨진 것은 아니다. 거대한 군수산업은 정부 관료의 지배하에 놓였으며 정부의 특별 회계에 의해 자금이 지급되었다.

정부가 우선권을 둔 산업의 전 분야에서 소小상공업자나 관료가 아닌 경영자는 '제자리'를 얻을 수 없었다. 국가와 신뢰 관계에 있는, 정치적으로 특별한 편의가 부여된 대재벌만이 그 영역에서 활동했다. 그러나 일본인 생활의 다른 분야에서도 모두 그러했던 것처럼 산업에서도 또한 자유로운 영역은 있었다. 그것은 최소한의 자본 투자와 최대한의 저임금 노동의 활용을 통해 운영되는 각종 '잔여' 산업이었다. 이런 경공업은 근대적 기술 없이도 존재할 수 있었으며 지금도 역시 존속되고 있다. 이러한 산업은 일찍이 미국에서 우리가 익히 '홈 스웻숍home sweat-shop'[63]이라고 부르는 곳을 통해 이루어졌다. 이른바 '스몰타임small-time' 제조업자[64]가 원료를 사들이고 그것을 가정이나 네다섯 명의 직공을 고용한 작은 공장에 대여하고 회수하기를 반복하는 것이다. 그리고 끝으로 제품을 상인이나 수출업자에게 판매한다. 1930년대에 공업 종사자의 53% 정도가 이렇게 하여 직공 수 다섯 명 이하의 공장 혹은 가정에서 일을 했다.[65] 이 직공들 중 다수가 낡은 도제제도의 온정주의적 관습에 의해 보호받았으며, 이들 대부분은 일본 대도시의 가정에서 갓난아이를 등에 업고 저임금 노동을 하는 어머니들이었다.

63 극도의 노동력 착취가 이루어지는 가내공장.

64 원래는 하루 3회 이상 상영을 하는 삼류 극장을 가리키던 말로 여기에서는 적은 자본을 자주 회전시켜서 이익을 보는 소공업자를 뜻한다.

65 * 우에다 교수의 주장. Miriam S. Farley, Pigmy Factories, Far Eastern Survey, VI, (1937), p.2에서 인용.

이러한 일본 산업의 이원성은 일본인의 생활양식에서의 정치나 종교 분야의 이원성만큼 중요하다. 일본 정치가들이 다른 여러 분야에서의 계층 제도처럼 재계에도 귀족제가 필요하다는 방침을 세웠을 때에는 마치 그들을 위해 각종 전략적 산업을 세워주고, 정치적으로 친밀한 상인 가문을 선택하여 다른 계층 제도와 마찬가지로 그들에게 '제자리'를 부여하려는 것처럼 보였다. 정부가 이러한 재계의 유력한 집안과 인연을 끊는다는 것은 일본 정치가들의 계획에는 전혀 들어 있지 않았다. 재벌들은 자신들에게 이윤과 함께 높은 지위를 부여하는 일종의 지속적인 비호 정책을 통해 이익을 얻었다. 이윤 및 금전에 대한 기존의 일본인의 태도에서 생각해보면 재계 귀족들이 국민의 비난을 받는 것은 피할 수 없는 일이었지만, 정부는 되도록 그 체제를 공인된 계층제 관념으로 극복하려고 했다. 하지만 그 노력이 완전히 성공하지는 못했다. 가끔 재벌들이 군대의 이른바 청년 장교 그룹이나 농촌 쪽에서 공격을 받았던 것이다. 그래도 실제로 일본 여론의 가장 혹독한 공격의 대상이 된 것은 재벌이 아니라 나리킨[66]이었다. 나리킨은 때때로 '누보 리슈nouveau riche'라는 말로도 번역되지만 그 단어로는 일본인의 감정을 그대로 표현하지 못한다. 미국에서 누보 리슈란 엄밀히 말하자면 '신참'이란 뜻이다. 누보 리슈가 웃음거리가 되었던 것은 그들이 서투르고 아직 적절한 예법을 몸에 익힐 여유가 없었기 때문이다. 그러나 이 부정적인 측면은 그들이 통나무집에서 자수성가한 사람이며 나귀 꽁무니를 쫓던 처지에서 수백만 달러의 유전油田을 경영하는 사람이 되었다는, 우리의 마음을 감동시키는 긍정적 측면으로 인해 상쇄

66 벼락부자를 뜻하는 말.

된다. 그러나 일본에서 나리킨이란 말은 일본 장기에서 나온 것으로 체스로 치면 여왕金이 된 졸卒을 의미한다. 그것은 전혀 그만큼의 계층적 권리를 가지고 있지 않으면서 마치 '거물' 처럼 장기판 위를 자기 세상인 양 휘젓고 다니는 졸인 것이다. 나리킨은 사람을 속여서 부를 얻은 것이라고 일본인은 믿는다. 그리고 나리킨을 향한 비난은 미국인이 '성공한 하인' 을 대하는 태도와는 전혀 딴판이다. 일본은 계층 제도 속에서 거대한 부를 차지해야 할 위치를 설정하고 그곳에 자리한 이들과 결탁했다. 그리고 부가 그 외의 영역에서 획득된 경우에는 일본인의 여론이 통렬한 비난을 퍼부었다.

이처럼 일본인은 항상 계층 제도를 고려하면서 그들의 세계 질서를 다져나간다. 가정이나 개인 간의 관계에 있어서는 연령, 세대, 성별, 계급이 그 알맞은 행동을 결정한다. 정치나 종교나 군대, 산업에 있어서는 각각의 영역이 세밀하게 계층으로 나뉘어 있어서 윗사람도 아랫사람도 자신의 특권의 범위를 벗어나면 반드시 처벌을 받는다. '제자리' 가 유지되는 한 일본인은 불만 없이 살아갈 수 있다. 또 안전하다고 느낀다. 물론 그들 자신의 최대 행복이 보호되는가 하는 의미에서는 '안전' 하지 않은 경우도 간혹 있다. 그래도 역시 계급제도를 정당한 것으로 수용해왔다는 이유에서는 '안전' 하다. 이것은 평등과 자유에 대한 신뢰가 미국인의 생활양식의 특징인 것과 마찬가지로 일본인의 인생을 바라보는 관점의 특징을 이룬다.

일본의 인과응보는 일본이 그 '안전' 이라는 신조를 국외로 수출하고자 함으로써 찾아오게 되었다. 일본 국내에서 계층 제도는 국민의 상상력에 꼭 들어맞는 것이었다. 그도 그럴 것이 그 상상력이란 게 계층 제도에 의해 형성된 것이었기 때문이다. 그들의 야심은 그러한 세계에서만 구체화될 수 있는 것이었다. 계층 제도는 수출에 적합하지 않은 상품이었다. 다른 나라들은 일본의 허풍스런 주장을 건방지기 짝이 없는 것으로, 아니 그보다 더 나쁜 것으로 보고 분노했다. 그러나 일본의 장교들은 변함없이 각각의 점령국에서 주민들이 자신들을 환영하지 않는 것을 의외로 여겼다. 일본은 그들에게 아무리 낮은 지위라 하더라도 여하튼 계층제 안에 하나의 자리를 주려고 하지 않았던가? 그리고 계층제란 것은 낮은 단계에 놓인 자에게도 바람직한 것이 아니었던가? 그들의 의문은 이러했다. 일본 군부는 자포자기의 심정으로 몸을 내던진 중국 아가씨가 일본의 병사나 기술자와 사랑에 빠져 행복을 찾게 된다는 등의, 중국의 일본에 대한 '애정'을 그린 전쟁 영화를 몇 편이나 제작했다. 이것은 나치의 정복관에 비교하면 엄청난 차이가 있긴 하지만 결국 성공하지 못했다는 점에서는 같다. 일본인은 자신들에게 요구한 사항을 다른 나라에 요구하는 데 성공하지 못했다. 가능할 것이라고 생각한 것부터가 잘못이었다. 그들은 '각각의 제자리에 만족하게 하는' 일본의 도덕 체계가 다른 곳에서는 받아들여지지 않는다는 사실을 깨닫지 못했다. 다른 나라에는 그러한 도덕관이 없었다. 그것은 오직 일본제였던 것이다. 일본의 저술가들은 이 윤리 체계를 당연시하고 있기 때문에 그것에 대해 따로 설명하지 않는다. 그러므로 일본인을 이해하기 위해서는 그에 앞서 도덕 체계의 설명이 필요하다.

제5장

과거와 세상에 빚진 사람

영어에는 우리가 곧잘 쓰는 '과거를 물려받은 사람heirs of the ages'이란 표현이 있다. 이 말이 나타내던 자신감은 두 번의 세계대전과 엄청난 경제적 위기로 인해 조금 옅어지기는 했지만, 이러한 변화가 우리로 하여금 과거에 대해 빚을 지고 있다는 느낌을 증대시키는 것은 아니다. 그러나 동양인은 이와 정반대로 생각한다. 그들은 과거에 대해 부채負債를 안고 있는 사람들이다. 동양인의 어떤 모습에 대해 서양인이 조상 숭배라고 이름 붙이고 있는 대부분이 실은 숭배가 아니며, 또한 그것이 오히려 조상에게만 향한 것도 아니다. 그것은 자신들이 모든 과거에 대해 커다란 빚을 짊어지고 있음을 인정하는 의식이다. 게다가 그들이 지고 있는 빚은 과거에 대해서만 해당하는 것도 아니다. 타인과의 일상적인 접촉 그 모두를 통해 지금도 그들의 채무는 늘어가고 있다. 나아가 그들 매일의 생활에서 의사 결정과 행동은 그 부채에서 비롯한다. 그것이 기본적인 출발점이다. 자신이 이렇게 잘 양육되고 교육을 받고 또 행복하게 생활할 수 있는 것은, 아니 무엇보다 이 세상에 태어난 것부터가 그들에게는 모두 세상 덕이기 때문이다. 그럼에도 불구하고 서양인은 세상에 대한 그러한 부채를 지나치게 경시한다. 그런 이유로 일본인은 서양인의 행동 동기가 불충분하다고 여긴다. 제대로 된 사람은 미국인들이 흔히 말하는 것처럼 자신은 누구에게도 은혜를 입지 않았다고 이야기하지 않는다는 것이다. 동양인은 과거를 도외시하지 않는다. 일본에서 정의正義란 조상과 동시대 사람들을 모두 포함하는 상호 채무의 거대한 그물망 속에 존재하고 있는 자신을 인정하는 것이다.

이와 같은 동서양의 극단적인 차이점을 말로 표현하는 것은 간단하지만 실제 생활 속에서 어떠한 차이가 있는가를 인식하기란 쉬운 일이 아니다. 더욱이 그 점에서 일본을 이해하지 못하면 전쟁 중에 우리가 보았던 그들의 극단적인 자기희생이나 우리가 보기에 전혀 그럴 상황이 아님에도 일본인들이 곧잘 화를 냈던 이유를 알 수 없게 된다. 타인에게 빚을 진 사람은 아주 사소한 일에도 화를 잘 내기 마련이다. 일본인들이 그 점을 증명해주고 있다. 또한 부채 의식이 일본인에게 여러 가지 커다란 책임을 지게 하는 것이다.

중국어에도 일본어에도 영어의 '오블리게이션obligation(의무)'에 해당하는 단어가 여러 개 있지만 이 단어들이 완전한 동의어는 아니다. 각각의 언어가 가지고 있는 특유한 의미까지 영어로 그대로 번역하는 것은 불가능하다. 왜냐하면 이 단어들이 나타내고 있는 관념은 우리가 알지 못하는 것이기 때문이다. 한 사람이 지고 있는 크고 작은 채무를 표현하는 '오블리게이션'에 해당하는 일본 말은 온恩(은혜)이라 할 수 있다. 하지만 일본어의 관용적 표현을 보면 경우에 따라 이 단어는 '오블리게이션' 과 '로열티loyalty(충성)' 에서 '카인드니스kindness(친절)' 와 '러브love(사랑)' 에 이르기까지 갖가지의 단어로 번역될 수 있다. 하지만 이것들은 전부 온이 가진 본래의 의미를 굴절시키고 있다. 온이 정확히 사랑이나 의무를 의미한다면 일본인은 아이에 대해서도 온이라는 말을 할 터인데 그러한 어법은 존재하지 않는다. 그렇다고 그것이 충성을 의미하지도 않는다. 일본어에서 충성은 몇 가지 다른 단어로 표현되며 그 충성을 의미하는 단어들은 결코 온과 동의어가 아니다. 일본 말 온에는 여러 용법이 있지만 그 용법의 전부에 통하는 의미는 사람이 있는 힘을 다해 짊어져야 하는 부담, 채무, 무거운 짐이다. 사람은 연장자에게 온을 입는다. 그리고 연장자가 아니거나 적어도 자신과 동등하지 않은 누군가에게서 온을 입는다는 것은 불쾌한 열등감을 준다. 일본인이 "나는 그에게 온을 입었다"라고 말하는 것에는 "나는 그에 대해 부채의 부담을 안고 있다"라는 의미가 들어 있다. 그리고 그들은 이 채권자, 은혜를 베푼 사람을 자신의 온진恩人이라고 부른다.

'온을 잊지 않는 것' 은 순수한 서로 간의 헌신적인 애정을 표현하는 것일 경우도 있다. 일본 초등학교 2학년 교과서에 실려 있는 〈온을 잊지 말자〉라는 제목의 짧은 이야기에서 온이 바로 그러한 의미로 사용되고 있다.

하치는 귀여운 강아지입니다. 태어나자마자 곧 낯선 사람의 손에 넘겨졌지만 그 집에서 자식같이 귀여움을 받으며 자랐습니다. 그래서 허약했던 몸도 튼튼해졌습니다. 주인이 매일 아침 출근할 때에는 기차역까지 배웅을 갔습니다. 또 저녁에 돌아올 무렵이면 역으로 마중을 갔습니다.

그런데 주인이 세상을 떠나게 되었습니다. 하치는 그것을 모르는지 날마다 주인을 찾아다녔습니다. 언제나처럼 역으로 가서는 기차가 도착할 때마다 나오는 인파 속에 주인이 없을까 하고 찾았습니다.

이렇게 시간이 흘렀습니다. 1년이 지나고 2년이 지나고 10년이 지났는데도 아직도 주인을 찾고 있는 늙은 하치의 모습을 매일 역 앞에서 볼 수 있었습니다.

이 짧은 이야기의 교훈은 애정의 다른 이름인 충성심이다. 어머니를 깊이 생각하는 아들은 어머니로부터 받은 온을 잊지 않고 있는 것이라고 할 수 있다. 그리고 그것은 하치가 주인에게 품었던 것과 같은 변함없는 헌신적인 애정을 그가 어머니에게 가지고 있다는 것을 의미한다. 그러나 이 온이라는 말은 그의 애정만을 가리키는 것이 아니다. 그의 어머니가 갓난아이 때부터 그를 위해 해준 모든 일, 소년 시절에 인내하며 감수했던 많은 희생, 또 어른이 된 후에도 그에게 이익이 되도록 정성을 다해 해준 모든 일을 포함하여, 단지 어머니가 존재한다는 것만으로 그가 어머니에게 지고 있는 모든 빚을 가리키는 단어다. 그것은 채무에 대한 변제의 의미도 포함하고 있다. 그러므로 사랑이라는 의미도 있지만 본래의 의미는 부채인 것이다. 그런 데 비해 우리 미국인은 사랑이란 의무의 구속을 받는 일 없이 자유로이 주어지는 것이라고 생각한다.

온은 최고이자 최대의 부채로 '천황에게 입은 온' 에서 쓰일 때는 언제나 무한한 헌신의 의미로 사용된다. 그것은 천황에 대한 빚을 지는 것으로, 사람은 천황에게서 주어지는 온을 무한한 감사의 마음으로 받아야 한다. 이 나라에 태어나 이렇게 편안하게 생활하며 주변의 크고 작은 여러 가지 일이 순조롭게 이루어지는 것을 기뻐할 때, 일본인은 항상 이것은 모두 한 분으로부터 받은 은혜라고 느낀다. 일본의 역사 전체를 통틀어 일본인이 빚을 지고 있다고 느끼는 살아 있는 한 사람은 그가 속해 있는 세계의 가장 윗사람이었다. 그것은 시대가 변할 때마다 지방 영주, 봉건영주, 쇼군 등으로 바뀌어왔다. 오늘날에는 천황이다. 그러나 윗사람이 누구인가보다 중대한 의의를 가지는 것은 수 세기의 오랜 기간에 걸쳐 "온을 잊지 않는다"라는 것이 일본인의 습성 속에 최고의 위치를 차지하고 있다는 점이다. 근대 일본은 모든 수단을 동원하여 이 감정이 천황에게 집중되도록 했다. 일본인 특유의 생활양식에 대해 그들이 가지고 있는 모든 편애의 감정이 각자의 천황의 온을 증대시킨다. 전쟁 중 전방에 있는 군대에 천황의 이름으로 분배된 담배 한 개비는 각 병사가 천황에게 입고 있는 온을 강조했으며, 출격에 앞서 병사들에게 나눠진 술 한 모금은 그 온을 한층 더 깊게 해주었다. 일본인들이 말하는 바에 의하면 자살한 가미카제 특공기의 조종사들은 천황에게 입은 온에 보답을 한 것이었다. 일본인들은 또 주장하기를 태평양의 어느 섬을 지키기 위해 모든 부대가 기꺼이 죽음을 맞았으며 그것은 모두 천황에게서 받은 무한한 온을 갚은 것이라고 했다.

사람은 천황보다 신분이 낮은 사람들로부터도 온을 입는다. 그것은 물론 부모에게 입는 온이다. 이것은 자녀에게 있어서 부모의 위치를 권위 있는 중요한 지위에 두게 하는 동양 효행의 기초다. 이는 자녀가 부모에 대해 갚고자 노력해야 할 부채를 가지고 있음을 나타낸다. 또한 자녀는 복종하도록 애써야 한다. 독일도 아이에 대해 부모가 권위를 가지는 나라이기는 하지만, 부모 쪽에서 복종을 요구하고 강요하는 데에 힘쓴다는 점에서 일본과 사정이 다르다. 일본인은 동양식 효행의 해석에 있어서 굉장히 현실주의적이다. 일본에는 부모로부터 받는 온에 관해 "자식을 가져봐야 부모의 은혜를 알 수 있다"라는 속담이 있다. 이렇게 부모의 온이란 실제 생활 속에서 부모가 행하는 매일의 보살핌과 고생을 가리킨다. 오늘날 일본인은 조상 숭배의 대상을 아직 기억에 남아 있는 최근의 조상들로만 한정하고 있는데, 이것은 일본인에게 어린 시절 실제로 그 조상들에게 신세를 졌다는 것을 한층 절실히 느끼게 한다. 물론 어떤 문화에서든 누구나가 일정 시기 부모의 보호 없이는 살아갈 수 없는 무력한 어린아이이고, 성인이 되기까지 얼마 동안 의식주를 제공받는다는 것은 너무나 명백한 사실이다. 일본인은 미국인이 이러한 사실을 경시하고 있다고 안타까워한다. 그리고 어떤 책에서 서술하고 있는 것처럼 "미국에서 부모의 온을 잊지 않는 것이란 기껏해야 부모에게 친절을 베푸는 정도에 지나지 않는다"라고 생각한다. 자녀를 돌보지 않는 사람은 없지만, 자녀에게 베푸는 헌신적인 보살핌은 일찍이 무력했던 유아 시절 자신이 부모로부터 받았던 빚을 갚는 것이다. 사람은 자신의 아이를 부모가 자기를 키워준 것과 마찬가지로, 또는 그보다 더 훌륭히 양육함으로써 부모로부터 받은 온의 일부를 갚아가는 것이다. 자녀에 대한 의무가 '부모의 온' 속으로 완전히 흡수되어버린다.

일본인은 선생이나 주인에 대해서도 특수한 온을 느낀다. 이들은 모두 무사히 세상을 살아나갈 수 있도록 도와준 사람들이기 때문이다. 그래서 언젠가 그들이 곤란한 상황에서 자신에게 부탁이라도 하면 그 부탁을 들어주어야 하고, 그들의 사후에라도 그 남겨진 자녀들에게 특별한 관심을 쏟아주어야 한다. 사람은 자신의 의무를 다하기 위해서는 어떤 일도 해야 하며, 시간의 경과가 부채를 줄어들게 하지는 않는다.

그것은 흐르는 세월과 함께 줄어들기는커녕 도리어 불어간다. 소위 이자가 쌓이는 것이다. 어떤 사람으로부터 온을 입는다는 것은 중대한 일이다. 일본인이 자주 쓰는 말 중에 "사람은 도저히 온의 만분의 일도 갚을 수 없다"라는 표현이 있다. 엄청나게 무거운 짐이 아닐 수 없다. 그러므로 '온의 힘'은 항상 단순한 개인적인 취향 정도는 뭉개버릴 수 있는 정당한 권리를 가지고 있다고 여겨진다.

이러한 채무 윤리가 원활히 이루어지기 위해서는 각자가 자신이 짊어지고 있는 의무를 불쾌감 없이 이행할 수 있도록 스스로가 커다란 부채를 지고 있는 자임을 잘 인식해야 한다. 우리는 이미 일본의 계층 제도가 얼마나 철저히 조직되어 있는가를 살펴보았다. 이 계층 제도에 따른 습관이 충실히 지켜지고 있기 때문에 일본인은 도덕적 채무를 서양인은 생각지도 못할 정도로 존중할 수 있는 것이다. 윗사람이 선량한 사람이라면 도덕적 채무는 한층 더 이행하기가 쉽다. 일본에서는 윗사람이 자신에게 신세 지고 있는 사람을 '사랑한다'고 생각한다. 그것을 보여주는 흥미로운 증거가 실제로 일본어에 있다. 바로 아이愛(사랑)라는 단어다. 일본 말 아이는 '러브love'를 의미한다. 그리고 지난 세기 동안 선교사들이 기독교의 '러브'를 번역할 수 있는 유일한 일본어로 아이를 사용해왔다. 그들은 성경 번역에서 이 단어로 인간에 대한 하나님의 사랑과 하나님에 대한 인간의 사랑을 표현했다. 그러나 일본어의 아이는 특히 윗사람의 그 신세 지는 사람에 대한 사랑을 의미한다. 서양인은 그렇다면 그것은 '온정주의paternalism'에 해당하지 않나 하고 생각할지 모르지만 일본어의 용법에서는 그 이상의 의미를 지닌다. 그것은 애정을 의미하는 단어다. 현대 일본에서도 아이는 여전히 내리사랑이라는 엄격한 의미로 사용되고 있다. 그러나 일부에서는 기독교 용법의 영향으로, 또 확실히 카스트적 차별을 타파하려는 관변의 노력으로 이제는 대등한 인간 사이의 사랑에서도 사용할 수 있게 되었다.

이렇게 일본 문화의 특수성이 온의 부담을 지기 쉬운 가벼운 것으로 해주긴 하지만 그래도 일본에서 감정이 상하는 일 없이 온을 '입는' 것은 역시 운이 좋은 경우의 이야기다. 일본인은 우연히 타인으로부터 온을 입어서 갚아야만 하는 부담을 지는 것을 좋아하지 않는다. 그들은 늘 "사람에게 온을 베푼다"라고 말한다. 그것은 경우에 따라서는 "타인에게 무리하게 무엇인가를 지운다"가 가장 가까운 번역이 될 때도 있다. 미국에서는 '임포징imposing'이라는 말이 타인에게 무엇인가를 요구하는 것인 데에 비하여 일본에서 이 표현은 타인에게 무엇인가를 주거나 친절을 베푸는 것을 의미한다. 비교적 먼 관계의 사람에게서 본의 아니게 온을 입게 되는 것을 일본인은 가장 불쾌하게 여긴다. 이웃과의 교제나 오래전부터 정해진 계층적 관계에서라면 일본인은 온을 입는 번거로움을 이미 인정하고 있으며, 또한 기꺼이 그 수고를 받아들인다. 하지만 상대가 그저 면식이 있는 정도의 사람이거나 자신과 거의 대등한 관계의 사람인 경우에는 석연치 않게 생각한다. 그들은 되도록 온의 여러 결과에 휘말리는 것을 피하고 싶은 것이다.

일본 거리에서 사고가 일어났을 때 군중이 수수방관하는 것은 단지 자발성이 결여되어서가 아니다. 그것은 관헌이 아닌 개인이 괜히 손을 댔다가는 그 행위를 받는 사람에게 온을 입히게 되는 것을 알기 때문이다. 메이지 이전의 매우 유명한 법령 중 하나로 "싸움이나 말다툼이 일어났을 때 불필요한 간섭을 해서는 안 된다"라는 것이 있었다. 그러한 경우 확실한 권한 없이 타인을 돕는 사람은 무엇인가 부당한 이익

을 취하려는 것은 아닐까 의심을 받게 된다. 돕는 것으로 상대가 크게 온을 입게 된다는 걸 알고 있는 이상 어떻게든 그 절호의 기회를 이용하려는 것처럼 보이기 때문에 도리어 남을 돕는 것에 가능한 조심스럽게 되는 것이다. 특히 형식을 차리지 않는 사사로운 경우에 온에 말려드는 것을 일본인은 극도로 경계한다. 여태껏 아무 관계도 없던 사람에게서 담배 한 개피를 받았다 하더라도 일본인은 불편하게 생각한다. 그러한 경우에 다음과 같이 정중하게 감사를 표시하기는 한다. "오, 독이군요(기노도쿠氣の毒)." 감사 표현에 대해 어떤 일본인이 내게 이렇게 이야기해주었다. "얼마나 꺼림칙한 느낌인지 확실히 말해버리는 것이 차라리 견디기 쉽습니다. 그때까지 그 사람을 위해 무엇인가를 해줄 생각은 전혀 없었기 때문에 온을 입었다는 것은 부끄러워 견딜 수가 없는 것입니다"라고 말이다. 그렇기에 그런 감사 표현에 쓰이는 기노도쿠라는 말은 "(담배를 얻어) 고맙습니다"라는 뜻이 될 때도 있고 "(신세를 지게 돼서) 미안합니다"라는 뜻이 될 때도 있다. 때로는 "(과분해서) 면목이 없습니다"라고 번역되기도 한다. 기노도쿠라는 일본어는 이 모든 의미를 가지고 있으면서 그중 어느 것에도 해당되지 않는다.

일본어에는 온을 받아 느끼는 이 같은 불편함을 나타내는 감사 표현 방법이 여러 개 있다. 그중에서 가장 의미의 혼동이 적은 것이 아리가토有難う라는 표현이다. 그것은 "이것은 어려운 일입니다"라는 의미로, 대도시의 근대적 백화점에서도 채용하고 있는 표현이다. 일본인은 일반적으로 손님이 물건을 살 때 그 가게에 베푸는 크고 진귀한 혜택을 '어려운 일'이라고 설명하는 것이다. 이 말은 일종의 인사치레다. 이 말은 타인에게서 선물을 받을 때에도 사용하며 그 외에 셀 수 없을 정도로 많은 경우에 사용한다. 일반적인 감사를 나타내는 다른 몇몇 비슷한 인사말은 기노도쿠와 마찬가지로 온을 받을 때의 당혹감을 나타낸다. 점포를 경영하는 주인은 대개 말 그대로 "이것은 끝나지 않았습니다"라는 의미의 말(스미마센済みません)을 한다. 즉 "저는 당신에게서 온을 입었습니다. 하지만 현대의 경제조직에서는 제가 도저히 당신에게 보답을 할 수가 없군요. 저는 이러한 입장에 놓이게 된 것을 유감스럽게 생각합니다"라는 것이다. 스미마센을 영어로 번역하면 "Thank you", "I' m grateful", 혹은 "I' m sorry", "I apologize"에 해당한다. 이를테면 거리를 걷다가 바람에 날려 간 모자를 누군가가 쫓아가 주워줬을 경우에 다른 어떤 감사 말보다 즐겨 쓰이는 인사가 바로 이 표현이다. 그 사람이 당신의 손에 모자를 되돌려주었을 때 당신은 그것을 받음으로써 느끼는 내면의 불편함을 인사를 통해 고백하지 않으면 안 된다. '이 사람은 지금 이렇게 하여 내게 온을 베풀었지만, 나는 이제껏 한 번도 이 사람을 만난 적이 없다. 나는 이 사람에게 먼저 온을 제공할 기회를 갖지 못했다. 이런 신세를 지게 되어 석연치 않은 느낌이 들지만 사과를 하면 어느 정도 마음은 편해진다. 일본에서 감사를 표현하는 말 중에 아마도 스미마센이 가장 일반적인 인사일 테니까. 내가 이 사람에게서 온을 입은 사실을 인정한다는 것, 그리고 그것은 모자를 받아 든 것으로는 끝나지 않는다는 것을 알리자. 나로서는 어쩔 수 없지 않은가? 우리는 서로 모르는 사이니까.'

타인에게서 온을 입은 것에 대해 일본인의 입장에서 한층 더 강력하게 표현할 수 있는 감사 말로 가타지케나이라는 말이 있다. 이것은 '모욕', '면목 없음'을 의미하는 문자辱나 忝를 써서 나타낸다. 이 말은 "나는 모욕당했다"라는 의미와 "나는 감사한다"라는 양면의 의미를 지니고 있다. 일본어 사전의 설명에 따르면 이 단어는 당신은 당신이 받은 과도한 혜택으로 인해 창피를 당하고 모욕을 당했다는 것, 즉 당신은 그러한 혜택을 받을 자격이 없음을 함께 나타내는 말이라고 한다. 이 표현을 통해 당신은 온을 받아 느끼는 당신의 수치를 분명히 입에 담아 고백하게 되는 것이다. 그러나 이러한 치욕이야말로, 뒤에서도 설명하겠지만, 일본인이 가장 싫어하는 것이다. 가타지케나이, 즉 "나는 모욕을 당했다"라는 말은 지금도 나이 든 상인들이 손님에게 감사 인사를 할 때 쓰고 있다. 또한 손님이 물건 값을 외상으로 해달라고 부탁할 때에도 사용한다. 그것은 메이지 이전의 이야기에는 자주 나오던 말이다. 궁중에서 하녀로 있던 중에 주인 눈에 들어 첩이 된 천한 신분의 아리따운 아가씨는 주인에게 "가타지케나이"라고 말한다. "저는 황송하게도 이와 같은 온을 입게 되어 부끄러워 견딜 수가 없습니다. 저는 주인님의 자비에 두려워 떨고 있습니다"라고 말하는 것이다. 또 결투를 하여 당국으로부터 무죄 석방을 받은 무사도 "가타지케나이"라고 말한다. "나는 이 같은 온을 입어 면목을 잃었다. 이러한 비천한 위치에 몸을 두는 것은 내게는 합당치 않으며, 유감스러운 일이다. 나는 여러분께 정중히 감사를 드린다"라는 의미다.

이러한 표현은 어떠한 개괄적 의논보다 '온의 힘'에 대해 아주 잘 설명해주고 있다. 그들은 늘 상반된 감정을 가지고 온을 입는다. 일반적으로 인정된 구조화된 관계에 있어서 온이 가지는 커다란 부채는 때때로 사람을 자극하여 전력을 다해 보답하도록 유도하기도 하지만, 채무자가 된다는 것은 상당히 괴로운 일로 자칫하면 짜증스러운 일이 되어버리는 것이다. 온을 입는 사람이 어떻게 곧잘 화를 내게 되는지는 일본의 대표적인 소설가 중 한 사람인 나쓰메 소세키의 『도련님』이라는 유명한 소설에서도 명확하게 묘사되어 있다. 주인공인 도련님은 시골의 작은 마을에서 처음으로 학교 선생으로 근무하게 된 도쿄의 젊은이다. 도련님은 동료 교사들이 다들 별 볼일 없는 사람들로 그들과 지내는 것이 쉽지 않음을 실감하게 된다. 그러던 중에 한 젊은 교사와 친해진다. 어느 날 두 사람은 거리를 지나게 되는데, 도련님이 '바늘두더지'라고 별명을 붙인 이 친구가 그에게 빙수를 한 그릇 사준다. 바늘두더지는 빙수 값으로 1전 5리를 지불한다.

얼마 지나지 않아 도련님은 다른 교사로부터 바늘두더지가 자신의 흉을 보고 다닌다는 것을 듣는다. 그리고 도련님은 그의 악의적인 고자질을 액면 그대로 믿어버린다. 그러나 곧 마음에 걸리는 것이 있었으니, 바로 바늘두더지에게서 받은 온이었다.

> 겉과 속이 다른 그런 놈에게서 빙수를 얻어먹다니 내 체면이 말이 아니다. 한 그릇을 먹었으니 1전 5리밖에 내지 않았다. 1전이든 5리든 사기꾼이 베푼 온을 입었으니 죽을 때까지 마음이 편치 않을 것이다. (중략) 타인의 온을 입고 가만히 있는 것은 상대방을 괜찮은 사람으로 보고 그 사람에 대한 호의가 있어서 그러는 것이다. 내 몫을 지불하면 그뿐인 것을 이렇게 마음으로 고마워하며 온을 입는 것은 돈으로 대신할 수 있는 답례가 아니다. 나는 지위도 관직도 없지만 한 사람의 독립된 인간이다. 독립된 인간이 머리를 숙이는 것은 백만 엔보다 존귀한 답례로 생각해야 한다. 나는 바늘두더지에게 1전 5리를 쓰게 했지만 이래 봬도 백만 엔보다 더 소중한 답례를 한 셈이다.

다음 날 그는 바늘두더지의 책상 위에 1전 5리를 던져놓는다. 그것은 빙수 한 그릇의 온을 떨쳐내지 않고는 두 사람의 당면 문제, 즉 도련님이 알게 된 바늘두더지의 모욕적 발언을 따질 수 없기 때문이다. 어쩌면 치고받는 싸움이 될지도 모르지만 온은 이제 두 친구 사이에는 없어야 하기에 우선 그 온을 지워버려야만 하는 것이다.

사소한 일에 대한 이러한 신경과민과 쉽게 상처를 받는 점은 미국에서는 불량 청소년의 기록이나 신경증 환자의 병력에서나 볼 수 있는 것이다. 그러나 일본에서는 이것이 미덕으로 간주된다. 일본인이라 하더라도 이러한 극단적인 일을 저지르는 경우는 그리 흔치 않다고 일본인들은 생각할 수 있지만 사실 그것은 많은 사람이 야무지지 못한 것일 뿐이다. 소설 『도련님』에 대해 일본 비평가들은 주인공을 "신경질적이고 수정과 같이 순수하며 옳은 일을 위해서는 끝까지 싸우는 인물"이라고 평가하고 있다. 소설의 작가도 도련님과 자신을 동일시하고 있으며 또한 비평가들도 늘 주인공은 소세키 자신의 초상화라고 이해하고 있다. 이 소설은 고매한 덕德의 이야기인 것이다. 온을 입은 사람이 자신이 품은 감사의 마음을 '백만 엔'의 가치가 있다고 여기며 그 생각에 어울리는 행위를 함으로써 비로소 빚진 자의 지위에서 벗어날 수 있다고 말하고 있다. 그는 '괜찮은 사람'에게서가 아니면 온을 입지 않는다. 도련님은 화를 내면서 바늘두더지의 온과 나이 든 유모에게서 오랫동안 입은 온을 비교한다. 이 할머니는 그를 맹목적으로 사랑했으며 도련님의 가족들이 누구도 도련님의 진정한 가치를 알지 못한다고 생각하고 있었다. 할머니는 곧잘 과자나 색연필 같은 자그마한 선물을 가져오고는 했다. 한번은 그에게 3엔을 건네준 적도 있다. "너무도 일일이 간섭을 해서 등골이 오싹해지기도 했다." 그는 3엔을 받아서 '모욕'을 당했지만 그것을 빌린 채로 두었다. 그리고 몇 년이나 지났지만 아직 그것을 되돌려주지 않았다. 그러나 돌려주지 않는 것은 그가 바늘두더지에게서 입은 온에 대해 느끼는 마음과 비교하여 독백하고 있듯이 "유모를 내 일부로 생각하고 있기 때문"이었다. 이 말은 일본인의 온에 대한 반응을 이해하는 실마리가 되어준다. 아무리 복잡하게 얽힌 감정을 가졌다 하더라도 실제로는 자기 자신이 '은인'의 입장이 되는 것이라면, 상대방이 '나의' 계층적 조직 속에 일정한 위치를 차지하고 있는 사람이거나, 바람 부는 날 모자를 주워주는 것처럼 나 자신도 그랬을 거라고 생각되는 당연한 일이거나, 혹은 나를 숭배하고 있는 사람일 경우에는 일본인은 안심하고 온을 입는다. 그러나 일단 이러한 조건이 맞지 않을 때에는 온은 견디기 힘든 고통이 되고 마는 것이다. 지워진 부채가 아무리 하찮은 것이라 해도 그것을 불쾌하게 여기는 것이 훌륭한 태도다.

일본인이라면 누구나 알고 있는 사실인데 어떠한 경우에도 지나치게 온이 무거워지면 일은 복잡하게 된다. 그 좋은 예가 최근 한 잡지의 '신변 상담' 란에 실렸다. 이는 미국 잡지의 '실연자에 대한 조언' 과 같은 것으로 《도쿄정신분석잡지》에서 가장 인기를 끄는 코너다. 그리고 제시된 조언은 조금도 프로이트적이지 않고, 아주 일본적이었다. 꽤 나이 든 남성이 다음과 같은 상담을 했다.

> 저는 아들 셋과 딸 하나를 둔 아버지입니다. 아내는 16년 전에 죽었습니다. 아이들이 불쌍해서 재혼도 하지 않았습니다. 그리고 아이들은 그것을 미덕으로 여겼습니다. 지금은 아이들이 모두 결혼했습니다. 8년 전 아들을 결혼시키던 해에 저는 조금 떨어진 집으로 이사를 했습니다. 말씀드리기 좀 거북한 이야기지만, 3년 전부터 술집 여자와 관계를 가지게 되었습니다. 저는 그 여자의 신세 한탄을 듣고 안쓰럽게 생각해서

약간의 돈으로 빚을 갚아 그녀를 술집에서 빼내주고 예절을 가르쳤습니다. 그리고 식모로 집에 두었습니다. 그녀는 책임감이 강하고 감탄할 정도로 알뜰합니다. 그러나 이로 인해 제 아들들과 며느리들, 딸과 사위는 저를 멸시하게 되어서 마치 남을 대하듯 냉담해져 버렸습니다. 저는 아이들을 원망하지 않습니다. 제 잘못이기 때문이지요.

그녀의 부모는 사정을 알지 못했던 모양인지 여하튼 그녀도 결혼할 나이가 되었으니 돌려보내 달라는 편지를 보내왔습니다. 저는 양친을 만나 사정을 털어놓았습니다. 그녀의 부모는 무척 가난했지만 그녀에게서 돈을 뜯어먹는 그런 사람들은 아니었습니다. 그들은 이미 딸은 죽었다 생각하고 상관치 않을 테니 지금까지처럼 지내도 좋다고 말해주었습니다. 그녀도 제가 죽을 때까지 제 옆에 있고 싶어합니다. 그러나 우리 두 사람의 나이 차가 아버지와 딸처럼 크기 때문에 어떨 땐 고향으로 돌려보낼까 하는 생각도 듭니다. 제 아이들은 그녀가 재산을 노리고 있다고 생각하고 있습니다.

저는 지병이 있어서 앞으로 1, 2년밖에 살지 못할 겁니다. 어떻게 하면 좋을지 알려주시면 감사하겠습니다. 마지막으로 말씀드리고 싶은 것은, 그녀는 이전에 '거리의 여자' 이긴 했지만 그것은 정말 형편이 어려웠던 탓이었다는 것입니다. 그녀는 착한 마음씨를 지녔고 부모도 절대로 돈을 노리는 그런 사람들은 아닙니다.

회답자인 일본인 의사는 이 남성이 확실히 자녀들에게 과중한 온을 입혔기 때문이라고 보고, 다음과 같이 답변했다.

사실 당신이 쓰신 것과 같은 일은 거의 매일 일어나고 있습니다. (중략) 우선 제 의견을 내놓기 전에 말씀드리고 싶은 것은, 편지 내용에서 살펴보기로는 아무래도 당신은 제게서 당신이 원하는 대답을 듣고 싶어하시는 것 같은데, 이 점에 대해서는 다소 거부감이 느껴진다는 것입니다. 당신이 오랫동안 독신 생활에서 참아오신 것에는 물론 경의를 표합니다. 하지만 당신은 그렇게 자녀들에게 온을 입힌 것을, 지금의 행동을 정당화하는 것에 이용하려 하고 있습니다. 이 점이 제겐 마음에 들지 않습니다. 당신이 교활한 사람이라고 말하는 것이 아닙니다. 단지 당신은 무척 의지가 약한 분인 것 같습니다. 만일 당신이 반드시 여자와 함께 살아야겠다고 생각하셨다면, 자녀 분들에게 그 점을 확실히 설명하고, (독신 생활을 계속함으로써) 자녀들에게 온을 입히는 생활을 그만두었어야 옳습니다. 자녀 분들이 반발하는 것은 당신이 그 온을 지나치게 강조해왔기 때문에 당연한 것이지요. 사실 인간은 성욕을 없앨 수 없는 존재이니 당신이 욕정을 일으키는 것은 어쩔 수 없는 일입니다. 그러나 인간은 욕망을 이겨내기 위해 노력하는 존재입니다. 당신의 자녀들은 당신이 그렇게 하실 것으로 기대하고 있었습니다. 그것은 당신이 자녀들 머릿속에 그려놓은 것이고, 그래서 이상적인 아버지에 어울리는 생활을 하시기를 기대했던 거죠. 그런데 그 기대가 무너진 것입니다. 저는 자녀 분들의 마음을 충분히 이해합니다. 자녀 분들이 이기적이라면 이기적이라고 할 수도 있겠지요. 자신들은 결혼해서 성적인 만족을 얻고 있으면서 같은 만족을 얻으려 하는 아버지를 거부하는 것은 자기들만 생각하는 짓이다, 당신은 이렇게 생각하고 있습니다. 그리고 자녀 분들은 이와 달리(앞서 말씀드린 바와 같이) 생각하고 있습니다. 이 두 갈래의 생각은 아무래도 일치하지 않습니다. 당신은 여자도, 그 여자의 부모도 선량한 사람이라고 말씀하셨습니다. 그러나 그것은 당신이 생각하고 싶은 대로 생각하고 있는 것에 불과합니다. 아시다시피 인간의 선악이란 환경이나 경우에 따라 달라지는 것입니다. 현재 이익을 추구하지 않는다 해서 '착한 사람' 이라고 단정 지을 수는 없습니다. 오히려 저는 자신의 딸을 죽어가는 사람의 첩으로 잠자코 내버려 두는 그 여자의 부모를 이해할 수가 없군요. 만일 그들이 자신의 딸이 첩으로 들어가 있다는 것을 생각한다면 반드시 그것을 미끼로 얼마간의 돈이나 이익을 바랄 것입니다. 그럴 리가 없다고 생각하는 것은 당신의 망상입니다.

자녀 분들이 여자의 부모가 재산을 노리고 있는 것은 아닌가 하고 걱정하는 것도 무리는 아닙니다. 그리고 그게 사실이라고 저도 생각합니다. 여자는 젊어서 그런 생각을 품지 않았을지도 모르지만 그 부모는 그런 속셈을 가지고 있는 게 틀림없습니다.

이제 당신이 취할 길은 다음의 두 가지입니다.

첫째, '완전한 인간(완전히 완성되어 못 해낼 것이 없는 인간)' 으로서 여자와의 관계를 끊고 깨끗이 정리하시는 것입니다. 그러나 이것은 당신에게는 불가능할 것 같군요. 당신의 인정이 허락하지 않을 테니까요.

둘째, '(허세와 체면을 버리고) 평범한 사람' 으로 돌아가십시오. 그리고 당신을 이상적 인간으로 여기고 있는 자녀들의 환상을 깨어버리십시오.

재산에 관해서는 조속히 유언장을 만들어 여자의 몫과 자녀들의 몫을 정해놓으십시오. 마지막으로, 당신은 이미 나이를 드신 분입니다. 필적에서도 알 수 있지만, 점차 어린아이와 같이 철이 없어질 것을 잊어서는 안 됩니다. 당신의 사고방식은 이성적이기보다 오히려 감정적입니다. 당신은 그 여자를 수렁에서 건져내고 싶다고 말씀하셨지만, 사실은 어머니 대신으로 그 여자를 원하고 있는 것입니다. 아이는 어머니가 없이는 살아갈 수가 없지요. 그러니 저는 당신에게 두 번째 길을 취하실 것을 권합니다.

이 편지는 온에 대해 여러 가지를 진술하고 있다. 사람은 누군가에게, 가령 그 상대가 자신의 자식이라 하더라도, 일단 과도하게 무거운 온을 입히는 길을 선택했다면 그에 상당하는 장애에 부딪힐 각오를 해야 한다. 그런 각오 없이 자신의 방침을 변경하는 것은 불가능하다. 그는 그 일 때문에 괴로워하게 될 것을 알아두어야 한다. 더욱이 자녀에게 온을 베풀기 위해 아주 커다란 희생을 치렀다면 그것이 큰 공이라도 되는 듯 후일 자신의 소망을 이루고자 하는 토대로 이용하는 것은 용납되지 않는다. 온을 '지금의 행동을 정당화하기 위해' 이용하는 것은 옳지 못하다. 자녀들 입장에서 보면 분개하는 것은 당연한 일이다. 그들의 아버지는 최초의 방침을 일관되게 지키지 못한 것이고 그들의 기대는 '무너져 버린' 것이다. 자녀가 아버지의 보호를 필요로 하는 동안 열심히 몸을 희생하여 자녀를 위해 최선을 다했으니 이제는 독립한 그들이 자신에게 신경을 써야 한다고 아버지가 생각한다면 그것은 어처구니없는 일이다. 자녀들은 단지 온을 입었다는 사실만을 의식한다. '그들이 반대하는 것은 당연한 일' 이다.

미국에서는 이러한 상황을 위와 같은 식으로 보지 않는다. 우리는 어머니를 잃은 자녀를 위해 헌신한 아버지는 만년에 자녀들의 따스한 보살핌을 받을 자격이 당연히 있다고 생각한다. 자녀들이 '반발하는 것은 당연한 일' 이라고 생각하지 않는다. 그러나 만일 그것을 금전상의 거래로 바꾸어 본다면 일본인의 사고방식을 잘 이해할 수 있다. 금전상의 영역에서라면 미국에서도 동일한 태도를 보일 것이다. 정식으로 계약을 맺어 자녀들에게 돈을 빌려주고, 이자까지 계산해 계약을 충실히 지킬 것을 요구하는 아버지가 있다고 한다면 우리는 그 아버지에 대해 "자녀들이 당신에게 반발하는 것은 당연하다"라고 말할 것이다. 마찬가지로 금전에 관련된 문제로 바꾸어 보면 담배를 얻어 피운 사람이 솔직하게 "고맙다"라고 말하는 대신에 '수치' 운운하는 이유를 잘 알 수 있을 것이다.

이렇게 해서 우리는 일본인이 누가 누구에게 온을 베풀었다고 말할 때 분노하는 이유를 이해할 수 있게 되었다. 우리는 적어도 도련님이 겨우 빙수 한 그릇 신세 진 것으로 그렇게 일을 과대시하는 이유를 이해할 실마리를 얻었다. 그러나 미국인은 우연히 빙수 가게에서 빙수를 얻어먹은 일이나, 어머니를 여읜 아이를 향한 아버지의 오랜 헌신이나, 하치와 같은 충실한 개의 희생에 돈과 관련한 척도를 대는 것에 익숙지 않다. 하지만 일본인은 그렇게 한다. 미국에서는 사랑이나 친절, 인심 등에 무엇인가 부속물이 붙지 않으면 않을수록 한층 더 존중받지만 일본에서는 반드시 부속물이 따라붙는다. 그리고 그러한 행위를 받은 사람은 빚진 자가 되는 것이다. 일본인이 잘 쓰는 속담이 있다. "온을 받으려면 (그만큼) 타고난 도량이 필요하다."

제6장

만분의 일 은혜 갚기

온恩이란 빚이기 때문에 갚아야 한다. 하지만 일본에서 보은은 온과는 전혀 다른 범주에 속하는 것으로 본다. 일본인은 윤리학에서도 '오블리게이션obligation(의무, 은혜를 아는 것)' 이나 '듀티duty(의무, 임무)' 와 같이 일맥상통하는 듯한 이 두 개념을 혼동하는 우리의 도덕관을 이상하게 여긴다. 이는 마치 금전 거래에 있어서 '채무자' 와 '채권자' 를 구별하는 언어를 쓰지 않는 부족의 경제 거래를 우리가 이상하게 여기는 것과 같다. 일본인에게는 온이라고 일컬어지는 결코 소멸하지 않는 채무와, 일련의 다른 개념으로 불리는 적극적이며 회피할 수 없는 변제, 이 두 가지는 전혀 다른 세계의 것이다. 사람의 채무인 온은 덕행이 아니다. 변제는 덕행이다. 덕은 적극적으로 보은 행위에 몸을 바칠 때에야 비로소 시작된다.

일본인의 덕행에 대해 이해하려면 경제 거래와 비교해보면 된다. 그 배후에 미국인의 재산 거래와 마찬가지로 채무 불이행에 대한 많은 제재가 있다고 생각하면 이해하기 쉬울 것이다. 우리 미국인은 경제 거래에 있어서 채무자에게는 계약을 이행할 의무가 있다고 본다. 우리는 누군가가 자신의 것이 아닌 것을 취했을 때 그 사람의 사정이나 형편을 참작하지 않는다. 우리에게 은행에서 빌린 돈을 갚을지 말지를 그때그때 변덕스럽게 결정하는 일은 있을 수 없다. 더욱이 채무자는 처음에 빌린 원금뿐 아니라 그 원금에서 생긴 이자도 지불해야 한다.

하지만 애국심이나 가족에 대한 애정은 경제 거래와는 별도의 것으로 여긴다. 우리는 사랑이란 마음의 문제이기 때문에 어떤 약속도 없이 자유로이 주어지는 사랑을 최고의 사랑이라고 본다. 애국심에 대해서도 자국의 이익을 무엇보다 중요시한다는 점에서, 미국이 다른 나라의 무력 공격을 받지 않는 한 조금은 쓸데없이 엉뚱한 의협심을 발휘하는 것이나 또는 분명히 실수하기 쉬운 인간의 본성과는 공존하기 어려운 것으로 본다. 모든 인간이 태어나면서부터 자동적으로 커다란 부채를 지게 된다는 일본인과 같은 관념을 우리는 가지고 있지 않지만, 누구나가 가난한 부모를 불쌍히 여기며 도와야 하고 아내를 구타해서는 안 되며 자녀를 잘 돌봐야 한다고 생각한다. 하지만 이러한 일은 금전상의 부채와 같이 양으로 헤아릴 수 있는 것이 아니며 또한 사업에서의 성공처럼 보수가 있는 것도 아니다.

그런데 일본에서는 이를 미국에서의 채무 변제와 똑같이 생각한다. 그 속에 담긴 강제적인 힘이란 미국에서 청구서나 저당 이자의 지불이 가지는 그것과 마찬가지로 강력하다. 그것은 선전포고나 부모가 중병에 걸린 경우와 같이 위급한 상황에서만 신경 써야 할 문제가 아니다. 그것은 뉴욕의 작은 농가가 저당을 잡혀 겪는 괴로움이나, 공매空賣 후에 주가가 올라가는 것을 지켜보는 월가 재계인들의 착잡함처럼 끊임없이 따라다니는 그림자 같은 것이다.

일본인은 양이나 기간에 있어서 무제한적인 보은과, 받은 만큼 갚으면 되고 정해진 유효기간이 있는 보은을 구별한다. 또 그 둘은 각각 다른 규제와 범주를 가진다. 채무에 대한 무한적인 변제는 기무義務라고 하며 그것에 대해 일본인은 "받은 온을 만분의 일도 갚지 못한다"라고 말하곤 한다. 기무란 양친에 대한 보은인 고孝와 천황에 대한 보은인 주忠, 두 종류의 의무를 총칭하는 것이다. 기무라는 이 두 의무는 모두 강제적이며 누구도 벗어날 수 없다. 일본의 초등교육은 '기무義務 교육'이라고 불리는데 아주 적절한 명칭이라 하겠다. 이 말만큼 '필수'의 의미를 제대로 나타내주는 말은 달리 없을 것이다. 여러 가지 우발적인 사건이 일어나는 인생에서 기무는 세세한 부분에서 약간의 변동은 있을 수 있지만, 모든 사람의 어깨 위에 자동적으로 얹히는 것이며 또한 모든 우연적 상황을 초월한다.

위와 같은 두 종류의 기무는 모두 무조건적이다. 이처럼 일본은 이들 덕목을 절대화함으로써 중국의 국가에 대한 의무나 효도와는 그 개념을 달리했다. 7세기 이후 중국의 윤리설은 여러 차례 일본에 도입되었다. 원래 주忠와 고孝는 중국어다. 그러나 중국인은 이 덕행을 무조건적인 것으로 간주하지는 않았다. 중국은 충효의 조건이며 충효보다 상위 개념으로 또 하나의 덕을 필요로 했는데 그 덕을 '런仁'이라 했다. 이는 일반적으로 '버네벌런스benevolence(자비심, 박애)'로 번역된다. 주로 서양인이 우호적인 인간관계의 모습을 가리킬 때에 사용하는 단어다. 부모는 '런'을 지녀야 한다. 지배자 역시 '런'을 지니지 않으면 백성들은 그 지배자에 대해 반란을 일으킬 수 있다. '런'은 충성의 기초가 되는 조건이다. 천자天子가 그 자리를 지킬 수 있는 것도, 관료들

일본인의 의무와 호혜 의무 일람표

I. 온 : 수동적으로 지게 되는 의무. "온을 받는다" 또는 "온을 입는다"라고 표현하는데, 온이란 수동적으로 그것을 받은 사람의 입장에서 본 의무다.

- 고온皇恩 : 황제로부터 입는 온.
- 오야노온親の恩 : 부모로부터 입는 온.
- 누시노온主の恩 : 주군으로부터 입는 온.
- 시노온師の恩 : 스승으로부터 입는 온.
- 그 외 일생 동안 수많은 접촉 속에서 사람들로부터 받는 온.

주) 어떤 사람에게 온을 베푼 사람은 모두 그 사람의 온진恩人이 된다.

II. 온의 호혜 의무 : 사람은 온진에게 "빚을 치른다" 또는 "의무를 갚는다"라고 표현하는데, 이는 적극적으로 갚아야 할 성격의 의무다.

A. 기무義務 : 어떠한 노력을 해도 절대로 전부 갚을 수는 없으며 시간적인 제한이 없는 의무다.

- 주忠 : 천황, 법률, 일본에 대한 의무.
- 고孝 : 부모 및 조상(자손도 포함)에 대한 의무.
- 닌무任務 : 자신의 일에 대한 의무.

B. 기리義理 : 자신이 받은 은혜만큼만 갚으면 되고, 시간적인 제한이 있는 부채다.

1) 세상에 대한 기리

- 주군에 대한 의무.

- 친족에 대한 의무.
- 타인에 대한 의무 : 타인으로부터 받은 온, 예를 들어 금전을 받았거나 호의를 입었거나 또는 공동 작업을 통해 일에 도움을 받은 경우에 생기는 의무.
- 먼 친척(부모의 형제나 그 자녀들)에 대한 의무 : 이 사람들에게서 온을 받았다기보다 공통 조상으로부터 온을 받았다는 것에 근거하는 의무.

2) 이름에 대한 기리 : 이 말은 'die Ehre'[67]의 일본형이다.

- 타인으로부터 모욕이나 비난을 받았을 때, 그 오명을 '씻어낼' 의무, 즉 보복 또는 복수의 의무.(이 복수는 불법적인 공격으로 간주되지 않는다.)
- 자신이 전문으로 하고 있는 일에 있어서 실패나 무지를 인정하지 않을 의무.
- 일본식 예의에 따라야 할 의무. 예를 들면 모든 예의범절을 지킬 것, 신분에 어울리는 생활을 할 것, 감정을 함부로 표출하지 말 것 등.

이 관직을 유지할 수 있는 것도 모두 그들이 '런'을 행하기 때문이다. 중국 윤리학은 모든 인간관계에 이 시금석을 적용한다.

이러한 중국인의 윤리상 근본원리는 결국 일본에서는 받아들여지지 않았다. 탁월한 일본인 학자 아사카와 간이치[68]는 중세의 중 · 일 양국

67 '명예'를 뜻하는 독일어.

68 1873~1948. 역사학자로 예일대학 교수 역임. 비교법제사의 입장에서 각국의 봉건제도를 연구했다.

의 이러한 차이에 대해 다음과 같이 말했다. "일본에서 이와 같은 사상은 분명히 천황제와 어긋나는 것이었다. 따라서 그 학설조차도 제대로 받아들여지는 일이 한 번도 없었다."[69] 중국의 윤리 체계 속에서 높은 지위에 있던 '런'은 이렇게 일본에서 윤리 체계 밖으로 쫓겨난 덕목이 되었다. 일본에서는 이를 진이라고 발음하며 중국과 동일한 글자仁를 사용한다. "진을 행한다" 또는 그 변형으로 "진기仁義를 행한다"라는 것은 최상위층 사람들에게도 덕목으로 요구되는 법이 없다. 진은 일본인의 윤리 체계에서 완전히 쫓겨나 버린 결과 일본에서는 법의 범위 바깥에서 어떤 일을 하는 것을 의미하게 되었다. 자선사업에 기부를 하거나 범죄자에게 자비를 베푸는 것은 물론 대단한 일이다. 그러나 그것은 어디까지나 특별한 선행일 뿐이지 꼭 해야만 하는 행위는 아니라는 것이다.

"진기를 행한다"라는 말은 또한 다른 의미의 '법의 범위 바깥', 즉 악한 무리 사이에서 덕을 가리킬 때도 쓰였다. 도쿠가와 시대에 난투극을 벌이던 불한당들—그들은 두 자루의 검을 차고 허세를 부리며 돌아다니던 무사들과는 달리 기다란 칼 한 자루를 차고 다녔다—의 명예는 "진기를 행하는" 것이었다. 이 무법자들 중 한 사람이 자신과는 다른 패의 사람에게 자신을 숨겨달라고 부탁을 했을 경우 부탁받은 사람은 훗날 부탁한 이가 그의 무리로부터 보복을 당하지 않도록 숨겨주어 "진기를 행하는" 것이다. 현대에 들어서는 "진기를 행한다"라는 것이 그 지위가 더욱 낮아졌다. 때로는 처벌받아 마땅한 행위의 하나로서 논쟁의 초점이 된다. 일본의 신문은 다음과 같이 말한다. "일반 노

69 * Asakawa Kanichi, Documents of Iriki, 1929, p.380, n.19.

동자들이 계속해서 진기를 행하고 있는데, 이는 처벌해야만 한다. 경찰 당국은 지금도 일본 구석구석에서 빈번히 이루어지고 있는 진기를 뿌리 뽑도록 노력해야 한다." 물론 신문이 말하는 진기는 불한당이나 폭력단 세계에서 횡행하고 있는 '도적의 명예'를 가리키는 것이다. 특히 현대 일본의 소규모 노동 청부인들이, 지난 세기말부터 금세기 초에 걸쳐 미국 항구에서 이탈리아인 노동 청부인들이 했던 것처럼, 미숙련 노동자와 불법적인 관계를 맺고 이들을 청부받은 다른 사업장으로 내보내서 사리사욕을 채우는 때에도 "진기를 행한다"라고 표현한다. 중국의 윤리 개념으로서의 '런'의 타락도 이 정도면 극에 달했다고 볼 수 있겠다.[70] 일본인은 이와 같이 중국의 체계에서 가장 중요한 덕을 완전히 재해석하여 그 지위를 저하시켜버렸는데, 그 대신에 기무를 조건적인 것이 아닌 절대적인 것으로 했기 때문에 일본에서 효의 기무는 설혹 부모의 부덕이나 부정을 보고 못 본 체를 해야 하는 때에 있어서도 이행하지 않으면 안 되는 의무가 되었다. 이는 천황에 대한 의무와 충돌할 경우에만 폐기할 수 있는 것으로, 부모가 존경할 만한 인격을 지니지 않았거나 자신의 행복을 파괴한다는 이유로는 절대 버릴 수 없는 것이다.

다음은 일본의 한 현대 영화의 줄거리다. 한 어머니가 마을에서 학교 교사로 있는 자신의 결혼한 아들에게서 돈을 훔쳤다. 그 돈은 가뭄으로 굶어 죽게 된 어떤 부부가 딸을 사창가에 팔려고 하자 이 사실을

---

70 * 일본인이 "진을 안다"라는 표현을 할 때에는 중국의 용법과 약간 비슷해진다. 불교도는 사람들에게 '진을 알기'를 권장하는데 이때에는 자비로움과 박애의 덕을 의미한다. 그러나 일본어 사전에도 설명되어 있는 바와 같이 "진을 안다는 것은 행위를 가리키기보다는 오히려 이상적 인간을 일컫는 말이라 할 수 있다."

알게 된 아들이 어린 여학생을 구하기 위해 마을 사람들에게 호소하여 마련한 것이었다. 교사의 어머니는 꽤 큰 음식점을 경영하고 있어서 조금도 경제적인 어려움이 없었음에도 그 돈을 훔친 것이었다. 아들은 어머니가 돈을 훔친 것을 알고 있었지만 자신이 그 책임을 뒤집어썼다. 이 사실을 알게 된 그의 아내가 분실에 대한 책임을 진다는 유서를 남기고 젖먹이 아기와 함께 몸을 던짐으로 사건은 사람들에게 알려졌다. 이 비극에 있어서 그 어머니의 책임은 아예 언급조차 되지 않는다. 그렇게 효를 다한 아들은 장래에도 그와 같은 시련을 견딜 수 있는 강인한 인간이 되기 위해 홋카이도로 홀로 떠난다. 이 아들은 훌륭한 영웅이다. 이 비극 전체의 책임을 짊어져야 할 사람은 다름 아닌 돈을 훔친 어머니라고 하는 너무나도 미국인적인 나의 판단에 대해 일본인 동료들은 강하게 반대의 뜻을 보였다. 그들은 말하기를 "효행이 다른 덕과 상충할 때도 이따금 있다, 물론 주인공이 현명했더라면 명예를 잃는 일 없이 서로 모순되는 덕을 잘 융화시키는 길을 발견했을지도 모른다, 그러나 만일 그가 그것 때문에 마음속으로라도 자신의 어머니를 비난하는 식의 결과가 되었다면 그의 명예는 지켜지지 않았을 것이다"라고 했다.

소설에서도 실생활에서도 결혼한 후 무거운 효행의 의무를 짊어지는 청년의 일화는 얼마든지 찾아볼 수 있다. 일부 모단modern[71] 사람들을 제외하고 양가良家에서는 며느리를 고를 때 부모가 중매인의 알선을 통한다. 좋은 며느리를 고르는 것에 주로 골머리를 썩이는 것은 당사자인 아들이 아니라 그 집안 사람들이다. 그것은 단순히 금전적인

71 저자는 일본인이 발음하는 대로 modern을 modan이라 표기했다.

거래가 얽혀 있는 것만이 아니다. 며느리는 그 집안의 계보 속에 편입되어 장래 아들을 낳아 가계를 영속시키는 존재인 것이다. 중매인은 으레 우연히 마주친 것처럼 하여서 당사자 남녀가 양가兩家 부모들과 함께 만나는 맞선의 자리를 마련하는데, 정작 이 두 사람은 대화를 나누지 않는다. 때로 부모는 아들을 정략적으로 결혼시키기도 한다. 그런 경우 여자 쪽 아버지는 경제적인 이익을 얻고 남자 쪽 부모는 명문가와 맺어지는 이득을 얻는다. 부모가 당사자의 기질이 마음에 들어 여자를 선택하는 경우도 있다. 착한 아들은 부모의 온에 보답해야 하기 때문에 부모의 결정에 이의를 달지 않는다. 결혼한 후에도 그의 보은의 의무는 지속된다. 특히 아들이 가계 상속인인 경우 그는 부모와 같이 생활을 하는데, 고부 사이가 좋지 않다는 것은 모두가 아는 사실이다. 시어머니는 구실만 있으면 며느리를 구박하고, 때로는 친정으로 쫓아내기도 한다. 아들이 아내와 금실이 좋아서 아무 조건 없이 아내와 함께 살기를 바란다고 해도 혼약을 취소해버리는 경우도 있다. 일본의 소설이나 개인 신변 이야기에서는 아내의 고뇌와 마찬가지로 그런 남편의 고뇌를 강조하는 경향이 있다. 남편이 결혼이 깨지는 것에 말없이 따르는 것은 물론 고孝를 행하기 위한 것이다.

현재 미국에 있는 한 '모단' 한 일본인 여성이 도쿄에서 살 때, 시어머니에게 쫓겨나 슬퍼하는 젊은 남편을 두고 어쩔 수 없이 떠나온 임신한 젊은 부인을 돌봐준 적이 있다. 그 젊은 부인은 건강도 좋지 않고 비탄에 빠져 지내면서도 자신의 남편을 원망하지 않았다. 점차 그녀는 곧 태어날 아이에게 마음을 쏟았지만, 정작 아기가 태어나자 시어머니는 묵묵히 어머니의 명령에 순종하는 그 아들과 함께 아기를 데려가려고 나타났다. 아기는 당연히 남편 집안에 속하기 때문에 시어머니는 아기를 데리고 가버렸다. 그리고 시어머니는 아기를 남의 손에 맡겨 기르게 했다.

이렇게 경우에 따라서는 참으로 다양한 행위가 효행에 속한다. 그리고 그 모든 것은 자식이 당연히 치러야 할, 부모로부터 받은 부채에 대한 보은이다. 미국에서라면 위와 같은 이야기는 개인의 정당한 행복에 대한 외부로부터의 간섭을 보여주는 사례로 여겨질 것이다. 하지만 일본인은 은혜의 근본원리에 입각해 있기 때문에 이 간섭을 '외부로부터의' 것으로 생각하지 않는다. 일본에서 이와 같은 이야기는 지독한 빈곤에 견디면서도 채권자에게 그 빚을 다 갚아나가는 정직한 사람의 이야기에 미국인이 느끼는 것처럼 실로 고결한 사람들의 이야기로 비춰진다. 그들은 스스로의 인격을 존중받을 권리를 얻어낸 사람들이며, 아무리 발버둥 쳐도 희생시켜야만 하는 개인적 바람을 기꺼이 내던져 버린 강인한 의지력의 소유자임을 몸소 증명한 사람들인 것이다. 그러나 그처럼 스스로의 바람을 억압하는 것이 덕 있는 행위로 비친다 하더라도 마음속에는 무언가 석연치 않은 울분의 정이 남는 것이 당연하다. 이 점에서 아시아권 나라에서 '싫어하는 것'을 드는 속담을 보면 흥미롭다. 버마에서는 '화재, 홍수, 도둑, 관료, 악인'을 열거하는 데 비해 일본에서는 '지진, 천둥, 노인네(가장家長, 아버지)'를 들고 있다.

일본의 효행은 중국에서처럼 수 세기에 걸친 역사상의 선조들이나 그 선조의 후예로 무수히 퍼져 나가 있을 현재의 광대한 일족은 포함하지 않는다. 일본의 조상 숭배는 가까운 조상에 제한된다. 누구의 묘인가를 명시하기 위해 매년 묘석의 문자를 다시 새기지만, 지금 살아 있는 사람들의 기억에서 이미 사라진 선조의 묘는 돌아보지 않는다.

그리고 그러한 조상의 위패는 불단에 안치하는 일도 없다. 일본인은 생생하게 기억되는 사람들 이외의 조상에 대한 효는 중시하지 않는 것이다. 그들은 오로지 지금 이곳에 있는 것에 집중한다. 많은 서적물이 일본인에게는 추상적 사색 혹은 현존하지 않는 사물의 심상心像을 뇌리에 그리는 것에 대한 흥미가 결여되어 있다고 논하고 있지만, 일본인의 효행관은 중국의 것과 대조해볼 때 지금 이곳에 집중하는 일본인을 입증하는 좋은 사례로서 도움을 준다. 그러나 그들 견해의 가장 큰 실제적 중요성은 고孝의 의무를 지금 살아가고 있는 사람들에 한정하고 있다는 점에 있다.

중국도 일본도 효라고 하는 것은 단순히 자신의 부모나 조상에 대한 존경과 순종일 뿐 아니라 그 이상의 것으로 여긴다. 서양인이 아이들을 키우고 돌보는 일이 모성 본능과 아버지의 책임감에 의존하는 것이라 간주하는 것에 비해, 일본인은 자녀 부양을 조상에 대한 효심에서 비롯된 것이라고 본다. 일본은 이러한 점에 대해 자신이 받았던 보살핌을 아이에게 전해주는 것으로 선조에 대한 은혜를 갚는다는 것을 매우 명백히 하고 있다. '아이들에 대한 아버지의 의무'를 나타내는 특별한 표현 없이 그런 의무를 모두 부모와 부모의 부모에 대한 고 안에 포함하는 것이다. 효는 가장에게 그 어깨에 지워진 무수한 책임을 하나하나 이행해갈 것을 요구한다. 즉 자녀를 부양하고, 아들이나 남동생을 교육하고, 재산 관리의 책임을 떠맡으며, 보호가 필요한 친척을 맡아 보호하고, 그 외에 무수한 일상의 본분을 다할 것을 요구하는 것이다. 일본에서는 제도화된 가정의 범위를 확실히 제한하고 있기 때문에 이 기무義務의 대상 또한 확실히 제한되어 있다. 아들이 죽은 경우에는 효의 의무에 따라 과부가 된 며느리와 손자들을 부양할 책임이 있다. 마찬가지로 남편과 사별한 딸과 그 아이를 맡아 돌보아야 하는 경우가 있다. 그러나 과부가 된 조카딸을 맡는 것은 기무가 아니다. 만일 조카딸을 맡는다면 그것은 전혀 다른 종류의 의무를 이행한 것이 된다. 자신의 아이를 양육하고 교육하는 것은 기무이지만 조카를 교육할 경우에는 조카를 정식으로 법률상의 양자로 받아들이는 것이 일반적이다. 조카가 조카라는 관계로 유지될 때 교육을 하는 것은 기무에 속하지 않는다.

효행은 상대가 가난한 손아래 친척이라 해도 그 사람에게 반드시 존경과 애정을 담아 원조할 것을 요구하지는 않는다. 어느 가족에게 부양을 받고 있는 젊은 과부는 '찬밥 친척cold-rice relatives' 이 된다. 이는 식은 밥을 먹인다는 의미다. 과부는 집안 사람 누구에게나 부림을 당하고 그 신세에 대한 어떤 결정에도 그저 순종을 해야 한다. 그는 자기 아이와 함께 주눅이 들어 살 수밖에 없는 가엾은 친척이다. 특수한 경우 좀 나은 대접을 받는 일도 있지만 그것은 그 집의 가장이 기무로서 당위성을 가지고 좋은 대우를 하는 것은 아니다. 또한 형제가 서로의 의무를 따스한 마음으로 수행하는 것도 꼭 그렇게 해야만 하는 기무는 아니다. 두 사람의 사이가 극도로 나쁘면서도 아우에 대한 기무를 다 했다는 이유만으로 칭찬을 받는 사람도 있다.

시어머니와 며느리 사이에는 커다란 반목이 있기 마련이다. 며느리는 외부로부터 가정에 들어온 존재다. 며느리는 우선 시어머니의 살림 방식을 보고 배워 모든 일을 그 방식에 따라 행해야 한다. 많은 경우 시어머니는 노골적으로 며느리는 도저히 자기 아들의 아내가 될 자격이 없다며 구박을 한다. 또 어떤 경우에는 상당한 질투심을 품는다. 그러나 일본의 속담에도 있듯 "미움받는 며느리가 귀여운 손자를 낳는다"고 하며, 따라서 고부간에도 항상 고가 존재한다. 며느리는 겉으로는 한없이 유순하다. 그러나 이 얌전하고 곱기만 하던 여인은 세대가 바뀌면서 점차 일찍이 그의 시어머니가 그러했던 것과 같이 가혹하고 고약한 시어머니가 된다. 그녀는 젊은 아낙 시절에는 품고 있던 앙심을 겉으로 드러내지 못했지만 그렇다고 해서 정말로 유순한 사람이 된 것은 아니다. 그녀는 노년기가 되어서 이른바 쌓이고 쌓인 원한을 자신의 며느리에게 뿜어내는 것이다. 오늘날의 일본 아가씨들은 상속자가 아닌 아들과 결혼하는 것이 훨씬 지혜로운 것이라고 공공연히 말한다. 그렇게 되면 위세를 부리는 시어머니와 살지 않아도 되기 때문이다.

"고를 위해 일한다"라는 것이 반드시 가정 내에 자애를 실현하는 것이라고는 할 수 없다. 어떤 문화권에서는 자애라는 것이 대가족의 도덕률의 핵심이 되지만 일본에서는 그렇지 않다. 어느 일본인 학자는 "일본인은 집안을 대단히 존중한다는 바로 그 이유로 가족 개개인이나 가족 간의 유대를 그다지 크게 존중하지 않는다"[72]라고 썼다. 물론 언제나 이 말이 옳다고는 할 수 없지만 일반적인 양상을 잘 말해주고 있음에는 틀림없다. 요점은 의무와 부채의 변제이며, 연장자는 중대한 책임을 떠맡는다는 것이다. 그러나 그 책임 중 하나는 아랫사람에게 필요한 희생을 반드시 치르게 하는 것이다. 그들이 그 희생에 불복한다 하더라도 큰 변화는 없다. 그들은 연장자의 결정에 따라야 한다. 그러지 않으면 그들은 기무를 소홀히 한 것이 된다.

일본 효행의 특징인 가족 상호 간에 보여지는 두드러진 원한은, 효

72 * Nohara Komakichi, The True Face of Japan, London, 1936, p.45.

행과 마찬가지로 기무로 간주되는 또 하나의 중대한 의무인 천황에 대한 충성에서는 전혀 볼 수 없다. 일본의 정치가들이 천황을 신성한 지도자로 받들고, 어수선한 세속에서 떼어놓는 계획을 세운 것은 참으로 적절한 조치였다. 단지 그렇게 한 것만으로 일본은 전 국민이 하나가 되어 국가에 봉사하도록 할 수 있었기 때문이다. 단순히 천황을 국민의 아버지로 여기는 정도만으로는 불충분했다. 왜냐하면 가정의 아버지는 자식들이 행하는 모든 의무에도 불구하고 '대단히 존경받지는 않는' 존재였던 것이다. 천황은 모든 세속적 사고에서 떠나 신성 지도자가 되어야 했다. 일본인 최고의 덕인 천황에 대한 충성 주忠는 속세와의 접촉으로 더럽혀지지 않은 가공의 '선량한 아버지'를 기꺼이 앙시해야 하는 것이다.

메이지 초기의 정치가들은 서구 열강을 돌아본 후에 쓰기를, 이 모든 나라에서 그 역사는 지배자와 백성 간의 투쟁으로 만들어져 왔지만 이는 일본 정신에 적합하지 않다고 했다. 그들은 귀국하고 나서 천황은 "신성하여 침범할 수 없는" 존재며 각료의 어떠한 행위에 대해서도 책임을 지지 않는다는 취지의 조항을 헌법에 넣었다. 천황은 책임 있는 국가원수로서가 아니라 일본 국민을 단결시키는 최고 상징으로서 쓸모가 있었다. 사실 천황은 거의 700여 년간 실권을 쥔 통치자로서의 기능을 해본 적이 없었기 때문에 이제까지처럼 천황을 무대 뒤에 머물러 있게 하는 것은 어렵지 않은 일이었다. 단지 메이지의 정치가들이 해결해야만 했던 하나의 과제는 모든 일본인으로 하여금 이 무조건적인 최고의 덕 주를 천황에게 바치도록 만드는 일이었다.

봉건시대의 일본에서 주는 세속적 지도자인 쇼군將軍에 대한 의무였다. 그리고 그 기나긴 역사는 메이지의 정치가들에게 그들이 목적으로 하고 있는 일본의 정신적 통일을 이뤄내기 위해 지금의 새로운 국면에서 무엇을 해야 하는가를 가르쳐주었다. 수 세기에 걸쳐 쇼군이 대원수와 최고 행정관을 겸하고 있던 과거에 모든 사람이 쇼군에게 주를 바치도록 되어 있었음에도 불구하고 쇼군의 지배권에 반항하여 쇼군의 목숨을 노리는 음모가 되풀이하여 일어났다. 쇼군에 대한 충성은 때로 그 아래 봉건 군주에 대한 의무와 상충되거나 상위에 대한 충의가 그보다 낮은 지위에 대한 충의만큼 강제력을 지니지 못할 때가 있었다. 여하튼 주군에 대한 충성은 직접 얼굴과 얼굴을 맞대는 주종 관계에 근거한 것이기 때문에 이에 비해 쇼군에 대한 충성이 다소 서먹하게 느껴지는 것도 무리는 아니었다. 또한 동란 시대에는 신하들이 쇼군을 지위에서 내쫓고 자신의 봉건영주를 옹립하기 위해 싸우기도 했다.

메이지유신의 선각자와 지도자들은 겹겹이 쌓인 구름 속 깊숙이 은거하고 있던 천황, 따라서 그 풍모를 각자가 자신이 바라는 대로 이상화하여 그릴 수 있는 천황에게 주를 바쳐야 한다는 슬로건을 내걸고 한 세기에 걸쳐 도쿠가와막부와 싸웠다. 메이지유신은 이 존왕파尊王派의 승리였다. 그리고 1868년은 쇼군으로부터 상징적 천황으로의 주의 전환이 실현된 해였다. 이것이 '복고復古'라고 일컬어지는 데에는 충분한 이유가 있었던 것이다. 천황은 지금까지와 마찬가지로 그늘로 물러났다. 천황은 '각하'들에게 권력을 부여했다. 그러나 스스로 정부나 군대를 지휘하거나 직접적으로 정치 방침을 내리는 일은 없었다. 전과 같이 조언자들-이전보다 뛰어난 사람들이 등용되기는 했지만-이 정치 업무를 담당했다. 실로 큰 이변이 일어난 것은 정신적인 영역에서였다. 주가, 최고의 제사장이며 일본의 통일과 무궁함의 상징인 신성한 지도자 천황에 대해 모두가 치러야 할 의무로 전환된 것이다.

주의 대상이 이같이 쉽게 천황으로 옮겨질 수 있었던 것에는 황실이 태양의 여신의 후예라는 민간 신화의 역할이 컸다. 그러나 이 신성神性에 대한 전설적 주장도 서양인이 생각하는 만큼 중요한 것은 아니었다. 이러한 전설적 주장을 완전히 부정했던 일본의 지식층도 천황에게 주를 바치는 것에 대해서는 전혀 의구심을 갖지 않았다. 신의 후손이라는 것을 진심으로 믿었던 다수의 일반 민중도 성스러운 태생이라는 것을 서양인과는 다른 입장에서 해석했다. '가미神'는 영어로 '갓god'으로 번역되지만, 문자적으로는 '머리' 즉 계층 제도의 정점을 의미한다. 일본인은 인간과 신 사이에 서양인과 같이 커다란 단절을 두지 않는다. 일본인은 누구라도 죽은 후에는 '가미'가 된다. 실제로 봉건 시대에 주는 신적 성격을 전혀 지니지 않은 계층제의 우두머리에게 바쳐졌다. 주를 천황에게 옮겨 가는 데에 큰 역할을 한 것은, 일본 역사의 전체 시기를 통틀어 단 하나의 황실이 연이어 황위에 올랐다는 사실이었다. 서양인이 이 계속성은 기만이며 황위 계승의 규칙이 영국이나 독일의 그것과 일치하지 않는다고 이의를 제기해도 소용없다. 일본에는 일본 나름대로의 독특한 규칙이 있었다. 그 규칙에 따르면 황통皇統은 '만세일계萬世一系'였다. 일본은 유사 이래 서른여섯 차례나 왕조가 교체된 중국과는 달랐다. 일본은 지금까지 무수한 변천을 겪어왔으면서도 그 어느 변혁에 있어서도 결코 사회조직이 갈가리 조각난 일이 없었으며 항상 불변의 틀을 유지해온 나라였다. 유신 이전의 100년간 반反도쿠가와 세력이 이용한 논거는 이것이었지, 천황이 신의 후예라는 설은 아니었다. 그들은 계층 제도의 정점에 서는 존재에게 돌려야 할 주는 천황에게만 바쳐야 한다고 주장했다. 또한 그들은 천황을 국민의 최고 사제로 받들었다. 그리고 그 역할이란 것이 반드시 신이어야 한다고는 생각하지 않았다. 그것은 천황이 여신의 후예라는 것보다 더욱 중대한 것이었다.

충성을 직접적이며 개인적인 것으로 하면서 특히 그것을 천황 한 사람에게 집중시키는 모든 노력이 일본 근대에 이루어졌다. 유신 후 최초의 천황은 걸출하고 스스로 위엄을 갖춘 인물로, 그 오랜 치세의 시기 동안 쉽게 국체國體를 상징하는 존재로서 신민臣民의 칭송의 대상이 되었다. 그가 드물게 공중公衆 앞에 모습을 드러내는 것은 불경스럽지 않도록 모든 숭배의 도구가 제대로 갖추어진 후에야 이루어졌다. 그의 앞에 머리를 숙일 때 많은 군중 속에서는 작은 속삭임도 들려오지 않았다. 그들은 감히 눈을 들어 그를 바라보려고 하지도 않았다. 어디에서든 높은 곳에서 천황을 내려다보는 일이 없도록 1층 위의 모든 창문은 굳게 닫혔다. 고직의 조언자들을 접하는 것도 마찬가지로 계층적이었다. 천황이 그 위정자를 불러들인다고 하지 않았다. 특별한 권한을 부여받은 소수의 '각하' 들이 천황을 '알현' 했다. 논쟁의 대상이 된 정치 문제에 관해 천황이 조서를 내리는 일은 없었다. 조서는 도덕이나 절약에 관한 것 아니면 어떤 문제가 결정된 것을 알리는 공고문으로서 국민을 안심시키려는 의도하에 발포되었다. 그가 임종의 침상에 있었을 때에는 일본 전체가 하나의 거대한 사원寺院이 되어 국민 모두가 그의 쾌유를 바라는 경건한 기도를 드렸다.

천황은 이와 같이 여러 방법을 통해 국내의 정치적 분쟁이 전혀 미치지 않는 곳에 놓인 상징이 되었다. 성조기에 대한 충성이 모든 정당정치를 초월한 영역에 있는 것처럼 천황은 '침범할 수 없는 존재' 였다. 우리는 국기를, 만일 그것이 사람이라면 전혀 말도 안 될 정도로 정중하게 다룬다. 그러나 일본인은 그들의 지고한 상징인 천황의 인간성을 철저히 활용했다. 국민은 천황을 공경하며 천황은 그 성의에 응했다. 그들은 천황이 "국민에게 마음을 쓰고 계신다"라는 것을 알자 황송함에 눈물을 흘렸다. 그들은 "폐하의 마음을 편안히 해드리기 위해" 헌신했다. 일본 문화와 같이 완전히 개인적인 유대 위에 입각한 문화에서 천황은 국기를 뛰어넘는 충성의 상징이었다. 실습 중인 교사가 인간 최고의 의무를 애국이라고 했다면 그는 낙제였다. 천황에 대한 보은이라고 해야만 했다.

주는 신하와 천황과의 관계에 이중 체계를 부여한다. 신하는 위에 중간자를 거치지 않고 직접 천황을 우러러본다. 그는 자신의 행동을 통해 직접 개인적으로 "폐하의 마음을 편안하게 해드린다". 그러나 신하가 천황의 명을 받을 때에는 그와 천황 사이에 있는 여러 중간자의 손을 거쳐 중계된 것을 받는다. "이것은 천황의 명령이다"라는 표현은 주를 불러일으키는 표현으로 다른 어떠한 근대 국가에서도 가질 수 없는 강력한 강제력을 가지고 있다. 로리는 한 군대에서 일어난 일에 대해 썼다. 평상시의 군대 훈련에서 한 사관이 허가 없이 물통의 물을 마셔서는 안 된다는 명령을 내리고 연대를 인솔하여 나가던 중에 일어난 일이다. 일본의 군대 훈련에서는 곤란한 상황에서도 휴식을 취하지 않고 5, 60마일을 연이어 행군할 수 있도록 하는 것에 중점을 두고 있었다. 그날은 갈증과 피로로 인한 낙오자가 스무 명 있었는데 그중 다섯 명은 사망했다. 사망한 병사의 물통을 살펴보니 전혀 손을 대지 않은 상태였다. "사관이 그러한 명령을 내렸기 때문이다. 그의 명령은 천황의 명령이었다."[73]

일반 행정에서 주는 죽음에서 납세에 이르는 모든 의무를 수행하게 하는 강제력이 된다. 세무 관리, 경찰관, 지방 징병관은 국민이 바치는 주를 매개하는 기관이다. 일본인의 입장에서 보면 법률을 준수하는 것은 그들의 최고 의무인 '고온皇恩'을 갚는 것이다. 이것처럼 미국의 풍습과 현저한 대조를 이루는 것도 없을 것이다. 미국인은 거리의 정지 표시에서부터 소득세에 이르는 어떠한 법률이든지 새로운 법률이 나오면, 그것은 개인의 자유에 대한 간섭이라며 전국 여기저기서 불만을 터뜨린다. 그런 미국의 상황에서 연방 법규는 이중으로 미심쩍게 여겨진다. 그것은 개개 주州의 입법권에 압력을 가하는 것이 되기 때문이다. 연방 법규는 워싱턴의 관료들이 국민에게 밀어붙이는 것 같은 느낌을 준다. 그리고 많은 국민은 이런 법률에 대해 아무리 목소리 높여 반대해도 자신들의 자존심이 허용하는 데까지는 미치지 못한다고 생각한다. 일본인은 이런 면을 보고 미국인에게는 준법정신이 결여되어 있다고 판단한다. 우리는 또 우리대로 일본인은 민주주의 관념이 결여된 종속적인 국민이라고 판단한다. 양국 국민의 자존심은 각각 서로 다른 태도에 따른 것이라고 하는 것이 더 맞는 말이겠다. 미국은 자기의 일은 자기가 처리한다는 태도에 근거하는 한편, 일본은 자기에게 은혜를 베풀었다고 생각하는 사람에게 보답한다는 태도에 근거한다. 이 두 가지 태도에는 곤란한 점이 있다. 미국의 난점은 법규가 나라 전체의 이익이 되는 경우에도 국민의 승인을 얻기 어렵다는 것이고, 일본의 난점은 한 사람의 생애를 온통 뒤덮을 정도로 커다란 부채를 짊어지기는 어렵다는 것이다. 일본인은 대개 어떤 때는 법률의 범위 내에서 잘 생활하다가도 또 자신에게 요구되는 것을 회피하는 방법에 대

73 * Hillis Lory, Japan' s Military Masters, 1943, p.40.

해 궁리하곤 한다. 그들은 미국인이라면 결코 칭찬하지 않을 폭력이나 직접행동 혹은 개인적 보복을 칭찬한다. 그러나 이에 의문을 달아본다고 해도, 혹은 달리 여러 의문 사항을 열거한다고 해도 주가 일본인 위에서 커다란 지배력을 행사하고 있다는 사실에는 여전히 의심할 여지가 없다.

1945년 8월 14일 일본이 항복했을 때 세계는 이 주가 너무나 믿을 수 없을 만큼 거대한 힘을 발휘한 사실을 직접 목격할 수 있었다. 일본에 관련한 경험과 지식을 지닌 많은 서양인은 일본이 항복하는 일은 결코 없을 것이라고 생각했다. 아시아 대륙과 태평양의 많은 섬 곳곳에 흩어져 있는 일본군들이 얌전히 무기를 버릴 것이라는 생각은 너무 순진한 판단이라고 그들은 주장했다. 많은 일본군은 지역적 패배를 경험하지 않았으며 그들은 전쟁을 하는 목적의 정당성에 확신을 가지고 있었다. 일본 본토의 여러 섬도 마지막까지 완강히 저항할 군인들로 가득 메워져 있었다. 점령군은 전방 부대를 소부대로 나누어야 하기 때문에 만일 함대 포격의 사정 범위 밖으로 진격한다면 모두 전멸할 위험이 있었다. 전쟁 중에 일본인들은 엄청나게 대담한 일도 아무렇지 않게 해치우지 않았던가! 그들은 정말 호전적인 사람들이었다. 하지만 이렇게 일본을 분석한 미국인들은 주를 염두에 두지 않았다. 천황이 입을 열자 전쟁은 끝났다. 천황의 목소리가 라디오를 타기 전에 강경한 반대자들이 천황의 궁성 주변에 비상선을 치고 정전 선언을 저지하고자 했으나 일단 정전이 선포되자 모두가 그에 승복했다. 만주나 자바Java의 현지 사령관도 일본 내의 도조 수상도 아무도 그것을 거역하려고 하지 않았다. 오히려 우리 부대가 비행장에 착륙했을 때 정중히 맞아주었다. 한 외국인 기자가 쓴 것처럼 우리는 아침에는 긴장 속에 소총을 만지작거리며 착륙했고, 오후에는 그것을 치워버렸으며, 저녁에는 자질구레한 장신구를 사러 외출했다. 일본인은 이제 평화의 길을 걸으며 "폐하의 마음을 편안히 해드리게" 되었다. 일주일 전까지만 해도 죽창으로라도 이민족을 격퇴시키는 데에 헌신하겠다고 했는데 말이다.

이러한 태도는 조금도 이상할 것이 없다. 그것을 이상하게 여기는 것은 인간의 행위를 좌지우지하는 감정이 얼마나 다양한지를 인정하지 못하는 서양인뿐이었다. 어떤 이는 일본은 사실상 몰살 외에는 길이 없다고 선언했다. 또 어떤 이는 일본이 나라를 구할 수 있는 유일한 길은 자유주의자가 권력을 잡아 정부를 쓰러뜨리는 것이라고 외쳤다. 이러한 이야기는 국민 전체가 지지하는 전쟁을 수행하는 서양의 어떤 나라의 일이라면 말이 되는 의견이지만, 결국 그들이 일본이 서양과 대동소이한 행동 방침을 따를 것이라고 생각한 것 자체가 오산이었다. 그로부터 몇 개월간 무사태평하게 점령이 이루어진 후에도 서양인 중에서는 장래를 예측하면서 서양과 같은 혁명이 일어나지 않았다거나 또는 "일본인은 패전의 사실을 인식하지 못하고 있다"라는 이유로 모든 것이 실패했다는 식으로 분석하는 사람들이 있었다. 이는 옳은 것과 적합한 것에 대한 서양의 기준에 근거한 훌륭한 서양식 사회 철학이다. 하지만 일본은 서양이 아니다. 일본은 서양 여러 나라의 최후의 보루인 혁명을 이용하지 않았다. 일본은 또한 적국의 점령군에 대해 불복종하는 반대 운동도 일으키지 않았다. 그들은 일본 고유의 강점, 즉 아직 전투력이 분쇄되지 않았음에도 무조건 항복을 승낙한다는 엄청난 대가를 주로 받아들여 스스로에게 요구하는 능력을 이용한 것이다. 일본인의 입장에서 보면 이것은 분명 엄청난 대가임에는 틀림없지만 그 대신에 그들은 무엇보다 높이 평가되는 것을 손에 넣을 수 있었다. 즉, 일본인은 항복의 명령이라 해도 그 명령을 내린 것은 천황이었다고 말할 수 있는 권리를 획득한 것이다. 패전에 있어서도 최고의 법은 여전히 주였다.

제7장

기리만큼 괴로운 것은 없다

일본인들이 자주 하는 말 중에 "기리義理만큼 괴로운 것은 없다"라는 것이 있다. 사람은 기무義務를 다하지 않으면 안 되는 것처럼 기리도 갚지 않으면 안 된다. 그러나 기리는 기무와는 종류가 다른 의무다. 영어에는 이에 해당하는 단어가 없다. 또한 인류학자가 세계의 문화 속에서 찾아본 많은 특이한 도덕적 의무의 범주에서도 그것은 참 기이한 성격의 것이다. 그것은 명확하게 일본적인 것이다. 주忠와 고孝는 둘 다 일본과 중국이 공유하고 있는 덕목이다. 일본이 이 두 개념에 여러 가지 변화를 더하기는 했지만 동양의 다른 나라들의 도덕적 명령과 어느 정도는 동족적 유사성을 지닌다. 그러나 기리는 일본이 중국의 유교에서 얻은 것도 아니고, 동양의 불교에서 얻은 것도 아니다. 그것은 일본 특유의 범주다. 기리를 고려하지 않으면 일본인의 행동 방침을 이해하는 것은 불가능하다. 모든 일본인은 행위의 동기나 명성, 본국에서 사람들이 직면하는 여러 딜레마에 대해 이야기할 때 반드시 기리를 입에 담는다.

서양인이 보기에 기리에는 오래전 받은 친절에 대한 답례부터 복수의 의무에 이르기까지 서로 이질적이고 다양한 의무(p.137 일람표 참조)가 잡다하게 포함되어 있다. 일본인이 이제껏 서양인에게 기리의 의미를 설명할 생각을 하지 않았던 것도 무리가 아니다. 그들 자신의 국어사전에서조차도 이 단어에 대한 만족스러운 정의를 내리지 못하고 있으니까. 한 일본어 사전의 설명을 번역해본다면 기리는 "바른 순리. 사람이 반드시 따라야 할 길. 세상에 대한 해명에 앞서 마지못해 하는 것"이다. 이러한 설명으로는 서양인은 도대체 무슨 말인지 알 수가 없다. 하지만 여기서의 "마지못해"라는 말은 기무와의 상이점을 나타낸다. 기무란 아무리 곤란한 요구더라도 가까운 친척이나 조국, 또 생활양식과 애국심의 상징인 천황에 대해 지는 의무다. 그것은 태어나면서 얽히는 강력한 연대이므로 사람들이 당연히 해야만 하는 의무인 것이다. 그것에 따르기 위해 실천해야 하는 특정한 행위가 아무리 마음에 내키지 않는다 하더라도 기무가 "마지못해 하는 것"이라고 정의되는 일은 절대로 없다. 그러나 '기리를 갚는 것'은 불쾌한 것들뿐이다. 채무자가 되는 곤란함은 '기리의 세계'에서 극치를 이룬다.

기리는 전혀 다른 두 부류로 나뉜다. 내가 "세상에 대한 기리"—문자 그대로 "기리를 갚는 것"—라고 부르는 것은 동배에게 온恩을 갚는 의무를 가리키고, "이름에 대한 기리"라고 부르는 것은 대개 독일인이 말하는 '명예'와 같은 것으로 자신의 이름과 명성이 타인으로부터 모욕을 받아 훼손되지 않도록 할 의무를 가리킨다. 기무가 출생과 동시에 발생하는 친밀한 의무의 이행이라면, 세상에 대한 기리는 간단히 말해 계약 관계의 이행이라고 할 수 있다. 그러므로 기리는 법적 가족에 대해 지고 있는 모든 의무를 포함하고, 기무는 직접적 가족에 대해 지고 있는 모든 의무를 포함한다. 법률상의 부모는 '기리의 아버지' 와 '기리의 어머니' 라고 부르며 법률상의 형제는 '기리의 형제', '기리의 자매' 라고 부른다. 이러한 명칭은 배우자의 혈족이나 혈족의 배우자를 가리킬 때 쓰인다. 일본에서 결혼은 물론 집안 간의 계약이다. 그리고 일생 배우자의 가족에 대해 이 계약 의무를 수행하는 것은 '기리를 다하는 것' 으로 간주된다. 기리는 이 계약을 정한 세대인 부모에 대한 기리가 가장 무겁다. 그중에서도 특히 무거운 것은 며느리의 시어머니에 대한 기리인데, 이는 며느리는 자신의 생가를 떠나 다른 집으로 가서 살아야 하기 때문이라고 한다. 장인, 장모에 대한 남편의 의무는 이와 다르긴 하지만 역시 부담스럽긴 마찬가지다. 그것은 장인, 장모가 곤란할 때는 돈을 빌려주어야 하고, 그 외에도 여러 가지 계약에 근거한 책임을 다해야 하기 때문이다. 한 일본인은 "성인이 된 아들이 자신의 어머니를 위해 여러 가지를 해드리는 것은 어머니를 사랑하기 때문이다. 따라서 그것은 기리라고 할 수 없다. 마음으로부터 우러나온 행위는 기리이기 때문에 하는 것이 아니다"라고 말했다. 그러나 사람들은 법적 가족에 대한 의무를 성실하게 이행한다. 그것은 어떠한 희생을 치러서라도 "기리도 모르는 인간"이라는 두려운 비난을 피하기 위해서다.

이 법적 가족에 대한 의무를 일본인이 어떻게 느끼는가 하는 것은 여자와 같은 방식으로 결혼하는 '데릴사위' 의 경우에서 확실히 엿볼 수 있다. 아들 없이 딸뿐인 집에서 부모는 그 가문의 명맥을 잇기 위해 딸 중 하나의 남편을 선택한다. 데릴사위의 이름은 그의 본가 호적에서 말소되고, 그는 장인의 성姓을 받는다. 그는 아내의 가정으로 들어가 '기리로' 장인, 장모에게 순종하며, 죽으면 아내의 집 묘지에 묻힌다. 이러한 것은 전부 일반적 결혼에서의 여자의 경우와 동일하다. 데릴사위를 맞이하는 이유가 단지 집에 아들이 없기 때문이 아닐 때도 있다. 때로는 쌍방의 이익을 꾀하기 위해 거래로, 이른바 정략결혼이 이루어진다. 여자 쪽이 가난해도 집안이 좋으면 남자는 지참금을 가지고 가서 계급적 계층제에서의 지위를 상승시킨다. 또는 여자의 집안이 부유하여 사위의 교육비를 댈 능력이 있으면 사위는 그 은혜를 입는 대신에 생가를 떠나 아내의 집안에 들어가는 경우도 있다. 그리고 장인은 이렇게 해서 자기 회사의 장래 공동 경영자를 얻기도 한다. 여하튼 데릴사위의 기리는 특히 과중하다. 그도 그럴 것이 일본에서는 성을 바꾸어서 다른 집에 적을 둔다는 것 자체가 대단히 힘든 일이기 때문이다. 봉건시대의 일본에서는 가령 그것이 자신의 친아버지를 죽이게 됨을 의미한다 해도 전투에 있어서 그의 양아버지 쪽에 가담하여 자신이 새로운 집안의 일원이 되었음을 입증해야 했다. 근대 일본에서 데릴사위를 들이는 정략결혼은 이 강력한 기리의 강제력을 의지하여 일본인이 설정할 수 있는 가장 무거운 구속력을 가지고 한 청년을 장인의 사업 또는 처가의 운명에 옭아맨다. 특히 메이지 시대에는 이것이 쌍방에 유리하게 작용하기도 했다. 그러나 데릴사위가 되는 것에 대한 혐오감은 일반적으로 거세어서 일본인이 자주 입에 담는 속담 중에 "쌀이 세 홉만 있어도 데릴사위는 되지 말라"라는 말이 있을 정도다. 일본인은 이 혐오감은 "기리 때문"이라고 한다. 미국에 동일한 관습이 있다면 아마도 미국인은 "남자 구실을 못 하기 때문"이라고 말할 테지만 일본인은 절대 그렇게 이야기하지 않는다. 어쨌든 기리는 괴로운 것, '마지못해 하는' 것이다. 그러므로 "기리 때문"이라는 표현은 일본인에게는 번거로운 관계를 나타내는 데에 딱 들어맞는 말이다.

기리는 법적 가족에 대한 의무만을 가리키지는 않는다. 숙부, 숙모나 조카들에 대한 의무도 이 범주 안에 들어간다. 일본에서는 이런 비교적 가까운 친척에 대한 의무를 고孝와 동렬로 취급하지 않는다. 이 사실은 가족 관계에서 보이는 일본과 중국의 큰 차이다. 중국에서는 이런 많은 친척, 아니 그보다 더 먼 친척도 공동의 자원을 서로 나누는 관계가 된다. 그러나 일본에서 이 사람들은 기리의, '계약상'의 친척인 것이다. 일본인 중에는 도움을 청하는 친척에게 한 번도 개인적으로 은혜를 베푼 적이 없는 경우도 자주 있음을 그들은 지적한다. 도움을 청해온 친척을 도와주는 것은 공통의 선조에게서 받은 온을 갚는 것이다. 자신의 아이를 돌보는 것도 공통 조상에 대한 온 갚기라는 같은 동기에 근거하나, 이것은 기무로 여겨지는 반면에 비교적 먼 친척에 대한 도움은 기리로 간주된다. 이 사람들에게 도움을 주는 것은 법적 가족에게 도움을 주는 것과 같이 "기리에 얽힌다"라고 표현한다.

대다수의 일본인이 법적 가족과의 관계보다 우선시하는 중대하고 전통적인 기리는 자신의 주군 및 동료와의 관계에 있다. 이는 명예를 목숨처럼 소중히 하는 인간이 상관 또는 같은 계급의 동료에 대해 짊어지는 충절이다. 이 기리의 의무는 수많은 전통적 문학작품 속에서 칭송을 받아왔다. 이는 무사의 덕과 동일시되고 있으며 오래전 도쿠가와에 의한 국내 통일이 실현되기 이전의 일본에서는 종종 당시 쇼군에 대한 의무인 주忠보다 상위 개념으로서 크고 소중한 덕으로 여겨졌다.

12세기에 미나모토 가문의 쇼군이 한 다이묘에게 그가 숨기고 있는 영주를 넘겨줄 것을 요구했을 때 그 다이묘가 쓴 답장은 지금도 남아 있다. 그는 자신의 기리가 손상되었음을 분개하며 비록 주에 반反하더라도 기리를 배반할 수 없다고 썼다. "공사公事는 제가 어찌할 수 없는 일이나 명예를 존중하는 무사들의 기리는 영원히 변치 않는 진리입니다." 따라서 기리는 쇼군의 권력을 초월하는 것이라는 말이었다. 그는 '존경하는 벗에 대해 신의를 배반하는 것'을 거부했다.[74] 이러한 옛 일본 무사의 뛰어난 덕은 오늘날 일본 어디에나 알려져 있다. 이와 같은 이야기는 역사적인 전설의 다수를 차지하고 있으며, 윤색되어 노가쿠能樂나 가부키歌舞伎, 또는 가구라神樂로 만들어졌다.

이러한 이야기 중 가장 유명한 것은 그 거대한 무적의 로닌浪人[75]인 12세기의 호걸 벤케이弁慶[76]의 이야기다. 놀랄 만한 힘 외에는 무엇 하나 의지할 게 없던 벤케이는 사찰로 몸을 피하여 승려들을 떨게 했다. 그리고 봉건시대식으로 맞춰 입을 비용을 마련하기 위해 길을 지나는 무사들을 모조리 처치해 그들의 검을 탈취했다. 하루는 그의 눈에 애송이로밖에 보이지 않는 가냘프고 세련된 모습의 귀공자를 덮치는데, 결투를 해보니 그는 만만치 않은 상대였다. 벤케이는 그 귀공자가 쇼군의 지위를 자신의 일가로 되돌리려 꾀하고 있는 미나모토 가문의 후예임을 알게 되었다. 이 청년이 바로 일본인이 사랑해 마지 않는 영웅, 미나모토 요시쓰네源義經[77]다. 벤케이는 요시쓰네에게 열렬한 기리를

74 * Asakawa Kanichi , Documents of Iriki, 1929에서 인용.

75 * 섬기는 주군 없이 자신의 재능에 의지하여 생활하는 무사.

76 ?~1189. 가마쿠라 초기의 승려. 미나모토 요시쓰네를 섬기면서 이름을 날렸다.

바쳐 요시쓰네를 위해 무수한 공적을 세운다. 그러나 최후에 그들은 적의 세력에 밀려 쫓기는 신세가 되는데, 일행은 사원 건립의 기부금을 마련하기 위해 전국을 돌아다니는 수도승으로 변장한다. 발각되지 않도록 요시쓰네도 일행과 같은 복장을 하여 그중에 섞이고, 벤케이는 무리의 우두머리로 위장한다. 그러던 중 적이 배치한 감시대에 맞부딪치게 되고 마는데, 벤케이는 사원 건립을 위한 기부자 명부로 날조한 긴 두루마리를 펼쳐 들고 그것을 읽는 시늉을 한다. 적이 이에 속아 막 통과시키려고 하는 순간, 역시 비천한 차림의 변장으로는 아무래도 숨길 수 없던 요시쓰네의 귀족적인 기품이 의혹을 사 일행은 다시 불린다. 그때 벤케이는 즉시 요시쓰네가 받고 있는 의혹을 완전히 털어버리기 위한 수단으로 사소한 일 하나하나를 트집 잡아 요시쓰네에게 욕을 퍼붓고 그의 뺨을 때린다. 그래서 적은 완전히 속아 넘어간다. 만일 이 수도승이 요시쓰네라면 신하가 그에게 손을 댄다는 것은 있을 수 없는 일이기 때문이다. 그것은 도저히 상상할 수 없는 기리의 위반인 것이다. 하지만 벤케이의 무례한 행위가 일행의 목숨을 구한다. 일행이 안전한 곳에 도착하자 벤케이는 요시쓰네의 발밑에 몸을 던져 자신을 죽여달라고 청원한다. 그의 주군은 자비롭게도 그를 용서해준다.

이와 같이 마음에서 우러나온 것이고 혐오감에 더럽혀지지 않은 옛날 기리 이야기는 근대 일본이 꿈꾸는 황금시대의 백일몽이다. 이러한 이야기가 일본인에게 말해주는 것은 당시에는 기리에 조금도 '마지못

77 * 1159~1189. 헤이안 말기와 가마쿠라 초기의 무장. 형인 요리토모와 함께 다이라 가문을 무찌르고자 군사를 일으켰으나 후에 형과의 불화로 전국을 유랑하다가 자살한다.

한' 점이 없었다는 것이다. 만일 그것이 주와 충돌하게 되어도 사람들은 당당히 기리에 충실할 수 있었다. 당시의 기리는 모든 봉건적 장식으로 꾸며진, 사랑받는 직접적 관계였다. "기리를 안다"라는 것은 평생 주군에게 충절을 다한다는 것이었고, 대신에 주군은 신하를 돌보았다. "기리를 갚는다"라는 것은 신세를 지고 있는 주군에게 생명을 바친다는 것이었다.

이것은 물론 환상이다. 일본 봉건시대의 역사는 교전 중에 상대 다이묘에게 충성을 매수당하는 무사가 많았다는 것을 이야기해주고 있다. 게다가 중요한 것은 다음 장에서도 볼 수 있는 바와 같이 가신이 주군에게 치욕을 당했을 때에는 당연히, 그리고 관습에 따라 관직을 그만두거나 적과 내통하기도 했다는 것이다. 일본인은 복수라는 주제를 목숨을 아끼지 않는 충절과 마찬가지로 즐겨 칭송하고는 하는데 그 둘 다가 기리였다. 충절은 주군에 대한 기리고, 모독에 대한 복수는 자신의 이름에 대한 기리였다. 일본에서는 이 두 가지가 한 방패의 양면을 이룬다.

그럼에도 불구하고 옛날의 충절담은 오늘날의 일본인이 즐기는 백일몽이 되었다. 이를테면 현재에는 "기리를 갚는다"라는 것이 이미 자신의 정당한 수령首領에 대한 충성이 아닌 모든 사람에 대한 모든 의무를 이행하는 일이기 때문이다. 오늘날 늘 쓰이는 표현에는 혐오감과 함께 자신의 의지에 반하여 기리를 이행하도록 강제하는 여론의 압력으로 가득하다. 그들은 "오로지 기리 때문에 이 결혼을 정하고 있는 것이다"라든가, "단지 기리 때문에 저 남자를 채용해야만 했다"라든가, "정말 기리 때문에 저 사람을 만나는 것이다"라고 말한다. 그들은 항상 "기리에 얽매여 있다"라고 하는데, 이 표현은 사전에는 "어쩔 수 없이 해야만 한다"라고 풀이되어 있다. 그들은 "저 남자가 기리로 내게 강요했다"라거나 "저 남자가 기리로 나를 몰아세웠다"라고 표현한다. 이러한 말은 다른 관용구와 마찬가지로 누군가가 이 말을 하는 사람에게 이전에 이러이러한 온恩을 베풀어줬으니 당연히 그 보답을 해야 한다고 하여, 내키지 않거나 할 의향이 없는 일을 무리하게 시키는 것을 의미한다. 농촌이나 작은 상점의 거래, 상층 재벌 사회 또는 일본 내각에서 사람들은 '기리로 강요당하여', '기리로 몰리는' 것이다. 구혼자가 장래에 장인이 될 사람에게 양가 간의 오래전부터의 관계나 거래를 내세워 그렇게 하는 경우도 있으며, 어떤 사람이 농민의 토지를 손에 넣기 위해 이를 무기로 사용할 때도 있다. '기리로 몰린' 사람은 여하튼 그에 응하지 않으면 안 된다고 느낀다. 그는 "온진恩人의 편을 들지 않으면 나의 기리는 불명예를 입을 것"이라고 말한다. 이러한 어법은 모두 마지못해 하는 것이라는 의미와, 일영日英 사전에 써 있는 바와 같이 "오로지 체면을 유지하기 위해" 응한다는 의미를 함축하고 있다.

기리의 규칙은 엄밀히 말하자면 어떻게든 갚아야 하는 변제의 규칙이다. 그것은 모세의 십계명과 같은 도덕적 규칙은 아니다. 기리로 강요받았을 때에 경우에 따라서는 자신의 정의감을 무시해야 할 수도 있다. 일본인은 때로 "나는 기리 때문에 기義를 행할 수가 없었다"라고 한다. 또한 기리의 규칙은 이웃을 자신과 같이 사랑한다는 것과도 아무런 관계가 없다. 일본인은 사람이 진심에서 우러나와 자발적으로 관대한 행위를 할 것을 요구하지 않는다. 그들은 사람이 기리를 다하지 않으면 안 되는 것을 "만일 그렇게 하지 않으면 사람들로부터 '기리도 모르는 인간'으로 불리고, 세상 사람들 앞에서 수치를 당하기 때문"이라고 한다. 기리에 꼭 따라야 하는 이유는 세상의 평판이 두렵기 때문이다. 사실 '세상에 대한 기리'는 가끔 영어로는 "여론에 따르는 것"이라고 번역되기도 한다. 사전에는 "세상에 대한 기리니까 어쩔 수 없다"가 "세인들은 이 방법 외에는 인정하지 않을 것이다"라고 번역되어 있다.

미국에서 빌린 돈을 갚는 것에 대한 규칙과 비교하여, 일본인의 태도를 이해하는 데에 가장 도움이 되는 것이 바로 이 '기리의 세계'다. 미국인은 편지를 받거나 선물을 받았을 때, 또는 때에 알맞은 말을 들었을 때, 이자의 지불이나 은행에서의 차입금 변제 시에 필요한 것 같은 엄격함을 가지고 그 은혜를 갚으려고는 하지 않는다. 그런 금전상 거래에 있어서는 파산이 바로 지불 불능에 대한 형벌이고, 그것은 매우 무거운 것이다. 그렇게 일본인은 어떤 사람이 기리를 갚을 수 없게 되었을 때 그 사람은 파산한 것으로 간주한다. 더욱이 인생의 많은 접촉에서는 반드시 어떤 형태든 기리가 발생되는데, 이는 미국인이 볼 때에는 의무를 초래한다고는 전혀 생각지 못하고 무심코 던졌던 사소한 말이나 취했던 행동이 일일이 장부에 기입되는 것과 마찬가지다. 그것은 복잡한 세상에서 항상 방심하지 말고 마음을 가다듬으며 다녀야 한다는 것을 의미한다.

일본인의 세상에 대한 기리의 관념과 미국인의 빌린 돈을 갚는 관념 사이에는 또 하나의 유사점이 있다. 기리의 변제는 정확히 같은 값의 변제여야 한다. 이 점에서 기리는 기무와 전혀 다르다. 기무는 어떤 일을 하더라도 완전히는, 아니 완전에 가까운 정도까지도 갚을 수 없다. 그러나 기리는 무한한 것이 아니다. 미국인이 보기에는 이런 보은이라는 행위가 원래 받은 은혜에 비해 이상할 정도로 균형을 잃고 있는 것

같겠지만 일본인은 그렇게 생각하지 않는다. 우리는 또한 매년 두 번씩 모든 가정이 무언가를 일정한 형식에 따라 포장하여 6개월 전에 받은 선물의 답례로 보내거나, 식모의 시골집에서 그녀를 식모로 고용해 준 감사 표시로 일 년에 여러 번 물건을 보내는 것과 같은 일본의 선물하는 습관을 아주 이상하게 생각한다. 또 일본인은 상대에게서 받은 선물보다 더 큰 선물을 보내는 것을 금기한다. '거저 얻은 이익pure velvet'을 갚는 것도 절대로 명예로운 것이 못 된다. 선물에 대해 말할 수 있는 가장 심한 모욕은 선물을 주는 사람이 "피라미를 받고 도미로 답례했다"라고 하는 것이다. 기리를 갚을 때에도 마찬가지다.

일본인은 가능하면 그것이 노동이든 물품이든 서로 간에 복잡하게 주고받은 관계를 기록하여 보관한다. 마을에서는 이 기록의 일부는 그 마을의 장長이, 일부는 협동 노동의 동료가, 또 일부는 집이나 개인이 보관한다. 장례식에는 부의를 가지고 가는 것이 관습으로 되어 있다. 친척들은 이 외에 또 조사弔辭를 적어 넣을 색깔 있는 천을 가져가기도 한다. 이웃 사람들도 이를 도와주는데 여자는 부엌일을, 남자는 무덤을 파고 관을 짜는 일을 한다. 스에무라[78]에서는 촌장이 이 작업을 기록한 장부를 만들었다. 그것은 초상집에 소중한 기록이었다. 그 기록을 보면 이웃 사람들에게서 어떤 도움을 받았는지 알 수 있기 때문이다. 또한 그것은 다른 집에서 누군가 죽었을 때 그 집이 답례를 해야 할 상대의 이름을 기재한 명부이기도 했다. 이것은 장기적인 상호 공조共助다. 이 밖에도 마을의 장례식 때에는 모든 잔치와 마찬가지로 단기적인 상호 교환이 이루어진다. 관을 짜는 일을 도운 사람은 식사를

[78] 존 엠브리의 저서 『스에무라』의 제재(題材)가 된 마을.

대접받는데, 그들은 그 식비의 일부로 약간의 쌀을 상가에 가지고 간다. 이 쌀 역시 마을의 기록에 기입된다. 잔치 자리에서도 손님은 연회의 음료수 값의 일부로 조금씩 술을 지참한다. 그것이 생일잔치든 장례식이든, 또는 모내기든 공사든 친목회든 그 어떤 경우라도 기리의 교환은 장래의 변제에 대비하여 꼼꼼히 기록된다.

일본인은 기리에 대해서 서양의 채무 변제와 비슷한 관례를 하나 더 가지고 있다. 그것은 만일 변제가 기한보다 늦어지면 마치 이자가 붙는 것처럼 불어간다는 것이다. 에크슈타인 박사는 노구치 히데요[79]의 전기傳記를 위한 자료 수집차 일본에 갔을 때 그를 위해 여비를 내준 한 일본 제조업자와의 교섭에서 그러한 경험을 했다고 진술하고 있다. 에크슈타인 박사는 전기를 집필하기 위해 미국으로 돌아와서 마침내 완성한 원고를 일본에 보냈다. 그러나 상대편으로부터는 도대체 받았다는 소식도 없거니와 답장도 오지 않았다. 박사는 혹시 책에 쓴 어떤 내용이 일본인의 마음을 상하게 한 것은 아닌가 하고 걱정을 했다. 그리고 몇 번이나 편지를 보냈지만 역시 답장이 없었다. 그러고 나서 몇 년 후 그 제조업자로부터 전화가 걸려 왔다. 그는 미국에 와 있었던 것이다. 얼마 지나지 않아 그는 일본의 벚나무 수십 그루를 가지고 에크슈타인 박사의 집을 방문했다. 실로 큰 선물이었다. 오랫동안 보류되었던 만큼 당연히 훌륭한 것으로 하지 않을 수 없었던 것이다. 그리고 그 일본인은 박사에게 "당신은 틀림없이 제가 즉시 답례하는 것을 원하지 않았을 것입니다"라고 말했다.

'기리에 몰린' 사람은 때때로 시간이 지남에 따라 커지는 부채의 변

[79] 1876~1928. 세균학자. 독사 및 뱀독에 관한 연구에 두각을 보였다.

제를 강요받게 된다. 예를 들면 누군가가 한 상인에게 자신이 그 상인이 어릴 때 배웠던 스승의 조카라는 이유로도 원조를 요청할 수 있다. 젊은 시절 학생은 선생님에게 기리를 갚을 수 없었기 때문에 그때부터 지금까지 경과한 세월 속에서 부채는 점점 불어난 것이다. 그리고 상인은 그 빚을 '세상에 대한 해명에 앞서 마지못해' 갚지 않으면 안 되는 것이다.

제8장
오명 씻기

이름에 대한 기리義理는 자신의 명성을 더럽히지 않도록 할 의무다. 이는 여러 덕목으로 이루어져 있다. 그 덕목 중에는 서양인에게는 서로 상반되는 것처럼 보이는 것도 있는데, 일본인에게 그것은 타인으로부터 받은 은혜를 갚는 것은 아니라는 점, 즉 온恩의 범위 밖에 있다는 점에서 충분히 통일성을 가진다. 이름에 대한 기리는 이전에 타인에게서 입은 은혜와 관계없이 자신의 명성을 빛나게 하는 행위다. 따라서 그것은 '제자리'가 요구하는 갖가지 예법을 모두 지키는 것, 고통 속에서도 태연한 태도를 보이는 것, 전문 직업이나 기술에 있어서 자신의 명성을 지켜나가는 것 등을 포함한다. 또한 이름에 대한 기리는 비방이나 모독을 제거하는 행위를 요구한다. 비방은 자신의 명예에 그림자를 드리우는 것이기 때문에 어떻게든 없애야만 한다. 그러기 위해 자신의 명예를 훼손한 사람에게 복수를 해야 할 때도 있고, 자살해야 하는 경우도 있다. 그리고 이 양극단의 가운데에는 여러 가지 가능한 행동 방침이 있다. 일본인은 자신의 명예를 훼손시키는 일을 단지 얼굴 한번 찡그리는 것으로 끝내지 않는다.

내가 여기서 '이름에 대한 기리' 라고 이름 붙인 것에 대해 일본인은 특별한 명칭을 가지고 있지 않다. 그들은 그것을 단지 "온의 범위 밖에 있는 기리"라고 말할 뿐이다. 이 점이 분류의 기초가 된다. 세상에 대한 기리가 친절을 갚는 의무며 이름에 대한 기리가 복수를 주된 내용으로 하고 있다는 것으로 기리를 분류하지는 않는다. 서양의 여러 언어가 이 둘을 감사와 복수라고 하는 전혀 상반된 범주로 나누고 있다는 사실은 아무래도 일본인에게 와 닿지 않는다. 그들은 물을 것이다. 타인의 호의에 반응하는 경우의 행동과 타인의 멸시와 악의에 반응하는 경우의 행동을 왜 하나의 덕목으로 총괄할 수 없는가?

일본에서는 그렇게 하고 있다. 덕을 갖춘 사람은 그가 받은 혜택만큼 모욕에 대해서도 강하게 느낀다. 어느 쪽에든 응하는 것이 도덕적으로 훌륭한 태도다. 그는 우리처럼 양자를 구별하여 한쪽을 침해 행위, 다른 쪽을 비침해 행위라고 부르지 않는다. 그의 눈에서 보면 어떤 행위가 침해로 되는 것은 그것이 '기리의 세계' 밖에서 이루어진 경우에 한정되는 것이다. 사람이 기리를 지켜 오명을 벗는 한, 그것은 결코 침해의 죄가 되지 않는다. 단지 빚을 갚아 깨끗이 청산하는 것일 뿐이다. 일본인은 모욕이나 비방, 패배가 보복받지도 제거되지도 않을 경우 "세상이 뒤집어졌다"라고 말한다. 훌륭한 사람은 세상을 다시 균형 상태로 돌려놓기 위해 노력해야 한다. 그러므로 보복은 인간의 덕행이지, 인간의 본질적인 연약함에 근거한 피할 수 없는 악덕이 아니다. 유럽의 역사도 이름에 대한 기리가 일본에서 언어적으로 감사나 충성과 연관되어 있는 것처럼 서양인의 덕으로 간주되던 시대가 있었다. 그것은 르네상스 시대에 특히 이탈리아에서 융성했다. 또한 가장 번성했던 시기 스페인의 '스페인인의 용기el valor Espanõl' 나 독일의 '명예die Ehre' 와도 많은 공통점을 지녔다. 100년 전까지만 해도 유럽에서 행해지던 결투하는 관습의 밑바탕에도 이와 비슷한 동기가 깔려 있었다. 그곳이 일본이든 서양의 어느 국가든 자신의 이름에 더해진 오점을 떨쳐버리려는 덕이 세력을 가지고 있는 곳이라면, 이 덕의 핵심은 항상 그것이 모든 물질적인 의미의 이득을 초월한다는 것에 있었다. 사람은 재산이나 가족, 자신의 생명을 '명예' 를 위해 희생하면 할수록 덕이 높은 것으로 여겼다. 이 점이 덕목의 정의의 일부를 이루어, 그런 나라들이 언제나 주장하는 '정신적' 가치의 기초가 되었다. 그것은 확실히 그들에게 크나큰 물질적 손실을 초래하는 것이어서 손익의 문제에서 본다면 도저히 납득이 가지 않는 성격의 것이다. 이 점에서 이 같은 명예관과 미국인의 생활에 이따금 나타나는 치열한 경쟁이나 노골적인 적대 관계 사이에는 현저한 차이가 있다. 미국에서는 정치상, 경제상 절충에서 보유에는 아무런 제한이 없지만, 물질적 이익을 둘러싼 일은 전쟁까지 번질 때가 있다. 미국에서 이름에 대한 기리의 범주에 들어가는 명예의 규칙이 적용되는 것이라면 켄터키 산 속의 주민들 간의 다툼 같은 예외적인 상황에 한정되어 있다.

그러나 이름에 대한 기리와, 어떤 문화에 있어서 기리 때문에 얽히는 적개심과 조심스럽게 기회를 기다리는 것은 결코 아시아 대륙의 특유한 덕이 아니다. 중국, 태국, 인도에는 그러한 것이 없다. 중국인은 모욕이나 비방에 대해 그와 같이 신경과민이 되는 것을 '소인小人' 이라고 부르며, 그것을 도덕적으로 열등한 사람의 특징이라고 본다. 일본인처럼 그런 모습을 고결한 이상의 일부로 여기지 않는다. 중국 윤리에서는 사람이 이유 없이 돌연 휘두른 경우에 불법으로 간주되는 폭력이, 모독의 보복으로서 쓰였다고 해서 정당화되는 경우는 없다. 그들은 그렇게 신경을 곤두세우는 것을 오히려 어리석은 일이라고 생각한다. 타인에게서 욕설을 들었을 때 신에 맹세하여 그 비방이 근거가 없는 것임을 증명하겠다는 결심을 하는 일도 없다. 또 태국인에게서도 모욕에 대한 그런 민감한 반응은 전혀 찾아볼 수 없다. 그들은 중국인과 마찬가지로 비방자를 우롱하는 것을 좋아하지만 자신의 명예가 공격받았다고는 생각하지는 않는다. 그들은 "상대가 비인간적이라는 것을 폭로할 수 있는 최상의 방법은 상대에게 져주는 것이다"라고 말한다.

이름에 대한 기리의 완전한 의의를 제대로 이해하려면 그 속에 포함된 여러 비공격적인 덕까지도 모두 고려해야 한다. 복수는 이름에 대한 기리가 경우에 따라 요구하는 하나의 덕에 불과하다. 이름에 대한 기리 속에는 복수 외에도 조용하며 온건한 행동이 무수히 존재한다. 체면을 중시하는 일본인에게 요구되는 금욕주의의 자기 절제도 이름에 대한 기리의 일부분이다. 여자는 분만할 때 큰 소리를 내서는 안 되며 남자는 고통이나 위험에 초연해야 한다. 마을에 홍수가 날 경우 체면을 중시하는 사람들은 각자가 챙겨야 할 필요한 물품만을 가지고 높은 지대로 이동한다. 거기에는 절규도 혼란도 공황도 없다. 추분秋分 무렵 비바람이 맹렬한 태풍이 되어 덮칠 때에도 마찬가지로 절제된 모습을 보인다. 그러한 태도는 가령 그것을 완전히 실현할 수 없는 경우가 있다 하더라도 일본인 각자가 지닌 자존심의 일부를 이룬다. 그들은 미국인의 자존심은 자제를 요구하지 않는다고 생각한다. 일본인의 이러한 자기 절제는 노블레스 오블리주noblesse oblige적인 성격을 가진다. 따라서 봉건시대에는 서민보다 무사에게 요구되었다. 그러나 이 덕은 무사만큼 엄격하지는 않았어도 모든 계급에 통하는 생활 원리였다. 무사가 극단적으로까지 육체적 고통을 초월할 것을 요구받았다면 서민 또한 무기를 가진 무사들의 공격을 극단적으로 얌전하게 감수해야 했던 것이다.

무사의 금욕주의에 대해서는 많은 이야기가 전해지고 있다. 그들은 굶주림에 굴복하는 것을 금했는데, 이것은 일부러 언급하지 않아도 될 만큼 당연한 일이었다. 그들은 굶어 죽기 직전이라도 이제 막 식사를 마친 것처럼 행동해야 했다. 그래서 그들은 이쑤시개로 이를 쑤시는 척했다. "어린 새는 먹이를 찾아 울지만 무사는 이쑤시개를 물고 있다"라는 속담이 있을 정도다. 이번 전쟁에서 이것이 지원병들에게 군대의 격언이 되었다. 또 그들은 고통에 굴복해서도 안 되었다. 이러한 일본인의 태도는 나폴레옹에게 "부상당했느냐고요? 아닙니다, 각하. 저는 이미 살해되었습니다"라고 대답했다는 한 소년병의 대답과 비슷한 부분이 있다. 무사는 죽음에 이를 때까지 조금도 고통의 기색을 보여서는 안 되며 눈썹 한번 꿈틀거리지 않고 고통을 견뎌내야 했다. 다음은 1899년에 세상을 떠난 가쓰 가이슈[80] 백작의 이야기다. 그는 어렸을 때 개에게 고환을 물려 상처를 입었다. 그의 집은 무사 집안이었음에도 구걸을 해야 할 만큼 몹시 가난한 처지였다. 의사가 한참 수술을 하고 있는데 그의 아버지가 그의 코끝에 칼을 들이댔다. 그리고 그를 향해 "조금이라도 우는 소리를 내면 무사로서 부끄럽지 않도록 널 죽여주겠다"라고 말했다고 한다.

---

[80] 1823~1899. 막부 말기와 메이지 초기의 정치가. 미국을 방문하는 사절단을 태운 배의 함장으로서 일본인으로서는 처음으로 태평양을 횡단했다.

이름에 대한 기리는 신분에 어울리는 생활을 할 것을 요구하기도 한다. 사람이 만일 이 기리를 잃게 되면 그는 스스로를 존중할 권리도 상실하게 된다. 도쿠가와 시대에는 이것이 각 사람이 몸에 걸치고 소유하거나 사용하는 물건에 대해 하나부터 열까지 꼼꼼히 규정해놓은 사치 단속령을 자존심의 일부로 받아들이는 것을 의미했다. 미국인에게는 세습적인 계급적 지위에 따라 모든 것을 규정하는 이런 법률은 말도 안 되는 것이다. 미국에서 자존심이란 자신의 지위를 향상시키는 것과 상통한다. 따라서 고정된 사치 단속령은 우리 사회의 근본 자체를 부정하는 것이다. 우리는 어떤 계급의 농부는 아이에게 이러이러한 인형을 사줘도 되지만 다른 계급의 농부는 다른 인형을 사줘야 한다는 식의 도쿠가와 시대의 법률에 그저 기가 막힐 뿐이다. 그러나 미국에서도 다른 규정에 따라 결국은 동일한 양상이 나타난다. 우리는 공장주의 아이는 전차 모형을 가지고 놀고 소작농의 아이는 옥수수자루로 만든 인형으로 만족해야 한다 사실을 무비판적으로 받아들이고 있다. 수입의 차이를 인정하고 그 차이를 당연하게 여기는 것이다. 많은 월급을 받는 것이 우리 자존심 체계의 일부를 이룬다. 인형의 종류가 수입에 따라 제약받더라도 그것은 결코 우리의 도덕관념에 어긋나지 않는다. 부자가 된 사람이 아이에게 고급 인형을 사주는 것이다. 일본에서 부자가 된다는 것은 왠지 석연치 않은 느낌을 주는 것으로 자신에게 어울리는 위치를 지키는 것은 그렇지 않다. 오늘날에도 부자는 물론 가난한 사람도 계층제의 관례를 준수하여 그 자존심을 지키고 있다. 이는 미국에서는 찾아볼 수 없는 덕이다. 토크빌이라는 프랑스인은 1830년대에 이미 앞서 언급한 책에서 이 점을 지적했다. 18세기에 프랑스에서 태어난 그는 평등의 원칙 위에 선 미국에 대해 관대한 평론을 펼치는 한편 귀족 제도적인 생활에 대해서도 깊은 이해를 가지고 사랑했다. 그의 말에 따르면 미국은 여러 가지 뛰어난 도덕적 미를 가지고 있지만 진정한 존엄성이 결여되어 있다는 것이다. "진정한 존엄성이란 항상 너무 높지도 않고 너무 낮지도 않게, 자신에게 적합한 지위를 차지하는 것이다. 그리고 이는 왕이든 농부든 간에 누구에게라도 가능한 일이다." 토크빌이라면 계급 차별 자체는 절대로 굴욕적인 일이 아니라는 일본인의 태도를 이해할 수 있을 것이다.

여러 문화의 객관적 연구가 이루어지고 있는 오늘날에는 '진정한 존엄성' 이란 민족이 다르면 그 내용도 다르게 규정되는 것이라 볼 수 있다. 그것은 각 민족이 평소 굴욕적인 것이란 무엇인가를 어떻게 규정하고 있는가에 따라 달라지는 것과 마찬가지다. 오늘날 미국인 중에는 일본인에게 자존심을 갖게 하기 위해서는 반드시 미국식 평등주의 원칙을 받아들이게 해야 한다고 외치는 사람이 있는데, 그것은 자민족 중심주의라는 오류를 범하는 것이다. 만일 이들 미국인이 바라는 바가 그들이 말하는 대로 일본인에게 자존심을 갖게 하는 일이라면, 우선 그들은 일본인의 자존심의 근본을 꿰뚫어 보아야 할 것이다. 우리는 일찍이 토크빌이 인정한 것처럼 귀족 제도적인 '진정한 존엄성' 이 근대 세계에서 소멸되고 있다는 사실, 그리고 우리가 뛰어나다고 믿는 또 다른 존엄성이 대신하여 등장하고 있다는 사실을 인정할 수 있다. 또한 일본에서도 반드시 그렇게 될 것이다. 그러나 아직 거기까지 도달하지 않은 오늘날의 일본은 우리가 가진 기초가 아닌 그들만의 기초 위에서 그 자존심을 재건해야 한다. 그리고 그것을 일본만의 독특한 방법으로 순화해가야 한다.

이름에 대한 기리는 제자리에 따른 채무 이외에 여러 다양한 채무도 수행하는 것을 말한다. 어떤 사람이 돈을 빌릴 때 이름에 대한 기리를 담보로 두는 경우가 있다. 2, 30년 전까지는 "만일 빚을 갚지 못할 때는 만인 앞에서 웃음거리가 되어도 좋다"라는 표현을 자주 사용했다. 그러나 실제로 돈을 갚지 못하게 되더라도 말 그대로 웃음거리가 되는 일은 없었다. 일본에는 사람을 대중 앞에서 조롱하는 관습이 없었기 때문이다. 그러나 빚을 전부 청산해야 하는 기한인 설날이 다가오면 변제가 불가능한 채무자는 '이름을 더럽히지 않기 위해' 자살을 택하기도 했다. 지금도 섣달그믐이면 자신의 명예를 위해 그런 수단을 취하는 자살자가 속출한다.

모든 종류의 직업상의 채무에도 이름에 대한 기리가 포함된다. 누군가 특별한 사정으로 만인의 따가운 시선과 질책을 받게 될 처지가 되는 경우에 일본인은 때때로 그에게 터무니없는 요구를 한다. 예를 들면 학교에 발생한 화재로—화재에 대한 책임은 없음에도—교실에 걸려 있는 천황의 사진을 태울 위험에 빠뜨렸다는 이유만으로 많은 교장이 자살을 했다. 교사 중에서도 그 사진을 구해내기 위해 불타는 건물 속으로 뛰어들었다가 타 죽은 사람이 수두룩하다. 이 사람들은 이름에 대한 기리와 천황에 대한 주忠를 얼마나 중시하고 있는가를 죽음으로 증명한 것이다. 또한 교육 칙어나 군인 칙유를 봉독하던 중에 잘못 읽은 것 때문에 자살을 하여 오명을 씻으려 한 사람들에 대한 이야기도 유명하다. 현재의 히로히토 천황의 치세에서 무심코 자신의 아들에게 '히로히토'라는 이름을 지었다가—일본에서는 천황의 이름을 절대로 입에 올려서는 안 된다—그 아들과 함께 자살한 사람도 있었다.

이름에 대한 기리는 전문가에게 아주 엄격하지만, 그렇다고 해서 그것이 미국인이 생각하는 고도의 전문적 능력과 같은 것으로 유지되는 것은 아니다. 교사는 "나는 교사로서 이름에 대한 기리 때문에라도 모른다는 말을 할 수 없다"라고 한다. 이 말의 의미는 설사 그가 개구리가 무슨 종種에 속하는지 모른다고 하더라도 아는 척을 하지 않으면 안 된다는 것이다. 만일 그 교사가 겨우 몇 년간 학교에서 배운 지식만을 의지하여 영어를 가르치고 있다 하더라도 그는 누군가가 자신의 잘못된 부분을 정정하려는 것을 인정할 수 없다. '교사라는 이름에 대한 기리' 가 말하는 것은 특히 이러한 유의 자기 방어적 태도다. 실업가 역시 이름에 대한 기리 때문에 자신의 자산이 고갈되어 위기에 처해 있다든가 자신의 회사를 위해 세운 계획이 실패했다는 것을 누구에게도 눈치 채여서는 안 된다. 그리고 외교관은 기리 때문에 자신의 외교 방침의 실수를 인정할 수 없다. 이상의 모든 기리의 용법에서는 한 개인과 그의 직업을 극단적으로 동일시한다는 점을 공통적으로 볼 수 있다. 그리하여 한 사람의 행위 또는 능력에 대한 비판은 자동적으로 그 사람 자체에 대한 비판도 되는 것이다.

이러한 실수나 무능의 비난에 대한 일본인의 반응과 똑같은 태도를 미국에서도 이따금 볼 수 있다. 우리는 타인에게서 무시라도 당하면 미친 듯이 화를 내는 사람이 있다는 것을 알고 있다. 그러나 일본인처럼 방어적인 태세를 취하는 일은 드물다. 미국에서는 만일 교사가 개구리가 어느 종에 속하는지 모른다면 자신의 무지를 감추고자 하는 유혹에 진다 하더라도 그는 아는 척을 하는 것보다 정직하게 모른다고 하는 것이 훌륭한 태도라고 생각한다. 실업가는 이전에 시행했던 방침이 바람직하지 못했다면 새로운 다른 지령을 내려도 된다고 생각한다. 그는 지금까지 자신이 해온 일은 옳다고 해야만 자존심을 지키는 것이라고 생각하지 않는다. 그리고 만일 자신의 잘못을 인정하면 사직하거나 자리에서 물러나야 한다고 생각하지도 않는다. 그러나 일본에서는 이러한 방어적인 사고방식이 아주 뿌리 깊게 박혀 있다. 그래서 사람의 면전에 대고는 그의 직업상 과실을 지적하지 않는 것이 일반적으로 행해지는 예의이기도 하고 또한 현명한 사람이 취하는 행동이라고 여겨진다.

이러한 신경과민은 경쟁에서 패했을 때 특히 두드러지게 나타난다. 취업 활동 중에 자기 이외의 사람이 채용되었다거나, 또는 경쟁 시험에서 탈락한 것에 불과한 경우에도 패자는 그 패배로 인해 '수치를 당한다'. 그리고 그 수치는 분발하는 데에 강한 자극이 되기도 하지만 대개의 경우 심각한 의기소침에 빠지게 한다. 그는 자신감을 잃고 우울해지거나 화를 내거나 또는 양쪽의 상태를 동시에 겪는다. 노력에 대한 열의는 사그라지게 된다. 여기서 미국인이 특히 주목해야 할 점은 그러한 경쟁이 미국의 생활 구조 내에서 얻어지는 것과 같은 사회에 대한 긍정적 효과를 일본에서는 얻지 못한다는 것이다. 우리는 경쟁을 '좋은 것'으로 간주하여 크게 의지하고 있다. 경쟁이 우리를 자극하여 최선의 노력을 하게 한다는 것은 심리 테스트를 통해서도 알 수 있다. 자극은 어떤 경우에는 작업 능률을 상승시키기도 한다. 우리는 혼자서 일을 할 경우, 경쟁자가 있을 때보다 좋지 못한 성적을 낸다. 그러나 일본에서는 그 반대의 사실을 보여주는 테스트의 결과가 나왔다. 이것은 특히 소년기 이후의 시기에 더욱 두드러진다. 일본의 어린이들은 경쟁을 놀이 정도로 생각하며 크게 마음에 두지 않는다. 그러나 청년이나 성인의 경우에는 경쟁이 있으면 작업 능률이 눈에 띄게 떨어진다. 혼자서 할 때에는 진행이 수월하고 실수의 횟수가 점차 줄어들고 속도도 빨라지던 피험자가 경쟁 상대와 함께하면 실수를 하고 속도도 훨씬 떨어지는 것이다. 그들은 자신들의 성적을 스스로 측정하면서 진행했을 때 가장 좋은 성적을 올렸다. 그리고 타인과 비교하여 측정했을 때에는 반대의 결과를 나타낸 것이다. 이 실험을 진행했던 몇몇 일본인 학자는 경쟁 상태에 놓인 경우에 성적이 악화되는 이유를 정확히 분석해냈다. 그 설명에 의하면 경쟁 속에서 일을 하면 피험자들은 질지도 모른다는 불안감에 완전히 마음을 빼앗겨 일에 집중하지 못한다는 것이다. 그들은 경쟁을 너무나 예민하게 외부로부터 자신에게 가해지는 공격으로 느낀다. 여기서 그들은 종사하고 있는 일에 전념하는 대신 그들 자신과 공격자의 관계에 신경을 쓴다.[81]

이 테스트를 받은 학생들은 실패했을 경우 입게 될 수치에 강력한 영향을 받는 경향을 보였다. 교사나 실업가들이 각각 전문가로서의 이름에 대한 기리를 좇아 행동하는 것처럼 그들은 학생으로서의 그들의 이름에 대한 기리가 명령하는 대로 행동하는 것이다. 시합에서 진 학생 팀도 그 패배의 수치스러움에 상당히 극단적인 행동을 보였다. 보트 선수는 노를 내던지고 보트 위에서 비탄에 빠져 있었고, 야구 시합에 진 팀은 한 무리가 되어 소리 내어 울음을 터뜨렸다. 미국에서라면 우리는 그들에게 꼴사나운 패자라고 한마디 던졌을 것이다. 우리의 예의로는 당연히 패자가 역시 실력이 나은 팀이 이겼다고 말할 것을 기대한다. 패자는 승자와 악수하는 것이 적합한 행동인 것이다. 아무리 지는 것이 싫다 하더라도 졌다는 이유로 울거나 한탄하는 사람을 우리는 경멸한다.

81 * 이 테스트에 대해서는 The Japanese : Character and Morale(등사판)을 참조할 것. 이는 Ladislas Farago가 Committee for National Morale(9 East 89th Street, New York City 소재)을 위해 제작한 것이다.

일본인은 항상 어떤 교묘한 방법을 궁리하여 직접적 경쟁을 될 수 있는 한 피해왔다. 이를테면 일본의 초등학교에서는 미국인은 상상도 할 수 없을 정도로 경쟁을 최소한으로 억제해왔다. 일본의 교사들은 아이들 각자가 자신의 성적을 향상시키도록 가르쳐야 하지만 다른 아이와 비교하는 기회를 주어서는 안 된다는 지시를 받고 있다. 또한 학생을 낙제시켜서 같은 학년을 다시 다니도록 하는 일도 없다. 함께 입학한 아이들은 초등교육 전 과정을 함께 밟으며 함께 졸업하도록 되어 있다. 성적표에 기재된 석차는 품행을 기준으로 한 것이지 학업에 따른 것이 아니다. 그래서 중학교 입학 시험처럼 경쟁을 피할 수 없을 때의 아이들의 긴장이란 대단한 것이다. 교사들은 대부분 불합격 소식에 자살을 시도한 아이의 이야기를 알고 있다.

이러한 직접적 경쟁을 최소한으로 억제하고자 하는 노력은 일본인의 생활 전반에 걸쳐 나타난다. 미국인에게는 동급생과의 경쟁을 통해 좋은 성적을 얻는 것이 지상명령인 반면, 온을 기초로 하는 윤리에서는 경쟁을 받아들일 여지가 아주 적다. 각 계급이 준수해야 할 규칙을 상세히 규정하고 있는 일본의 계층 제도 전체가 직접적 경쟁을 최소한으로 줄이고 있다. 가족제도도 경쟁을 최소로 제한하고 있는데, 이를테면 제도상 아버지와 아들은 경쟁 관계를 가지지 않는다. 그들에게는 서로를 배척하는 일은 있어도 경쟁한다는 것은 있을 수 없다. 일본인은 아버지와 아들이 자가용을 이용하려 경쟁하고, 서로 어머니나 아내의 관심을 끌려고 하는 미국 가정을 보고 놀라움을 금치 못해 그에 대한 논평을 가한다.

어디에나 있는 중개자 제도는 경쟁 관계에 있는 양측이 서로 얼굴을 직접 맞대는 것을 확실히 막을 수 있는 방법의 하나다. 일본인은 일이 어긋나 수치를 느낄 상황에 닥치면 언제든지 중개자를 필요로 한다. 따라서 중개자는 혼담, 구직, 퇴직에서부터 일상적 사무의 결정 등 무수한 알선 업무에 종사하고 있다. 중개자는 쌍방의 당사자에게 상대의 의향을 전달한다. 결혼과 같이 중요한 일에서는 쌍방이 각각 자기 측 중개자를 내세우는데, 그러면 중개자들은 그들끼리 세세한 조절까지 마친 후 각 당사자에게 보고한다. 당사자는 이처럼 간접적인 조정을 통해서 서로 맞대어 이야기할 경우에 일어날 수 있는, 이름에 대한 기리로 인한 못마땅한 요구나 비난을 거칠 필요가 없게 된다. 또한 중개자들은 이런 공적인 역할을 해냄으로써 신망을 얻고, 알선에 성공할 경우 사회적인 존경도 얻게 된다. 중개자는 일을 잘 마무리 짓는 것에 자신의 자존심을 걸고 임하기 때문에 협정이 순조롭게 이뤄지는 경우가 많다. 이런 식으로 중개자는 일자리 알선을 부탁하는 사람을 위해 고용주의 의향을 알아보거나, 퇴직을 희망하는 피고용인의 의사를 고용주에게 전달하는 역할을 한다.

이름에 대한 기리에 문제가 될 만한 수치스러운 상황을 피하기 위해 모든 종류의 예법이 마련되어 있다. 이렇게 최소화하고자 하는 사태란 단순히 직접적 경쟁뿐만 아니라 더 넓은 범위에 걸쳐 있다. 일본인의 사고방식에 따르면 손님을 맞이할 때는 의복을 단정히 하고 일정한 예식을 갖춰 맞이해야 한다. 따라서 농부의 집을 방문했을 때 그가 작업복을 입은 채라면 잠시 기다려주어야 한다. 농부는 자신이 적당한 옷으로 갈아입어 알맞은 예식을 갖추기 전까지는 손님에게 알은체하지 않는다. 그것은 손님이 기다리고 있는 방에서 농부가 옷을 갈아입어야 하는 상황에서도 마찬가지다. 반듯하게 옷매무새를 갖출 때까지 그는 그 장소에 없는 것으로 간주된다. 또 시골에서는 늦은 밤 가족들이 모두 잠들고 처녀가 잠자리에 든 후에 청년이 그 처녀를 방문하는 풍습이 있다. 처녀는 청년의 구애를 받아들이기도 하고 거절하기도 하는데, 청년은 거절을 당해도 다음 날 수치를 당하지 않도록 수건으로 얼굴을 가려야 한다. 이런 변장은 처녀가 청년을 알아보지 못하도록 하기 위한 것이 아니다. 그것은 모래에 머리만 처박고 꽁무니를 감출 줄 모르는 타조의 습성 같은 것으로, 나중에 수치를 당한 사람이 자신이라는 것을 인정해야 하는 상황을 피하고자 하는 수단에 불과하다. 그리고 일본 예법에서는 어떠한 계획이라도 성공이 확실해지기 전까지는 되도록 사람들에게 알려지지 않도록 할 것을 요구한다. 결혼 중매인의 임무 중에는 혼인이 성립되기 전에 장래의 신랑과 신부를 서로 만나게 하는 것이 있는데, 그 만남을 우연한 것으로 가장하기 위해 중매자는 모든 수단을 강구한다. 만일 소개가 목적인 것이 이 단계에서 밝혀지면 혼담이 깨졌을 시에 한쪽 집안 또는 양 집안의 명예에 흠이 가기 때문이다. 젊은 남녀가 만날 때는 각각 아버지나 어머니, 또는 부모 모두가 동반하며 중매인은 주인 역할을 맡는다. 가장 적절한 방법은 연중행사인 국화 전시회나 벚꽃 놀이, 아니면 유명한 공원이나 연회장에서 '우연히 만난' 것처럼 꾸미는 것이다.

위와 같은 방식이나 또 그 외의 여러 방법을 짜내서 일본인은 실패로 인해 수치를 당하는 경우를 피한다. 그들은 타인으로부터 받은 모욕으로 인한 오명을 씻어낼 의무를 상당히 강조하기는 하지만 실제로는 모욕을 당할 상황 자체를 줄이도록 일을 처리한다. 이것은 일본과 마찬가지로 오명을 씻어내는 것을 중요시하는 태평양 제도의 다른 여러 부족과 비교해볼 때 매우 특이한 점이다.

원예를 생업으로 하는 뉴기니 및 멜라네시아의 원시 부족들 사이에서는 분노를 불러일으키는 모욕이 부족이나 개인에게 행동의 원동력이 된다. 그 원동력이 발동되지 않으면 부족 전체의 잔치도 열리지 않는다. 그 방식이라는 것은 다음과 같다. 한 마을이 다른 마을을 향해 너희는 가난해서 겨우 열 명밖에 안 되는 손님에게도 그럴싸한 음식을 대접하지 못한다, 게다가 하도 구두쇠라서 타로Taro와 코코넛을 감춰두고 있다, 너희 마을은 지도자가 멍청해서 잔치란 걸 열려고 해도 엄두도 못 낼 것이다는 식으로 야유를 퍼붓는다. 그러면 도전을 받은 마을에서는 손님들의 넋을 빼놓을 정도로 호화로운 차림과 환대를 하여 그 오명을 씻는 것이다. 혼담이나 경제적 거래도 마찬가지다. 싸움에서도 양쪽 모두가 화살을 활시위에 메기기 전부터 온갖 욕설을 주고받는다. 그들은 아주 사소한 일에도 마치 사투를 벌일 것처럼 덤빈다. 이것은 커다란 행동의 동기가 되기 때문에 때로 그런 부족이 강력한 생활력을 가지기도 하지만 그런 부족을 예의 바른 민족이라고 하는 이는 아직까지 없다.

이에 반해 일본인은 예의 바른 면에 있어서는 모범적이다. 그리고 그런 예의 바름은 그들이 오명을 씻어야 할 상황 자체를 얼마나 극도로 억제하고 있는가를 보여주는 척도가 된다. 그들도 모욕이 불러일으키는 분노를 성공의 둘도 없는 자극제로 보고 있지만, 그러나 그것을 필요로 하는 상황은 억제한다. 그것은 특별한 경우에, 또는 그것을 제거할 전통적인 조정이 다른 힘에 의해 저지되어 좌절된 경우에만 일어난다. 이 자극제가 바로 극동에 대한 일본의 지배적인 지위 획득 및 최근 10년간의 영국과 미국에 대한 전쟁 정책에 공헌했다는 것은 의심할 여지가 없는 사실이다. 그러나 모욕에 대한 일본인의 민감한 태도와 복수에 대한 열의를 말하는 서양인들의 의견은 대부분 오히려 일본보다 무슨 일에든 모욕을 이용하는 뉴기니의 부족들에게 해당한다고 할 수 있다. 또 이번 전쟁에서 패배한 후에 일본이 취할 행동에 대한 많은 서양인의 예측이 어긋났던 것도 일본인이 이름에 대한 기리에 가하고 있는 특수한 제한을 인식하지 못했기 때문이라 하겠다.

일본인은 확실히 예의 바른 국민이기는 하지만 그렇다고 해서 미국인이 비방에 대한 그들의 민감함을 가볍게 보아서는 안 된다. 미국인은 매우 가볍게 험담을 주고받는다. 그것은 일종의 유희와 같다. 우리로서는 일본인이 그렇게 별것 아닌 말을 왜 심각하게 받아들이는지 이해하기가 어렵다. 일본인 화가 마키노 요시오는 영어로 쓴 자서전을 미국에서 출판했는데, 그 책에서 그는 자신이 비웃음으로 해석했던 일에 대한 너무나 일본인다운 반응을 생생하게 묘사했다. 그가 이 책을 썼을 때는 이미 미국과 유럽에서 성년기의 대부분을 보낸 뒤였지만, 그는 마치 고향 아이치의 시골에 살고 있는 것처럼 그 사건을 강렬히 받아들였다. 그는 신분이 높은 지주의 막내로 태어나 단란한 가정에서 더할 나위 없는 애정 속에서 자랐다. 그러나 막 유년기를 지날 무렵 어머니를 잃고 곧이어 아버지가 파산을 해서 빚을 갚기 위해 재산은 모두 매각되었다. 그리고 가족들은 흩어졌다. 마키노에게는 자신의 야심을 실현하기 위한 돈이 단 한 푼도 없었다. 그 야심의 하나는 영어를 배우는 것이었는데, 그는 근처의 미션스쿨에 몸을 의탁하여 영어를 배우기 위해 수위로 일했다. 열여덟 살이 되었을 때 그때까지만 해도 가까운 마을 두세 곳밖에 가보지 않았던 그는 미국으로 건너갈 결심을 했다.

나는 누구보다 신뢰하고 있던 선교사 한 분을 찾아갔다. 나는 그 선교사에게 미국에 가고 싶다는 이야기를 털어놓았다. 아마도 무언가 유익한 조언을 해줄 것이라고 생각했기 때문이다. 하지만 나는 무척 실망할 수밖에 없었다. 선교사가 "뭐라고? '너 따위'가 미국에 가고 싶다고?"라고 큰 소리로 말했던 것이다. 그 방에는 선교사의 부인도 있었는데 두 사람이 함께 나를 '비웃었다'. 그 순간 내 머릿속의 피가 전부 발밑으로 내려가는 것 같았다. 나는 2, 3초 정도 꼼짝도 못 하고 그곳에서 있었다. 그리고 인사도 하지 않고 내 방으로 돌아왔다. 나는 "이걸로 모든 것이 끝장이야"라고 혼잣말을 내뱉었다.

다음 날 나는 도망쳐 나왔다. 여기서 잠깐 그 이유를 밝히고자 한다. 나는 항상 세상에서 가장 큰 죄는 '불성실'이라고 믿어왔다. 더욱이 '비웃음' 만큼 불성실한 것은 없다.

나는 언제나 상대방의 분노를 용서한다. 왜냐하면 울컥하고 화를 내는 것이 인간의 본성이기 때문이다. 누가 내게 거짓말을 한 경우에도 될 수 있으면 용서한다. 인간의 본성은 매우 연약하며 난관에 부딪히면 일일이 진실을 말할 만큼의 굳센 심지를 가지는 것이 불가능할 때가 많기 때문이다. 나는 또한 누군가가 나에 대해 근거도 없는 소문을 떠벌리거나 흉을 본 경우에도 용서한다. 그것은 누구나가 그런 식으로 설득당하면 쉽게 빠지는 유혹이기 때문이다.

살인자조차도 사정에 따라서는 용서해줄 수 있다. 그러나 비웃음만큼은 결단코 변명의 여지가 없다. 왜냐하면 고의적인 불성실함 없이는 죄 없는 사람을 비웃을 수 없기 때문이다.

나는 여러분에게 두 개의 단어에 대한 정의를 들려주고 싶다. 살인자, 그는 한 사람의 '육체'를 살해하는 인간이다. 조소자, 그는 타인의 '혼'과 '마음'을 살해하는 인간이다.

혼과 마음이란 육체보다 훨씬 존엄한 것이다. 그러므로 조소는 최악의 죄다. 실제로 그 선교사 부부는 나의 혼과 마음을 살해하고자 했다. 나는 심리적으로 커다란 고통을 겪었다. 그리고 나의 마음은 "어찌하여 '너 따위가' 라는 말을 하는가?" 하고 절규했다.[82]

다음 날 아침 그는 짐을 보자기에 싸서 그곳을 떠났다.

그는 무일푼인 시골 소년이 화가가 되기 위해 미국으로 건너간다는 것에 대해 선교사가 취했던 불신의 태도로 인해 '살해되었다' 고 느꼈다. 그의 이름에 그가 목적을 달성하기 전에는 도저히 지울 수 없는 흠집이 나버린 것이다. 선교사에게서 '비웃음' 을 당한 이상 그 땅을 떠나 어엿이 미국에 갈 능력이 있음을 보이는 것 외에 그에게 길은 없었다. 그는 '불성실insincerity' 이라는 영어 단어를 사용하여 선교사를 비난하고 있는데, 이것은 우리가 보기에 이상하게 느껴지는 부분이다. 우리가 그 단어를 이해하고 있는 바에 따르면 이 미국인 선교사의 외침은 오히려 '성실한sincere' 것으로 여겨지기 때문이다. 그는 이 단어를 일본인적인 의미로 사용하고 있는 것이다. 일반적으로 일본인은 특별히 싸움을 걸려고 하는 것도 아니면서 상대방을 업신여기는 사람을 성실한 사람이라고 하지 않는다. 그러한 까닭 없는 비웃음은 무례한 것이며, '불성실함' 을 증명하는 것이다.

"살인자조차도 사정에 따라서는 용서해줄 수 있다. 그러나 비웃음만큼은 결단코 변명의 여지가 없다." '용서' 하는 것이 바른 태도가 아닌 이상 비방에 대처하는 유일한 길은 복수뿐이다. 마키노는 미국으로

82 * Markino Yoshio, When I was a Child, 1912, pp.159~160.

건너가 그 오명을 씻었지만, 타인에게 모욕이나 패배를 당했을 경우 복수는 '좋은 일'로서 일본의 전통 안에서 높은 자리를 차지하고 있다. 때로 서양의 독자를 염두에 두고 책을 집필하는 일본인은 생생한 비유를 통해 복수에 대한 일본인의 태도를 묘사하기도 한다. 일본인 중에서 박애심이 뛰어난 사람으로 꼽히는 니토베 이나조[83]는 1900년에 저술한 책에서 다음과 같이 말했다. "복수에는 무엇인가 우리의 정의감을 만족시켜주는 것이 있다. 우리가 가진 복수의 관념에는 수학적 능력과 같은 엄밀함이 있어서 방정식의 양변이 만족되지 않는 한 무엇인가 못다 한 일이 남아 있는 듯한 느낌을 떨칠 수가 없다."[84] 오카쿠라 요시사부로[85]는 저서 『일본의 생활과 사상』에서 복수를 일본의 독특한 한 습관과 비교하여 다음과 같이 서술했다.

일본인의 이른바 심적 특이성의 상당 부분은 청결을 선호하는 것, 그리고 그것과 동전의 앞뒤를 이루는 불결함을 꺼리는 태도에서 기인한다. 그렇게밖에는 설명할 길이 없다. 실제로 우리는 가문의 명예나 국가적 자부심에 가해진 모욕은, 해명을 통해 완전히 불식하지 않고서는 원래의 상태대로 깨끗해지거나 치유될 수 없는 오점이나 상처가 된다고 여기도록 길들어져 왔다. 일본의 공적인 또는 사적인 생활에서 자주 보게 되는 복수의 사례는 단지 청결을 선호하다 못해 결벽증이 되어버

83 1862~1933. 교육자이자 농학자, 기독교 신자로 국제 친선에 힘썼으며 국제연맹에서 근무하기도 했다.

84 * Nitobe Inazo, Bushido, The Soul of Japan, 1990, p.83.

85 1868~1936. 영어학자로 일본 영어 교육의 선구자다.

86 * Okakura Yoshisaburo, The Life and Thought of Japan. London, 1913, p.17.

린 국민들의 아침 목욕과 같은 것이라고 생각할 수도 있을 것이다.[86]

그리고 그는 이렇게 하여 일본인은 "만개한 벚꽃처럼 청명하고 아름다워 보이는 깨끗하고 더러움 없는 생활을 한다"라고 덧붙였다. 바꿔 말하자면 이 '아침 목욕'은 타인이 당신에게 던진 흙먼지를 씻어내는 것이며, 조금이라도 때가 묻어 있는 동안에는 당신은 훌륭한 사람이라고 할 수 없는 것이다. 그러나 사람은 스스로가 모욕을 당했다고 생각하지 않으면 모욕을 당한다는 것은 있을 수 없다. 또한 사람을 모욕하는 것은 '당사자에게서 나오는 것'일 뿐, 타인이 그 사람을 향해 던진 언어나 행동으로 인하는 것이 아니라는 것을 가르치는 윤리를 일본인은 가지고 있지 않다.

일본의 전통은 일반 민중에게 이러한 복수의 '아침 목욕'의 이상을 끊임없이 내세운다. 일본에는 셀 수 없이 많은 전설과 영웅담이 널리 퍼져 있는데, 그 가운데 가장 인기가 있는 것은 〈47인의 로닌浪人 이야기〉[87]다. 이들 이야기는 학교 교과서에 실려 읽히기도 하고 극장에서 상연되기도 하며 현대식 영화로 제작되거나 통속 출판물로 간행되기도 한다. 오늘날 일본의 살아 있는 한 부분을 이루고 있는 것이다.

이런 이야기의 대부분은 우연한 실패에 대한 과민성을 다룬다. 한 예로 어떤 다이묘大名가 세 명의 가신에게 명검을 들어 보이며 그것을 만든 이를 맞추도록 했다. 세 사람의 의견은 각기 달랐다. 거기서 그 분야의 전문가를 불러오게 했는데, 무라마사라고 대답한 나고야 산자

87 1702년 억울하게 할복해야 했던 주군의 복수를 하고서 자결했다는 47명의 무사 이야기.

가 정답을 맞추었음을 알게 되었다. 감정을 잘못했던 두 사람은 이것을 모욕으로 받아들여 산자의 목숨을 노리기 시작했다. 그리하여 둘 중 한 사람이 산자가 잠든 사이에 산자의 칼로 산자를 찔렀다. 산자는 간신히 목숨을 건졌지만 산자를 덮쳤던 사람은 그 이후에도 모든 것을 내팽개치고 오로지 복수에만 전념했다. 결국 산자를 죽이는 데 성공한 그는 자신의 기리를 만족시킬 수 있었다.

또 다른 이야기로 자신의 주군에 대한 보복의 필요성에 관한 것이 있다. 일본의 윤리에서 기리란 신하가 가지는 주군에 대한 평생의 충성심을 의미함과 동시에, 주군에게 수치를 당했다고 느낀 경우에는 그것이 엄청난 증오로 돌변하게 됨을 의미한다. 도쿠가와 가문의 초대 쇼군이었던 이에야스에 대해 전해지는 이야기 중에서 좋은 예를 찾을 수 있다. 이에야스가 자신의 한 가신을 가리켜 "그는 생선 뼈가 목에 걸려 죽을 놈이다"라고 했는데, 그 말을 그 가신이 전해 듣게 된다. 품위 없는 방법으로 죽을 것이라는 이런 비방은 그에게 도저히 참기 힘든 것이었다. 그 가신은 이 치욕을 평생, 아니 죽어도 잊지 않으리라 맹세했다. 당시 이에야스는 새로이 에도를 수도로 정하여 그곳을 중심으로 국내 통일의 사업을 진행하고 있었는데 아직 완전히 적을 소탕하지는 못하고 있었다. 그 가신은 적군의 영주들과 내통하여 안에서부터 에도에 불을 질러 태워버릴 것을 제안했다. 그렇게 하여 그는 자신의 기리를 만족시키고 이에야스에게 앙갚음을 할 수 있을 것이라고 생각했던 것이다. 일본인의 충성심에 관한 서양인의 논의가 대부분 공론인 이유는 이같이 단순히 기리가 충성심인 것에 머물지 않고 어떤 경우에는 배신을 명령하는 덕이라는 것을 놓치고 있다는 점에 있다. 그들은 "얻어맞은 자는 모반을 꾀한다"라고 말하는데 모욕을 당한 사람도 마찬가지다.

위의 역사 속 이야기에서 볼 수 있는 두 가지 주제-자신이 틀렸던 경우에 옳았던 사람에게 복수하는 것과 상대가 자신의 주군이라 할지라도 받은 모욕에 대해 복수하는 것-는 가장 잘 알려진 상투적인 문학 주제로서 여러 형태로 이야기된다. 이렇게 일본인은 옛날이야기 속에서 복수를 크게 찬양하고 있다. 그러나 현대의 신변잡기나 소설, 또는 실제 사건을 고찰해보면 실제로 복수가 이뤄지는 것은 오늘날 서양권 국가와 비슷하게, 아니 서양의 나라들보다 드물게 이뤄진다는 것을 확인할 수 있다. 이 사실은 앞서 설명했던 명예에 대한 강박관념이 약해졌음을 의미하는 것은 아니다. 오히려 실패나 모욕에 대해 공격적이기보다 방어적인 반응을 보이는 경우가 점차 늘어났음을 의미한다. 일본인은 변함없이 모욕을 심각하게 받아들이고 있다. 하지만 그것 때문에 다툼을 일으키는 대신 자신의 활동력을 마비시켜버리는 경향이 더 강해진 것이다. 복수를 목적으로 직접적인 공격을 가하는 것은 법률이 아직 시행되지 않았던 메이지 이전의 시대에 있을 법했던 이야기다. 근대에 들어서는 법과 질서, 그리고 예전보다 더 상호 의존적이게 된 경제생활을 운영해나가는 어려움 때문에 복수는 보이지 않는 형태를 취하거나 자기 가슴에 묻어두는 경향을 띠게 되었다. 원수에게 인분人糞을 먹게 했다는 옛날이야기처럼 적이 눈치 채지 못하게 몰래 심술궂은 일을 해서 은밀히 복수를 하는 것이다. 그 이야기의 주인공은 원수가 모르게 교묘하게 음식 속에 인분을 넣어 대접하고는 상대방의 눈치를 살폈다. 손님은 전혀 알지 못한 채 차려준 음식을 먹었다. 그러나 이런 식의 은밀한 공격도 오늘날에는 그 공격의 화살을 자신에게 돌리는 경우보다 드물어졌다. 공격을 자신의 내면으로 돌리는 것에는 두 가지

방법이 있다. 그것을 '불가능'의 실현으로 자신을 몰아붙이는 자극으로 이용하거나 또는 그로 인해 완전히 절망에 빠져버리는 것이다.

일본인은 실수나 비방, 배척에 상처를 잘 받는다. 그래서 타인을 괴롭히기보다 너무 쉽게 자기 자신을 괴롭힌다. 최근 수십 년 동안 일본 소설은 교양 있는 일본인이 자주 자신을 망각하고 분노를 터뜨리는가 하면, 반대로 극단적인 우울증에 빠지는 모습을 되풀이하여 묘사해왔다. 이 소설의 주인공들은 항상 권태감에 빠져 있다. 하루하루의 일상 속에서, 가정 속에서, 도회 생활에서, 고향에서 권태를 느끼고 있다. 그러나 그것은 마음속에서 그리고 있는 위대한 목표에 비하면 모든 노력조차 유치해 보여서 고원한 이상 세계에 다다르고자 하는 그런 권태와는 다르다. 그것은 현실과 이상의 커다란 괴리에서 태어난 권태가 아닌 것이다. 일본인은 중대한 사명을 꿈꿀 때 권태를 벗어난다. 그들은 그 목표가 아무리 멀리 있다 하더라도 그때만큼은 권태를 완전히 잊어버린다. 이러한 일본인 특유의 권태는 지나치게 상처를 잘 입는 국민 모두의 질병이다. 그들은 배척당하는 것에 느끼는 공포를 자기 내면으로 돌리고서 그 공포에 사로잡혀 버린다. 일본 소설에서 묘사된 권태는 현실 세계와 이상 세계 사이의 큰 차이가 주인공이 경험하는 모든 권태의 기초를 이루는 러시아 소설과는 전혀 다른 심리적 상태다. 러시아 소설의 그런 면은 우리에게 아주 익숙한 것이다. 조지 샌섬은 일찍이 일본인에게는 현실과 이상의 대립에 대한 감각이 결여되어 있다고 쓴 적이 있다. 하지만 그것은 일본인의 권태의 근본을 밝히기 위한 것이 아니라 일본인이 어떠한 철학을 가지고 있으며 인생에 대한 어떠한 일반적 태도를 가지고 있는가를 설명하기 위한 것이었다. 확실히 서양인의 근본적인 사상과의 커다란 차이점은 여기서 문제로 다루고 있는 특수한 경우를 넘어 훨씬 광범위하게 걸쳐진 것이다. 그러나 그것은 일본인이 곧잘 빠져드는 우울과 특히 깊은 관련을 가지고 있다. 일본인은 러시아인과 같이 소설 속에서 권태를 즐겨 묘사하는데, 이 점에서 미국인과 크게 대조를 이룬다. 미국 소설은 이러한 주제를 그다지 다루지 않는다. 미국의 소설가는 작중인물의 불행을 성격적 결함 또는 잔인한 세상의 타격에 의한 것으로 보면서 그 원인을 추구해 나간다. 순수하게 권태 자체를 그리는 일은 거의 드물다. 한 개인이 주변과 잘 어울리지 못하는 것을 쓸 때 소설가는 자세히 그 원인을 묘사하여 독자가 주인공의 성격에 있는 어떤 결함이나 사회질서 속에 존재하는 어떤 해악에 대해 도덕적 비난을 퍼붓도록 유도한다. 일본에도 프롤레타리아 소설[88]이 있다. 그러한 소설은 도시의 비참한 경제 상태나 고기잡이배 위에서 일어나는 엄청난 사건에 대해 거센 항의를 하고 있다. 하지만 일본의 성격 소설은 대개의 경우, 어떤 소설가가 표현한 것처럼 인간의 감정이 마치 바람 사이로 떠돌며 퍼지는 독가스와 같은 세계를 폭로하고 있다. 작중인물도 작가도 그 먹구름의 원인을 파헤치기 위해 주변 사정을 분석하거나 주인공의 경력을 분석할 필요성을 인정하지 않는다. 그것은 그저 변덕스럽게 일어날 뿐이다. 그들은 쉽게 상처를 받는다. 그들은 옛날이야기의 주인공이 적에게 가하던 공격을 자신의 내면으로 돌리고 있는 것이다. 그래서 그들의 우울은 이렇다 할 원인이 없는 것처럼 생각된다. 우울의 원인으로서 어떤 사건을 파악하려고 하는 경우도 없지 않지만 그 사건은 단순한 상징에 불과하다는 기묘한 인상을 남긴다.

88 계급 타파 등을 주제로 하여 노동자와 같은 하위층 사람들을 다룬 소설.

현대 일본인이 자신에게 행하는 가장 극단적인 공격 행위는 자살이다. 그들의 신조에 따르면 자살은 만일 그것이 정당한 방법으로 행해지는 것이라면 자신의 오명을 씻고 사후에 평판을 회복하는 방법이다. 미국인은 자살을 죄악시하고 있으며 미국에서 자살이란 절망에 대한 자포자기적인 굴복에 지나지 않는다. 자살을 존중하는 일본인들 사이에서는 그것은 명확한 목적을 가지고 행하는 훌륭한 행위가 된다. 어떤 경우에는 자살이 이름에 대한 기리에서 보았을 때 당연히 취해야 할 선택 사항이자 가장 훌륭한 행동 방침으로 간주되기도 한다. 설날에 빚을 다 갚지 못해 자살하는 채무자, 불운한 일에 책임을 지고 자살하는 관리, 이룰 수 없는 사랑 때문에 동반 자살을 하는 연인, 정부의 대對중국 전쟁 지연책에 죽음으로 항의하는 우국지사 등은 모두, 시험에 떨어진 소년이나 포로가 되기를 거부하는 병사와 마찬가지로 최후의 폭력을 자기 자신에게 가하는 것이다. 몇몇 일본인은 저서에서 이러한 자살의 경향은 일본에서는 새로운 것이라고 쓰고 있다. 과연 그러한지에 대해서는 판단을 내리기가 쉽지 않지만, 통계는 최근의 관찰자들이 그 빈도수를 과장해왔다는 것을 말해준다. 지난 세기의 덴마크나 나치 이전의 독일이 오히려 일본의 어느 시대보다 자살자가 많았다. 그러나 단 하나 명확한 사실은 일본인은 자살이라는 주제를 선호한다는 것이다. 일본인은 미국인이 범죄를 크게 다루는 것과 같이 자살을 크게 다루고, 미국인이 범죄에 대해 느끼는 대리 만족을 자살에서 느낀다. 그들은 타인을 살해하는 어떤 사건보다도 자신을 살해하는 사건을 화제에 올리기를 즐긴다. 베이컨의 말을 빌리자면, 그들은 그것을 가장 선호하는 '극악한 사건flagrant case'으로 여기는 것이다. 그것은 다른 행위를 논할 때는 채워지지 않는 어떤 특별한 필요를 채워준다.

더욱이 근대 일본에서 자살은 봉건시대의 역사 이야기에 나오는 자살과 비교하여 한층 더 자학적인 경향을 띠게 되었다. 역사 속에 전해지는 무사들은 불명예스러운 처형으로부터 자신을 지켜내기 위해 상부의 명령에 따라 스스로 목숨을 끊었다. 그것은 서양에서 적국의 군인이 교수형보다 총살을 희망하거나, 적에게 잡혔을 때 당연히 받게 될 고문을 피하기 위해 자살하는 것과 같다. 무사가 하라키리腹切(할복)를 허락받는 것도 죄과를 질책당하여 명예를 실추한 프로이센의 장교가 조용히 권총 자살을 허락받았던 것과 비슷하다. 프로이센 장교의 경우에는 정부에서 그가 이제는 명예를 지킬 수 있는 희망이 사라졌다고 판단되었을 때에 그의 방에 있는 테이블 위에 한 병의 위스키와 권총을 놓아두었다. 일본 무사의 경우에도 마찬가지로 그와 같은 사정으로 스스로 목숨을 끊는 것은 단순히 수단의 선택에 지나지 않았다. 죽음은 피할 수 없는 상황이었던 것이다. 그러나 근대에 자살은 죽음의 선택이다. 사람은 이따금 다른 사람을 살해하는 대신에 자신에게 폭력을 휘두른다. 봉건시대에는 용기와 결단의 최후 표명이었던 자살 행위가 오늘날에 있어서는 스스로 선택한 자기 파멸이 되었다. 최근 5, 6년 동안 일본인은 '세상이 거꾸로 뒤집혔다' 고 느꼈을 때나 '방정식의 양변' 이 맞지 않는다고 느꼈을 때, 그리고 더럽혀진 것을 씻어내기 위해 '아침 목욕' 이 필요하다고 느꼈을 때 타인을 해치는 대신에 자신을 해치는 상황이 더 빈번해졌다.

자기 쪽에서 승리를 획득하기 위한 최후의 방책으로 선택되는 자살, 이것은 봉건시대뿐만 아니라 현대에서도 이루어지고 있다. 그러나 그 자살조차도 위에서 쓴 내용과 같은 방향으로 변화되어 왔다. 도쿠가와 시대의 유명한 이야기 중에 막부의 고문관으로서 고위에 있던 나이 든

교관이 몸을 드러내어 칼을 들이대고는 언제라도 배를 가를 수 있다는 자세로 모든 고문관과 쇼군직 대행자가 모여 있는 앞에서 자신의 뜻을 주장했다는 이야기가 있다. 이러한 자살의 위협으로 결국 그는 자신이 천거한 후보자에게 쇼군직을 계승하게 할 수 있었다. 그는 성공적으로 목적을 이뤄냈기 때문에 결국 자살은 하지 않았다. 서양식으로 이야기하자면 이 교관은 반대파를 협박한 것이다. 그러나 현대에서 이러한 항의를 위한 자살은 교섭이 아닌 자신의 신념 때문에 목숨을 내던지는 순교 행위가 된다. 그것은 어떤 목적 달성에 실패한 후, 또는 이미 체결된 협정, 이를테면 해군군비축소조약에 반대했던 사람으로 기록을 남기기 위해 행해진다. 그것은 위협 정도가 아니라 실제로 자살을 결행함으로써 여론에 영향을 미치기 위해 연출된다.

이와 같이 이름에 대한 기리가 위협을 받았을 경우에 공격의 방향을 자기에게 돌리는 경향이 점차 짙어지고 있다. 그러나 그렇다고 해서 늘 자살이라고 하는 극단적인 수단을 취한다고는 볼 수 없다. 내면으로 돌려진 공격은 단지 우울과 무기력, 그리고 일찍이 지식계급의 일반적 풍조였던 일본인 특유의 권태를 자아내는 것으로 그칠 때도 있다. 왜 이러한 심적 상태가 특히 이 계급에 퍼졌는가 하면 거기에는 충분한 사회적 이유가 있다. 즉, 지식계급이 과다 발생함으로 인해 계층제도 속에서 그들이 차지하고 있던 위치는 매우 불안정하게 되었던 것이다. 그들 중에서 자신의 야망을 충족한 사람은 극소수에 지나지 않았다. 게다가 1930년대에는 정부가 지식계급을 '위험한 사상'을 가진 사람들이라 하여 의혹의 눈길로 바라봤기 때문에 그들은 이중으로 상처를 입었다. 일본 지식인들은 자신의 좌절을 일본의 서구화에서 초래된 혼란 때문에 생긴 것이라며 그 혼란을 탓했지만 이러한 설명은 사실 그다지 도움이 되지 않는다. 열렬한 헌신에서 극단적인 권태로 감정적인 변화를 일으키는 것은 일본인의 특유한 면으로, 많은 지식인이 겪었던 심리적 방황은 일본의 전통적인 방식에 따른 것이었다. 1930년대 중반에 그들의 대다수가 그것으로부터 벗어났던 방법 또한 전형적인 일본식이었다. 그들은 국가주의적 목표를 세우고는 공격의 화살을 자신의 가슴에서 다시금 밖으로 향하게 했던 것이다. 외국에 대한 전체주의적 침략 속에서 그들은 다시 '자기 자신을 발견' 할 수 있었다. 그들은 불쾌한 심리에서 벗어나 자기 안의 새롭고 커다란 힘 또한 느낄 수 있었다. 그들은 개인적인 관계에서는 그렇게까지 못 했지만 정복 민족으로서는 그렇게 할 수 있을 것이라고 믿었다. 그러나 이번 전쟁의 결과로 그런 신념 자체가 잘못되었음이 입증된 지금 또다시 무기력이 일본에 커다란 심리적 위협이 되고 있다. 그들은 의도가 어떻든 간에 그렇게 간단히 그러한 감정을 극복할 수는 없다. 그만큼 그것은 깊이 뿌리를 박고 있는 것이다. 도쿄의 한 일본인은 말했다.

"이제 폭탄이 떨어질 염려는 없어졌으니 정말 안심할 수 있다. 하지만 전쟁이 끝나고 나니 의욕을 잃은 데다가 목적도 사라져버렸다. 모두가 멍하니 만사를 대충대충 하고 있다. 나도 그렇고, 내 아내도 그렇고, 국민 전체가 마치 입원 환자들 같다. 우리는 모두 무엇을 하더라도 멍하게 하고 있다. 사람들은 지금 정부가 전쟁 뒤처리와 구제 사업을 느릿느릿 굼벵이처럼 하고 있다고 불평을 하지만 나는 정부 관리들도 다 우리와 같은 기분에 빠져 있기 때문에 그렇다고 생각한다."

이 일본인의 허탈한 심리 상태는 해방 후 프랑스에서 볼 수 있었던 것과 같은 위험이다. 독일은 항복하고 나서 처음 6~8개월간은 그런 것이 문제가 되지 않았다. 일본에서는 문제가 되고 있다. 미국인은 이러한 반응을 충분히 이해할 수 있다. 그러나 우리가 믿을 수 없는 것은 이와 같은 심리 상태와 함께 일본인이 전승국에게 너무나 우호적으로 나오고 있다는 점이다. 전쟁이 끝남과 동시에 우리는 일본인이 대단한 호의를 가지고 패전에 따른 모든 결과를 수용하려 한다는 것을 확실히 알 수 있었다. 미국인을 깍듯한 인사와 미소로 맞았으며 손을 흔들어 환영해주었다. 이 사람들은 불쾌한 표정을 짓지도 않았고 화를 내지도 않았다. 천황이 항복을 알리는 조서에서 사용한 표현을 빌려 말하자면 그들은 "견디기 힘든 것을 견디고, 참기 힘든 괴로움을 참고" 있는 것일 텐데 말이다. 그렇다면 왜 이 사람들은 국내를 정리하는 일에는 착수하지 않는 것일까? 점령 조건 속에 그들에게는 그럴 기회가 이미 주어져 있었다. 마을 전체가 외국 군대로 점령되는 것이 아니라 행정권은 고스란히 그들의 손에 남겨졌던 것이다. 그들은 국민 모두가 자기 할 일은 다 내팽개치고 오로지 연합군을 환영한다는 것을 알리기 위해 웃음을 짓고 손을 흔드는 일에 전념하는 것처럼 보였다. 메이지 초기에 국가 부흥의 갖가지 기적을 일으키고, 1930년대에 그토록 정력을 기울여 무력 정복의 준비를 갖추었으며, 태평양의 여러 섬에서 용감무쌍하게 싸웠던 바로 그 국민이었는데 말이다.

그러나 실제로 일본인은 조금도 바뀌지 않았다. 그들은 그저 일본인다운 반응을 보인 것뿐이다. 치열한 노력과 전혀 다른 정체 상태인 무기력 사이에서 그들의 감정은 크게 흔들리고 있는 것이며 이것이 일본인의 본성이라 할 수 있다. 지금 일본인은 패전국으로서의 명예를 지키고자 필사적이다. 그들은 연합국에 우호적인 태도를 취함으로써 그 목적을 이룰 수 있다고 생각하고 있다. 그 필연적 결과로 많은 일본인이 만사를 상대방에게 완전히 떠맡기는 태도가 목적 달성의 가장 안전한 길이라고 생각하고 있는 것이다. 이러한 사고방식에서 무엇을 해도 어차피 안 될 테니 차라리 멈춰 서서 형세를 지켜보는 것이 낫겠다는 생각을 가지는 것은 너무나 쉬운 일이다. 무기력은 그렇게 번져간다.

그렇다고 일본인이 무기력을 좋아하는 것은 아니다. "무기력에서 깨어나자", "다른 이들을 무기력에서 일으켜 세우자"라는 것은 일본에서 끊임없이 이용되는 더 나은 생활을 위한 구호로서, 이는 전쟁 중에도 방송 진행자가 곧잘 입에 담았던 말이다. 그들은 그들만의 방식으로 무기력과 싸운다. 1946년 봄, 일본 신문에 "세계의 눈이 우리를 주목하고 있는데 아직 폭격의 뒷정리도 제대로 되어 있지 않고 어떤 공익사업은 진행이 안 되고 있다니 일본의 체면이 말이 아니다"라는 식의 기사가 올라왔다. 또 기사는 철도역에 모여 노숙을 하며 그 초라한 차림새를 미국인들의 눈에 그대로 노출하고 있는 집 없는 이와 그 가족의 무기력을 비난했다. 일본인은 이렇게 명예심에 호소하는 비평에 깊은 이해를 가진다. 또 그들은 일본이 미래에 다시금 국제연합 속에서 중요한 자리를 획득할 수 있도록 국민 전체가 합심하여 최대한의 노력을 기울이기를 바라고 있다. 그것은 물론 명예를 위한 노력이며 단지 그 방향이 새로이 바뀐 것뿐이다. 장래에 만일 강대국들 사이에 평화가 실현된다면 일본인은 이 자존심 회복의 길을 걸을 수 있을 것이다.

일본인의 변치 않는 목표는 명예다. 타인의 존경을 한 몸에 받는 것이 필수적이다. 그 목적을 위한 수단은 그때그때 사정에 따라 선택되며 일이 끝난 후에는 버려지기도 하는 도구에 지나지 않는다. 사태가 변하면 일본인은 태도를 바꾸어 새로운 길로 나아갈 수 있는 사람들이다. 일본인은 태도를 바꾸는 것을 서양인과 같이 도덕 문제로는 생각하지 않는다. 우리는 '주의主義'에 열중하고 이데올로기에 관한 신념에 열중한다. 우리는 설사 패배했다 하더라도 여전히 전과 같은 신념을 갖는다. 싸움에 진 유럽인은 어느 나라에서나 무리를 지어 지하운동을 이어갔다. 소수의 완강한 저항자를 제외하고는 일본인은 점령군인 미국에 대해 불복종 운동이나 지하운동을 할 필요를 느끼지 않았다. 그리고 그들은 이전의 사상을 고수할 도덕적 필요도 느끼지 않았다. 점령 초기부터 미국인은 혼자서 콩나물시루 같은 열차를 타고 일본의 외딴 시골구석으로 여행을 가도 전혀 위험을 느끼지 않았으며, 일찍이 국가주의로 무장되어 있던 관리들조차도 정중하게 맞아주었다. 복수 행위는 지금까지도 한 번도 일어나지 않았다. 미군의 지프차가 지나갈 때면 길거리에 아이들이 늘어서서는 "헬로", "굿바이"를 외친다. 그리고 스스로 손을 흔들지 못하는 갓난아이의 경우에는 그 어머니가 아기의 손을 잡아 미군을 향해 흔들어 보인다.

패전 후 일본인의 이러한 180도 방향 전환을 미국인은 액면 그대로 받아들이기가 쉽지 않다. 그것은 우리에게는 도저히 일어날 수 없는 일이다. 그것은 수용소에 있는 일본인 포로의 태도 변화보다 더 이해할 수 없는 일이다. 포로들은 자신들이 일본인으로서는 이미 죽은 자라고 생각하고 있었고, '죽은' 사람들이란 무슨 일을 저지를지 아무도 모르는 일이었다. 일본에 꽤 정통한 서양인 중에서도 포로들의 표면적 성격 변화와 동일한 변화가 패전 후의 일본에서도 나타나리라고 예언한 사람은 거의 없었다. 그들은 대부분 일본은 "승리 아니면 패배밖에 모른다"라고 했다. 그래서 패전은 일본인의 눈에는 필사적으로 몸부림쳐서 보복해야 할 모욕으로 비칠 것이라고 믿었다. 어떤 이는 일본인은 그 국민성으로 미루어 어떠한 강화 조건도 수락하지 않을 것이라고 보았다. 이 일본 연구자들은 기리를 이해하지 못했던 것이다. 그들은 명예를 획득하는 갖가지 양자택일적 절차에서 단 한쪽, 복수와 공격이라는 두드러진 전통적 수단만을 골라냈다. 일본인이 또 다른 방침을 취하는 습관까지는 고려하지 못했다. 그들은 일본인의 공격 윤리와 유럽인의 방식을 혼동했다. 유럽인의 방식이란 어떤 개인이나 국가도 대개 전쟁에서는 우선 싸움의 명분이 영구적 정당성을 가지는가를 확인하고, 마음속에 축적된 증오나 도덕적 분노에서 힘을 얻어야만 한다는 사고다.

일본인은 그 침략의 근거를 전혀 다른 곳에서 찾는다. 그들은 세계로부터의 존경을 절실히 원한다. 그들은 대국이 존경을 받는 것은 무력에 의한 것이라고 보았으며, 이들 나라에 견줄 만한 나라가 되기 위한 방침을 택했다. 그들은 자원과 기술이 부족했기 때문에 더할 나위 없이 악랄한 수단을 사용해야 했다. 그들은 대단한 노력을 기울였지만 결국은 실패했다. 그리고 그것은 그들에게 침략은 명예에 이르는 길이 아니라는 것을 의미했다. 기리는 항상 침략 행위의 행사나 존중 관계의 준수를 동시에 의미하는 것이었다. 전쟁에 패했을 때 일본인은 스스로에게 심리적 폭력을 휘두르는 의식을 전혀 가지지 않고 침략 행위에서 존중 관계로 옮겨 갔다. 목표는 지금도 여전히 명예를 획득하는 것이다.

일본은 역사적으로 다른 많은 경우에서도 비슷한 모습을 보여왔다. 그리고 그것은 항상 서양인을 당혹케 했다. 장기간에 걸친 일본의 봉건적 고립이 겨우 막을 내리고 근대 일본이 시작되려던 1862년에 리처드슨이라는 한 영국인이 사쓰마에서 살해당했다.[89] 사쓰마는 양이攘夷 운동의 온상이었던 지역으로 사쓰마의 무사는 일본에서 가장 오만하고 가장 호전적이라고 알려져 있었다. 영국은 이에 보복하기 위해 군대를 파견했으며 사쓰마 번의 중요 항구인 가고시마에 포격을 가했다. 일본인은 도쿠가와 시대에 화기火器 제조의 경험이 있었지만, 그것은 구식 포르투갈 대포를 모방한 것에 불과했다. 그러므로 가고시마는 영국 군함의 적수가 되지 못했다. 그런데 이 포격이 의외의 결과를 낳았다. 사쓰마 번이 영원한 복수를 맹세하는 대신 영국 측에 우호 관계를 요청한 것이다. 눈앞에서 적의 엄청난 위력을 접한 그들은 이번에는 적에게 배우고자 했다. 그들은 영국과 통상 관계를 체결했으며 다음 해에는 사쓰마에 학교를 설립했다. 당시 한 일본인은 다음과 같이 썼다. "서양 학술의 진수를 전수받았다. (중략) 나마무기 사건을 계기로 맺어진 우호 관계는 점점 깊어갔다."[90] 여기서 나마무기 사건이란 영국의 사쓰마 응징과 가고시마 포격을 말한다.

이 사건은 결코 유일한 사례가 아니다. 호전적이며 맹렬하게 외국인을 배척했다는 점에서 사쓰마 못지 않았던 번이 바로 조슈 번이다. 이 두 번藩은 왕정복고의 분위기 조성에 있어서 지도자 역할을 했다. 공적인 실질 권력을 가지지 못했던 조정은 쇼군에 1863년 5월 11일을 기점으로 일본 전 국토에서 모든 오랑캐를 추방하라는 칙령을 내렸다. 막부는 이 명령을 무시했지만 조슈 번은 그에 따라 시모노세키해협을 통과하는 서양의 상선을 향해 포화를 퍼부었다. 일본의 대포나 탄약은 정말 형편없는 수준이었기 때문에 외국 선박은 손상을 입지 않았다.

---

89 이 사건은 사쓰마의 무사들이 말을 탄 영국인들의 태도를 무례히 여겨 살해한 사건으로 나마무기 사건이라 불리는데, 사건이 일어난 장소는 사쓰마가 아닌 요코하마 근처의 나마무기였다.

90 * Herbert Norman, Japan's Emergence as a Modern State, pp.44~45, and n.85.

하지만 서양 열국은 조슈 번을 응징하기 위해 연합함대를 보내 순식간에 요새를 쑥대밭으로 만들어버렸다. 게다가 서양 열국은 300만 달러나 되는 배상금을 청구했다. 그래도 그 요구는 그대로 받아들여졌다. 사쓰마 사건과 조슈 사건에 관해 노먼은 다음과 같이 쓰고 있다. "오랑캐 배척에 가장 앞장섰던 이 번들이 돌변한 배후에 어떠한 복잡한 동기가 숨어 있는가는 상관없이, 이러한 행동이 증명하고 있는 현실주의와 침착함에는 경의를 표하지 않을 수 없다."[91]

상황에 따른 이러한 현실주의는 일본인의 이름에 대한 기리의 밝은 측면이다. 달이 그렇듯이 기리에는 밝은 면과 어두운 면이 함께 있다. 미국 배척 법률을 만들게 하고, 해군군축조약을 대단한 국가적 모독으로 느끼게 하고, 마침내는 그들을 그 불행한 전쟁 계획으로 몰고 간 것은 기리의 어두운 면이었다. 1945년 항복의 여러 가지 결과를 호의를 가지고 받아들이도록 한 것은 기리의 밝은 면이었다. 일본은 변함없이 일본의 독특한 방식으로 행동하고 있다.

근대의 일본 저술가 및 평론가들은 여러 기리의 의무 중에서 일부분만을 취하여 그것을 '부시도武士道', 즉 문자 그대로 '부사의 길'이라고 하여 서양인에게 소개했다. 이것은 몇 가지 이유에서 잘못된 이해를 불러일으켰다. 사실 부시도라는 명칭은 근대에 들어서 비로소 공인된 표현으로, "기리에 몰린다"라든가, "단지 기리 때문에"라든가, "기리를 위해 열심을 다한다"라는 표현이 가진 뿌리 깊은 민족적 감정을 그 속에 담고 있지 않다. 또한 그것은 기리의 복잡성과 다양성을 함축하고 있지 않다. 그것은 평론가들의 창작인 것이다. 더욱이 부시도란

91 • 앞의 책, p.45.

단어는 국가주의자와 군국주의자의 슬로건으로 사용되었기 때문에 그들에 대한 신망이 떨어지면서 그 내용에 대해서도 신뢰도가 떨어지게 되었다. 이것은 일본인이 이제는 '기리를 아는' 것을 포기하게 되었다는 의미는 아니다. 오히려 지금이야말로 서양인이 일본에 있어서의 기리의 의미를 이해해야 할 때다. 부시도와 무사 계급을 동일시하는 것 또한 오해의 원인이 되었다. 기리는 모든 계급의 공통된 덕목이다. 일본의 다른 많은 의무나 규율과 마찬가지로 기리는 신분이 높아질수록 '점차 무거워지기' 는 하지만 신분의 고저와 상관없이 모든 계급에 요구되는 덕목인 것이다. 일본인은 무사가 누구보다 과중한 기리를 짊어지고 있다고 생각한다. 반대로 일본인이 아닌 관찰자에게는 그것이 서민에게 가장 커다란 희생을 요구한다고 보여지기 십상이다. 왜냐하면 외국인이 보기에는 기리를 지켜 얻는 이익이 서민 쪽이 더 적은 듯이 보이기 때문이다. 하지만 일본인은 자신이 속한 세계에서만 존중받는다면 그것으로 충분한 보상이라 생각한다. 그리고 '기리를 알지 못하는 사람' 은 지금도 여전히 '몹쓸 인간' 으로 간주된다. 그는 주위 사람으로부터 멸시당하며 소외된다.

제9장

인정의 세계

일본의 도덕률과 같이 극단적인 의무 이행과 철저한 자기 포기를 요구하는 도덕률은 개인적인 욕망을 인간의 내면에서 제거해야 할 죄악이라고 낙인찍을 것 같다. 전통 불교의 가르침이 그러하다. 그러나 일본의 도덕률이 관대하게 오감五感의 쾌락을 허용하고 있다는 것은 의외의 느낌을 준다. 일본은 세계에서 손꼽히는 불교국가의 하나다. 하지만 그 윤리는 이런 측면에서 가우타마 붓다(석가)나 불교 경전의 가르침과 커다란 대조를 보이고 있다. 일본인은 자신의 욕망을 만족시키는 것을 죄악으로 보지 않는다. 그들은 청교도인이 아니다. 그들은 육체적 쾌락을 수련할 만한 좋은 것이라고 여긴다. 쾌락은 추구되고 존중된다. 그러나 쾌락은 일정 범위 내로 한정해두어야 하며 인생의 중대한 사항의 영역을 침범해서는 안 된다.

이러한 도덕률은 특히 생활을 긴장된 상태로 만든다. 일본인처럼 관능적 쾌락을 허용하면 결과로 그런 긴장된 생활이 이어진다는 것을 인도인이 미국인보다 훨씬 더 잘 이해할 수 있을 것이다. 미국인은 쾌락을 일부러 학습해야 하는 것이라고 생각하지 않는다. 또한 사람이 관능적 쾌락에 빠져 들기를 거부하는 것은 미국인에게는 배우지 않아도 이미 알고 있는 유혹을 이겨내는 것일 뿐이다. 그러나 일본에서는 쾌락을 의무와 마찬가지로 학습한다. 많은 문화권에서 쾌락 그 자체를 가르치지는 않는다. 그래서 사람들은 개인적으로 자기희생적인 의무에 쉽게 헌신하게 된다. 남녀 간에 육체적으로 끌리는 것조차 때로는 극도로 제한되어서 단지 원만한 가정생활을 영위하는 데 위협이 되지 않을 정도로만 이루어지는 경우도 있다. 그런 나라는 가정생활이 남녀 간의 애정과는 전혀 다른 기초 위에 놓여 있는 것이다. 일본인은 육체적 쾌락을 학습하여 함양해두고서는 그 후에 애써 익힌 쾌락을 경건한 생활양식 안에서 금지하는 도덕률을 설정함으로써 인생을 아주 고달프게 하고 있다. 그들은 육체적 쾌락을 마치 예술을 연마하는 것처럼 하고 나서 쾌락의 맛을 충분히 알 수 있게 되었을 때에는 의무를 위해 그것을 희생시킨다.

일본인이 가장 즐기는 육체적 쾌락 중 하나는 온욕溫浴이다. 아무리 가난한 농민이라도, 또 아무리 천한 하인의 신분이라 하더라도 부유한 귀족과 전혀 다를 바 없이 아주 뜨겁게 데운 탕에 몸을 담그는 것은 하루의 일과에 속한다. 가장 흔한 욕조는 나무로 만든 것으로, 그 밑에 숯불을 피워서 물을 섭씨 43도 혹은 그 이상의 온도를 유지하게 한다. 욕조에 들어가기 전에는 몸을 깨끗이 씻는다. 그러고 나서 뜨거운 물 속에서 따스하고 편안한 안락함에 몸을 맡긴다. 그들은 욕조 안에서 태아와 같은 자세로 무릎을 세우고 앉아 턱까지 물에 잠기게 한다. 그들이 매일 목욕을 하는 것은 미국과 마찬가지로 청결을 위한 것이기도 하지만, 또한 그 외에 다른 나라 문화에서는 찾아보기 힘든 일종의 수동적 탐닉 예술로서의 가치를 목욕 습관에 두고 있기 때문이기도 하다. 그 가치란 나이가 들어감에 따라 커진다고 그들은 말한다.

물을 데우는 경비와 노력을 줄이기 위해 여러 가지 방법을 짜내기도 하지만, 아무튼 일본인은 욕조에 들어가지 않고는 배길 수가 없다. 도시나 마을에는 수영장 같은 커다란 공중목욕탕이 있는데 일본인은 거기에 가서 물에 몸을 담그고 그곳에서 우연히 만난 사람들과 담소를 나눈다. 농촌에서는 이웃이 함께 어울려 여자들이 안마당에 불을 지펴서 목욕물을 데우는데—일본인은 목욕하는 모습을 다른 사람들이 보아도 부끄러워하지 않는다—물이 다 데워지면 여자들의 가족이 교대로 욕조에 들어간다. 상류층 가정이든 아니든 가족들은 엄격한 순서를 지켜, 처음에는 손님, 다음은 할아버지, 아버지, 장남의 순으로 욕조에 들어가서 맨 마지막에 그 집에서 가장 아래인 하인이 들어간다. 그들은 새우처럼 벌개져서 욕조에서 나온다. 그렇게 가족들은 하루 중 가장 느긋하게 보낼 수 있는 저녁 식사 이전의 단란한 한때를 즐기는 것이다.

온욕이 이와 같이 소중히 여겨지는 즐거움인 것처럼 '자기 수양'에는 전통적으로 지나친 냉수욕의 습관도 포함되어 있다. 이 습관은 '한중寒中 수련'이나 '목욕재계'라고 하여 오늘날에도 종종 행해지고 있는데, 이전의 전통적인 것과는 조금 달라진 형태가 되었다. 옛날에는 동이 트기 전에 나가 살을 에는 듯이 차가운 폭포수 밑에 앉아 있어야 했다. 엄동설한 밤중에 난방시설도 없는 일본 가옥에서 얼음같이 차가운 냉수를 몸에 끼얹는 것만도 예삿일은 아니었을 텐데 말이다. 퍼시벌 로웰[92]은 1890년대에 행해지던 일본의 목욕 습관에 대해 다음과 같이 쓰고 있다. "치유나 예언의 특별한 능력을 얻으려는 사람들-그렇다고 이들이 수행 후에 승려나 수도사가 되는 것은 아니었다-은 잠자리에 들기 전에 냉수로 목욕재계를 하고 '신들이 목욕을 한다'는 새벽 2시에 일어나 다시 냉수욕을 했다. 그들은 또 아침 기상 시와 정오, 그리고 해 질 무렵에 이것을 다시 반복했다.[93] 특히 동틀 무렵의 고행은 악기를 연습하거나 어떤 세속적인 직업을 준비할 목적으로 사람들이 즐겨 쓰는 수단이다. 신체를 단련하기 위해 혹독한 추위 속에서 알몸으로 버티는 일도 있다. 글자를 익히는 어린아이들은 손가락이 동상에 걸려가면서 그 수련 기간을 마치는 것을 효과적인 것으로 여긴다. 오늘날의 초등학교에서도 난방을 하지 않는 것은 그것이 아동의 신체를 단련하며 장래 인생에서 부딪힐 수많은 어려움에도 견뎌낼 수 있도록 한다는 이유 때문인데, 이는 긍정적으로 받아들여지고 있다. 서양인에게는 그런 효과보다 아이들이 끊임없이 감기에 걸리고 콧물을 흘리는 것이 더 인상에 남았다. 그런 습관은 아이들의 콧물에는 전혀 예방책이 되어주지 못했다.

수면睡眠도 일본인이 좋아하는 즐거움이다. 그것은 일본인의 가장 완성된 기술이다. 그들은 어떠한 자세에서도, 이를테면 우리는 도저히 잘 수 없을 것 같은 상황에서도 편안히 잠을 잘 잔다. 이 사실은 일본을 연구하는 많은 서양 연구가를 놀라게 했다. 미국인은 불면과 정신적 긴장을 거의 동의어로 생각한다. 그리고 우리 기준에서 볼 때 일본

●●●

92 1855~1916. 미국의 천문학자. 한때 외교관으로 활동하던 그는 한국, 일본 등을 여행하면서 『조선』, 『극동의 정신』 등의 저서를 남겼으며 고종(高宗)의 사진을 처음 촬영하면서 한국에 사진술을 소개하기도 했다.

93 * Percival Lowell, Occult Japan, 1895, pp.106~121.

인의 성격에는 상당한 긴장감이 엿보인다. 그러나 그들에게 있어서 숙면은 식은 죽 먹기처럼 쉬운 일이다. 그들은 일찍 잠자리에 든다. 동양의 여러 나라 중에서 이렇게 일찍부터 잠을 자는 나라는 달리 찾아볼 수가 없다. 마을 사람들은 모두 해가 지면 취침에 들어간다. 그것은 다음 날을 위해 에너지를 비축한다는 우리의 사고방식에 따른 것이 아니다. 그들은 그런 계산을 하지 않는다. 일본인에 대해 잘 알고 있는 한 서양인은 이렇게 쓰고 있다. "일본에 가면 오늘의 수면과 휴식으로 내일의 할 일을 준비하는 것이 의무라는 생각은 일찌감치 버리는 것이 좋다. 일본에서 수면이란 피로 회복이나 휴식, 휴양과는 전혀 다른 문제다." 즉 수면은 노력의 제공과 마찬가지로 '이미 알고 있는 것처럼 생사가 달린 중대한 사실이라는 것과는 전혀 관계없이 따로 독립' 되어야 하는 문제인 것이다.[94] 미국인은 수면을 체력 유지를 위한 것으로 이해하는 데에 익숙해져 있다. 그리고 우리 대다수는 아침에 눈을 떴을 때 가장 먼저 그날 몇 시간을 잤는지를 계산한다. 수면의 길이로 하루 동안 어느 정도의 에너지를 소비하며 어느 정도의 능률을 올릴 수 있을지를 가늠해볼 수 있다. 그러나 일본인에게 수면은 그것과 다른 이유로 이루어진다. 그들은 수면을 즐기며, 방해하는 것만 없으면 언제든지 잠을 잔다.

그에 대한 증거로 그들이 경우에 따라 수면을 가차 없이 희생하는 것을 들 수 있다. 시험 준비를 하는 학생은 잠을 자는 것이 시험을 보는 데에 유리할 텐데도 그런 생각에는 전혀 구애받지 않고 밤낮없이 공부를 한다. 군사교육에서도 훈련을 위해서라면 수면은 당연히 희생

●●●

94 * Petrie Watson, The Future of Japan, 1907.

할 수 있는 것이라고 간주한다. 이러한 측면은 1934년부터 1935년까지 일본 육군에 소속되어 있던 해럴드 다우드 대령이 데시마 대위와 나누었던 대화를 통해 엿볼 수 있다. 평상시 연습에서 병사들은 "10분간의 짧은 휴식 두 번과 소강상태인 잠깐의 짬을 타서 끄덕끄덕 졸 뿐 그 외에는 전혀 잠을 자기 않고 이틀 밤 사흘 낮을 계속 행군했다. 병사들은 때때로 걸으면서 잠을 잤다. 한 젊은 소위는 잠에 푹 빠져 길바닥에 쌓아놓은 목재 더미에 정면으로 부딪히는 바람에 큰 웃음거리가 되기도 했다." 겨우 병영에 돌아온 후에도 수면의 기회는 주어지지 않았다. 병사들은 모두 보초 근무나 순찰 업무에 곧바로 배치되었다. "왜 일부 병사라도 자게 하지 않습니까?"라고 다우드 대령이 묻자 대위는 대답했다. "아니죠, 그럴 필요는 없습니다. 병사들은 가르쳐주지 않아도 자는 법을 알고 있습니다. 필요한 것은 자지 않는 훈련을 하는 것입니다."[95] 이 일화는 일본인의 사고방식을 간결하게 보여주고 있다.

음식을 먹는 것도 몸을 따스하게 하는 것이나 잠을 자는 것과 마찬가지로 즐거움으로서 크게 누리는 휴식이자, 단련을 위해 부여되는 수행이다. 여가가 생겼을 때 일본인은 요리가 계속 이어져 나오는 식사를 즐긴다. 그때 나오는 요리란 티스푼 하나 정도의 얼마 안 되는 분량의 것이다. 또 요리는 맛뿐 아니라 보기에도 즐길 만한 것이어야 한다. 그 외의 경우에는 훈련이라는 측면이 크게 강조된다. "빨리 먹고 빨리 배설하는 것이 일본인에겐 높은 덕德의 하나로 여겨진다"라고 에크슈타인 박사는 한 일본 농부의 말을 인용하여 말했다.[96] "식사는 중요한

●●●

95 * How the Jap Army Fights, Infantry Journal에 실린 기사를 묶어 펭귄 총서의 한 권으로 출판, 1942, pp.54~55.

행위로 간주되지 않는다. (중략) 식사는 생명을 유지하기 위해 필요하기 때문에 가급적 빨리 마쳐야만 한다. 어린아이, 특히 남자 아이에게는 유럽처럼 차분히 먹도록 주의를 주는 대신에 되도록 빨리 먹도록 재촉을 한다."[97] 승려가 훈련을 받는 불교의 사원에서는 승려들이 식사 전의 감사 기도 중에 음식은 약에 불과하다는 것을 상기하도록 되어 있다. 이는 수양 중인 사람은 음식 즐기기를 삼가야 하며 음식이란 단지 필요에 의한 것으로 여겨야 함을 의미한다.

일본인의 사고방식에서 보면 식욕을 절제하여 단식을 하는 것은 자신이 얼마나 '단련' 되었는지 알아볼 수 있는 아주 훌륭한 감별법이다. 온기와 잠을 멀리 하는 것처럼 단식도 그 고통을 잘 견뎌내어 무사와 같이 '이쑤시개를 입에 물고 있을' 수 있음을 보일 절호의 기회인 것이다. 단식을 하여 시련을 견뎌낸다면 체력은 열량이나 비타민 결핍으로 인해 저하되기는커녕 오히려 정신의 승리로 향상된다. 일본인은 미국인이 너무나 당연한 것으로 알고 있는 영양과 체력의 비례적 상관관계를 전혀 인정하려 하지 않는다. 그렇기 때문에 도쿄 방송국은 전쟁 중 방공호에 피난해 있는 사람들을 향해 체조가 굶주린 사람의 체력과 원기를 회복시켜준다는 등의 말을 할 수 있었던 것이다.

낭만적인 연애도 일본인이 기르고 닦는 '인정' 이다. 그것은 일본인의 결혼 형태와 가족에 대한 의무에 어긋나는 것인데도 그들 사이에 확실히 자리 잡고 있다. 일본 소설에는 그런 내용을 다룬 것이 많다. 프랑스 문학과 마찬가지로 주요 인물은 기혼자다. 정사情死는 일본인

96 * Eckstein, G., In Peace Japan Breeds War, 1943, p.153.

97 * Nohara Komakichi, The True Face of Japan, London, 1936, p.140.

이 즐겨 읽으며 곧잘 화제에 올리는 주제다. 12세기 『겐지 이야기』[98]는 세계 어느 나라의 위대한 소설에도 뒤떨어지지 않는 낭만적인 연애를 다룬 작품이다. 또한 봉건시대의 다이묘나 무사들의 연애담도 이와 같이 낭만적인 것이었다. 그것은 현대 소설의 주된 주제이기도 하다. 이 점에서 중국 문학과는 커다란 차이가 있다. 중국인은 낭만적인 연애나 성적 향락을 조심스럽게 다룬다. 그리하여 중국인은 여러 가지 골치 아픈 문제로부터 벗어나 있으며, 따라서 그들의 가정은 아주 평온하다.

이런 점에서는 차라리 일본인 쪽이 미국인에게는 이해하기 쉬울지 모른다. 그러나 이런 이해도 표면적인 것일 뿐, 크게 도움이 되지는 않는다. 우리는 일본인에게는 없는 성적 향락에 관한 많은 금기 사항을 가지고 있다. 그것은 우리는 상당히 엄격한 태도를 취하는 한편 일본인은 그다지 까다롭게 굴지 않는 영역이다. 일본인에게 성性은 다른 '인정'과 마찬가지로 삶에서 작은 자리를 차지하고 있는 한 전혀 새삼스럽게 언급할 만한 것이 아니다. '인정'에는 조금도 악한 것이 없다고 보는 그들로서는 성적 향락에 대해 이러쿵저러쿵 말할 필요가 없는 것이다. 오늘날에도 일본인은 서양인이 그들이 소중히 하고 있는 그림책 중 일부를 외설적인 것으로 간주하거나 요시와라–게이샤藝者(기생)나 창기들이 사는 지역–를 대단히 음란한 곳으로 보는 것을 문제로 삼는다. 일본인은 서양권과의 접촉을 막 시작했던 초기에도 이러한 외국인들의 비평에 상당히 신경을 곤두세웠는데, 그 때문에 그들의 습관을 서양의 표준에 가깝게 하기 위해 몇몇 새로운 법률을 제정하기도

[98] 헤이안 시대 여류 작가인 무라사키 시키부가 쓴 장편소설. 황자(皇子)이면서 수려한 용모와 재능을 겸비한 주인공 히카루 겐지의 일생과 그를 둘러싼 일족의 생애를 서술한 54권의 대작.

했다. 그러나 아무리 법률로 단속을 한다고 해도 문화적 차이를 뛰어넘는 것은 불가능했다.

교양 있는 일본인은 자신들은 그렇게 생각하지 않는 사항을 서양인은 부도덕하며 외설적이라고 여긴다는 것을 잘 알고 있다. 그러나 그들도 '인정'은 인생의 중대사를 침범해서는 안 된다고 믿는 그들의 신념과 우리 미국인의 관습 사이에 커다란 단절이 있다는 것은 충분히 인식하지 못하고 있다. 그리고 이 점이야말로 연애나 성적 향락에 관한 일본인의 태도를 우리가 잘 이해하지 못하는 큰 원인이 된다. 그들은 자신의 아내에 속하는 영역과 성적 향락에 속하는 영역 사이에 울타리를 쳐서 명확히 구별한다. 이 두 영역은 모두 공인되어 있다. 이 두 영역에 대한 일본인의 사고방식은, 한쪽은 공인되어 있는 영역이지만 다른 한쪽은 타인의 눈을 피해 몰래 발을 들여놓는 영역이라는 미국인의 생활과는 전혀 다르다. 둘은 한쪽이 인간의 주요한 의무 세계에 속하는 반면에, 다른 한쪽은 개인적인 기분 전환의 세계에 속하는 것으로 구별된다. 이와 같이 각각의 영역을 '제자리'에 지정해두는 습관이 가정의 이상적인 아버지와 화류계에 정통한 사람을 각각 다른 세계의 사람으로 보게 하는 것이다. 일본인은 미국인처럼 연애와 결혼을 동일시하는 이상을 표방하지 않는다. 우리는 연애를 인정하고, 그것은 배우자 선택의 기초가 된다. 즉 '사랑에 빠져 있다'는 것이 우리에게는 가장 훌륭한 결혼의 이유가 되는 것이다. 결혼 후에 남편이 다른 여자에게 육체적으로 끌리는 것은 아내를 모독하는 일이다. 당연히 아내의 소유로 돌려야 하는 것을 다른 사람에게 주어버린 것이 되기 때문이다. 그러나 일본인은 이와 다른 시각을 가지고 있다. 배우자를 선택함에 있어서 청년은 부모의 선택에 따라 맹목적으로 결혼한다. 그리고 그는 아내와의 관계에서 격식을 차리는 딱딱한 관계를 지속한다. 마음을 터놓는 가정에서조차 아이들은 부모가 서로에게 애정을 표현하는 모습을 보지 못하고 자란다. 최근 어떤 잡지에서 한 일본인이 말한 것처럼 이 나라에서는 "결혼의 진정한 목적이 아이를 낳아 집안을 존속시키는 것으로 되어 있다. 이외의 목적은 무엇이든 단지 결혼의 진정한 의미를 왜곡시킬 뿐이다".

그러나 이것은 결코 일본 남성이 그런 생활 속에서 방정하게 가만히 있는다는 것을 의미하지는 않는다. 그는 약간의 여유라도 생기면 정부를 둔다. 단 중국과는 상당한 차이가 있는데, 정부를 집안의 일원으로 들이지는 않는다는 것이다. 만약 그렇게 하면 구별해두어야 할 두 영역이 섞여버리게 된다. 정부는 음악, 무용, 안마나 그 외 사람을 즐겁게 하는 여러 재주를 닦아놓은 게이샤일 경우도 있고 창기일 때도 있다. 어떤 여자든지 간에 남자는 여자가 고용되어 있던 주인과 계약을 맺는다. 이 계약은 여자가 버림받는 것을 막아주고 금전적인 보수를 약속해준다. 남자는 여자에게 독립된 살림을 가지게 하지만, 예외적으로 여자에게 아이가 있어서 남자가 그 아이를 자신의 아이와 함께 키울 것을 희망하는 경우는 여자를 집안으로 들인다. 그리고 그런 경우 여자는 첩이 아닌 하녀로서 다루어진다. 여자의 아이는 본처를 '어머니'라고 부르며 친어머니와의 관계는 인정받지 못한다. 중국에서뿐만 아니라 동양의 두드러진 전통적 관습으로 남아 있는 일부다처제는 이런 점에서 볼 때 전혀 일본적인 것이 못 된다. 일본인은 가족적 의무와 '인정'을 공간적으로도 구별한다.

정부를 데리고 있을 만큼 여유가 있는 사람은 상류층에 제한되어 있긴 해도, 대개의 남자는 게이샤나 창기와 어울린 경험을 한 번쯤 가지고 있다. 이런 유흥은 남의 눈을 피해 이뤄지는 것이 아니다. 밤에 유흥을 즐기러 나갈 남편의 채비를 아내가 도와주기도 하며, 남편이 놀러 갔던 유곽에서 청구서가 날아오더라도 아내는 당연한 일로 알고 돈을 지불한다. 아내가 그 일로 고민하게 되는 일이 있어도 그것은 그녀 자신이 감당해야 할 몫이다. 유곽에 가는 것보다 게이샤 집에서 노는 쪽이 훨씬 돈이 든다. 그리고 하룻밤의 유흥을 위해 지불하는 돈에는 게이샤를 성행위의 상대로 할 수 있는 권리까지는 포함되어 있지 않다. 그곳에서 그가 얻을 수 있는 향락이란 꼼꼼한 훈련으로 다듬어진 소녀들이 아름답게 치장하고서 단아한 몸가짐으로 행하는 대접을 받는 즐거움이다. 특정한 게이샤와 친밀해지기 위해서는 남자가 그 게이샤의 주인이 되어 정부로 들이는 계약을 하거나 자신의 매력으로 여자의 마음을 사로잡아 그녀가 스스로 몸을 맡기도록 해야 한다. 그렇다 해도 게이샤와 보내는 하룻밤의 유흥에 전혀 선정적인 요소가 없는 것은 아니다. 게이샤의 춤, 경쾌하고 재치 있는 응답, 노래, 그리고 몸짓 하나하나에는 전통적으로 도발적인 색채가 깔려 있다. 이에는 상류 계급의 아녀자는 표현하지 못할 모든 내용이 주도면밀하게 담겨 있다. 이 모든 것은 '인정의 세계' 속에 있는 것으로, '고孝의 세계'에 지친 사람들에게 위안을 준다. 향락에 빠져버릴 우려도 없지 않지만, 이 둘은 엄연히 다른 영역에 속한다.

창기는 유곽에 산다. 게이샤와의 유흥을 즐긴 후에 마음이 내키면 창기에게 가는 경우도 있다. 창기 쪽이 돈이 덜 들기 때문에 지갑이 가벼운 사람은 유곽으로 만족하고 게이샤와의 유흥은 단념한다. 각 유곽의 앞에는 창기의 사진이 붙어 있는데 유객은 보통 사람들의 눈을 개의치 않고 천연덕스럽게 오랜 시간을 들여 사진을 비교하고 상대를 고른다. 창기는 신분이 낮아 게이샤와 같이 높은 지위에 위치하지 않는다. 그들은 대개 집안 사정이 여의치 않아 유곽으로 팔려 온 가난한 집의 딸로 게이샤처럼 재주를 배우지도 않는다. 아직 일본인이 서양인의 비난을 알지 못해 이러한 관습을 폐지하지 않았던 지난날에는 창기들이 사람들의 눈에 잘 띄는 곳에 앉아서 상품을 고르듯 쳐다보는 유객에게 그 무표정한 얼굴을 그대로 노출해놓고 있었다. 지금은 사진이 그것을 대신하고 있다.

남자가 한 창기를 선택하여 그 유곽과 계약을 맺고 새 주인이 되면 여자를 정부로 맞아 독립시킬 수가 있다. 그리고 그 여자는 계약 조건과 함께 보호를 받게 된다. 그러나 하녀나 종업원을 별다른 계약 없이 정부로 들이는 경우도 있다. 이런 '자발적인 정부' 가 가장 무방비 상태에 있는 사람들이다. 그녀들 대부분은 상대방 남자와 사랑에 빠져 맺어진 사이지만, 그들은 공인된 세계의 외부에 놓이게 된다. 일본인은 애인에게 버림받은 채 '갓난아이를 무릎에 안고' 비탄에 빠져 있는 젊은 여인을 그린 미국의 소설이나 시를 읽으면, 그 사생아의 어머니를 그들의 '자발적인 정부' 와 동일시한다.

동성애 역시 전통적인 '인정' 의 한 부분을 이루고 있다. 고대 일본에서 동성애는 무사나 승려와 같이 고위직에 있는 사람들의 공인된 향락이었다. 메이지 시대에 접어들어 일본이 서양인의 뜻을 받아들여 많은 관습을 법률로 금지시켰을 때, 이 관습도 법률에 의해 처벌받아야 하는 것으로 규정되었다. 그러나 오늘날에도 이 관습은 그다지 까다롭게 언급하지 않아도 되는 '인정' 으로 존속되고 있다. 단지 그것은 적당한 정도로 그쳐야 하며, 집안을 유지하는 데 장애가 되어서는 안 된다. 그러나 서양식으로 표현하자면 남자나 여자가 동성애 상습자가

'될' 위험은 그다지 없는 듯하다. 직업적으로 남자 게이샤(남창)가 되는 경우도 없지 않지만, 일본인은 미국에서 특히 성인 남자가 동성애의 수동적인 역할을 하는 것에 적지 않게 놀란다. 일본의 성인 남자는 소년을 상대로 선택한다. 성인이 수동적인 역할을 한다는 것은 자신의 위엄에 문제가 된다고 생각한다. 일본인은 일본인 나름대로 해도 될 일과 해서는 안 될 일 사이에 경계선을 긋고 절제하는데, 그 경계선은 우리의 것과 다르다.

일본인은 또한 자위적自慰的 향락에 대해서도 그다지 엄격하지 않다. 그 목적을 위해 사용되는 갖가지 도구를 일본인만큼 열심히 고안해낸 국민도 달리 없다. 이 영역에서도 일본인은 이 도구들 중 지나치게 공공연히 이루어지는 것을 추방함으로써 외국인의 비난을 벗어나려고 했다. 그러나 그들 자신은 이 도구들을 나쁘다고 생각하지 않는다. 수음手淫을 비난하는 서양인의 강경한 태도는, 미국인보다 유럽권 국가가 더 강경한 태도를 보이지만, 우리가 성인이 되기 전에 이미 우리의 의식 속에 깊숙이 새겨진다. 소년은 그런 행위를 하면 미치광이가 되거나 내버리가 된다는 말을 듣는다. 또한 유년 시설에 어머니로부터 엄중한 감시를 받는다. 만일 그 잘못을 저지르면 어머니는 이를 크게 문제 삼아 물리적인 처벌을 가하기도 한다. 양손을 묶어버리거나 하느님이 벌을 준다고 말하기도 한다. 일본의 유아나 소년은 그런 경험을 하지 않는다. 따라서 성인이 되어도 그들은 우리와 같은 태도를 취할 수가 없는 것이다. 자위는 일본인이 전혀 죄책감을 느끼지 않는 향락이다. 그리고 그들은 엄격한 생활 속에서 그것을 하위의 위치에 둠으로써 충분히 통제할 수 있다고 생각한다.

술에 취하는 것도 용서받을 수 있는 '인정'의 하나다. 일본인은 미국인이 절대 금주를 맹세하는 것에 대해 서양인의 엉뚱한 사고방식이라고 여긴다. 또 그들은 투표를 통해 그 지역 일대에 금주령을 내리려는 우리의 지방 운동에 대해서도 마찬가지로 생각한다. 음주는 정상적인 사람이 누리는 즐거움으로 거리낄 필요가 없는 쾌락인 것이다. 알코올은 대수롭지 않은 기분 전환 방법 중 하나이기 때문에 정상적인 사람이라면 그에 중독될 일이 없다. 그들의 사고방식에 따르면 동성애 상습자가 '될' 염려가 없는 것과 마찬가지로 알코올 중독자가 '될' 염려도 없는 것이다. 실제로 강제 조치를 필요로 하는 알코올 중독자가 일본에서 사회문제가 된 적은 없다. 알코올은 유쾌한 기분 전환의 방법이기 때문에 그 가족은 물론 일반인조차도 술에 취한 사람을 혐오할 존재로 여기지 않는다. 그가 행패를 부리는 일도 거의 없다. 그가 자신의 아이를 때릴 것이라고 생각하는 사람도 아무도 없다. 한바탕 흥겹게 노래를 부르거나 춤을 추는 정도가 보통이며, 모두 위엄이 깃든 겉옷을 훌훌 벗어버리고 완전히 긴장을 푼다. 도회지의 술자리에서 사람들은 서로 상대의 무릎에 앉기를 좋아한다.

고지식한 구식 일본인은 음주와 식사를 엄격하게 구별한다. 술이 나오는 마을 잔치에서 그가 밥을 먹기 시작했다면 그것은 그가 이제 술을 그만 마시겠다는 것을 의미한다. 그는 다른 '세계'에 발을 내디딘 것으로 두 개의 '세계'는 명확히 구별된다. 그는 자신의 집에서도 식후에 술을 마시는 경우는 있지만 음주와 식사를 동시에 하지는 않는다. 그는 순서대로 어느 한쪽의 즐거움에 전념한다.

위와 같은 일본인의 '인정' 관은 몇 가지 중요한 결론을 가진다. 그것은 육체와 정신이라는 두 힘이 생활 속에서 패권을 획득하기 위해 끊임없이 투쟁을 하고 있다고 생각하는 서양철학을 그 근본부터 뒤집어놓는다. 일본인의 철학에서 육肉은 악惡이 아니다. 가능한 육체의 쾌락을 즐기는 것은 죄가 아니다. 정신과 육체는 우주의 대립하는 2대 세력이 아니다. 그리고 일본인은 이러한 신조를 논리적으로 밀고 나가 세계는 선과 악의 전쟁터가 아니라는 결론까지 이르게 한다. 조지 샌섬은 다음과 같이 말하고 있다. "일본인은 그들 역사의 어느 시대에 있어서도 이같이 악의 문제를 인식하는 능력이 결여되어 있었거나, 또는 그와 정면으로 대치하는 것을 회피하려는 태도를 어느 정도씩 취해왔다고 보여진다."[99] 실제로 일본인은 악의 문제를 인생관으로 받아들이는 것을 거부해왔다. 그들은 인간에게는 두 종류의 영혼이 있다고 믿고 있는데, 그것은 서로 싸우는 선의 충동과 악의 충동이 아니다. 그것은 '온유한' 영혼과 '거친' 영혼을 가리킨다. 모든 인간, 모든 국민의 생애에는 '온유해야 할' 경우와 '거칠어야 할' 경우가 있는 법이다. 한쪽의 영혼이 지옥으로, 다른 한쪽의 영혼이 천국으로 가는 식으로는 정해져 있지 않다. 이 두 영혼은 모두 각각 다른 경우에 필요하며 모두 선이 된다.

심지어 그들의 신들도 선악 양쪽의 성질을 모두 가지고 있다. 그들에게 가장 인기가 있는 신은 태양의 여신인 아마테라스 오미카미의 동생이자, '날쌔고 용맹한 남신男神'인 스사노오노 미코토다. 만약 서양의 신화에서라면 그 누이에 대한 난폭한 행위로 그는 악마로 여겨졌을 것이다. 아마테라스 오미카미는 스사노오노 미코토가 자기에게 온 동기를 의심하여 그를 자기의 거처에서 쫓아내려고 했다. 그러자 그는 온갖 횡포를 부리다가 아마테라스 오미카미가 신도들과 함께 첫 수확을 위한 의식을 행하는 자리에 대변을 가져다 뿌려버렸다. 또 논두렁

99 * George Sansom, Japan : A Short Cultural History, 1931, p.51.

을 허물어버리는 엄청난 죄를 저질렀다. 그중에서 가장 흉악한 죄는—서양인에게는 잘 이해가 되지 않는 것이지만—아마테라스 오미카미의 방 지붕에 구멍을 뚫어 '가죽을 거꾸로 벗긴' 얼룩말을 던져 넣은 것이었다. 스사노오노 미코토는 이같이 난동을 부린 이유로 신들의 재판을 받아, 벌로 '암흑의 나라'로 쫓겨났다. 그러나 그는 여전히 일본의 신전에서 가장 인기가 있는 신이며 충분히 숭배를 받고 있다. 물론 이 같은 성격을 지닌 신은 세계 여러 민족의 신화 속에서도 잘 나온다. 그러나 고등한 윤리 종교에서는 이러한 신은 대개 배제된다. 그것은 초자연적인 존재를 흑과 백의 전혀 다른 두 개의 그룹으로 나누는 것이 종교의 선과 악의 우주 투쟁 철학에 더 일치하기 때문이다.

일본인은 덕이 악과 투쟁하는 것이라는 것을 매우 명확한 태도로 부정해왔다. 그들의 철학자나 종교가들이 수 세기에 걸쳐 주장한 것처럼 그와 같은 도덕률은 일본에는 맞지 않았던 것이다. 그들은 소리 높여 이것이야말로 일본인의 도덕적 우수성을 입증하는 것이라고 단언한다. 그들의 주장에 의하면 중국인은 '런仁', 즉 공정하며 정 깊은 행동을 절대적 표준으로 내세워 모든 인간의 모든 행위를 그 표준에 비추어보고, 그에 도달하지 않았을 경우에 결함이 있음을 알게 되는 식으로 도덕률을 만들어야 했다는 것이다. "도덕률은 본성이 열등하기 때문에 그와 같은 인위적 수단에 의해 억제를 가해야 했던 중국인에게는 그야말로 적합한 것이었다"라고 18세기의 뛰어난 신토 신자 모토오리 노리나가[100]는 말했다. 근대 불교학자나 국가주의 지도자들도 동일한

100 1730~1801. 에도 중기의 국학자. 『고사기(古事記)』의 주석서인 『고사기전(古事記傳)』 등의 저서가 있다.

주제에 대해 썼으며 강연을 했다. 그들은 말한다. "일본에서는 인간의 성질은 선하게 태어나며 신뢰할 수 있는 것이다. 자신의 악한 다른 부분과 싸울 필요는 없다. 그것이 필요로 하는 것은 단지 마음의 창을 깨끗이 하고 때에 맞는 행위를 하는 것뿐이다. 만일 그것이 '더럽혀졌다' 하더라도 얼룩은 쉽게 지워질 것이며, 인간의 본질인 선함이 다시 빛을 발할 것이다." 불교 철학은 다른 어떤 나라보다도 일본에서 철저했다. 사람은 누구나 부처가 될 가능성을 가지고 있으며, 도덕률은 경전 속에서가 아니라 깨달음을 얻은 깨끗한 스스로의 마음속에서 찾아지는 것이라는 것이다. 자신의 마음속에서 발견하는 것에 대해 무슨 의구심을 품겠는가? 악은 사람의 마음속에 처음부터 자리하는 것이 아니다. 그들은 시편의 작자인 다윗처럼 "내가 죄악 중에 출생하였음이여, 모친이 죄 중에 나를 잉태하였나이다"라고 절규하는 신학을 가지고 있지 않다. 그들은 인간 타락의 교리는 가르치지 않는다. '인정'은 비난해서는 안 되는 축복이다. 철학자도 농민도 그것을 비난하지 않는다.

미국인에게 이런 가르침은 결국 방종과 옳지 못한 품행의 철학으로 이끄는 것처럼 보인다. 그러나 관객은, 일본인은 앞서 말한 바와 같이 의무 수행을 인생 최고의 사명으로 정하고 있기 때문에 온恩을 갚기 위해서는 개인적인 욕망이나 쾌락을 희생해야 한다는 사실을 충분히 인식하고 있다. 행복의 추구를 인생의 중대한 목표로 하는 사상은 그들에게는 경악할 만한 교리이자 부도덕한 교리인 것이다. 행복은 사람이 그것을 탐닉할 수 있을 때에는 기분 전환이 되지만, 그것을 사뭇 대단한 것으로 하여 국가나 가정을 판단하는 기준으로 삼으려는 것은 생각조차 할 수 없는 일이다. 주忠나 고孝, 기리義理의 의무를 다함에 있어서 사람들이 경험하게 되는 굉장한 고통은 그들이 처음부터 각오한 것이다. 그것은 인생을 힘들게 하지만, 그들은 그 어려움을 견뎌낼 마음의 준비가 되어 있다. 그들은 항상 그들이 생각하기에 조금도 나쁘지 않은 쾌락을 단념한다. 그것에는 강한 의지가 필요하지만, 그러한 강함이야말로 일본인이 칭송하는 미덕이다.

이러한 일본인의 생각을 보여주듯 일본의 소설이나 연극에는 '해피 엔딩' 으로 끝나는 것이 매우 드물다. 미국의 일반적인 사람들은 해결을 바란다. 그들은 극중 인물이 그 후 언제까지나 행복하게 살았다고 믿고 싶어한다. 그들은 극중 인물이 그 덕행의 대가를 받게 되는지 알고 싶어한다. 만약 미국인이 극의 마지막에 울게 된다면, 그것은 주인공의 성격에 무언가 결점이 있거나 주인공이 악한 사회질서의 희생물이 되었기 때문이어야 한다. 그러나 관객은 모든 일이 주인공에게 행복한 결말이 되는 것을 훨씬 선호한다. 일본의 일반 대중은 하염없이 눈물을 흘리면서 운명에 의한 우여곡절 끝에 주인공이 비극적인 최후를 맞이하고, 아름다운 여주인공이 죽음을 당하는 것을 지켜본다. 그러한 줄거리야말로 하룻밤 오락의 절정이다. 사람들은 그것을 보기 위해 극장에 간다. 심지어 현대 영화에서조차도 남녀 주인공의 고뇌를 주제로 하여 구성된다. 그중에는 서로 사랑하는 남녀가 서로를 체념해야만 하는 이야기도 있고, 금실 좋게 살고 있던 부부의 한쪽이 마땅히 져야 할 의무를 다하기 위해 자살하는 이야기도 있다. 남편의 직업을 배려하고 남편이 재능을 발휘할 수 있도록 하기 위해 자기를 희생했던 아내가 드디어 남편이 성공할 즈음에 와서는 남편의 새 출발에 방해가 되지 않도록 도심지로 자취를 감추고, 남편의 그 성공의 날에 결국 궁핍 속에서 한마디 불평 없이 죽어가는 이야기도 있다. 해피 엔딩으로 끝날 필요는 없다. 자신을 희생하는 남녀 주인공에 대한 연민과 동정을 불러일으킨다면 그것으로 충분히 목적은 달성된다. 주인공들의 괴로움은 그들에게 내려진 신의 벌이 아니다. 그것은 그들이 어떤 불행에 직면하게 되더라도-버림을 받거나 질병에 걸리거나 목숨을 잃게 되더라도-모든 희생을 참고 그 의무를 다해 바른길에서 벗어나지 않았음을 보여준다.

현대의 일본 전쟁 영화도 같은 흐름이다. 이런 영화를 보는 미국인은 때로 이것이야말로 지금까지 본 중에서 가장 뛰어난 반전反戰 선전물이라고 생각한다. 이것은 너무나 미국인다운 반응이다. 왜냐하면 이들 영화는 전쟁의 희생과 고통만을 다루고 있기 때문이다. 일본의 전쟁 영화는 열병식, 군악대나 함대의 연습, 또는 자랑스러운 대포의 위용을 멋지게 묘사하지 않는다. 러일전쟁을 다룬 것이든 중일전쟁을 다룬 것이든 이 영화들이 집요하게 펼쳐 보이는 정경은 변함없이 단조롭기만 한 진흙탕에서의 행군, 초라한 전투의 고통, 승패의 결판이 나지 않는 작전 등이다. 그 마지막 장면은 승리도 아니고, '반자이萬歲'의 돌격도 아니다. 그것은 아무런 특색도 없고 진흙 속에 깊이 묻힌 중국 어느 병영의 정경이다. 각 시대의 전쟁의 생존자로 저마다 불구자, 절름발이, 장님이 된 부자 3대가 등장하는 영화도 있다. 또 한 병사가 전사한 후에 그 가족들이 한 집안을 짊어지던 가장의 죽음을 애도하고, 슬픔을 털고 일어나 어떻게든 그 없이도 살아가려고 애쓰는 모습을 묘사한 것도 있다. 영국계 미국인을 주인공으로 한 〈캐벌케이드Cavalcade〉[101]

101 1933년 프랭크 로이드 감독이 제작한 영화로 역사의 파도를 헤쳐가는 주인공 매리엇 가족의 삶을 감동적으로 그린 흑백영화. 1934년 아카데미 작품상, 감독상, 미술상을 수상했다.

식 영화에서 볼 수 있는 가슴 설레는 배경은 전혀 찾아볼 수가 없다. 그들은 상이군인의 갱생이라는 주제를 극화하지도 않을뿐더러, 자신들의 전쟁의 목적조차 언급하지 않는다. 일본 관객에게는 화면에 등장하는 인물이 모두 전력을 기울여 온을 갚기만 하면 그것으로 충분한 것이다. 그러므로 이런 영화는 일본에서 군국주의자들의 선전 도구가 될 수 있었다. 이들 영화의 후원자들은 일본의 관객이 그것을 보아도 결단코 반전사상을 품게 되는 일은 없다는 것을 일찍부터 알고 있었다.

제10장

덕의 딜레마

일본인의 인생관은 앞서 쓴 주忠, 고孝, 기리義理, 진仁, 인정人情 등의 표현을 통해 제시된 바와 같다. 그들은 '인간의 의무 전체'가 마치 지도 위의 여러 지역처럼 명확히 구별된 몇 부분으로 나뉘어 있다고 생각한다. 그들의 표현에 의하면 인생은 '주의 세계', '고의 세계', '기리의 세계', '진의 세계', '인정의 세계', 그리고 다른 많은 세계로 이루어져 있다고 한다. 각각의 세계는 특유의 세밀히 규정된 규칙을 가지고 있으며, 사람은 타인을 총체적인 인격의 소유자로 판단하는 것이 아니라, '고를 모른다'거나 '기리를 모른다'는 식으로 판단한다. 그들은 미국인처럼 어떤 사람이 옳지 못하다는 식으로 비난하지 않는다. 대신 그 사람이 감당해야 함에도 불구하고 완전히 다하지 못한 행동의 세계를 확실하게 제시한다. 또 어떤 사람이 이기적이라거나 불친절하다고 비난하는 대신, 그가 어긴 규칙의 영역을 명시한다. 그들이 정언적 명령이나 황금률[102]에 호소하는 일은 없다. 옳다고 생각하는 행동은 그 행동이 나타나는 세계와 관련이 있다. 사람이 '고를 위해' 행동을 할 때, 또는 '단지 기리 때문에' 아니면 '진의 세계에서' 행동을 할 때 각각 전혀 다른 사람인 듯-서양인에게는 그렇게 보인다-행동을 한다. 더욱이 각각의 세계에게 규칙은 그 '세계' 속에서 조건이 변화함에 따라 눈에 띄게 다른 행동을 당연히 해야 할 행위로서 요구하고 있다. 주군에 대한 기리는 주군이 신하를 모욕하기 이전까지는 가장 큰 충성을 요구하지만, 일단 모욕을 당한 후에는 모반을 일으켜도 전혀 문제 삼지 않는다. 1945년 8월까지 주는 일본 국민에게 최후의 한 사람까지 적에게 항전할 것을 요구했다. 천황이 라디오를 통해 일본의 항복을 알렸을 때 주의 요구 내용은 변경되었으며, 동시에 일본인은 그때까지와는 전혀 다른 모습으로 외부인에게 적극적으로 협력을 자청하기 시작했다.

이러한 점은 서양인에게는 아무래도 이해가 가지 않는다. 우리의 경험에서 보면 사람은 그 '인격에 따라' 행동한다. 우리는 충실한가 불충실한가, 협조적인가 비협조적인가에 따라 양과 염소를 구별한다.[103] 우리는 사람에게 딱지를 붙여 분류하고 그들이 다음 취할 행동은 이전 행동과 일관성을 가질 것으로 생각한다. 인간은 인심이 좋거나 인색하거나, 스스로 자진하여 돕거나 상대방에 대한 의심이 많거나, 보수주의자거나 자유주의자거나 어느 한쪽인 것이다. 우리는 사람이 어떤 특정한 정치적 이데올로기를 신뢰하고 그와 반대인 이데올로기에는 일

102 남에게 대접을 받고자 하는 대로 너희도 남을 대접하라라는 예수의 가르침.

103 마태복음 25장 32~33절, "모든 민족을 그 앞에 모으고 각각 분별하기를 목자가 양과 염소를 분별하는 것같이 하여 양은 그 오른편에, 염소는 그 왼편에 두리라."

관성 있게 투쟁해나갈 것을 예측한다. 우리가 유럽에서 겪은 전쟁 경험에 따르면 협력파와 저항파가 있었는데, 유럽 전승 기념일 후에 협력파의 사람이 그 입장을 갑자기 바꿀 것이라고는 생각되지 않았다. 그리고 그 추측은 빗나가지 않았다. 미국 내의 정치투쟁에 있어서도 예를 들어 뉴딜파[104]와 그 반대파가 있는 것을 알 수 있다. 또 이 두 파는 새로운 사태가 일어나더라도 여전히 각파의 특유한 방식으로 행동할 것이라고 판단된다. 만약 한 사람이 담 너머 다른 편으로 이동—이를테면 불신자가 가톨릭 신자가 된다든지, '빨갱이'가 보수주의자가 된다든지—을 하는 경우가 있다 하더라도 그 변화는 전향이며, 그 전향에 맞는 새로운 인격이 형성된 것이라고 보아야 한다.

이와 같은 서양인의 완전한 행동의 신념이 항상 사실에 의해 뒷받침될 것이라고 보기는 힘들지만, 그것은 결코 망상은 아니다. 미개하고 문명한 것과는 상관없이 대부분의 문화에서 사람은 자신이 각각 특정한 종류의 인간으로서 행동하고 있다고 생각한다. 만일 그들이 권력에 관심을 가지고 있다면 타인이 자신의 의사에 복종하는 정도를 기준으로 하여 실패와 성공을 가늠한다. 사람들에게 사랑을 받는 것에 관심이 있는 경우에는 인간적 접촉이 없는 상황에서는 그 소망이 채워지지 않는다. 그들은 자신이 엄격하고 올바른 사람이거나 '예술가적 기질'을 가지고 있는 사람이거나 선량한 보통 사람이라고 생각한다. 그들은 일반적으로 자신의 성격 속에 어떤 형태(게슈탈트)를 만들어낸다. 그것이 인간 생활에 질서를 가져온다.

[104] New Deal, 1933년 미국 대통령 루스벨트가 불황 극복을 위해 실시한 경제정책을 지지했던 파.

서양인으로서는 일본인이 정신적 고통 없이 하나의 행동에서 다른 행동으로 전환할 수 있었던 것을 믿기가 쉽지 않다. 그와 같은 극단적인 가능성을 우리는 경험한 적이 없다. 그러나 일본인의 생활에 있어서는 모순—우리에게는 그렇게밖에 보이지 않는—이 그 인생관 속에 깊게 뿌리를 내리고 있다. 획일성이 우리 생활 속 깊이 뿌리박힌 것처럼 말이다. 여기서 서양인이 특히 알아두어야 할 것은 일본인이 생활을 구분하고 있는 '세계' 속에는 '악의 세계'가 포함되어 있지 않다는 점이다. 그렇다고 일본인이 악한 행동의 존재를 인정하지 않는 것은 아니다. 그들은 단지 인생을 선의 힘과 악의 힘이 투쟁하는 무대로 보지 않는 것일 뿐이다. 그들은 생활을 하나의 '세계'와 또 다른 '세계', 하나의 행동 방침과 또 다른 행동 방침이라는 두 쪽의 요구를 주의 깊게 비교하고 고려할 필요가 있는 한 편의 드라마로 본다. 각각의 세계, 각각의 행동 방침은 그 자체로는 선한 것이다. 만일 만인이 진정한 본능에 충실한다면 모두가 착한 사람이 될 것이다. 앞에서도 쓴 바와 같이 그들은 중국 도덕의 가르침조차 그것은 중국인이 그러한 것을 필요로 하는 국민이라는 것을 뒷받침하는 것이라고 생각하고 있다. 그리하여 그것은 중국인의 열등함을 증명한다는 것이다. 일본인에게 생활 전면을 뒤덮는 윤리적 계율은 필요하지 않다고 그들은 말한다. 앞서 인용한 조지 샌섬의 말을 빌리자면 그들은 "악의 문제와 정면으로 대치하려고 하지 않는다". 하지만 일본인의 시각에서 보면 악한 행위는 그런 우주적 원리에서 설명하지 않아도 충분히 증명할 수 있는 것이다. 각 사람의 영혼은 본래 새 칼처럼 덕으로 빛나고 있다. 단 그것을 제대로 갈지 않으면 점차 녹이 슬게 된다. 그들이 말하는 이른바 "내면에서 나오는 녹"은 칼에 슨 녹처럼 바람직하지 못한 것이다. 사람은 칼과 마찬가지로 자신의 인격이 녹이 슬지 않도록 항상 신경을 써야 한다. 만약 녹이 슬기 시작했다 하더라도 그 속에서도 여전히 빛나는 영혼은 있기 마련이므로 다시 갈고 닦기만 하면 된다.

이러한 일본인의 인생관 때문에 그들의 민간설화나 소설, 연극은 인물의 성격의 일관성이나 선악의 투쟁에 대한 우리의 사고에 맞추어 그 줄거리를 다시 만들지 않는 한, 서양인이 보기에는 매우 애매한 것으로 비춰진다. 일본인은 물론 그 줄거리를 그런 식으로 보지 않는다. 그들의 비평은 주인공이 '기리와 인정'에 대한 '주와 고', '기리와 기무'의 갈등에 빠져 있는 것에 초점을 맞춘다. 주인공이 좌절하는 이유는 인정에 끌려 기리의 의무를 소홀히 했거나 주로서 지고 있는 채무와 고로서 지고 있는 채무를 동시에 갚는 것이 불가능하기 때문이다. 그는 기리 때문에 올바른 일(기)을 행할 수가 없다. 기리에 쫓겨 가족을 희생시키기도 한다. 그런 식으로 그려지는 갈등은 여전히 그 자체로 구속력을 가지는 두 의무 사이의 갈등이며, 이 두 의무는 모두 '선善'이다. 어느 쪽 의무를 택하느냐 하는 것은 엄청난 빚더미에 올라앉은 채무자가 직면하는 선택과 비슷하다. 그는 어떤 빚은 갚고 어떤 빚은 무시한다. 그러나 한쪽 빚을 갚았다고 해서 그것으로 다른 부채가 면제된 것은 아니다.

이야기 주인공의 생활에 대한 이러한 시각은 서양인과 비교했을 때 많은 차이가 있다. 우리의 주인공이 훌륭한 인물로 여겨지는 것은 바로 그가 선한 쪽에 가담하여 반대편인 악인들을 상대로 싸우기 때문이다. 우리가 자주 말하는 것처럼 '덕이 승리하는' 이야기는 해피 엔딩으로 끝나야 하며 착한 사람은 그 대가를 얻어야 한다. 그러나 일본인은 양립할 수 없는 세상에 대한 부채와 이름에 대한 부채 사이에서 이러지도 저러지도 못하는 상황에 빠진 주인공이 결국 유일한 해결책으로 죽음을 택한다는 식의 '엄청난 사건'에 관한 이야기를 선호한다. 이와 같은 이야기는 대개의 문화에서 가혹한 운명에 대한 순종을 가르치는 것이 될 것이다. 그러나 일본에서는 정반대다. 그것들은 자발성과 단호한 결의의 이야기다. 주인공은 자신의 어깨에 얹힌 하나의 의무를 완수하기 위해 모든 노력을 기울인다. 그리고 그럴 때 다른 의무는 경시한다. 그러나 그는 마지막에는 앞서 경시했던 '세계'와 결산을 하게 된다.

일본의 진정한 국민 서사시라 할 수 있는 것은 바로 〈47인의 로닌 이야기〉다. 이것은 세계 문학 속에서 높은 지위를 차지하고 있지는 않지만, 이 이야기만큼 일본인의 마음을 강하게 휘어잡고 있는 것도 없다. 일본 소년이라면 누구나 이 이야기의 주된 줄거리뿐 아니라 그 사소한 여담까지도 잘 알고 있다. 이 이야기는 대대로 구전되었으며 문자로 인쇄되었고 현대의 통속 영화에서 거듭 다루어졌다. 명소가 된 47인의 묘소에는 지금까지 수많은 사람의 발길이 이어지고 있는데, 사람들이 놓고 간 명함들로 주위가 하얗게 뒤덮이는 때도 있다.

〈47인의 로닌 이야기〉의 주된 주제는 주군에 대한 기리를 중심으로 하고 있다. 일본인의 시각으로 보면 이 이야기는 기리와 주의 갈등, 기리와 정의의 갈등—이 갈등에서는 물론 기리가 정당하게 승리를 얻는다—및 '일회성에 그치는 기리'와 무한한 기리의 갈등을 묘사하고 있다. 이것은 1703년의 이야기인데, 당시는 봉건제도의 전성기로 근대 일본인이 꿈꾸는 바에 의하면 남자는 어디까지나 남자답고 기리를 행함에 '마지못한' 요소는 전혀 없는 시대였다. 47인의 무사는 명성도, 아버지도, 아내도, 여동생도, 정의(기)도 모두 기리를 위해 희생시켰다.

그리고 최후에는 자결을 함으로써 그들 자신의 목숨을 주를 위해 바쳤다.

이야기의 줄거리는 이렇다. 영주였던 아사노 나가노리[105]는 막부로부터 전국의 다이묘가 모두 모여 정기적으로 쇼군에게 경의를 표하는 의식에서 집행을 하는 2인의 다이묘 중 한 사람으로 임명되었다. 의전관으로 뽑힌 두 사람은 모두 시골 출신이었기 때문에 궁정에서 상당히 높은 지위에 있는 기라 요시나카[106]에게 필요한 예법의 지도를 청해야 했다. 아사노의 가신 중에서 가장 지혜로운 오이시 요시오[107]―그가 이 이야기의 주인공이다―가 있었더라면 주군에게 세심한 조언을 해주었을 텐데, 불행하게도 그는 고향에 내려가고 없었다. 고지식한 아사노는 지도를 해주는 기라에게 흡족한 '선물'을 할 만큼 머리를 쓰지 못했다. 기라의 지도를 받고 있던 또 다른 다이묘의 신하들은 세상 물정에 밝은 이들로 엄청난 선물을 기라에게 보냈다. 그리하여 기라는 아사노에게는 제대로 가르쳐주지도 않았을뿐더러 일부러 의식에 맞지 않는 예복으로 나가도록 지시했다. 아사노는 기라가 가르쳐준 대로 복장을 갖춰 입고 당일 의식에 임했다. 그러나 그는 자신이 모욕을 당했음을 깨달은 순간, 칼을 뽑아 다른 사람이 말릴 틈도 없이 기라의 이마에 상처를 냈다. 기라의 모욕에 복수를 하는 것은 명예를 중시하는 인간으로서 당연히 해야 할 행위―즉 이름에 대한 기리―였지만, 쇼군의 앞에서 칼을 뽑는 것은 주에 위반하는 행위였다. 아사노는 이름에 대

105 1667~1701. 에도 중기 아카호 번의 번주.

106 1641~1702. 에도 중기 궁정 사절단. 진자 참배에서의 쇼군 대행, 고관의 접대, 그 외에도 막부의 여러 예식을 담당했다.

107 1659~1703. 아사노 가문의 가신으로 모든 정무를 총괄하는 가장 고위직에 있던 무사.

한 기리로는 훌륭한 행동을 한 것이었으나 할복의 법도에 따라 자살하는 것 이외에는 주와 화해할 길이 없었다. 그는 집으로 돌아와 할복의 준비를 갖추고 오로지 그의 가장 총명하며 충실한 신하 오이시가 돌아오기를 기다렸다. 두 사람은 기나긴 결별의 시선을 나누었고, 아사노는 법도대로 칼로 배를 찔러 스스로 목숨을 끊었다. 주를 거역하고 막부의 질책을 받은 고인의 뒤를 상속하려는 친척은 아무도 없었기 때문에 아사노의 영지는 몰수되고 가신들은 주인 없는 로닌이 되었다.

기리의 의무에서 보면 아사노의 가신들은 죽은 주군을 따라 할복할 의무가 있었다. 만일 주군에 대한 기리로 그들도 주군이 이름에 대한 기리를 위해 했던 것처럼 할복을 한다면, 그것은 그들의 주군에게 가했던 모욕에 대한 항의를 표명하는 것이 될 수 있었다. 그러나 오이시는 마음속으로 할복 정도로는 자신들의 기리를 다 표현할 수 없다고 생각했다. 다른 무사들이 기라에게서 떼어놓고 말리는 바람에 주군이 관철하지 못한 복수를 그들이 완성해야 했다. 즉 기라를 죽여야 했다. 그러나 이것을 완수하는 것은 주를 거역하는 것이었다. 기라는 막부와 매우 밀접한 사이여서 아사노의 가신들이 원수를 갚는 공식적인 허가를 따낸다는 것은 불가능했다. 보통의 경우 복수를 꾀하는 무리는 사전에 원수를 갚는 날이나 그 의도를 포기하는 날을 밝히는 계획을 막부에 신고해야 했다. 이 제도 덕에 몇몇 운 좋은 사람은 주와 기리를 조화시킬 수가 있었다. 오이시는 자신과 자신의 동지들에게는 그 길이 열려 있지 않음을 충분히 알고 있었다. 그는 일찍이 아사노의 가신이었던 무사들을 한자리에 불러 모았다. 그러나 기라를 죽일 계획에 대해서는 한마디도 입 밖에 내지 않았다. 로닌의 수는 300명 이상에 달했는데, 1940년 일본의 학교에서 가르쳤던 바에 따르면 그들은 모두 할복할 것에 의견을 같이했다고 한다. 그러나 오이시는 그들 전부가 무한한 기리—일본어 표현으로는 '진정한 기리'—를 가지고 있지는 않다는 것, 그래서 기라에 대한 복수라는 위험한 대사를 믿고 같이할 수는 없다는 것을 알고 있었다. '일회성의 기리' 밖에 가지지 않은 사람과 진정한 기리를 가진 사람을 구별하기 위해 오이시는 주군의 재산을 어떤 식으로 분배하면 좋을지를 문제로 내놓았다. 일본인의 입장에서 보면 이것은 그들의 가족이 이익을 얻는 것이므로, 이미 자결에 동의한 사람에게는 있을 수 없는 시험 방법이었다. 재산 분배의 기준에 대해 로닌들 사이에 커다란 의견 대립이 오갔다. 가신 중에서 가장 높은 급료를 받았던 최고 집사는 이전의 급료에 따라 분배하자는 쪽으로 논쟁을 몰고 갔다. 오이시는 전원에게 균등하게 분배할 것을 주장하는 무리를 이끌었다. 이렇게 하여 무사 중에 누가 '일회성의 기리' 밖에 가지지 않은 사람인가가 밝혀지자, 오이시는 최고 집사가 제시한 재산 분배 방법에 찬성했다. 그리고 논쟁에서 이긴 무리가 모임에서 이탈해 나가는 것을 잠자코 지켜보았다. 최고 집사도 도망을 쳤다. 그리하여 그들은 '개 같은 무사', '기리도 모르는 인간', 그리고 지조 없는 인간이라는 오명을 쓰게 되었다. 오이시는 단지 47인만이 그의 복수 계획을 비밀리에 털어놓을 수 있는 충직한 사람들이라는 것을 깨달았다. 이 47인은 오이시와 결탁하여 그들의 목적 달성에 방해가 될 만한 것은 신의와 애정, 그리고 기무까지도 모두 배제할 것을 맹세했다. 기리가 그들의 최상의 규율이 되었다. 47인은 손가락을 잘라 피의 맹세를 했다.

그들이 가장 먼저 할 일은 기라에게 눈치 채이지 않게 일을 진행하는 것이었다. 그들은 여기저기 흩어져 명예라는 것을 완전히 잊은 사람처럼 행동했다. 오이시는 천박한 창부의 집을 드나들었고 꼴사나운 싸움질로 하루하루를 보냈다. 이와 같은 방탕한 생활을 핑계로 아내와도 헤어졌다. 이것은 법률에 위반하는 행동을 하고자 할 때에 일본인 누구나가 일반적으로 취하는, 매우 정당하게 여겨지는 수단이었다. 그렇게 해야 아내와 자식들이 그들이 최후에 취하는 행동에 대해 문책을 당하는 것을 피할 수 있기 때문이다. 오이시의 아내는 울며 그와 헤어졌지만 그의 아들은 로닌의 무리에 가담했다.

에도(도쿄) 사람들은 복수에 대해 이러쿵저러쿵 억측을 했다. 이 로닌들을 존경하고 있던 사람들은 모두 그들이 반드시 기라에게 복수할 것이라고 장담했다. 그러나 47인은 그런 계획에 대해서 부정했다. 그들은 '기리도 모르는' 사람인 척 행동했다. 그들의 장인들은 사위의 부끄러운 거동에 분개하여 그들을 집에서 내쫓았으며 결혼을 취소시켰다. 친구들도 그들을 비웃었다. 어느 날 오이시의 친한 벗이 술에 취해 여자와 시시덕거리고 있는 오이시를 만났다. 오이시는 그 친구에게도 주군에 대한 기리를 부정했다. 그는 "뭐라고, 복수? 그런 멍청한 일이 있나? 인생이란 말이야, 즐기는 걸세. 술 마시고 노는 것보다 더 좋은 게 뭐가 있겠나?"라고 말했다. 친구는 그의 말을 액면 그대로 받아들이지 않고 오이시의 칼을 그의 칼집에서 빼내어 보았다. 오이시가 말과는 달리 칼을 잘 갈아 다듬어놓았을 거라고 생각했기 때문이다. 그러나 칼은 붉게 녹이 슬어 있었다. 친구는 오이시의 말이 본심에서 우러나온 것이라고 믿을 수밖에 없었다. 그는 길 한복판에서 곤드레만드레 취해 있는 오이시에게 대놓고 발길질을 하고 침을 내뱉었다.

로닌 중 한 사람은 복수에 참가할 자금을 마련하기 위해 자기 아내를 창부로 팔기까지 했다. 그 아내의 오빠도 같은 로닌이었는데, 복수 계획이 누이에게 샌 것을 알고는 오이시와 뜻을 같이 하기 위해서라고 설명하고 충성의 증거로서 자신의 누이를 죽이려고 했다. 어떤 로닌은 장인을 죽였다. 또한 어떤 이는 기라의 저택 내부를 살펴 공격 시기를 통보하게 하기 위해 자신의 누이를 원수인 기라에게 하녀이자 첩으로 들여보냈다. 그 결과 누이는 순조롭게 복수가 이뤄져도 자살을 해야 하는 처지가 되었다. 아무리 위장이었다 해도 기라를 섬긴 과오를 죽음으로써 씻어내야만 했기 때문이다.

눈 내리는 12월 14일 밤, 기라는 연회를 열었고, 경호를 담당하는 무사들은 술에 취해 있었다. 복수를 다지던 로닌들은 요새와 같은 기라의 저택을 습격하여 호위하는 무사들을 뚫고 곧장 기라의 침실로 향했다. 그의 모습은 보이지 않았다. 하지만 잠자리에는 아직 온기가 남아 있었다. 로닌들은 그가 저택 내 어딘가에 숨어 있다는 것을 눈치 챘다. 그리고 그들은 숯을 보관하는 창고에 누군가가 웅크리고 있는 것을 발견했다. 로닌 중 한 사람이 창고 밖에서 그 벽을 창으로 찔렀지만 다시 빼낸 창끝에는 피가 묻어 있지 않았다. 창은 확실히 기라의 몸을 찔렀지만 창이 빠져나가는 순간 기라가 재빨리 자신의 소맷자락으로 피를 닦아낸 것이다. 하지만 그의 꾀도 도움이 되지는 못했다. 로닌들이 그를 밖으로 끌어냈을 때 기라는 자신은 기라가 아니라 최고 집사라고 우겼다. 그때 47인 중 한 사람이 아사노가 궁정에서 기라의 이마를 베었던 것을 떠올렸다. 그리고 흉터로 인해 그가 다름 아닌 기라라는 것이 들통 났다. 로닌들은 기라에게 그 자리에서 즉시 할복할 것을 요구했지만 기라는 그것을 거절했다. 이것은 물론 기라가 비겁한 인물이라는 것을 증명하는 것이다. 로닌들은 그들의 주군 아사노가 할복할 때 사용했던 칼을 들어 기라의 목을 베고 절차에 따라 그 목을 씻었다. 이렇게 하여 바라던 바를 이룬 일행은 행렬을 가다듬고 피에 두 번 젖은 칼과 기라의 목을 가지고 아사노의 묘를 향해 출발했다.

로닌들의 행위가 알려지자 에도 시내는 흥분의 도가니로 빠져 들었다. 로닌들의 의협심을 의심했던 그들의 가족이나 장인들이 앞을 다투어 찾아와 그들을 얼싸안으며 경의를 표했다. 큰 번의 영주들은 가는 곳마다 그들을 융숭하게 대접했다. 로닌들은 묘 앞으로 나아가 기라의 목과 칼뿐 아니라 죽은 주군에게 아뢰는 글도 함께 바쳤다. 이 글은 지금도 보존되고 있는 것으로 대략 다음과 같은 내용이다.[108]

> 저희는 오늘 신하로서의 예를 표하기 위해 여기에 모였습니다. (중략) 저희는 주군께서 못다 하신 원수를 갚지 않고서는 차마 이곳에 올 수 없었습니다. 저희는 하루를 천 년 같은 마음으로 오로지 이날을 기다려왔습니다. (중략) 지금 영전 앞에 기라 영주를 데리고 왔습니다. 생전에 애용하시어 저희에게 맡기셨던 단도를 이제 주군께 돌려드립니다. 바라건대 이 단도를 들어 다시 원수의 목을 치시고 맺힌 한을 영원히 푸시옵소서. 47인 이렇게 삼가 영전에 아룁니다.

이렇게 하여 그들의 기리는 끝이 났다. 그러나 아직 주가 남아 있었다. 양자를 만족시키는 길은 죽음밖에는 없었다. 그들은 미리 신고하지 않고 복수하는 것을 금하는 법률을 어겼다. 그러나 주에 반한 것은

---

108 이 글은 신문기자였던 후쿠모토 니치난이 〈규슈일보〉에 연재한 『겐로쿠 쾌거록』으로 유명해졌다. 『겐로쿠 쾌거록』에 의하면 묘전의 글은 후세에 날조된 것이라고 하는데, 여기서는 영문을 그대로 번역한다.

아니었다. 어떤 일이든지 주의 이름으로 요구되는 일은 완수해야만 했다. 막부는 47인에게 할복을 명령했다. 초등학교 5학년 국어 교과서에는 다음과 같이 쓰여 있다.[109]

> 그들은 주군의 원수를 갚은 것이며, 그 확고부동한 기리는 영원히 귀감으로 삼아야 할 것이다. (중략) 이에 막부는 숙고 끝에 할복을 명했다. 그것은 바로 일석이조의 방안이었다.

즉, 로닌들은 스스로 목숨을 끊음으로써 기리와 기무의 양쪽에 대해 가장 값어치 있게 채무를 갚았다.

이 일본의 국민 서사시는 출전에 따라 내용이 조금씩 다르다. 현대 영화에서는 사건의 발단이 뇌물이 아닌 성적性的인 것이다. 기라는 아사노의 아내에게 구애하는 것을 들킨다. 그리고 그녀에 대한 연모의 정 때문에 아사노에게 일부러 잘못된 것을 가르쳐주어 그가 창피를 당하게 한다. 이렇게 해서 뇌물이라는 설정은 삭제된다. 그러나 기리의 모든 의무는 전율을 느낄 정도로 세세히 묘사되어 있다. "그들은 기리를 위해 아내를 버리고, 자식과 헤어졌으며, 부모를 잃었다(죽였다)."

기무와 기리가 충돌하는 주제는 다른 많은 이야기나 영화의 기초가 되고 있다. 매우 뛰어난 시대극의 하나로 제3대 도쿠가와 쇼군 때를 배경으로 한 것이 있다. 이 쇼군은 그가 장차 어느 정도의 기량을 발휘할 인물인지 알 수 없을 정도의 어린 나이에 쇼군의 자리에 앉혀졌다.

109 이것은 『소학국어독본』 제10권(1937년 발행), 제21장 〈국법과 대자비(大慈悲)〉를 가리킨 것일 텐데 인용된 문구는 찾을 수 없다.

그의 쇼군 계승에 대해 신하들의 의견이 나뉘어 어떤 사람들은 그와 동년배인 친척 한 명을 지지했으나 결국 실패로 끝났다. 3대로 즉위한 쇼군이 뛰어난 인물이었음에도 불구하고 자신의 지지대로 되지 않은 것을 '모욕'으로 여긴 한 다이묘는 이것을 가슴 깊이 새겨두고 있었다. 이 다이묘는 때를 기다렸고, 드디어 그 때가 찾아왔다. 쇼군과 그의 측근들이 지방 두세 곳을 순찰한다는 소식을 들은 것이다. 일행을 접대할 임무를 맡은 그는 이 기회에 숙원을 풀고 이름에 대한 기리를 다하고자 했다. 그는 자신의 집을 요새화하여, 만일의 때에 모든 출구를 닫아 요새를 봉쇄할 수 있도록 했다. 그리고 벽과 천장이 쇼군 일행의 머리 위로 무너져 내리도록 장치를 했다. 그의 음모는 당당히 실행에 옮겨졌다. 대접은 온 정성을 다한 것이었다. 쇼군을 즐겁게 하기 위한 여흥으로 다이묘는 가신 한 사람에게 검무를 추게 했다. 이 무사에게는 춤이 최고조에 이르렀을 때에 쇼군을 칼로 찌르라는 명령이 내려졌다. 무사는 다이묘에 대한 기리 때문에 명령을 거역할 수가 없었다. 그러나 그의 주는 쇼군에 대항하는 것을 금했다. 스크린에 비친 검무에는 그의 그러한 갈등이 남김없이 묘사되어 있다. 그는 그 일을 해야 하는 동시에 해서는 안 되었다. 춤은 절정에 이르고 그는 쇼군을 향해 칼을 들었지만 내리칠 수가 없었다. 기리도 중요하지만 주는 너무나 강력한 것이었다. 점차 춤동작이 흐트러지자 이제는 쇼군 일행도 그것을 이상하게 여겨 자리에서 일어나려 했다. 다이묘는 미친 듯이 성을 무너뜨리라는 명령을 내렸다. 쇼군은 검무를 추던 무사의 칼을 겨우 피하는가 싶더니 이번에는 성이 무너져 내려 그에 깔려 죽을 위험에 빠지게 되었다. 바로 그때 조금 전에 검무를 추던 무사가 앞장서서 쇼군 일행을 안내하여 지하 통로를 통해 무사히 성 밖으로 빠져나가게 했다. 주가 기리를 이긴 것이다. 쇼군의 대변인이 안내자에게 고마움을 표하면서 특별 공로자로서 자신들과 함께 에도로 돌아갈 것을 몇 번이고 권유했다. 하지만 그 무사는 무너져 내리는 성을 돌아보며 "그렇게 할 수는 없습니다. 저는 여기에 남겠습니다. 그것이 저의 기무며 기리입니다"라고 말했다. 그러고 나서 쇼군 일행과 헤어진 그는 다시 성 안으로 돌아가 그곳에서 죽음을 맞이했다. "그는 죽음을 통해 주와 기리를 모두 만족시켰다. 죽음으로 이 둘을 일치시킨 것이다."

한편 옛날이야기에서는 중심을 이루지 않던 의무와 '인정' 간의 갈등이 근래에 들어서 주된 주제로 다루어지고 있다. 근대 소설은 기무나 기리를 위해 사랑이나 감정을 버려야 하는 내용으로 이루어져 있다. 게다가 이러한 주제를 될 수 있으면 드러내지 않고 나타내기보다 오히려 두드러지게 드러내는 것을 볼 수 있다. 서양인은 일본의 전쟁 영화를 효과적인 반전反戰 선전물이라고 쉽게 착각하듯이, 이런 소설 또한 자신의 감정대로 살 자유를 확대해줄 것을 호소하는 것으로 받아들인다. 물론 이런 소설은 그런 충동이 존재함을 증명해주기도 한다. 그러나 일본인이 소설이나 영화의 줄거리를 평가하는 것을 보면 그들은 항상 우리와는 다른 의미로 보고 있음을 알 수 있다. 우리는 사랑에 빠졌다거나 어떤 개인적인 바람을 품고 있다는 이유로 주인공에게 공감을 하는데, 일본인은 그러한 감정에 끌려서 자신의 기무 또는 기리를 다하지 못했다는 것 때문에 주인공을 우유부단한 자라고 비난한다. 서양인은 대개 인습에 반기를 들어 많은 장애를 극복하고 행복을 찾아가는 것을 강함의 증거라고 생각한다. 그러나 일본인의 견해에 따르면 강자란 개인적인 행복을 버리고 의무를 좇는 사람이다. 그 사람이 굳센 인격의 소유자인가 아닌가는 반항이 아닌 복종을 통해 드러난다고 그들은 생각한다. 따라서 그들의 소설이나 영화의 줄거리는 서양인의 눈으로 통해서 볼 때와는 전혀 다른 의미를 가지고 있을 때가 많다.

일본인이 자신의 생활 또는 주변 사람들의 생활에 대해 판단을 내릴 때에도 마찬가지다. 만일 의무 규정에서 용납되지 않는 개인적 욕망에 마음을 뺏긴 사람이 있다면 그 사람은 약자라고 판단된다. 일본인은 모든 상황을 이런 식으로 판단하는데, 서양인이 특히 서양의 윤리와 가장 대조적으로 생각하는 것은 바로 남편이 아내를 대하는 태도다. 아내는 '고의 세계'의 주변에 있는 자며 그의 부모는 그 중심에 자리하고 있는 존재다. 따라서 남편의 의무는 명백해진다. 굳센 도덕적 품성을 지닌 인간은 고에 따르며, 만일 어머니가 아내와 이혼할 것을 정한다면 그 결정을 받아들인다. 그가 아내를 사랑하고 두 사람 사이에 자녀가 있다고 해도 결과는 마찬가지다. 이런 상황은 그를 '더욱 굳센' 인간으로 만들어주는 것에 불과하다. 일본인의 표현을 빌리자면 "고는 처자식을 타인과 같이 생각할 것을 요구할 때도 있는" 것이다. 그런 때에 처자식을 대하는 태도는 최선의 경우가 '진仁의 세계'에 속하는 것이다. 최악의 경우 아내와 자식은 아무런 요구도 못 하는 존재가 된다. 결혼 생활이 행복한 때라도 의무로 대해야 할 세계의 중심에 아내가 놓이는 일은 없다. 따라서 아내와의 관계를 부모나 조국에 대한 감정과 같은 수준으로 끌어올려서는 안 된다. 1930년대에 한 저명한 자유주의자가 공개 석상에서 일본에 돌아와 무척 기쁘다는 말을 할 때 그 기쁨의 이유 중 하나를 아내와의 재회라고 들어 세인의 비난을 받았다. 그는 부모님을 다시 뵙게 되어서라거나 후지산을 볼 수 있어서, 또는 일본의 국가적 사명에 헌신할 수 있게 되어서 기쁘다고 이야기했어야 했다. 그의 아내는 이러한 이유와 동일한 수준에 속하지 못하는 존재다.

근대에 들어서면서 일본인은 서로 다른 기준으로 각각의 세계를 분리하여 자신들의 도덕 규정을 그렇게 무겁게 내버려두는 것에 만족하고 있지 않음을 보여주었다. 일본인의 가르침에서 주는 최상의 덕으로서 커다란 비중을 차지했다. 정치가들이 천황을 정점으로 쇼군 및 봉건귀족들을 배제하면서 계층 제도를 단순화했던 것처럼 그들은 도덕의 영역에서도 하위의 덕을 하나하나 주의 범주 밑에 두어서 의무 체계를 단순화하고자 노력했다. 이렇게 하여 그들은 전국을 '천황 숭배' 아래로 통일했을 뿐만 아니라 일본 도덕의 원자론적 상태를 축소하려 했다. 그들은 주를 다하는 것이 다른 의무를 다하는 것이 된다고 가르치고자 했다. 그들은 주를 지도 위에 있는 하나의 단순한 영역이 아니라 도덕이라는 아치의 초석으로 삼고자 했다.

이런 방책의 최상이자 가장 권위 있는 표현이 바로 메이지 천황이 1882년에 발포한 '군인칙유'다. 군인칙유와 교육칙어야말로 일본의 진정한 성전이다. 일본은 어떤 종교에서도 경전을 용인하지 않는다. 신도神道에는 경전이라는 것이 없다. 일본 불교의 여러 종파도 교외별전教外別傳[110]이나 불립문자不立文字를 교의教義로 하고 있고, 경전 대신 '나무아미타불' 또는 '나무묘법연화경'이라는 문구를 반복하여 읊조리기만 하면 된다고 가르친다. 그러나 메이지 천황의 칙유는 진정한 성전이다. 조용히 숨소리조차 내지 않는 청중 앞에서 최고의 경의를 표하며 신성한 의식으로 이 두 칙유는 봉독된다. 그것들은 토라torah[111]

110 부처의 가르침을 말이나 글에 의하지 않고 마음에서 마음으로 전하여 진리를 깨닫게 하는 법.

와 동일한 취급을 받으며 봉독 때마다 봉안소에서 꺼내어지며 청중이 흩어지고 난 뒤 다시금 조심스럽게 봉안소에 안치된다. 칙유를 봉독하는 것을 담당한 사람들은 문장을 잘못 읽는 등의 실수를 범할 경우 책임을 지고 목숨을 끊었다. 군인칙유는 주로 복무 중인 군인에게 하사된 것인데, 군인들은 이것을 무턱대고 외워서 매일 아침 10분씩 그것에 대해 묵상을 했다. 중요한 축제일이나 신병의 입영, 만기병의 제대, 그 외 그에 준하는 경우 군인들 앞에서 군인칙유가 읽혔다. 그것은 또한 중학생이나 청년 학교 생도에게도 가르쳤다.

'군인칙유'는 여러 페이지에 걸친 문서다. 다양한 항목으로 명료하고 적확하게 배열되어 있다. 그런데도 그것은 여전히 서양인에게는 이해할 수 없는 수수께끼 같은 문서다. 서양인이 보기에는 칙유의 교훈 자체가 앞뒤가 맞지 않는 것처럼 느껴진다. 선과 덕이 진정한 목표로서 제시되어 있는 것은 서양인도 이해할 수 있도록 설명되어 있다. 그리고 그것은 "공도公道의 진리를 벗어나 사사로운私情 신의를 지켰기" 때문에 불명예스러운 종말을 맞은 옛날 영웅호걸의 전철을 밟아서는 안 된다고 경고하고 있다. 이것은 본래 글자가 나타내는 문자적 의미와는 다르지만 공식적인 해석이다. 그리고 그 뒤에는 이러한 영웅호걸의 "전례를 심각하게 받아들여 가슴 깊이 새겨두어야 한다"라고 가르치고 있다.

여기에 나오는 '경고'는 일본인이 의무를 대하는 것과 같은 인식이 없으면 이해하기 어렵다. 칙유 전체가 기리를 가능한 한 가볍게 취급

111 모세의 율법, 모세 5경.

하고 주를 상위개념으로 올리려는 정부의 노력을 보여주고 있다. 전문에 걸쳐서, 일본인이 일상에서 사용하는 그대로의 의미로 기리라는 단어가 쓰인 곳은 한 군데도 없다. 칙유는 기리를 내세우는 대신 '대의'인 '주'와 '소의'인 '사사로운 신의'를 별개의 것으로 하여 강조하고 있다. '대의'는 충분히 모든 덕의 근거가 될 수 있다는 것을 칙유는 입증하려고 애쓰고 있는 것이다. 칙유는 "의로움이란 기무를 다하는 것이다"라고 말하고 있다. 주에 가득 찬 군인은 반드시 '진정한 용기'를 지닌다. '진정한 용기'란 "사람을 대할 때 온화함을 제일로 하며 모든 이의 애정과 존경을 얻고자 힘쓰는 것"이다. 결국 이와 같은 가르침을 따르기만 하면 기리에 의지할 필요 없이 그것만으로 충분하다고 할 수 있다. 기무 이외의 여러 의무는 '소의'며 이를 인정할 때에는 신중하게 고려해야 한다.

그러므로 신의를 다하고자 한다면 처음부터 그 일을 해낼 수 있을지 신중히 고려해야 한다. 확실하지 않은 일에 쉽게 이끌려 좋지 못한 관계를 맺고, 나중에야 신의를 세우고자 한다면 진퇴양난으로 어찌할 바를 알지 못해 고뇌하게 되나 그때는 후회해도 소용없다. 그러므로 처음부터 그 일이 도리에 맞는지 잘 분별하고 옳고 그름을 잘 판단하여, 뱉은 말대로는 결국 할 수 없고, 정의를 도저히 지켜낼 수 없으리라는 것을 깨닫는다면 즉시 그만두는 것(당신의 사적 약속은 포기하라)이 좋다. 옛날부터 소의의 신의를 세우고자 큰 흐름을 따름에 있어 잘못된 판단을 하거나 공도公道의 시비를 잘못 알아 사사로운 신의로 인해 영웅호걸이 화를 입고 폐망하여 그 죽음 위에 오명을 후세까지 남기는 예가 적지 않았음을 깊이 마음에 새겨 경계해야 할 것이다.

주가 기리보다 우월하다고 보는 이러한 가르침은 조금 전에 쓴 바와 같이 기리라는 단어를 사용하지 않은 채 이루어지고 있지만, 일본인은 "기리 때문에 정의(기義)를 실천할 수가 없었다"라는 표현에 익숙하다. 그리고 칙유는 그것을 "뱉은 말대로는 결국 할 수 없고, 정의를 도저히 지켜낼 수 없으리라는 것을 깨닫는다면……"이라는 말로 바꿔 놓고 있다. 천황의 권위를 배경으로 하는 칙유는 그런 갈등의 상황에서는 기리는 '소의' 라는 것을 상기하여 기리를 버려야 한다고 주장한다. 그렇게 하면 만일 칙유의 가르침에 따라 기리를 버리게 되더라도 그는 변함없이 '대의' 를 지키고 있으므로 유덕한 사람으로 간주된다는 것이다.

주를 찬양하는 이 성전은 일본의 기본적인 문서 중 하나다. 그러나 칙유의 기리에 대한 은근한 비난이, 과연 기리가 일본인을 구속하는 힘을 약화했을까 하는 문제는 쉽게 단정할 수 없다. 일본인은 자주 자신과 타인의 행위를 설명하고 또 정당화하기 위해서 칙유의 다른 부분–"기란 자신의 할 바를 다하는 것을 가리킨다", "하고자 하는 마음만 있으면 못 이룰 일이 없다"–을 인용한다. 하지만 그렇게 하는 것이 적절한 때가 흔히 있음에도 불구하고 사적인 약속을 금하는 말을 입에 담는 일은 드문 것처럼 보인다. 역시 기리는 오늘날에도 상당한 권위를 가진 덕목이며 "저 사람은 기리를 분별하지 못한다"라는 말은 일본에서 굉장히 따가운 비난의 하나다.

일본의 윤리는 '대의' 를 도입했다고 하여 그렇게 쉽게 단순화되지는 않는다. 그들이 종종 자랑스럽게 생각해온 것처럼 일본인은 선행의 시금석으로 사용되는 보편적인 덕을 가지고 있지 않다. 대개의 문화에서 개인은 선의나 절약, 사업의 성공 등 어떤 덕을 달성할 때마다 스스로를 자랑스럽게 여긴다. 그들은 이를테면 행복이나 타인에 대한 지배력, 자유, 사회적 활동 등 어떤 인생의 목적을 목표로 내세운다. 그러나 일본인은 훨씬 특수한 규칙을 따른다. 봉건시대에서든 군인칙유에서든 일본인이 '대의' 라고 말할 때는, 그것은 단지 계층 제도의 상위에 있는 사람에 대한 의무가 하위에 있는 사람에 대한 의무보다 우선시해야 한다는 의미에 불과하다. 그들은 여전히 특수주의적이다. 서양인에게 충성이란 충성에 대한 충성이지만, 그들의 '대의' 는 어떤 특정한 개인, 또는 특정한 주의主義, 주장에 대한 충성이다.

근대 일본인은 모든 '세상' 을 지배하는 하나의 덕목에 대해 일반적으로 '성실' 을 내세웠다. 오쿠마 시게노부[112] 백작은 일본의 윤리를 논하여 "'성실(마코토)' 이야말로 가장 긴요한 가르침이자 여러 도덕적 교훈의 기초를 포함하는 단어다. 우리나라 고대로부터의 어휘 중에서 '마코토' 이 한 단어를 빼고 나면 그 외에 윤리적 개념을 나타내는 단어는 없다"라고 말했다.[113] 금세기 초반에 새로운 서양의 개인주의를 읊었던 근대 소설가들도 서양의 신조에 불만을 느껴 성실(일반적으로는 '마고코로誠心' 라고 불린다)을 유일하고 진정한 '교의' 로 찬미하기를 힘썼다.

이처럼 성실에 도덕적 역점을 두는 것은 군인칙유가 지지하는 것이다. 칙유는 역사적 서사로 시작되는데, 이는 '건국의 아버지' 로 워싱턴과 제프슨의 이름을 열거하는 미국인의 서사와 동일하다. 일본에서

112 1838~1922. 메이지 시대의 정치가. 일본 첫 입헌제 내각의 총리를 지냈으며 와세다대학의 전신인 도쿄전문대학을 설립했다.

113 * Okuma Shinenobu, Fifty Years of New Japan, Marcus B. Huish에 의한 영역, London, 1909, II : 37.

는 이것이 온과 주에 호소하는 것으로 최고조에 달한다.

짐은 그대들을 팔다리로 의지하며 그대들은 짐을 머리로 우러른다. 그 친밀함은 비할 바 없이 깊은 것이다. 짐이 나라를 보호하여 하늘의 베풂에 답하고 선조의 은혜에 보답할 수 있을지 없을지는 그대들 군인이 그 직분을 다하는가 다하지 못하는가에 달려 있다.

이 문장 뒤에는 다음과 같은 가르침이 서술되어 있다.

(1) 최고의 덕목은 주의 의무를 다하는 것이다. 군인이 아무리 기예가 뛰어나다 해도 주가 견고하지 않다면 꼭두각시와 다를 바가 없다. 또한 주가 결여된 군대는 위기를 만났을 때 오합지졸이 되고 만다. "그러므로 사람들의 말에 흔들리거나 정치에 얽매이지 말고 오로지 한결같이 충절의 본분을 다하며, 기는 태산보다 무겁고 죽음은 깃털보다 가볍다는 것을 기억하라."
(2) 두 번째는 군대 계급에 따라 예의를 바로 지키는 것이다. "부하는 상관의 명령을 짐의 명령을 받들듯 해야 함을 명심하고" 상관은 부하를 정중히 대해야 한다.
(3) 세 번째는 용감무쌍함이다. 진정한 용기란 '혈기에 찬 거친 행동'과는 전혀 반대의 것으로, "약한 적이라도 우습게 여기지 않고 강한 적이라도 두려워하지 않는 것"이라고 정의된다. "그러므로 용기를 귀히 여기는 사람은 항상 사람을 대할 때 온화함을 제일로 하며 많은 이의 애정과 존경을 얻고자 노력하라."
(4) 네 번째는 '사사로운 신의를 지키는' 것에 대한 경고다.

(5) 다섯 번째는 근검 절약에 관한 훈계다. "무릇 검소하지 않으면 나약하고 경박해지며 사치와 화려함을 즐기면 결국 탐욕에 빠져 뜻하는 바도 극히 천한 것이 되고 절조도 용기도 보람도 없이 세상 사람에게 배척을 받게 된다. (중략) 여전히 그 악습이 나타날 것이 우려되어 마음이 편치 않으므로 이를 훈계하는 바다."

칙유의 마지막 단락에서는 앞의 다섯 가지 가르침을 "천지의 공도公道, 인륜의 마땅하고 떳떳한 도리"라고 부르고 있다. 이는 '우리 군인의 정신'이며 나아가 이 5개조의 '정신'은 '성실'이다. "마음이 진실하지 않으면 교훈이 될 만한 어떠한 좋은 말이나 선행도 모두 겉치레며 아무 쓸모가 없다. 마음에 진실함만 있다면 어떠한 일도 성취해낼 수 있다." 이렇게 해서 5개조는 '실천하기 쉽고 지키기 쉬운' 것이 된다. 모든 덕과 의무를 가득 나열한 후에 진실함이란 것을 마지막에 붙여놓는 것은 너무나도 일본적이다. 일본인은 중국인처럼 모든 덕이 자비로움의 명령에 근거한다고 생각하지 않는다. 그들은 우선 의무 사항을 정해놓은 후에 맨 나중에 그 모든 의무를 전심전력으로 온 지혜를 기울여 실천해야 한다는 요구를 덧붙인다.

진실함이라는 것은 불교의 한 종파인 선종禪宗의 가르침에서도 같은 의미를 지닌다. 스즈키 다이세쓰[114]는 그의 뛰어난 선 개론禪槪論에서 다음과 같은 사제 간의 문답을 싣고 있다.

---

114 1870~1966. 사상가이자 불교학자. 1897년 미국으로 건너간 그는 선종을 중심으로 한 동양 사상을 전파하여 동서양의 사상적 교량 역할을 했다.

제자 : 사자는 적에게 덤빌 때에 그것이 토끼든 코끼리든 상관없이 최선을 다합니다. 그 힘은 무엇입니까? 가르쳐주십시오.

스승 : 지성至誠의 힘이다(글자 그대로의 뜻으로는 속이지 않는 힘).

지성, 즉 속이지 않음이란 '자기 자신을 모두 드러내는 것' 이다. 선어禪語에서는 '전체 작용' 이라 하여 그 어떤 것도 유보된 상태로 두지 않으며 다른 것을 통해 표현하지 않고 또 어떤 것도 헛되게 하지 않는다. 이렇게 생활하는 자는 황금 털의 사자라고 하여 용맹, 지성, 그리고 전심專心의 상징이 된다. 그는 신神과 같은 사람이다.

이 '성실' 이란 단어의 특수한 일본적 의미에 대해서는 앞에서 다른 사항을 설명할 때에 언급했다. 마코토는 영어 어법에서의 'sincerity' 와는 뜻이 다르다. 그것은 'sincerity' 에 비해 훨씬 좁은 의미를 가지는 동시에 훨씬 넓은 의미를 담고 있는 단어다. 이 단어가 서양의 단어에 비교하여 훨씬 좁은 의미를 가진다는 것은 서양인도 쉽게 이해할 수 있다. 만약 일본인이 누군가가 성의가 없다고 했다면 그것은 단지 그 사람이 자신과 의견이 일치하지 않았음을 의미하는 것에 불과하다. 어떤 사람을 가리켜 '진실한 사람' 이라고 할 때 그 사람이 '정말로' 그 사람의 내면을 지배하고 있는 사랑이나 증오, 결심이나 놀란 감정에 따라 행동하고 있는가 하는 것을 전혀 상관하지 않는 일본인으로서는 이런 용법에도 나름대로의 진리가 포함되어 있다.

미국인이 쓰는 "He was sincerely glad to see me(그는 나를 만난 것을 진심으로 기뻐했다)"라든가, "He was sincerely pleased(그는 진심으로 흡족해했다)"라는 등의 표현은 일본인에게는 익숙지 않다. 그들은 그러한

'진심' 을 드러내는 것을 경멸하며 그에 관련된 관용구도 여러 개 가지고 있다. "이런, 저 개구리는 입을 쩍 벌리니 뱃속이 다 들여다보이는군"이라고 하거나 "석류처럼 입을 벌리면 속내가 그대로 드러난다"라고 하면서 비웃는다. '감정을 입 밖에 내는' 것은 창피한 일이다. 그것은 자신을 '숨김없이 드러내는' 것이기 때문이다. 한편 미국에서는 몹시 중요하게 여겨지는 이 'sincerity' 라는 단어에서 연상되는 것들이, 일본의 마코토의 의미 안에는 존재하지 않는다. 앞서 쓴 이야기에서 일본 소년이 미국인 선교사가 성실하지 않다고 비난했을 때, 가난한 소년이 무일푼으로 미국에 간다는 계획에 대해 그 미국인이 '정말로' 놀랐을까를 생각하는 것은 소년의 머릿속에 전혀 들어 있지 않았다. 일본 정치가들은 평소 그들이 그렇게 했던 것처럼 최근 10년간 영미 양국에는 성의가 없다고 비난했다. 서양 여러 나라가 실제로 느끼고 있는 바와 다른 행동을 취하고 있는지 어쩐지는 전혀 상관하지 않았다. 그들이 영미 두 나라를 비난한 것은 양국이 위선적이라는 이유 때문이 아니었다. 그들에게는 위선적이라는 것은 그다지 비난할 것이 아니다. 군인칙유가 "하나의 진심은 5개조의 정신"이라고 말하는 것도 마찬가지다. 다른 모든 덕에 실효를 지니게 하는 덕이란, 사람으로 하여금 자기 내부의 목소리가 명령하는 대로 언동을 하는 마음의 순수함을 의미하는 것이 아니다. 확실히 그것은 자신의 신념이 다른 사람의 신념과 다를 때, 순수하게 자신의 신념을 좇아 행동해야 함을 의미하지 않는다.

그러나 마코토는 일본에서 몇 가지 적극적인 의미를 지니고 있다. 그리고 일본인은 이 개념의 윤리적 역할을 굉장히 중요시하고 있기 때문에 서양인은 일본인이 이 단어를 사용할 때 그 의미를 잘 파악해야 한다. 일본인이 마코토에 대해 근본적으로 품고 있는 의미는 〈47인의 로닌 이야기〉 속에 유감없이 제시되어 있다. 그 이야기 속에서의 '진실함'은 기리에 덧붙여지는 플러스 기호다. 즉 '진실한 기리'는 '일회성의 기리'와는 대조적인 것으로 그것은 '영구 불멸의 귀감이 되는 기리'인 것이다. 오늘날에도 일본인은 "마코토가 그것을 지속시킨다"라는 표현을 쓴다. 이 표현 속의 '그것'이란 문맥에 따라 일본의 도덕률 속에 포함된 어떤 계율, '일본 정신'이 요구하는 어떤 태도를 가리킨다.

전쟁 동안 일본인 강제수용소에서의 일본어 용법은 〈47인의 로닌 이야기〉의 그것과 똑같았다. 그리고 그것은 마코토의 논리가 어디까지 확장되는가, 어떻게 미국의 용법과 반대 의미가 될 수 있는가를 명백히 보여주었다. 일본 편을 드는 이민 1세가 미국 편을 드는 이민 2세에게 늘 퍼부었던 비난이, 2세에겐 마코토가 없다는 것이었다. 1세의 말은 2세가 '일본 정신'—전쟁 중에 일본에서 공식적으로 정의된 대로—을 '지속'하기 위한 심적 기질을 가지고 있지 못하다는 것을 의미했다. 1세가 말한 것은 물론 자신의 자녀들이 보이는 친미적 태도가 위선적이라는 것이 아니었다. 그들이 의미하는 것은 그것과는 전혀 다른 것이었다. 그 증거로 2세가 자발적으로 미국군에 지원하여 순수한 애국심이 명령하는 대로 제2의 조국을 지지하고 있음이 명백하게 된 시점에서도 1세는 비난을 멈추기는커녕 한층 더 확신을 가지고 성의가 없다고 비난했다.

일본인이 '진실'이라는 단어를 사용할 때의 근본적인 의미는 자기 나라의 도덕률 및 '일본 정신'에 따라 그려진 지도 속의 '길'을 따르는 열의다. 개개의 문맥에서 마코토라는 말이 어떠한 특수한 의미를 가진다고 하더라도 그것은 항상 일반적으로 '일본 정신'이라고 인정되는 측면에 대한 칭찬이나 덕의 지도상에 세워진 공인된 지표에 대한 칭찬이라고 해석하면 맞는다. 이 단어는 일본어로 된 모든 문헌에서 주의해서 보아야 하며 아주 유용한 말이다. 왜냐하면 이 단어로 표현되어 있는 내용은 일본인이 실제로 중점을 두고 있는 적극적인 덕목이라고 생각해도 거의 틀림이 없기 때문이다. 마코토는 사리를 추구하지 않는 사람을 칭송하는 단어로도 곧잘 쓰인다. 이는 일본인의 윤리가 이윤을 얻는 것을 악한 것으로 보고 있다는 것을 반영해준다. 이윤은—그것이 계층 제도의 당연한 결과가 아닌 경우에는—부당한 착취의 결과라고 판단된다. 그리고 일을 통해 이윤을 얻으려고 곁길로 샌 중개인은 사람들이 몹시도 싫어하는 대금업자가 된다. 그런 사람은 늘 진실하지 않은 사람이라 불린다. 또 마코토는 항상 감정에 치우치지 않는 사람에 대한 칭찬으로 사용된다. 이는 일본인의 자기 수양 관념을 반영하는 것이다. 진실하다고 일컬어지는 일본인이라면 싸울 의도가 전혀 없는 사람을 모독할 위험이 있는 것에는 결코 가까이 하지 않는다. 이것은 사람은 행위 그 자체는 물론 행위의 파생적 결과에 대해서도 책임을 져야 한다는 일본인의 신조를 반영하는 것이다. 마지막으로 마코토가 있는 사람만이 '사람의 위에 서며', 그 수완을 적절히 발휘함으로써 심리적 갈등을 피할 수가 있다. 이 세 가지 의미와 그 외에 있을 많은 의미는 일본 윤리의 동질성을 단적으로 보여준다. 즉, 이런 의미는 일본에서 사람은 단지 정해진 규율을 수행할 때만이 실효를 거둘 수 있으며 모순이나 갈등을 겪지 않게 된다는 사실을 반영하는 것이다.

이와 같이 일본인의 '진실함'에는 여러 의미가 실려 있다. 따라서 이 덕은 칙유나 오쿠마 백작이 말하는 것처럼 일본인의 윤리를 단순화하는 것이 아니다. 그것은 그들 도덕의 '기초'를 이루는 것도 아니고 그것에 '혼'을 불어넣는 것도 아니다. 그것은 어떠한 숫자라도 적당히 그 뒤에 덧붙이면 그 수를 고차원적인 것으로 만드는 지수指數다. 2라는 숫자를 작게 오른쪽 위에 붙이면 9든 159든 b든 x든 전혀 관계 없이 제곱수가 된다. 그처럼 마코토는 일본인의 도덕 법전의 어떠한 조항도 고차원의 제곱수로 높여준다. 말하자면 그것은 독립된 덕목이 아니라 광신자가 자신의 교의에 보이는 열광이라 할 수 있는 것이다.

일본인이 자신들의 도덕률에 어떠한 수정을 가하고자 노력했다고 해도 그것은 여전히 원자론적인 것이다. 덕의 원리는 전과 다름없이 그 자체가 선인 행동과 또한 자체가 절대적 선인 다른 어떤 행동 사이의 균형을 유지하는 것이다. 그들의 윤리 체계는 마치 브리지 게임[115]과 같다. 능숙한 경기자란 규칙에 따르며 그 규칙이 정해놓은 범위 내에서 경기를 하는 사람이다. 그가 미숙한 경기자와 구별되는 것은 추리력을 훈련했기 때문에 다른 경기자들이 내놓은 패를 보고 그 패가 경기 규칙하에서 무엇을 의미하는지에 대한 충분한 지식을 가지고 경기를 읽어갈 수 있다는 점이다. 그는 말하자면 규칙에 따라 경기를 한다. 그는 한 수 한 수 놓을 때마다 무한한 경우의 수를 머릿속에 둔다. 일어날 수 있는 모든 우연은 빠짐없이 경기 규칙 속에 망라되어 있고 점수도 미리 정해져 있다. 미국인이 말하는 의미의 선한 의도란 문제 밖에 놓인다.

115 트럼프 게임의 일종.

어느 나라의 국어에서든 그 나라 사람들이 말의 어떤 문맥에서 자존심을 잃거나 얻는지 알아보는 것은 그 나라 국민의 인생관을 이해하는 데에 커다란 도움이 된다. 일본에서 '스스로를 귀하게 여긴다'는 것은 자신이 항상 신중한 경기자임을 나타내는 것이다. 그것은 영어 어법에서처럼 타인에게 아첨하지 않거나, 거짓을 말하지 않거나, 또는 왜곡된 증언을 하지 않는 등의 훌륭한 행위의 기준을 의식적으로 따르는 것과는 다르다. 일본에서 자중自重(지초)이란 문자 그대로 '무거운 자아'라는 뜻이며 그 반대는 '가볍고 경솔한 자아'다. "당신은 자중해야 한다"라고 말하는 것은 "당신은 그 사태에 포함되어 있는 모든 요소를 빈틈없이 헤아려서 절대로 타인의 비난을 받거나 성공의 기회를 놓쳐서는 안 된다"라는 의미다. '자신을 귀하게 여긴다'는 것은 때때로 미국에서 그 단어가 의미하고 있는 바와 정반대의 행동을 의미할 때가 있다. 피고용인이 "나는 자중해야 한다"라고 말하는 것은 자신의 권리를 주장해야 한다는 의미가 아니라 고용주에게 자신이 곤란해질 말을 해서는 안 된다는 의미다. "당신은 자중해야 한다"라는 표현은 정치적으로 쓰이는 경우에도 같은 의미를 가진다. 그것은 '중책을 맡은 사람'이 무분별하게 '위험한 사상'에 빠져버린다면 이미 자신을 존중할 수가 없게 됨을 의미한다. 위험한 사상을 접했다고 해도 당사자가 자신을 존중한다면 자신의 견해와 양심을 좇아 자신의 사상을 품어야 한다는, 미국인이 생각하는 의미는 거기에 포함되어 있지 않다.

"너는 자중해야 한다"라는 표현은 부모가 청소년기의 자녀를 훈계할 때 입버릇처럼 하는 말이다. 그리고 그것은 예의를 지키고 타인의 기대에 어긋나지 않도록 행동하게 하는 것이다. 이를테면 여자 아이의 경우 다리를 바른 위치에 두고 얌전히 앉게 하며, 남자 아이의 경우에는 심신을 단련하고 다른 사람의 안색을 살피도록 가르친다. 왜냐하면 '지금이야말로 장래가 결정되는 때' 이기 때문이다. 부모가 자녀에게 "너는 좀 더 자중했어야 했단다"라고 말하는 것은 자녀의 무례함을 나무라는 것이지, 자녀가 올바른 일을 위해 싸울 용기를 잃어버린 것을 꾸짖는 것이 아니다.

대금업자에게 빚을 갚을 수 없게 된 농부도 "자중했어야 했는데"라고 말한다. 그러나 그는 자신의 게으름이나 빚쟁이에게 비굴하게 군 것을 탓하는 것이 아니다. 그러한 궁지에 빠질 것을 미리 예상해서 좀 더 주의 깊게 행동했어야 했다고 말하는 것이다. 사회적 지위가 높은 사람은 "내 자존심이 이러이러한 것을 요구한다"라는 표현을 하는데, 그것은 정직이나 청렴결백함과 같은 일정한 도덕적 원리에 따라 행동해야 한다는 의미가 아니라, 자신의 가문을 충분히 고려하면서 그 일을 처리해야 한다는 것, 자신의 신분의 무게를 걸고 그 일을 해야 한다는 것을 의미한다.

사업가가 자신의 회사에 대해 "우리는 자중해야 한다"라고 말하는 것은 신중에 신중을 기하고 주의에 주의를 거듭해야 한다는 뜻이다. 복수의 필요성을 주장하는 사람은 "자중하여 복수한다"라고 한다. 그러나 이는 결코 적의 머리 위에 "타오르는 숯불을 쌓아두"[116]거나, 그가 어떤 도덕적 원칙을 따를 의도를 가지고 있다는 것을 가리키지는 않는다. 그것은 "철저하게 복수하고 말겠다"라는 의미와 같다. 그리

116 로마서 12장 20절, "네 원수가 주리거든 먹이고 목마르거든 마시우라. 그리함으로 네가 숯불을 그 머리에 쌓아놓으리라"의 인용. 적의 머리 위에 타오르는 숯불을 쌓는다는 것은 악을 선으로 갚는 것을 말한다.

고 주도면밀하게 계획을 짜내어 모든 요소를 머릿속에 두고 복수를 한다는 뜻이다. 일본어에서 다른 무엇보다 강력하게 말하는 방법은 "자중에 자중을 거듭한다"라는 표현으로, 그것은 무한으로 주의를 기울인다는 뜻이다. 그것은 결코 경솔하게 결론을 내리지 않는다는 의미며, 목표에 도달하기 위해 마지막까지 필요 이상이든 필요 이하든 노력을 헛되이 하지 않도록 모든 방법과 수단을 강구해나가는 것을 의미한다.

이 모든 자중의 의미는 세상은 세심한 주의를 가지고 규칙대로 행동해야 하는 곳이라고 보는 일본인의 인생관과 너무나도 잘 맞아떨어진다. 그들은 자중이라는 것을 위와 같이 정의하고 있기 때문에 의도가 선했다고 해서 실패에 변명을 다는 것은 인정되지 않는다. 행동 하나 하나가 결과에 영향을 미치기에 사람은 그러한 결과까지도 고려해서 행동해야 한다. 남에게 은혜를 베푸는 것도 참 좋은 일이지만, 당신에게 은혜를 입은 사람이 "온을 입었다"라고 느낄 것이라는 것을 미리 짐작하고 그것까지 신경 써야 한다. 남을 비평하는 것도 상관없지만 비평을 한 이상 당신은 상대방이 원망할 모든 결과에 대해서도 받아들일 각오를 해야 한다. 앞서 쓴 이야기에서 미국인 선교사가 비웃은 것에 대해 젊은 화가가 그 책에서 비난을 했을 때 선교사에게 악의가 없었다고 해도 그것은 무의미한 일이다. 변명이 되지 않는다. 선교사는 체스 판 위에서 자신이 둔 한 수가 어떤 의미를 가지는지 충분히 고려하지 않은 것이다. 그것은 일본인 입장에서 보면 훈련되지 않은 것이라고밖에 볼 수 없다.

이처럼 신중과 자중을 완전히 동일시하는 측면에는 타인의 행동에서 읽어낼 수 있는 모든 암시를 남김없이 파악한다는 것, 또한 남도 그렇게 내 행동을 비판할 수 있음을 강하게 의식하고 있다는 의미를 포함한다. 그들은 "세상이 하도 시끄러우니 자중해야 한다"라고 하거나 "세상이라는 것만 없다면 자중하지 않아도 될 텐데"라고 표현한다. 이것은 자중이 외적 강제력에 근거한다는 것을 단적으로 보여주는 예다. 이 표현은 올바른 행동에 대한 내적인 강제력을 전혀 고려하지 않고 있다. 여러 나라의 통속적인 관용구도 그렇지만 이러한 표현도 사실을 과장해서 나타낸 것이다. 오늘날 일본인은 자신의 죄과의 깊이에 대해 청교도인에도 뒤지지 않을 정도로 과민하게 반응을 보일 때가 있다. 그렇다고 해도 이런 극단적인 표현은 일본인이 대략 어떠한 것에 중점을 두고 있는가를 정확히 지적하고 있다. 즉, 일본인은 죄의 중대함보다 수치스러움에 더 비중을 두는 것이다.

여러 문화의 인류학적 연구에서 수치심을 기조로 하는 문화와 죄를 기조로 하는 문화를 구별하는 것은 중요하다. 도덕의 절대적 표준을 역설하며 양심의 계발을 크게 기대하는 사회는 죄의 문화guilt culture라고 정의할 수 있다. 그러나 그와 같은 사회의 사람은 미국에서처럼 절대 죄가 아닌 어떤 실수를 저질렀을 때에도 수치심에 괴로워할 가능성이 대단히 크다. 이를테면 경우에 맞는 복장을 하지 못했거나 말실수를 했을 때에 느끼는 괴로움 등이 이에 해당한다. 수치심이 주요한 강제력이 되는 문화에서도 사람들은 죄를 지었다고 느낄 만한 행위를 한 경우에는 괴로워한다. 이 괴로움이란 때로는 굉장히 강렬할 때가 있다. 더욱이 그것은 죄와 같이 참회나 속죄를 통해 가벼워지지 않는다. 죄를 범한 인간은 그 죄를 숨기지 않고 고백함으로써 그 짐을 내려놓을 수가 있다. 이 고백이라는 수단은 일반적인 상담 요법에서나 거의 공통점이 없는 다양한 종교 단체에서 이용되고 있다. 우리는 그것이 마음을 가볍게 해준다는 것을 알고 있다. 수치심이 주요한 강제력이 되는 곳에서는 상대가 고해성사를 들어주는 신부라 하더라도 잘못을 고백한 사람의 마음이 편해지지 않는다. 도리어 자신의 잘못된 행위가 '세상 사람들 앞에 드러나지' 않는다면 고민할 필요도 없어진다. 그래서 고백은 오히려 고민을 사서 하는 것처럼 생각될 때가 있다. 따라서 수치의 문화shame culture에는 인간에게는 물론 신에게조차도 고백하는 습관이 없다. 복을 기원하는 의식은 있으나 속죄의 의식은 없다.

진정한 죄의 문화가 내면적인 죄의 자각에 근거하여 선행을 하는 것에 비해 진정한 수치의 문화는 외면적인 강제력에 의해 선행을 한다. 수치심은 타인의 비판에 대한 반응이다. 사람은 다른 사람들 앞에서 조소나 거부를 당하거나 아니면 조소당했다고 생각하는 것만으로도 수치심을 느낀다. 어떤 경우에서나 수치심은 강한 강제력이 된다. 다만 수치심을 느끼기 위해서는 타인과 함께 있거나 적어도 누군가가 그 자리에 같이 있다는 생각이 필요하다. 그러나 명예라는 것이 스스로 마음속에 그린 이상적인 자아상에 어울리도록 행동하는 것을 의미하는 나라에서라면 자신의 비행을 아무도 모른다 해도 죄의식에 빠지게 된다. 그리고 그의 죄의식은 죄를 고백하는 것으로 덜어진다.

미국에 이주한 초기 청교도들은 모든 도덕을 죄의식이라는 기초 위에 쌓아가고자 노력했다. 그리고 현대 미국인의 양심이 얼마나 죄의식에 시달리고 있는지는 모든 정신과 의사가 인정하는 바다. 그러나 미국에서 수치심은 점차 그 무게를 더해가는 반면에 죄는 이전만큼 크게 느끼지 못하는 추세에 있다. 미국에서는 이러한 분위기를 윤리관이 느슨해진 탓이라고 보고 있다. 이 해석에도 상당 부분 진리가 포함되어 있지만, 그것은 우리가 수치심은 도덕의 기초라는 막대한 책임을 맡을 자격이 없다고 생각하고 있기 때문이다. 우리는 수치심에 동반되는 개인적인 강렬한 번민의 감정을 우리 도덕 체계의 기초적인 원동력으로 삼고 있지 않다.

일본인은 수치심을 원동력으로 하고 있다. 제시된 선행의 푯말을 따르지 못하고 또 여러 가지 의무 사이에서 균형을 지키지 못하고 일어날 모든 우연을 예견하지 못하는 것, 이것이 수치(하지取)다. 수치심은 덕의 근본이라고 그들은 말한다. 쉽게 수치를 느끼는 사람이야말로 선행의 모든 규율을 실행하는 사람이다. "수치를 아는 사람"이라는 표현은 어떤 경우에는 "유덕한 사람", 때로는 "명예를 중시하는 사람"으로 해석되기도 한다. 수치심은 일본 윤리에서 '깨끗한 양심'이나 '신에게 의롭다 칭해지는 것', 또는 죄를 피하는 것이 서양 윤리에서 차지하고 있는 것과 동일한 권위를 차지한다. 그리고 그 당연한 논리적 귀결로 사람이 사후에 벌을 받는다는 것이 일본에는 없다. 일본인은—인도의 경전에 대한 지식을 가진 승려를 제외하면—이생에서 쌓은 공적과 죄과에 따라 다른 상태로 다시 태어난다는 사상을 전혀 알지 못한다. 또한 그들은—충분히 교리를 이해하고서 기독교에 귀의한 사람을 제외하면—사후의 상벌이나 천국과 지옥을 인정하지 않는다.

일본인의 생활에서 수치심이 최고의 지위를 차지하고 있다는 것은 수치심을 심각하게 받아들이는 부족이나 국민이 그렇듯이 각자가 자기 행동에 대한 사람들의 평판에 신경을 쓴다는 것을 의미한다. 그는 단지 남이 어떤 판단을 내릴 것인가를 추측하고, 그 판단을 기준으로 자기 행동의 방침을 정한다. 모두가 같은 규칙에 따라 게임을 하고 서로 지지할 때에 일본인은 유쾌하고 순조롭게 행동을 실천할 수가 있다. 그리고 그들은 그것이 일본의 '사명'을 수행하는 길이라고 느낄 때 게임에 열중할 수가 있다. 그들은 자신들의 덕을 통용되지 않을 외국으로 수출하려고 시도할 때 가장 크게 심리적인 타격을 입는다. 그곳에서는 그들의 덕이 선행이라는 푯말을 달고 있을 수 없기 때문이다. 그들은 '선의'에서 출발한 '대동아'의 사명에 실패했다. 중국인이나 필리핀인이 그들에게 취한 태도에 대해 많은 일본인이 느낀 분노는 꾸미지 않은 솔직한 심정이었다.

국가주의적 동기에서가 아니라 유학이나 업무상의 목적으로 미국에 건너간 일본인 개개인도 역시 도덕이 답답하고 딱딱하게 얽매이지 않은 사회에서 살면서 그들이 지금까지 받아온 철저한 교육의 '파탄'을 겪어야 했다. 그들은 자신들의 덕은 아무래도 수출용이 아닌 것 같다고 절실히 느꼈다. 그들의 논점은 문화를 바꾸는 것은 어렵다는 일반론과는 달랐다. 그들이 말하고자 하는 것은 그 이상이었다. 그들은 때때로 일본인은 미국인의 생활에 적응하는 것이 굉장히 어려운 것에 반해 그들이 알고 있는 중국인이나 태국인은 그다지 곤란함을 느끼지 않는다는 사실을 지적했다. 그들이 볼 때 일본인의 문제는, 그늘이 일정한 규율을 지키며 행동하기만 하면 반드시 타인도 자신의 행동의 미묘한 차이를 인정해줄 것이 틀림없다는 안도감에 의지하며 생활하도록 키워졌다는 것에 있었다. 외국인이 이러한 예절을 완전히 무시하는 것을 보고 일본인은 당혹감에 어쩔 줄 몰랐다. 그들은 어떻게 해서든지 서양인이 생활의 기준으로 삼고 있을, 자신들처럼 주도면밀한 예절을 찾아내려고 애썼다. 그리고 그러한 것이 없다는 것을 깨달은 순간 어떤 일본인은 부아가 치밀었다고 했으며 어떤 이는 기가 막혔다고 했다.

일본인이 겪은 이러한 경험, 즉 도덕적으로 그다지 엄격하지 않은 문화에서 부딪친 경험을 누구보다도 능숙하게 그려낸 것은 미시마 여사의 자서전 『나의 좁은 섬나라』[117]다. 그녀는 미국 유학을 꼭 하고 싶었다. 그리고 미국 대학의 장학생이 되어 미국인으로부터 온을 입는 것을 반대하는 보수적인 가족들을 겨우 설득해서 웰즐리대학에 입학했다. 교수들도 친구들도 모두 친절히 대해주었다고 그녀는 쓰고 있다. 그러나 그녀는 그것을 더 힘들게 여겼다. "일본인이라면 누구나가 그렇듯이 나도 내 행동이 모두 올바르다고 생각하고 있었다. 그런데 그러한 나의 자부심은 무참히 깨지고 말았다. 나는 이 나라에서 어떻게 행동하면 좋을지 좀처럼 감을 잡지 못했고, 내가 그때까지 받아온 교육을 비웃기라도 하는 듯한 환경에 대해서는 분노를 느꼈다. 결국 막연하지만 뿌리 깊게 자리 잡은 분노의 감정 외에는 그 어떠한 감정도 내 안에 남지 않게 되었다." 그리고 그녀는 또 말하고 있다. "나는 나 자신이 딴 세상에서는 아무런 쓸모도 없는 감각과 감정을 가진, 어딘가 다른 별나라에서 툭 떨어진 생물처럼 느껴졌다. 모든 움직임을 조심스럽게 하고 모든 말투를 예절 바르게 하도록 요구하던 일본식 교육은 이 나라에서-거기서 나는 사회적으로는 말 그대로 장님이었는데-나를 극도로 과민하고 자의식적인 사람으로 만들었다." 그녀는 긴장을 풀고 호의를 편안히 받아들일 수 있게 되기까지 2, 3년의 시간을 보내야 했다. 미국인은 "세련된 허물없음"으로 생활한다고 그녀는 단정하며, "그러나 허물없음이란 아주 무례한 것으로 3살 때 이미 내 마음속에서 없애버렸던 것이다"라고 덧붙였다.

117 * Mishima Sumie, My Narrow Isle, 1941, p.107.

미시마가 미국에서 알게 된 일본의 여성과 중국의 여성을 비교 대조한 것은 미국의 생활이 양국의 여성에게 어떻게 다른 영향을 미쳤는지를 잘 말해주고 있다. "중국 여성은 대개 일본 여성에게서는 전혀 찾아볼 수 없는 차분함과 사교성을 지니고 있었다. 이 상류 계층의 중국 여성들은 거의 모두가 왕족과 같은 우아함을 가졌으며 세계의 진정한 지배자인 것 같은 분위기를 자아내고 있었다. 내게는 세계에서 가장 세련된 사람들처럼 보였다. 이 위대한 기계와 스피드의 문명 속에서도 전혀 동요를 보이지 않는 그녀들의 당당한 태도와 차분함은 우리 일본 여성의 늘 쭈뼛거리며 지나치게 신경질적인 태도와는 현저히 대조를 이루고 있었다. 이것은 사회적 배경에 무엇인가 근본적인 차이가 있음을 말해주는 것이리라."

미시마는 다른 많은 일본인과 마찬가지로 마치 테니스의 명수가 크로케 시합에 나간 것과 같은 느낌을 받았다. 그녀의 뛰어난 기량은 전혀 도움이 되지 않았다. 지금까지 배워온 것은 이 새로운 환경 속으로는 도저히 가지고 들어갈 수 없다는 것을 느꼈다. 그녀가 받아온 훈련은 쓸모가 없었다. 미국인은 그런 것 없이도 꽤 잘 살고 있었던 것이다.

아주 잠깐이라도 미국에서 산 적이 있어 그 나라의 그다지 엄격하지 않고 번거롭지도 않은 행동 규범을 받아들인 일본인이라면, 일찍이 그들이 일본에서 보냈던 갑갑한 생활을 다시 한다는 것은 도저히 생각할 수 없는 일이다. 그들은 예전의 생활을 어떤 때에는 잃어버린 낙원으로, 어떤 때에는 '마구馬具' 나 '감옥' 으로, 또 어떤 때에는 분재를 키우는 '자그마한 화분' 으로 표현한다. 분재한 소나무 뿌리가 화분 속에 갇혀 있는 동안이라면 그것은 아름다운 정원에 미관을 더하는 예술품이다. 그러나 한번 땅에 직접 옮겨 심어진 분재 소나무는 다시는 화분 속으로 돌아갈 수 없다. 그들은 이제 자신들이 예전의 일본 정원의 장식이 될 수 없다고 느낀다. 그들은 두 번 다시 오래전의 그 요구에 부응할 수 없게 된 것이다. 이 사람들이야말로 가장 확실한 형태로 일본인의 덕의 딜레마를 경험한 사람들이다.

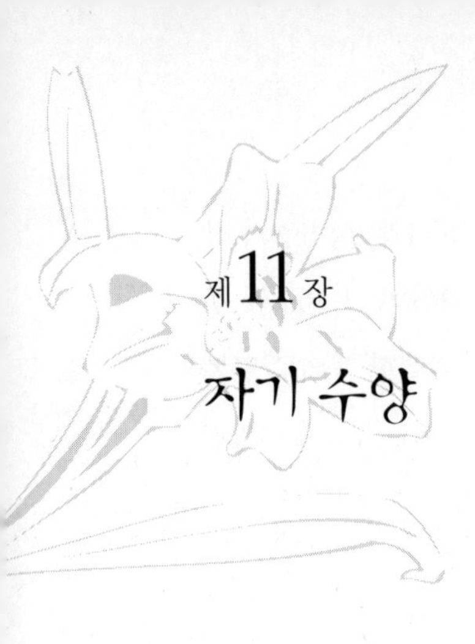

제 11 장
자기 수양

어떤 문화의 자기 수양은 외국인 관찰자에게는 무의미하게 느껴지기가 쉽다. 훈련 방법 자체야 물론 잘 알지만 왜 그런 고생을 하는 걸까? 왜 애써 고리에 매달리고, 자신의 배꼽을 뚫어져라 쳐다보고, 또 돈을 전혀 쓰지 않는 걸까? 왜 그런 고생에 몰두하면서 정작 외부 사람들이 보기에는 참으로 중요하고 훈련의 필요가 있다고 생각되는 충동에 대한 통제는 요구하지 않는 걸까? 만일 자기 수양을 위한 특별한 방법을 가르치지 않는 나라의 사람이 관찰자가 되어서, 자기 수양에 상당한 노력을 기울이는 국민 가운데 있게 된다면 오해의 가능성은 절정에 이를 것이다.

미국은 자기 수양을 위한 전통적인 방법이 비교적 발달되지 않은 나라다. 미국인은 자신의 삶에서 실현 가능한 목표를 세우고, 훈련의 필요성이 있다면 혼자서 나름대로 목표 달성을 위해 훈련해나간다. 자기 수양을 해야 할지의 여부는 어디까지나 본인의 소원이나 양심 또는 베블런[118]이 말하는 '기술적 본능an instinct of workmanship'에 따라 달라진다. 축구 선수는 축구 경기의 엄격한 규율을 따를 것이다. 음악가는 자신의 자질을 훈련하기 위해, 사업가는 사업의 성공을 위해 자신을 편안케 하는 모든 요소를 포기할 것이다. 자신의 양심에 비추어 부정한 생각이나 경솔한 행동도 삼갈 것이다. 그러나 미국에서는 기술적 훈련으로서의 자기 수양 그 자체는, 개개의 경우에 대한 응용과 동떨어진 산수처럼 배우는 것이 아니다. 만약 그러한 훈련이 미국인들 사이에서 이루어지고 있다면 그것은 유럽에서 온 어떤 종파의 지도자나, 인도의 수도 방법을 전수한 힌두교의 선생이 가르치는 것일 것이다. 성녀 테레사나 십자가의 성자 요한[119]이 설교하고 실천했던 것과 같은, 명상과 기도를 내용으로 하는 종교적 수련도 미국에서는 그 자취가 거의 사라지고 없다.

그러나 일본인은 중학교 시험을 치르는 학생도, 검술 시합에 나가는 사람도, 또는 단지 귀족으로서 생활할 뿐인 사람조차도 시련에 부딪혔을 때에 요구되는 특정 사항을 익히는 것뿐만 아니라, 그것과는 별도로 자기 훈련이 필요하다고 여긴다. 아무리 시험 공부를 열심히 했다 하더라도, 아무리 검술 실력이 뛰어나다 하더라도, 또 아무리 예의범절을 실수 없이 잘 지킨다 하더라도 그는 책이나 검을 잠시 내려두고, 또 사교계에 드나드는 것을 중단하고 특수한 수행을 쌓아야 한다. 물론 모든 일본인이 신비스런 훈련을 하는 것은 아니다. 그러나 그런 훈련을 하지 않는 사람도 자기 수양에 관한 표현이나 관행이 삶에서 차

118 1857~1929. 미국의 저명한 경제학자이자 사회학자.

119 16세기에 활동한 카르멜회의 수녀와 수사.

지하는 비중을 인정하고 있다. 모든 계층의 일본인은 일반화된 기술적 자기 절제와 자기 극복에 대한 그들의 이해에 의존하는 일련의 개념에 따라 자신과 다른 사람을 판단한다.

그들이 가진 자기 수양의 개념은 능력을 주는 것과 그 이상의 것을 주는 것으로 나눌 수 있다. 여기서 나는 '그 이상의 것' 을 숙련이라고 부르기로 한다. 이 두 가지는 일본에서 확실히 구별되는 것으로, 인간의 심성 속에서 서로 다른 결과를 추구하며 서로 다른 근거를 가진다. 그리고 서로 다른 징표를 통해 식별된다. 우선 능력을 키우는 수행에 대해서는 이미 많은 사례를 언급했다. 10분간의 짧은 휴식 때 잠시 졸 수 있을 뿐 60시간 동안 자지도 쉬지도 않는 훈련에 참가한 부하 병사들을 두고 "가르쳐주지 않아도 자는 법을 알고 있습니다. 필요한 것은 자지 않는 훈련을 하는 것입니다"라고 말한 육군 장교가 가진 훈련의 목적이란, 그것이 우리에게 아무리 극단적인 요구처럼 보여도, 단지 한 사람 몫을 충분히 해내기 위한 능력을 키우는 것에 불과하다. 그는 일본의 정신 통제법의 원리를 이야기하고 있다. 그 정신 통제법이란 의지는 거의 무한으로 육체를 능가할 수 있으며 육체는 실들일 수 있다는 것이다. 그리고 그들의 정신 통제법은 사람이 육체를 무시하면 반드시 손실을 입게 될 것이라는 건강의 법칙을 가지고 있지 않다. 일본인의 '인정人情' 의 이론 전체가 이러한 가정에 근거하고 있다. 인생에서 참으로 중대한 일이 문제가 되었을 때 육체의 요구는 철저히 무시해야 한다. 그것이 아무리 건강에 꼭 필요한 요구며, 그 자체가 독립적으로 인정되고 노력하여 키워져야 하는 것이라 해도 말이다. 어떠한 자기 수양을 해서라도 사람은 일본 정신을 발휘해야 하는 것이다.

그러나 일본인의 생각을 이렇게 표현하면 그들이 가진 가정에 대해 오해를 불러일으킬 여지가 있다. "어떠한 자기 수양을 해서라도"라는 표현이 미국의 용법에서는 "어떠한 자기희생을 해서라도"라는 의미와 거의 동일하기 때문이다. 그것은 때로는 "어떻게든지 자기의 욕망을 억제해서라도"라는 의미도 된다. 훈련에 대해 미국인은-그것이 외부로부터 강요된 것이든 자신을 감시하는 양심이 마음속에 불러일으킨 것이든-사람은 어릴 적부터 자발적으로 훈련을 받거나, 아니면 강요된 훈련을 통해서라도 사회화되어야 한다는 사고방식을 가지고 있다. 이것은 억압이다. 당사자는 이처럼 자신의 바람이 제한되는 것을 불쾌하게 느낀다. 그는 무엇인가를 희생해야 하기 때문에 당연히 마음속에 반항적인 감정이 일어난다. 이는 미국의 많은 심리학 전문가의 의견일 뿐 아니라 각 가정에서 부모가 아이를 양육할 때의 철학이기도 하다. 그렇기 때문에 더더욱 심리학자들의 분석이 우리 사회에서는 많은 진리를 가지는 것이다. 아이들은 일정한 시간이 되면 잠자리에 '들어야 한다'. 그리고 아이들은 부모의 태도에서 자는 것이 일종의 억압이라는 것을 깨닫게 된다. 매일 밤 많은 가정에서 아이들이 떼를 쓰고 억지를 부리며 불만을 드러낸다. 이미 잠자리에 드는 것이 '해야만 하는' 것이라고 교육받은 아이들은 도저히 이길 수 없다는 것을 알면서도 대들어보는 것이다. 어머니는 아이가 꼭 '먹어야 하는' 것을 정한다. 그것은 오트밀일 때도 있고, 시금치일 때도 있으며, 빵이나 오렌지 주스일 때도 있지만, 미국의 어린이들은 자신이 '먹어야 하는' 음식에 대해 불만을 표현하는 법도 배운다. '몸에 좋은' 음식은 맛이 없다고 마음속으로 정해버리기도 한다. 이런 미국의 습관은 일본에서는 낯선 것이다. 예를 들면 그리스 같은 유럽의 몇몇 나라에서도 볼 수 없는 관습이다. 미국에서 어른이 된다는 것은 음식 제한으로부터 해방되는 것을 의미한다. 사람은 어른이 되면 몸에 좋은 음식이 아니라 맛있는 음식을 먹을 수 있는 것이다.

그러나 이런 잠이나 음식에 대한 사고방식은 서양인의 자기희생의 개념 전체에서 보면 지극히 사소한 부분이다. 부모가 자녀를 위해 엄청난 희생을 치르고, 아내가 남편을 위해 일생을 바치며, 남편은 일가의 생계를 위해 자유를 포기한다는 것이 일반적인 서양인의 신조다. 미국인에게는 자기희생의 필요를 인정하지 않는 사회가 존재한다는 것은 상상도 못할 일이다. 그러나 실제로 그러한 사회는 존재한다. 그리고 그와 같은 사회에서 부모는 본능적으로 자녀를 귀여워하며, 여자는 다른 무엇보다 결혼을 바라고, 일가의 생계를 꾸려나가는 사람은 어부든 정원사든 자기가 좋아하는 일을 하고 있는 것이라고 말한다. 이런 곳에서 자기희생이란 말을 굳이 할 필요가 있을까? 이러한 해석을 강조하고, 사람들이 그 해석을 좇아 생활하는 것을 인정하고 있는 사회라면 자기희생이라는 관념은 거의 인정되지 않는다.

미국에서는 사람이 위와 같은 '희생'을 치러 남을 위해 하는 모든 일이, 다른 문화에서는 상호 교환으로 여겨지고 있다. 그것은 나중에 이익으로 되돌아올 투자나 이전에 남에게서 얻은 가치에 대한 보답과 같다. 그런 나라에서는 부자 관계도 상호 교환적인 관계로 본다. 아버지가 유년기의 아들을 위해 한 일을 아들은 아버지의 만년에, 그리고 아버지가 돌아가신 후에 해드리는 것이다. 모든 거래 관계가 일종의 민간 계약으로, 흔히 받은 것과 똑같은 것을 같은 양으로 돌려주는 것을 보장함과 동시에 일반적으로 한쪽에는 비호의 의무를, 다른 한쪽에는 봉사의 의무를 지운다. 이렇게 하여 양쪽이 다 이익을 얻기 때문에 어느 한쪽도 자신의 의무를 희생이라고 생각하지 않는다.

일본인이 남을 위해 하는 봉사의 뒷면에 있는 강제력은 물론 이러한 상호 의무에 근거하는 것이다. 남에게 받은 것과 같은 양을 갚을 것을 요구하면서 동시에 계층적 관계에 있는 사람들 사이에서도 서로 그 책임을 다할 것을 요구한다. 따라서 자기희생이 가지는 도덕적 지위는 미국에서와는 상당히 다르다. 일본인은 일찍부터 기독교 선교사들의 자기희생이라는 가르침에 대해 반발하는 태도를 취해왔다. 그들은 덕이 있는 사람이라면 남을 위해 하는 일을 자기 욕망을 억압하는 것이라고 생각해서는 안 된다고 주장했다. 어떤 일본인은 내게 이런 말을 했다. "우리가 당신들이 말하는 이른바 자기희생을 하는 것은 우리 자신이 그렇게 하기를 바라든지, 아니면 그렇게 하는 것이 옳은 것이기 때문입니다. 우리는 그것을 절대로 유감스럽게 생각하지 않습니다. 실제로 남을 위해 많은 부분을 희생했다 하더라도 그렇게 해서 우리가 스스로의 정신을 고양했다고 생각하지도 않고, 또 그 '대가' 를 받아야 한다고 생각하지도 않습니다." 일본인과 같이 삶을 상호 의무에 정교하게 짜 맞춘 사람들이 자신의 행동을 자기희생으로 생각하지 않는 것은 당연한 일이다. 그들이 극단적인 의무를 완수해내는 것은 전통적인 상호 의무의 강제력으로 인한 것이기에, 그들은 경쟁을 기조로 하는 나라에서 쉽게 볼 수 있는 개인주의적인 자기 연민이나 독선적인 감정을 품지 않는다.

따라서 일본에서 일반적으로 이루어지고 있는 자기 수양의 습관을 미국인이 이해하기 위해서는 '자기 수양' 에 대한 우리의 개념에 약간의 외과 수술을 시행해야 한다. 즉, 우리 문화 속에서 이 개념 주변에 달라붙어 있는 '자기희생' 과 '억압' 이라는 딱지를 떼어내야 하는 것이다. 일본에서는 훌륭한 선수가 되기 위해 자기 수양을 한다. 그리고 이러한 일본인의 태도는 브리지를 하는 사람과 마찬가지로, 전혀 희생이라는 인식 없이 훈련을 받는다. 물론 훈련은 엄격하다. 그러나 그것은 일의 고유 본질에 따른 것이므로 엄격한 것이 당연하다. 갓 태어난 아기는 행복하지만 '인생을 음미할 수 있는' 능력은 가지고 있지 않다. 정신적 훈련(또는 자기 수양, 슈요修養)을 쌓아야만 비로소 충실한 삶을 영위할 수 있으며 인생의 '맛을 음미하는' 능력도 얻을 수 있다. 이 표현은 일반적으로 "이렇게 하여 비로소 인생을 즐길 수 있다only so can he enjoy life"라고 번역되는데, 자기 수양은 그렇게 '(자제력이 자리하는) 내면을 넓히는' 것이다. 이는 인생을 확장한다.

일본에서 '능력'을 키우는 자기 수양의 근거는 그것이 처세술을 개선한다는 점에 있다. 훈련 초기에는 견디기 힘들다고 느낄 수 있지만 그러한 감정은 곧 사라진다고 일본인은 말한다. 그것은 마침내 훈련을 즐길 수 있게 되거나, 또는 훈련을 포기해버리기 때문이다. 수습생은 제 몫을 하는 어엿한 장사꾼이 되고, 소년은 유도를 익히게 되며, 며느리는 시어머니의 바람에 부응하게 된다. 훈련의 첫 단계에서 새로운 요구에 따르지 못해 이와 같은 슈요로부터 도망치고 싶어하는 것도 무리는 아니다. 그런 경우에 그들의 아버지는 그들에게 "왜 그런 잘못된 생각을 품는 거지? 인생을 제대로 알기 위해선 훈련이란 게 필요한 법이다. 만약 지금 모든 걸 내던지고 훈련을 쌓아두지 않으면 나중에 반드시 어려움에 부딪히게 될 거야. 그렇게 해서 세상 사람들에게 이러쿵저러쿵 말을 듣게 돼도 그때는 나도 널 도와줄 수가 없단다" 하며 가르칠 것이다. 일본인이 곧잘 쓰는 표현을 빌리자면 수양은 "몸에서 나온 녹"을 닦아내는 것이다. 수양은 사람을 갈고닦아 날카로운 칼이 되게 한다. 물론 그것이야말로 그들이 바라는 것이다.

일본인은 이처럼 자기 수양이 자신에게 이익이 된다는 것을 강조한다. 그렇다고 해서 그들의 도덕률이 자주 요구하는 극단적인 행위가 심각한 억압이 되지 않는다거나, 그런 억압이 공격적 충동을 유발하는 일이 전혀 없다는 것은 아니다. 그런 구별은 놀이나 스포츠에서라면 미국인도 잘 이해할 수 있다. 브리지의 선수권 보유자는 실력을 향상하기 위해 희생해야 했던 부분에 대해 불평을 토로하지 않는다. 그는 그 분야에서 달인이 되기 위해 써야 했던 시간을 '억압'이라고 보지도 않는다. 그럼에도 불구하고 의사들이 하는 말에 의하면, 거액을 걸고 도박을 할 때나 선수권 시합 때 필요한 엄청난 집중력이 이따금 당사자에게 위궤양이나 과도한 신체적 긴장을 일으킨다고 한다. 물론 똑같은 일이 일본에서도 일어난다. 그러나 상호 의무라는 관념이 강제력으로 작용하고 있기 때문에, 또 그들은 자기 수양이 자신에게 이익이 된다고 굳게 믿고 있기 때문에 미국인은 도저히 견뎌낼 수 없는 많은 행위를 일본인은 수월하게 여기는 것이다. 그들은 유능하게 행동하기 위해 미국인보다 더 치밀한 주의력을 기울이고, 변명을 하는 일도 적다. 우리만큼 자주 생활의 불만을 다른 데로 전가하지도 않으며, 또 우리만큼 자주 자기 연민에 빠지지도 않는다. 그것은 일본인은 어쨌든 미국인처럼 소위 보통 사람만큼의 행복이라는 것에 얽매이지 않기 때문이다. 일본인은 미국인보다 "몸에서 나온 녹"에 대해 훨씬 더 많은 주의를 기울이도록 훈련되어 있다.

'능력'을 키우는 자기 수양 그 위에는 '숙련'이라는 수준이 있다. 일본인이 그러한 자기 수양보다 상위의 훈련 방법에 관해 쓴 책은 대개 서양인이 보기에 이해하기가 어렵다. 그래서 서양인 중에 이런 문제를 전문으로 연구하는 사람도 그 책을 우습게 보는 경향이 있었다. 그들은 때로 그것을 '별난 습관' 이라고 했다. 한 프랑스 학자는 그것은 완전히 "상식을 무시한 것"이라고 지적하면서, 수양을 중시하는 모든 종파 중 가장 두드러진 선종을 두고 "엄숙한 넌센스투성이"라고 썼다. 그러나 일본인이 이 훈련 방법을 통해 달성하고자 하는 목표는 결코 이해 불가능한 것이 아니다. 그리고 이 문제를 파고드는 것은 일본인의 정신 통제법을 밝혀내는 데 적지 않은 도움을 줄 것이다.

일본어에는 자기 수양의 달인이 도달하는 심경을 나타내는 여러 표현이 있다. 그들은 이런 표현을 배우나 종교 신자를 표현할 때 사용하기도 하고 검객이나 연설가, 화가, 다도의 스승을 표현할 때 사용하기도 한다. 이들 말은 전부 동일한 일반적 의미를 지니는데, 나는 그중에 하나인 '무가無我' 라는 단어를 예로 들어 설명하고자 한다. 이 단어는 상류 계급에서 번창한 선종에서 사용했던 말이다. 이 단어가 나타내는 숙련의 경지는 그것이 세속적 경험이든 종교적 경험이든 상관없이, 의지와 행동 사이에 '머리털 한 올만큼의 틈도 없을' 때의 체험을 가리킨다. 방출된 전류는 양극에서 음극으로 일직선으로 뻗어 나가는데, 숙련의 경지에 달하지 않은 사람의 경우에는 의지와 행동 사이에 이른바 전기가 통하지 않는 절연체 같은 것이 끼여 있다. 일본인은 이 장애물을 '보는 자아' 또는 '방해하는 자아' 라고 부른다. 그리고 특별한 훈련을 거쳐 이 장애물을 없앴을 때에는 달인은 '지금 내가 그것을 하고 있다' 는 의식조차 갖지 않게 된다. 회로는 열리고 전류는 자유롭게 흐른다. 행위는 노력 없이 이루어진다. 그것은 '하나의 점one pointed'[120] 이 된다. 행위자는 마음속에 그리는 형상과 조금도 다르지 않게 행위를 실현하게 된다.

일본에서는 지극히 평범한 사람도 이런 종류의 '숙련' 의 경지에 이르고자 노력을 한다. 불교 연구의 권위자인 영국인 찰스 엘리엇은 한 여학생에 대해 다음과 같이 전하고 있다.

> 그 여학생은 도쿄의 한 유명한 선교사의 집에 찾아와서는 크리스천이 되고 싶다고 했다. 이유를 묻자 "비행사가 되고 싶어 견딜 수가 없기 때문이에요"라고 대답했다. "비행기와 기독교가 무슨 관계가 있는지 설명해보겠니?" 하고 선교사가 물었다. 여학생은 "비행사가 되기 위해서는 우선 침착하고 어떤 상황에서도 흐트러지지 않는 마음을 가져야 하는데, 그런 마음가짐은 종교적 훈련을 통해서야 비로소 얻을 수 있는 것이라고 누군가가 이야기해주었어요. 종교 중에서 아마도 가장 뛰어난 종교는 기독교가 아닐까 생각했기 때문에 가르침을 받고자 찾아왔습니다"라고 대답했다.[121]

일본인은 단지 기독교와 비행기를 연결하는 것만으로 그치지 않는다. 그들은 '침착하고 어떤 상황에서도 흐트러지지 않는 마음'을 기르는 훈련을 교육학 시험을 볼 때에도, 연설할 때에도, 또 정치가로서 활약할 때에도 결코 빼놓아서는 안 된다고 생각한다. 한 점에 집중하는 태도를 기르는 훈련은 어떤 일을 하더라도 거의 틀림없이 이익을 가져다줄 것으로 생각하는 것이다.

120 'one pointed' 라는 표현은 스즈키 다이세쓰의 『Essays in Zen Buddhism』에서 사용된 말로, 그의 설명에 의하면 범어 '에카그라(ekagra)'를 번역한 말이라고 한다. 마음이 한 점에 집중되어 있는 상태를 가리키며, 일반적으로 불교에서는 '일연(一緣)', '일심(一心)'이라고 하기도 한다.

121 * Charles Eliot, Japanese Buddhism, p.286.

많은 문명이 이러한 종류의 훈련법을 발달시켜왔지만, 일본의 목표와 방법은 매우 독자적이고 두드러진 성격을 가진다. 이것은 일본 수행법의 많은 부분이 인도의 요가yoga라 불리는 수행법에서 유래한 것이기에 더욱 흥미롭게 느껴진다. 일본의 자기최면이나 정신 집중, 감각 제어의 방법은 지금도 인도의 관행과 많은 유사성을 보이고 있다. 이를테면 마음을 비우는 것, 부동자세를 취하는 것, 동일한 문구를 수만 번씩 되풀이하는 것, 일정한 상징에 주의를 집중하는 것 등이다. 거기에는 인도에서 사용되고 있는 용어도 찾아볼 수 있다. 그러나 공통적인 것은 대체적인 뼈대뿐이고, 그 외에는 힌두교와 공통점이 거의 없다.

인도의 요가학파는 극단적인 금욕 고행을 하는 종파다. 그것은 윤회로부터 벗어나는 하나의 방법이다. 인간에게는 해탈, 즉 열반 이외에는 구원이 없다. 그리고 인간이 가는 길을 막는 장애는 바로 인간의 욕망이다. 욕망은 금식으로, 멸시로, 또 자신과 자신의 신체를 괴롭히는 것으로만 제거할 수가 있다. 이와 같은 수단을 통해 인간은 성자가 되고, 영성靈性과 신성神性의 합일을 성취해낼 수 있다. 요가는 육체의 세계를 버리고 끝없이 반복되는 인간의 미래로부터 벗어나는 방법이다. 그것은 또한 영적 능력을 획득하는 방법이다. 고행이 극단적일수록 목표에도 더 빨리 도달할 수 있다.

하지만 요가의 이런 철학은 일본에서는 찾아볼 수 없다. 일본은 대표적인 불교국이면서도 지금까지 윤회와 열반의 사상이 전 국민의 불교적 신앙의 일부분을 이룬 적이 없다. 또한 이러한 가르침을 소수의 승려가 개인적으로 받아들인 적은 있어도, 민중의 풍습이나 사상에까지 영향을 미친 적은 한 번도 없다. 일본에서는 동물이나 곤충을, 인간의 영혼이 다시 태어난 모습이라고 해서 죽여서는 안 된다고 하지도 않는다. 그리고 일본의 장례식이나 출생에 관련된 의식은 윤회 사상의 영향을 전혀 받지 않았다. 윤회설은 일본적인 사상의 형태가 아니다. 일반 민중은 열반 사상을 전혀 이해하지 못했을 뿐 아니라, 승려 자신이 이를 수정하고 결국은 없애버리고 말았다. 학자인 승려들은 '깨달음(사토리)'을 얻은 자는 이미 열반의 경지에 이르렀다고 단언한다. 열반이란 바로 여기 시간의 한가운데에 존재한다. 인간은 소나무에서도 야생의 새에서도 '열반을 본다'고 주장한다. 또 일본인은 옛날부터 사후의 세계에는 그다지 흥미를 가지지 않았다. 그들의 신화는 신들의 이야기는 전해주지만 죽은 자의 세상에 대해서는 한마디도 하지 않는다. 그들은 불교의, 사후에 있어서의 인과응보적인 사상조차 버리고 말았다. 인간은 누구라도, 가장 신분이 낮은 농민이라도 죽으면 부처가 된다. 가정의 불단에 차려진 가족의 위패를 나타내는 말은 바로 '부처님'이다. 이와 같은 표현을 하는 불교국은 어디에도 없다. 그리고 지극히 평범한 사람의 사후에 대해 이렇게 대담한 표현을 하는 국민이기에, 열반의 달성과 같은 어려운 목표를 그리지 않는다는 측면은 충분히 이해할 수 있다. 무슨 일을 하든 어쨌든 부처가 되는 존재라면 인간은 굳이 자신의 몸을 괴롭히며 절대적 경지의 목표에 도달하기 위해 노력할 필요가 전혀 없는 것이다.

일본에서는 육체와 정신이 대립한다는 교리도 찾아볼 수 없다. 요가는 욕망을 제거하는 방법이다. 그리고 욕망은 육체 안에 머문다. 그러나 일본인은 이런 가르침을 가지고 있지 않다. '인정'은 악마에 속하는 것이 아니다. 그리고 쾌락을 즐기는 것은 생활의 지혜의 일부분이다. 유일한 조건이라면 관능官能은 인생의 중대한 의무 앞에서는 희생되어야 한다는 것뿐이다. 이것은 일본인이 요가를 수행할 때 논리적으로 거의 극한까지 밀고 나가는 신조다. 일본에서 요가를 하는 종파는 자학적 고행을 모조리 없앴을 뿐 아니라 금욕주의의 색채도 띠지 않는다. '깨달음' 을 얻어 은둔 생활을 하는 사람은 '세상을 버린 사람' 이라고 불리는데, 심지어 그들조차도 처자식과 함께 햇빛 좋고 물 좋은 곳에 거처를 마련하여 안락한 삶을 사는 것이 보통이다. 결혼하여 더불어 자식까지 얻는 것은 그들이 성자가 되는 것과 전혀 모순되지 않는다고 생각하는 것이다. 모든 불교 종파 중에서도 가장 세속적인 성격을 띠는 정토진종淨土眞宗의 승려들은 어떤 형식으로든지 아내를 얻으며 자식을 낳는다. 지금까지 일본은 영혼과 육체가 서로 대립한다는 설을 쉽게 받아들인 적이 없다. '깨달음' 을 얻은 사람이 성자일 수 있었던 것은 명상을 통해 수행의 공덕을 쌓으며 간소한 생활을 한 것에서 연유한 것이지, 초라한 옷차림을 했다거나 자연의 아름다움이나 샤미센[122] 가락을 외면했기 때문이 아니었다. 일본의 성자들은 우아한 시가를 읊고, 차를 마시고, 풍월과 꽃놀이를 즐기며 세월을 보냈다. 현재 선종과 같은 종파는 신자들에게 '세 가시의 부족, 즉 의복과 음식과 수면의 부족' 을 피할 것을 권하고 있다.

요가 수행의 마지막 신조인 신비주의적 수도법은 망아입신忘我入神의 경지에 이르러 우주와의 합일을 꾀한다는 것인데, 이 또한 일본에서는 찾아볼 수 없는 것이다. 미개 부족, 이슬람교의 수도승, 인도의 요가 행자, 중세의 기독교도를 불문하고 전 세계 어디든 신비주의적 수도법이 이루어진 곳에서 수도자들은, 신앙은 달라도 대부분 이구동

122 일본의 대표적인 현악기.

성으로 '신과 하나'가 된다고 하면서 '이 세상의 것이 아닌' 법열을 경험한다고 주장해왔다. 그러나 일본인은 신비주의적 수도법은 가지고 있지만 신비주의는 가지고 있지 않다. 이것이 그들이 황홀경에 빠지지 않는다는 의미는 아니다. 그들도 황홀경의 경지에 이른다. 그러나 그들은 황홀 상태 또한 '하나의 점에 집중'하는 태도를 기르는 일종의 훈련법으로 본다. 그것을 망아의 상태라고는 하지 않는다. 선종은 다른 나라의 신비주의자들처럼 황홀경에 빠져 있는 동안 '오감五感'이 활동을 정지한다고 하지 않는다. 오히려 그들은 이 방법으로 인해 '육감六感'이 비정상적으로 예민한 상태에 다다른다고 말한다. 여섯 번째 감각인 육감은 마음속에 자리한다. 그리고 훈련을 통해 이 육감이 오감을 지배하게 되는 것이다. 그러나 미각, 촉각, 시각, 후각, 청각도 황홀경에 들어 있는 동안 각각 특별한 훈련을 받게 된다. 소리가 없는 발소리를 듣고 그 발소리가 한 곳에서 다른 곳으로 이동하는 것을 정확히 쫓아갈 수 있게 되는 것, 또는 황홀경 속에서도 음식 냄새－일부러 그런 냄새를 풍겨서는－를 식별할 수 있게 되는 것이 구도자들의 수행 중 하나다. 냄새를 맡고, 보고, 듣고, 만지고, 맛을 보는 것이 '육감을 돕는다'. 그리고 사람은 황홀경 속에서 '모든 감각 기관을 예민하게 하는' 방법을 익히는 것이다.

이것은 초감각적 경험을 중시하는 종교에서는 아주 이례적인 일이다. 황홀경에서조차 그 선禪의 수행자는 자아 밖으로 빠져나오려 하지 않으며, 니체가 고대 그리스인에 대해 말한 바와 같이 "있는 그대로의 자아에 머물러 시민으로서의 자신의 이름을 그대로 유지"하려고 한다. 일본의 위대한 불교 지도자 중에서도 이러한 생각을 명확히 표현한 사람을 다수 찾아볼 수 있다. 그중에서도 가장 뛰어난 것은 오늘날에도 선종의 가장 유력한 종파인 조동종曹洞宗을 창시한 12세기의 고승 도겐[123]의 말이다. 그는 자신의 '깨달음(사토리)'에 대해 이렇게 말하고 있다. "나는 단지 똑바로 서 있는 코 위에 눈이 수평으로 달려 있다는 것을 알고 있을 뿐이다. (중략) (선 체험 속에서) 이상한 것은 하나도 없다. 시간은 자연스럽게 흘러가며 해는 동쪽에서 떠오르고 달은 서쪽으로 진다."[124] 선 관련의 책에서는 황홀경의 체험이 인간적 능력을 훈련하는 것 외에 다른 능력을 준다는 것을 인정하고 있지 않다. 일본의 한 불교도는 "요가는 명상을 통해 여러 가지 초자연적인 능력을 얻을 수 있다고 주장하지만, 선은 그런 말도 안 되는 주장은 하지 않는다"[125]라고 쓰고 있다.

일본은 이처럼 인도 요가의 근본이 되는 가정을 완전히 말살해버렸다. 고대 그리스인을 연상케 할 정도로 섬세함에 대해 강한 애착을 가지는 일본인은 요가 수행을, 인간을 완전하게 하는 자기 수양과, 인간과 그 행위 사이에 머리카락 한 올의 틈도 없도록 '숙련' 시키는 수단으로서 이해하고 있다. 그것은 힘을 유용하게 쓰도록 하는 훈련이자 자신의 힘을 의지하는 태도를 기르는 훈련이다. 그것이 주는 공덕이란 현세적인 공덕으로, 사람은 그로 인해 어떤 상황에 직면하게 되더라도 넘치거나 부족함 없이 딱 알맞게 노력하여 대처할 수 있게 된다. 또한 변덕스럽고 끊임없이 흔들리는 자신의 마음을 통제하여 외부의 신체적 위기나 내부의 격정으로 인해 정도에서 벗어나는 일이 없도록 한다.

123 1200~1253. 가마쿠라 시대 초기의 승려. 그는 모든 것은 현재 성립되어 있는 절대적인 진리며, 인간도 그 모든 것의 일부로서 절대 진리로 존재하는 것(現成公案)이라고 주장했다.

124 * Nukariya Kaiten, The Religion of the Samurai. London, 1913, p.197.

125 * 위의 책, p.194.

이렇게 훈련은 승려뿐 아니라 무사에게도 유익한 것이었음은 말할 필요도 없다. 사실 선을 자신들의 종교로 삼은 것은 다름 아닌 무사들이었다. 신비주의적 수행법이 극치에 이르렀을 때 신비적 체험을 목적으로 하지 않고, 무사들이 일 대 일의 싸움을 위한 훈련법으로 이용하고 있는 곳은 일본밖에 없다. 일본에서는 선이 힘을 얻기 시작한 초기부터 늘 그런 모습이었다. 12세기 일본 선종의 창시자 에이사이[126]가 저술한 책으로 『선을 보급하여 나라를 지키는 말씀興禪護國論』이라는 것이 있다. 선은 무사나 정치가, 검객, 대학생을 완전히 세속적인 목표에 도달시키기 위해 훈련을 해왔다. 찰스 엘리엇이 쓴 바와 같이 중국의 선종사禪宗史에는 선이 훗날 일본으로 건너가 군사적 훈련의 한 수단이 될 것이라고 암시하는 사항은 없었다. "선은 다도나 노가쿠와 마찬가지로 완전히 일본적인 것이 되었다. 12, 13세기의 동란 시기에 경전에서가 아니라 인간의 마음이 직접 체험하는 중에 진리를 발견한다는 이러한 명상적이고 신비적인 가르침이, 사원이라는 피난처 안에서 세상 풍파를 피해 출가한 사람들 사이에 널리 퍼져 있었다는 것은 쉽게 상상할 수 있는 일이지만, 설마 그것이 무사 계급이 선호하는 생활 원리로서 수용되리라고는 누구도 생각지 못했다. 그러나 실제로 그렇게 되었다."[127]

불교와 신토를 포함하여 일본의 많은 종파는 명상, 자기최면, 황홀경 등 신비적 수행법에 상당히 역점을 두어왔다. 그 종파들 중 어떤 것은 이런 훈련의 결과를 신의 은총이라고 주장하면서 그 철학의 근본을

126 1141~1215. 가마쿠라 시대 초기의 승려. 임제종(臨濟宗)을 창시했으며 선종 포교에 힘썼다.

127 * Charles Eliot, Japanese Buddhism, p.186.

'다리키他力', 즉 '타인의 힘을 빌리는 것'이라 하여 자비로운 신의 힘을 의지하는 데에 두고 있다. 이와 반대인 종파로서는 선이 가장 두드러진 예지만, '지리키自力', 즉 '스스로의 힘만을 의지'하는 종파가 있다. 이런 종파는 잠재적인 힘은 자신의 안에만 존재하고, 자신의 노력에 따라서만 그것을 증폭할 수가 있다고 가르친다. 일본의 무사들은 이것이야말로 그들의 천성에 딱 어울리는 가르침이라고 느꼈다. 그리고 그들은 승려로서, 정치가로서, 교육자로서 활동할 때에도—당시에는 무사들이 이 모든 직분에 종사했다—선의 수행법을 엄격한 개인주의를 받쳐주는 기둥으로 이용했다. 선의 가르침은 아주 구체적이었다. "선은 사람이 자기 안에서 발견할 수 있는 광명만을 추구하는 것이다. 선은 그 길을 방해하는 것은 어떤 것도 용납하지 않는다. 모조리 없애라. (중략) 만일 도중에 부처를 만나면 부처를 죽여라. 만일 창시자를 만나면 창시자를 죽여라. 성자들을 만나면 그들도 모두 죽여라. 그것이야말로 구원에 도달하는 유일한 길이다."[128]

진리를 탐구하는 인간은 부처의 가르침이든 경전이든 신학이든 간접적인 것은 수용해서는 안 된다. "삼승三乘[129] 십이분교十二分敎[130]는 종잇조각에 불과하다." 그것을 연구해서 무익한 것은 아니지만 그것은 자신의 영혼 속에서 번갯불 한 줄기 빛나는 것과는 전혀 상관이 없다. 이 번갯불 한 줄기만이 깨달음을 안겨주는 것이다. 다음은 선의 어떤 문답집에 나오는 이야기다. 한 제자가 선승에게 법화경을 쉽게 설

128 * E. Steinilber-Oberlin, The Buddhist Sects of Japan. London, 1938, p.143에서 인용.

129 중생을 열반에 이르게 하는 세 가지 교법, 즉 성문승, 연각승, 보살승.

130 불경의 문장을 서술 형식이나 내용에 따라 열두 종류로 분류한 것.

명해줄 것을 요청했다. 승려는 아주 훌륭하게 설법을 해주었다. 그러나 그 설법을 듣고 있던 제자는 실망한 듯한 목소리로 "저는 선승은 경전이나 이론, 논리적 설명 체계 등은 경멸하시는 줄로만 알았습니다"라고 말했다. 그러자 선승이 대답하기를 "선은 아무것도 알지 못하는 것이 아니라 아는 것(깨달음)은 모든 경전과 모든 문헌 밖에 있다고 믿는 것이라네. 자네는 아는 것(깨달음)을 얻고자 한다고는 하지 않았지. 단지 경전을 설명해달라고만 하지 않았나?"[131]라고 했다.

선의 스승들이 행한 전통적인 훈련은 제자에게 '깨닫는' 방법을 가르치는 것을 그 목적으로 했다. 훈련은 육체적인 것일 때도 있고 정신적인 것일 때도 있지만 어느 쪽이든 마지막에는 학습자의 내면적 의식에서 그 효력이 확인되어야 한다. 검술가의 선의 수행이 이에 좋은 예가 된다. 물론 검객은 검의 바른 사용법을 익히고 또 그것을 늘 연습해야 한다. 그러나 아무리 검술이 뛰어나다 해도 그것은 단지 '능력'의 영역에 속하는 문제다. 그는 더 나아가 '무가無我'의 경지까지 이르는 법을 배워야 한다. 그는 처음에 평평한 곳에 서서 자신의 몸을 받치고 있는 마룻바닥의 겨우 몇 인치에 불과한 표면에 온 정신을 집중하도록 명령을 받는다. 그의 발판이 되는 이 극히 좁은 면적은 점점 높여져서 나중에는 1미터 높이의 기둥 위에서도 마치 마당 한가운데에 서 있는 것과 같이 수월하게 서 있을 수 있게 된다. 이렇게 조금도 위태로운 감 없이 기둥 위에 설 수 있게 되면 그는 '깨달음'을 얻는다. 이미 그의 마음속에는 현기증을 느끼거나 떨어질까 봐 두려워하는 감정 등으로 스스로를 배신하는 일은 없어지게 된다.

---

131 * 앞의 책, p.175.

이렇게 기둥 위에 서는 일본의 수행법은 누구나가 알고 있는 서양 중세의 성자 시메온[132] 일파의 기둥 행자들의 고행을 의도적인 자기 수양으로 변형한 것이다. 그것은 이제 더는 고행이 아니다. 선의 수행이든 농촌에서 일반적으로 이루어지고 있는 습관이든 일본에서 행해지는 모든 종류의 육체적 훈련은 모두 이러한 변형을 거쳐 만들어진 것이다. 전 세계 많은 장소에서 얼음같이 차가운 물속에 뛰어들거나 깊은 산속 폭포 밑에서 고행을 하는 것은, 어떤 경우에는 육체를 극복하기 위해서며 어떤 경우에는 신의 자비를 구하거나 황홀경을 경험하기 위한 것이다. 일본인이 좋아한 겨울철 수행은 날이 밝기 전 살을 에는 듯한 차가운 폭포수 아래 서 있거나 앉아 있는 것, 그리고 겨울밤에 냉수를 세 차례 끼얹는 것이었다. 그러나 그 목적은 마침내 고통을 느끼지 않게 될 때까지 의식적인 자아를 훈련하는 데 있었다. 구도자의 목적은 방해받지 않고 명상을 지속할 수 있도록 자신을 훈련하는 것이었다. 물의 차가움도 추운 새벽의 떨림도 의식하지 않게 되었을 때, 그 사람은 '달인'의 경지에 다다른 것이었다. 그 외에는 아무런 대가도 바라지 않았다.

정신적 훈련도 이와 마찬가지로 스스로 깨쳐야 하는 것이다. 제자가 스승을 모시는 일은 있어도 스승이 제자를 서양적인 의미로 '가르치는' 일은 없었다. 왜냐하면 제자가 스스로에게서 얻어낸 배움이 아니고서는 아무런 가치가 없기 때문이다. 스승이 제자와 토론을 할 수는 있어도 친절하게 제자를 지도하고 새로운 지식의 영역으로 이끌어주

132 3~4세기의 수도승. 북시리아 출신으로 30년간 기둥 위에서 살았다고 하며, 그 기둥은 처음에는 6피트였던 것이 마지막에는 60피트에 달했는데 그는 그 기둥 위에서 설교를 했다고 한다.

는 일은 하지 않았다. 제자를 가장 험하게 다루는 스승이 가장 도움을 주는 스승이라고 여겨졌다. 제자가 막 입에 대고 마시려는 찻잔을 스승이 갑자기 낚아채서는 던져버린다거나, 발을 걸어 넘어뜨린다거나, 회초리로 제자의 손가락 관절을 내려쳤을 때, 제자는 그 순간 놀란 마음에 불현듯 전류가 흐른 듯이 깨달음을 얻게 되는 일도 있었다. 그것은 그의 자기만족을 부서뜨리는 것이었다. 승려들의 언행을 기록한 문헌에는 이러한 예화가 가득하다.

제자들이 필사적으로 '깨달음'을 얻고자 노력하게 하기 위해 가장 즐겨 쓰던 방법은 '고안公案[133]'이라는 것이었다. 이것은 문자적으로는 '문제'라는 뜻으로, 이러한 고안이 1,700종이나 있다고 한다. 선승의 일화집을 보면 하나의 고안을 해결하기 위해 7년의 세월을 보내는 것은 보통이었다. 고안은 합리적 해답을 얻는 것을 목적으로 하지 않는다. "한쪽 손의 소리를 듣는다"라는 고안이 있는가 하면 "태어나기 전의 어머니 그리워라"라는 고안도 있다. "시체를 업고 다니는 이 누구인가?"나 "나를 향해 걸어오는 이는 누구인가?", 또는 "만물은 하나로 돌아오되 하나는 어디로 돌아가는가?"라는 문제도 있다. 이와 같은 선의 문제는 12세기 및 13세기 이전의 중국에서도 사용되었다. 그리고 일본은 선종과 함께 이 수단을 채용한 것이다. 그러나 고안은 중국 대륙에서는 멸절되어버린 반면, 일본에서는 '숙련'을 위한 수행의 중요한 요소 중 하나가 되었다. "고안은 인생의 딜레마를 함축하고 있다." 고안을 생각하고 있는 사람은 '궁지에 몰린 쥐'처럼 진퇴양난의 막다른 골목에 들어서게 되어, 마치 '달궈진 쇠 구슬을 삼키려는' 사람과

133 화두(話頭)라고도 한다.

비슷하다고 그들은 말한다. 또 그는 '쇳덩어리를 물려고 하는 모기' 와도 같다. 그는 자신을 잊고 한층 더 애를 쓰게 된다. 결국에는 그의 마음과 고안 사이를 막고 있던 '보는 자아' 의 벽이 무너지고, 번갯불의 빛처럼 재빨리 양쪽이 융합한다. 그리고 그는 '깨달음' 을 얻는다.

이와 같이 극도로 긴장된 심적 고충에 대한 묘사를 읽고 나서 정작 선승의 언행록을 펼쳐 이토록 노력을 쏟아 얻은 위대한 진리가 무엇인지 찾아보면 조금은 허탈한 감도 없지 않다. 예를 들면 남악南嶽[134]은 "나를 향해 걸어오는 이는 누구인가?"라는 문제를 두고 8년 동안이나 고민했다. 그리고 그는 결국 답을 얻었다. 그가 얻은 답이란 "여기에 하나의 물건이 있다고 하는 바로 그 순간에 전체는 도망가 버린다說似一物卽不中"라는 것이었다. 그러나 선의 계시에는 전체에 통하는 일정한 틀이 있다. 그것은 다음 몇 줄의 문답에서 엿볼 수가 있다.

> 승려 : 어떻게 해야 생사의 윤회에서 벗어날 수 있습니까?
>
> 스승 : 그대를 속박하고 있는 자(즉, 그 윤회에 묶어놓은 자)는 누구인가?

중국의 유명한 표현을 빌려 이야기하자면, 그때까지 자신들은 "소를 탄 채 소를 찾고" 있었던 것이라고 일본인은 말한다. 그들은 "필요한 것은 그물이나 밧줄이 아니라 그러한 도구로 잡을 물고기와 짐승"이라는 것을 배운다. 이것을 서양식으로 표현하자면, 그들은 딜레마의 양측은 모두 본질과는 관계가 없다는 것을 배운다고 할 수 있다. 그들은 만일 마음의 눈이 열리기만 하면 눈앞에 있는 모든 수단을 통해 목

134 677~744. 중국 당나라의 선승. 경종으로부터 대선 혜사(大禪慧師)라는 시호를 받았다.

표에 도달할 수 있다는 것을 배운다. 어떠한 일도 가능하다. 더욱이 자신을 제외한 누구의 도움도 받지 않고 말이다.

고안의 의의는 이 진리 탐구자들이 발견하는 진리에 있지 않다. 그 진리는 세계 어디에서나 볼 수 있는 신비주의자가 발견하는 진리와 다를 바가 없다. 고안이 지닌 의의는 그것이 일본인이 진리 탐구를 어떻게 보고 있는가를 보여준다는 점에 있다.

고안은 "문을 두드리는 벽돌"이라고 불린다. '문' 은 눈앞에 있는 수단만으로 과연 충분할까 하고 늘 걱정하며 자신의 행동을 많은 사람이 감시의 눈으로 쳐다보면서 칭찬이나 비난을 하려 한다고 망상을 하는, 어리석은 인간성의 주위에 둘린 벽에 달려 있다. 이 벽은 모든 일본인이 절감하고 있는 하지恥(수치심)라는 벽이다. 벽돌로 문을 깨부수어 문이 열리면 사람은 곧 자유로운 세상으로 풀려나 벽돌을 던져버린다. 이제 더는 고안을 풀지 않아도 된다. 학습은 완료되었고 일본인의 덕이라는 딜레마는 해결되었다. 그들은 필사적으로 막다른 골목으로 향해 갔었다. '수행을 쌓기 위해' 그들은 '쇳덩어리를 물려고 하는 모기'가 되었다. 그 결과 드디어 그들은 막다른 골목은 존재하지 않는다는 것—기무나 기리 사이, 기리와 '인정' 사이, '정의' 와 기리 사이에도 막다른 골목은 없다는 것을 알았다. 그들은 한 가닥 도망갈 수 있는 활로를 찾아냈다. 그들은 자유로운 몸이 되어 비로소 풍성하게 삶을 '맛볼' 수 있게 된 것이다. 그들은 '무가' 의 경지에 다다랐다. '숙련' 의 훈련은 성공적으로 그 목적을 달성했다.

선종 연구의 권위자인 스즈키 다이세쓰는 '무가' 를, '지금 내가 하고 있다는 의식조차 전혀 없는 '무아지경', '무노력無努力' 이라고 설명한다.[135] '보는 자아' 는 배제된다. '사람이 스스로를 잃는 것', 즉 이제는 자기 행위의 방관자가 아닌 것이다. 스즈키는 말한다. "의식이 눈을 뜨자마자 의지는 행위자와 방관자의 둘로 분열된다. 그리고 반드시 모순과 대립이 일어난다. 왜냐하면 행위자(로서의 나)는 방관자로서의 나의 구속에서 벗어나기를 바라기 때문이다." 그러므로 '깨달음'을 얻고자 배우는 사람은, 보는 자아가 존재하지 않는다는 것, "미지未知 또는 불가지不可知한 분량으로서의 영적 실체는 존재하지 않는다는 것"[136]을 발견한다. 존재하는 것은 단지 목표와 그 목표를 달성하고자 하는 행위뿐이다. 인간의 행동을 관찰하는 연구자는 이 표현을 조금 바꾸어, 그것을 그대로 일본 문화의 특성을 가리키는 말로 나타낼 수 있다. 일본의 어린 아이는 남이 어떻게 말할까를 기준으로 해서 자신의 행위를 살펴보며 일의 옳고 그름을 판단하도록 철저히 훈련받는다. 그에게 '보는 자아'란 너무나 상처받기 쉬운 존재다. 영혼의 무아지경에 몰입할 때에 그는 이러한 상처받기 쉬운 자아를 배제한다. 그는 이제 "지금 내가 하고 있다"라고 느끼지 않게 된다. 이렇게 해서 그는 마음의 수양이 되었다고 느낀다. 그것은 검술을 배우는 사람이 자신은 이제 머뭇거리지 않고 1미터 높이의 기둥 위에 설 수 있게 되었다고 느끼는 것과 똑같다.

화가도, 시인도, 연설가도, 무사도 모두 이러한 무가의 훈련을 이용한다. 그들이 습득하는 것은 무한한 것이 아니라 유한한 미美를 방해받지 않고 명료하게 아는 것, 또는 목표에 도달하기 위해 '지나치지도 부족하지도 않게' 딱 알맞은 정도의 노력을 기울이도록 수단과 목적을

135 * Suzuki Daisetz, Essays in Zen Buddhism, Vol. 3, p.318(Kyoto, 1927, 1933, 1934).

136 * Charles Eliot, Japanese Buddhism, p.401에서 인용.

조화시키는 것이다.

전혀 훈련을 받은 적이 없는 사람도 일종의 무가를 경험할 수 있다. 노能나 가부키를 관람하는 사람이 무대에 빨려 들어가 완전히 자신을 잊어버리는 경우에도 보는 자아를 잊는다고 말한다. 그는 손에 땀을 쥔다. '무가의 땀'을 느낀다. 목표에 다가가는 폭격기의 조종사도 폭탄을 떨어뜨리기 전에 '무가의 땀'을 흘린다. "그는 하고 있다고 의식하지 않는다." 그의 의식에서 보는 자아는 사라진다. 다른 일에 정신을 팔지 않고 집중하는 고사포의 사수 역시 '무가의 땀'을 흘리며, 보는 자아를 잊는다. 이러한 상태에 빠진 사람은 모두 최상의 상태에 있다고 여겨진다.

이와 같은 사고방식은 일본인이 자기 감시와 자기 감독을 얼마나 부담스럽게 여기는가를 잘 말해주고 있다. 그들은 이러한 제약이 없어졌을 때 자유로워지고, 능률적으로 일할 수 있게 된다고 말한다. 미국인은 보는 자아를 자기 속의 이성적 원리로 보며, 위기에 처했을 때 이에 주의해 빈틈없이 세심하게 대처해나가는 것을 자랑스럽게 여긴다. 이와 달리 일본인은 영혼의 무아지경에 몰입하여 자기 감시가 부여하는 제약을 잊을 때에야 그때까지 목 뒤를 빼근하게 눌러왔던 무거운 맷돌을 떨쳐낸 느낌을 가진다. 앞서 말한 바와 같이 그들의 문화는 자신의 영혼에게 신중하게 행동하도록 귀가 따갑게 들려준다. 그리고 일본인은 이에 대해 무거운 짐을 벗어던짐으로써 한층 더 유효한 활동을 할 수 있는 인간 의식의 수준이 있다고 선언하는 것으로 대항해왔던 것이다.

이런 신조를 표명하는 일본인의 가장 극단적인, 적어도 서양인의 귀에는 그렇게 들리는, 표현은 "죽은 셈치고"라는 것이다. 그들은 죽었다 생각하고 살아가는 사람을 가장 높게 평가한다. 이를 문자 그대로 서양의 언어로 표현하면 '산송장' 이라고 할 수 있는데, 서양 어디에서도 '산송장' 이란 표현은 좋은 느낌을 주지 못한다. 우리는 이 표현을, 어떤 인간의 자아가 죽어서 지상에서는 그저 쓰레기처럼 남아 있을 뿐인 그의 육체에 더는 머무르지 않는 상태를 가리켜 사용한다. 이제 그의 안에는 생명력이 남아 있지 않다. 그런데 일본인은 그런 "죽은 셈치고 살아간다"라는 표현을 '숙련' 의 경지에서 살아간다는 의미로 사용한다. 그것은 일상생활에서 누군가를 격려할 때에도 아주 흔하게 사용된다. 중학교 졸업 시험 때문에 힘들어하는 소년을 격려할 때에도 사람들은 흔히 "죽은 셈치고 한번 시험을 쳐보렴. 아마 쉽게 통과할 수 있을 거야"라고 말한다. 사업상 중대한 거래를 하고 있는 사람을 격려하는 경우에도 그 친구들은 흔히 "죽은 셈치고 해보게나"라고 말한다. 커다란 정신적 위기에 부딪쳐 바로 코앞의 일조차 어떻게 될지 짐작할 수 없게 되었을 때에도 사람들은 "죽은 셈치고" 살 결심을 해서 그 곤경에서 빠져나온다. 또 한 예로 패전 후 귀족원 의원으로 뽑혔던 기독교 지도자 가가와 도요히코[137]는 자신의 자진소설에서 다음과 같이 이야기하고 있다. "마치 악마에 홀린 사람처럼 그는 자기 방에서 매일 울며 지냈다. 그가 발작적으로 목메어 오열하는 모습은 거의 히스테리에 가까웠다. 그런 고뇌의 모습은 한 달 반이나 지속되었는데, 결국 마지막에는 생명력이 이겨냈다. (중략) 그는 죽음의 힘을 몸에 지니고 살아갈 것이다. (중략) 그는 죽은 셈치고 전쟁 속으로 뛰어 들어갈 것이다.

137 1888~1960. 목사이자 사회운동가. 고베 시의 빈민가에 들어갔던 체험을 실은 자전소설 『사선(死線)을 넘어서』가 있다.

(중략) 그는 크리스천이 될 결심을 했다."[138] 전쟁 중에 일본의 군인은 곧잘 "나는 죽은 셈 치고 천황의 은혜에 보답할 각오로 살겠다"라는 말을 했다. 그리고 이 말은 출정 전에 자신의 장례식을 치르거나, 자신이 "이오지마의 흙이 되겠다"라고 맹세하거나, "버마의 꽃과 함께 지리라"라고 각오를 하는 모든 행동을 가리키는 것이었다.

무가의 저변에 깔린 철학이 바로 이 '죽은 셈 치고 살아가는' 태도의 밑에도 숨어 있다. 이런 상태에서 사람은 모든 자기 감시와 모든 공포심과 경계심을 함께 버린다. 그는 죽은 사람, 즉 이제는 올바른 행동 방침 때문에 고민할 필요를 넘어선 존재가 되는 것이다. 죽은 자는 이제 온을 갚지 않아도 된다. 죽은 자는 자유롭다. 따라서 "죽은 셈 치고 살아간다"라는 표현은 모순이나 대립으로부터의 궁극적인 해방을 의미한다. 그것은 다음과 같은 의미를 가진다. "내 활동력과 주의력은 아무런 속박도 받지 않고, 오로지 목적의 실현만을 향해 움직일 수 있게 되었다. 이제 갖가지 불안한 짐을 가진 보는 자아는 나와 나의 목표 사이를 가로막고 있지 않다. 지금까지 나의 노력을 방해해왔던 긴장과 노력의 의식 및 의기소침에 빠지던 경향조차 보는 자아와 함께 모두 사라져버렸다. 앞으로 나는 어떠한 일도 해낼 수 있다."

서양식 표현을 빌리면 일본인은 무가의 습관이나 '죽은 셈 치고 살아가는' 습관에서 의식을 배제한다는 것이다. 그들이 말하는 이른바 '보는 자아', '방해하는 자아'란 인간 행위의 옳고 그름을 판단하는 감시자를 가리킨다. 서양인과 동양인 사이의 심리적 차이를 실로 명백히 엿볼 수 있는 예가 있다. 미국인에게 양심[139]을 가지지 않은 사람이란

138 * Kagawa Toyohiko, Before the Dawn, p.240.

불법행위에 당연히 수반되는 죄의식을 느끼지 않는 사람을 말하지만, 이와 달리 일본인이 같은 표현을 사용할 때 그것은 신경을 날카롭게 곤두세우지 않으며 어떠한 구속도 받지 않는 사람을 의미한다. 미국에서는 나쁜 사람이라는 의미가 일본에서는 착한 사람, 수행을 쌓은 사람, 그리고 그 능력을 최대한으로 활용할 수 있는 사람이라는 의미가 되는 것이다. 그것은 가장 어려운 일을 남을 위해 헌신적으로 해내는 사람이라는 뜻이다. 미국인에게 선행을 요구하는 최고의 강제력은 죄의식이다. 양심이 마비되어 이제는 죄를 자각하지 못하는 사람은 반사회적인 인간이 된다. 하지만 일본인은 문제를 전혀 다른 식으로 해석한다. 그들의 철학에 따르면 인간의 마음속 깊은 곳은 선하다. 만일 충동을 그대로 행위로 나타낼 수 있다면 인간은 쉽게 덕행을 행할 수 있다. 그래서 그는 '숙련'의 수행을 쌓아서 수치심(하지)이라는 자기 감시를 배제하려고 한다. 그렇게 되어야 비로소 그의 '육감六感'에 장애물이 없어지는 것이다. 그것은 자의식과 모순, 대립하는 것으로부터 궁극적으로 해방됨을 의미한다.

일본인의 자기 수양의 철학을 일본 문화 속에서 살고 있는 각각의 일본인의 생활 체험에서 떼어내어 생각한다면 그것은 불가사의한 수수께끼가 되고 만다. 그들이 '보는 자아'에 귀속하고 있는 수치심(하지)의 의미가 얼마나 그들에게 무겁게 얹혀 있는가 하는 것은 이미 쓴 대로지만, 그들의 정신 통제 철학의 진정한 의미는 일본에서 어린이를 교육하는 방법을 설명하지 않는 한 막연하며 불분명하다고 할 수 있다. 어떠한 문화에서도 전통의 도덕적 규율은 차례로 새로운 세대에게

139 영어의 '양심(conscience)'은 본래 '의식(consciousness)'의 의미를 지닌다.

전해지며, 단순히 말로써만이 아니라 연장자가 자신의 아이를 대하는 태도를 통해서 전달된다. 외국인이 어떤 나라의 어린이를 키우는 방법을 연구하지 않고서 그 나라 사람들이 인생의 중대사로 여기고 있는 사항을 이해한다는 것은 거의 불가능한 일이다. 일본의 자녀 교육법을 살펴보면 우리가 이제까지 성인만을 다루어 설명해온, 일본 국민 전체가 안고 있는 인생에 관한 가정의 많은 부분이 더 명확해질 것이다.

제12장

어린이는 배운다

일본의 아이들은 사려 깊은 서양인이라도 전혀 생각하지 못할 방법으로 키워지고 있다. 미국의 부모들은 일본에 비하면 신중함과 엄격함을 요구하는 일이 훨씬 적은 생활에 맞추어 자신의 아이를 훈련시키고 있다. 그럼에도 불구하고 그들은 아이에게 이 세상에 태어난 그 순간부터 아이의 사그마한 소망이 시상 최고의 것이 될 수 없다는 것을 가르쳐준다. 우리는 일정한 시간에 젖을 주고 일정한 시간에 재운다. 젖 먹을 시간이나 자는 시간 이전에는 아무리 칭얼거려도 아이는 때가 되기를 기다려야 한다. 시간이 조금 지나면 어머니는 아이가 손가락을 입에 문다든지 그 외의 신체 부분에 접촉하는 것을 막으려고 아이의 손을 때린다. 어머니가 외출을 할 때에는 아이는 집에 남아 있어야 한다. 아이는 아직은 젖을 가장 먹고 싶을 때 젖을 떼야 하며, 분유를 먹는 아이는 우유병을 포기해야 한다. 몸에 좋은 음식이 정해져 있기 때문에 이제 그것을 먹어야 하는 것이다. 정해진 대로 하지 않으면 벌을 받는다. 미국에서조차 이 정도이니, 한 사람의 성인이 되었을 때 자신의 욕망을 억제하고 그만큼 주의 깊고 성실하게 엄격한 도덕을 실천해야 하는 일본의 갓난아이들은 아마 이보다 몇 배는 더 엄격한 교육을 받으리라고 미국인이 상상하는 것도 당연한 일이다.

그러나 일본의 양육 방법은 전혀 다르다. 일본의 생활 곡선은 미국의 생활 곡선과 정반대다. 그것은 커다랗고 완만한 U 자형 곡선으로, 갓난아이와 노인에게 최대한의 자유를 허락하며 제멋대로 할 수 있도록 해준다. 유아기를 지나면서 점차적으로 구속이 늘어나 결혼 전후의 시기에는 자기가 하고 싶은 대로 할 수 있는 자유가 최저 수준이 된다. 이 최저의 상태는 장년기를 통해 수십 년간 지속된다. 그 후에 곡선은 서서히 상승하여 60세가 지나면 어린아이 때와 거의 비슷할 정도로 수치심이나 사람들 이목에 제한받지 않게 된다. 한편 미국인인 우리의 생활은 이와 반대의 곡선을 그린다. 유아기의 아동은 엄격한 제한을 받지만 이러한 구속은 아이가 커가면서 점차 느슨해진다. 그리하여 마침내 자립을 할 수 있을 정도의 직업을 얻고 가정을 가져서 어엿하게 스스로 생활을 꾸릴 나이가 되면, 각종 제한이 풀린다. 장년기는 자유와 주도권이 정점에 이르는 시기다. 속박은 그가 지배력이나 활동력을 잃거나 남에게 의지하게 되었을 때 다시금 나타난다. 미국인에게는 일본인의 틀에 따르는 조직화된 생활이란 상상하기조차 어렵다. 우리는 그러한 일생을 전혀 현실적이지 않다고 본다.

그러나 앞서 쓴 바와 같이 미국인도 일본인도 모두 그러한 생활 곡선을 정해놓음으로써, 사실상 각국에서 개인이 장년기에 마음껏 활약하며 자신의 문화에 참가할 수 있는 길을 보장해놓았다. 미국에서는 이런 목적을 지키기 위해서는 장년기에 개인 선택의 자유를 증대하는 것이 중요하다고 생각한다. 그러나 일본인은 개인에게 가해지는 속박을 최대로 늘리는 것이 필요하다고 여긴다. 장년기에 사람은 체력적으로나 경제적으로 그 능력이 정점에 달함에도 불구하고 일본인은 자신이 원하는 대로 살 권리를 부여받지 못하는 것이다. 그들은 속박이 가장 좋은 정신적 훈련(슈요修養)이며, 자유를 통해서는 달성할 수 없는 결과를 맺을 수 있다고 굳게 믿고 있다. 이처럼 일본인은 가장 활동적이고 생산적인 시기의 사람들에게 가장 큰 속박을 준다. 하지만 이런 속박이 일생 동안 계속되는 것은 아니다. 유년기와 노년기는 '자유로운 영역' 인 것이다.

어린이에게 너무나 관대한 나라의 사람들은 대개 자녀를 가지고 싶어하는 경향을 강하게 띤다. 일본인이 바로 그렇다. 그들이 아이를 가지고 싶어하는 첫 번째 이유는 미국 부모들이 그러하듯이 아이를 사랑하는 것이 즐겁기 때문이다. 그러나 일본인이 아이를 원하는 이유는 그뿐만이 아니다. 미국에서는 훨씬 비중이 적은 사사로운 이유를 그들은 가지고 있다. 일본 부모들이 아이를 필요로 하는 것은 단순히 정서적인 만족을 얻기 위함뿐 아니라 집안의 혈통을 잇는 데 있나. 자녀가 없어 집안의 혈통이 끊어지면 그들은 인생의 실패자가 되기 때문이다. 모든 일본 남자는 아들을 낳지 않으면 안 된다. 그는 자신이 죽은 뒤에 매일 불단의 위패 앞에서 두 손을 모아줄 아들을 필요로 한다. 그는 가계를 대대손손 잇기 위해, 또 가문의 명예와 재산을 지키기 위해 아들을 필요로 한다. 전통적인 사회적 이유에 의해 아버지가 아들을 필요로 하는 것은 어린 아들이 아버지를 필요로 하는 정도와 거의 같다. 장래에 아들은 아버지의 자리를 물려받는데, 이것은 아버지를 밀어내는 것이 아니라 아버지를 안심시키는 것으로 간주된다. 수년간 아버지는

'집' 의 관리자라는 역할을 맡는다. 그리고 나중에 아들이 그 뒤를 잇는다. 만약 아버지가 가장 자리를 아들에게 물려주지 못하면 자신이 관리자로서 애써온 것은 전부 쓸모없는 일이 되어버린다. 이러한 깊은 연속성을 서로가 인식하고 있기 때문에 완전히 성인이 된 아들이 아버지에게 신세를 지는 기간이 미국에 비해 훨씬 길다 해도 서양에서처럼 부끄러워하거나 성실치 못하다고는 생각하지 않는다.

여자들 또한 아이를 가지고 싶어한다. 그 역시 정서적인 만족을 얻기 위해서만은 아니다. 여자는 어머니가 되어야 비로소 지위를 획득할 수 있기 때문이다. 가정 내에서 자녀가 없는 아내의 지위는 매우 불안정하다. 비록 이혼을 당하는 일은 없더라도 언젠가 시어머니가 되어 아들의 결혼에 대해 발언권을 갖고 며느리에게 권력을 휘두르는 날이 올 것을 기대할 수 없게 되는 것이다. 남편은 대를 잇기 위해 남자 아이를 양자로 맞아들이는 일이 있는데, 그래도 그 아내는 일본인의 관념에 따라 보면 패자다. 일본 여자들은 자녀를 많이 낳고 싶어한다. 1930년대 전반에 일본의 평균 출생률은 천 명당 31.7인이었는데, 이것은 동유럽의 다산국에 비교해보아도 역시 높은 수치다. 미국의 1940년도 출생률은 천 명당 17.6인이었다. 게다가 일본 여자들은 아이를 일찍부터 낳는다. 그리고 19세의 여자는 다른 연령대의 여자보다 아이를 낳는 비율이 높다.

일본에서 분만은 성 관계와 마찬가지로 은밀히 이뤄져야 한다. 진통에 괴로워하는 여자는 큰 소리를 내어 소란스럽게 해서는 안 된다. 그것은 아이가 태어나는 것을 가까운 이웃에 광고하는 것이 되기 때문이다. 갓난아이를 위해 미리 새 이불이 갖추어진 자그마한 잠자리가 준비된다. 태어날 아기가 새로운 잠자리를 갖지 못하는 것은 불길한 징조로 여겨진다. 새것으로 준비할 여유가 없는 가정에서도 이불의 홑청과 솜을 깨끗이 빨고 바느질을 다시 해서 '새롭게' 장만한다. 작은 이불은 어른이 쓰는 이불과 달리 폭신폭신하고 훨씬 가볍다. 그래서 아기들은 자기 잠자리에서 자는 것이 더 편안하다고 한다. 그러나 그들이 아기의 잠자리를 따로 하는 마음 깊은 곳의 또 다른 이유는, 새로운 사람에게는 새로운 잠자리를 주어야 한다는 일종의 공감 주술적인 부분이 크다. 아기의 잠자리는 아기 어머니의 잠자리에 가깝게 두지만, 아기가 어머니와 같이 자는 것은 어머니와 함께 자고 싶다고 아이 스스로가 표현할 수 있을 정도로 크고 나서의 일이다. 만 한 살이 되면 아기는 양손을 내밀어 자신의 요구를 표현하게 된다고 그들은 말한다. 그렇게 되면 아기는 어머니의 이불 속에서 어머니의 품에 안겨 잠을 잔다.

태어나서 3일간은 갓난아이에게 젖을 주지 않는다. 그것은 일본인들이 진짜 모유가 나오기를 기다리기 때문이다. 그 후에 갓난아이는 젖을 먹기 위해서든 장난을 치기 위해서든 언제든지 젖을 무는 것이 허락된다. 어머니도 아이에게 젖을 주기를 즐긴다. 일본인은 수유를 여자가 즐기는 커다란 생리적 쾌락의 하나라고 믿고 있다. 그리고 아기는 어머니의 즐거움을 함께 나누는 것을 쉽게 익힌다. 젖가슴은 영양을 줄 뿐 아니라 기쁨과 즐거움도 주는 것이다. 태어나서 한 달 동안 아기는 자기 잠자리에 누이거나 어머니의 팔에 안긴다. 한 달이 지나면 어머니가 아기를 마을의 신사에 데려가 참배하는데, 그때가 되어서야 생명이 아기의 몸속에 단단히 뿌리를 내려, 이제는 아기를 데리고 외출을 해도 된다고 생각한다. 한 달이 지나면 아기는 어머니의 등에 업힌다. 이중으로 된 길다란 포대기로 아기의 겨드랑이와 엉덩이 부분을 받치고, 끝에 달린 띠를 어머니의 어깨로 걸쳐 앞으로 돌려 허리에서 맨다. 추운 날에는 어머니가 자신의 솜저고리로 아기의 몸을 완전히 덮는다. 손위 형제가 아기를 업는 경우도 있다. 그들은 아기를 업은 채로 뛰어다니며 돌차기를 하고 논다. 특히 농가나 가난한 가정에서는 손위 형제가 아기를 보는 경우가 많다. "이와 같이 일본의 아기들은 사람들 속에서 자라기 때문에 금세 영리해지고 호기심 어린 표정을 짓는다. 그리고 자신을 등에 업고 뛰어노는 형이나 누이만큼 즐거워하는 듯한 모습을 보인다."[140] 사지를 벌린 듯한 자세로 아기를 등에 업는 일본의 풍습은 태평양 여러 섬 등지에서 아기를 숄로 안아 어깨에 걸어서 데리고 다니는 풍습과 많은 공통점을 가지고 있다. 그것은 아기를 수동적으로 만든다. 그리고 일본인이 그렇듯이 이런 식으로 데리고 다닌 아기는 커서 어떠한 곳에서든 어떠한 자세로도 잠을 잘 수 있게 된다. 그러나 포대기로 업는 일본의 습관은 숄이나 주머니 속에 넣어 데리고 다니는 습관처럼 완전한 수동성을 가지게 하지는 않는다. 아기는 "자신을 업어주는 사람의 등에서 새끼 고양이처럼 매달리는 습성을 배운다. (중략) 띠로 등에 묶여 있기 때문에 그만큼 떨어질 염려도 없다. 그러나 아기는 (중략) 스스로 여러 가지로 애를 써서 편한 자세를 취하려고 한다. 그리고 곧 어깨에 메인 짐처럼이 아니라 매우 능숙하게 사람의 등에 업히는 방법을 익히게 된다."[141]

어머니는 일을 하는 동안 아기를 잠자리에 뉘어놓고 밖에 나갈 때에는 업고 다닌다. 어머니는 아기에게 말을 걸거나 콧노래를 들려주며

---

140 * Alice Mabel Bacon, Japanese Women and Girls, p.6.

141 * 위의 책, p.10.

여러 가지 예법에 맞는 동작을 가르친다. 어머니는 자신이 누군가에게 인사를 할 때 아기의 머리와 어깨를 앞으로 숙이게 하여 아기도 인사를 하게 한다. 아기는 언제나 어엿한 한 사람으로 간주된다. 매일 오후 어머니는 아기를 목욕시키며 무릎 위에 아기를 올려놓고 함께 장난을 치기도 한다.

서너 달 동안 아기는 기저귀를 찬다. 일본인 중에 안짱다리인 사람이 더러 있는 것은 꽤 무거운 헝겊으로 만들어진 이 기저귀 때문이라고들 한다. 아기가 3, 4개월째가 되면 어머니는 대소변을 가리는 훈련을 시작한다. 어머니는 적당한 때를 봐서 아기를 밖으로 데리고 나가 아기의 몸을 손으로 받쳐주고, 낮고 단조로운 휘파람 소리를 내면서 아기가 용변을 마칠 때까지 기다린다. 그리고 아기는 이러한 청각적 자극의 목적을 깨닫는다. 이렇게 해서 중국과 마찬가지로 일본에서도 아기가 일찍부터 대소변을 가리게 된다는 것은 누구나 인정하는 사실이다. 오줌을 쌌을 경우 엉덩이를 때리는 어머니도 있지만 대개는 꾸짖는 정도로 그치고, 아기를 더 자주 밖으로 데리고 나가 대소변을 도와준다. 변을 제대로 보지 못하는 아기에게는 관장을 시키거나 설사약을 먹이기도 한다. 어머니들이 이렇게 교육을 시키는 것은 아기를 편안하게 해주기 위한 것으로, 용변의 습관을 잘 익히기만 하면 그 무겁고 불쾌한 기저귀를 더는 하지 않아도 되기 때문이다. 아기들이 기저귀를 불편해하는 것은 틀림없는 사실이다. 그것은 단지 무거울 뿐만 아니라 대소변을 볼 때마다 늘 갈아주지는 않기 때문에 더욱 그렇다. 그러나 아직 아기는 대소변을 가리는 훈련과 불쾌한 기저귀를 떼는 것 사이에 어떤 관계가 성립하는지 알 턱이 없다. 그는 단지 인정사정없이 가해지는 피할 수 없는 일상을 경험할 뿐이다. 게다가 어머니는 되도록이면 자기 몸에서 멀리 떨어지도록 해서 아기의 몸을 받치면서도 아기가 위험하지 않게 튼튼히 붙잡고 있어야 한다. 아기가 이렇게 가차 없는 훈련을 통해 배우는 것이 장래 성인이 되어서 일본 문화의 한층 더 복잡 미묘한 강제력에도 순종하게 하는 소지를 만든다.[142]

일본의 갓난아이는 보통 걷는 것보다 말을 먼저 한다. 일반적으로 기는 것은 좋지 못한 것으로 여겨졌다. 전통적으로 아기는 한 살이 되기까지는 서게 하거나 걷게 해서는 안 된다는 사고가 있어서, 어머니들은 아기가 그러한 시도를 하려는 것을 못 하게 했다. 그러나 최근 십여 년간 정부 발행으로 많은 사람에게 읽히고 있는 염가의 잡지《어머니의 잡지》에서 정부는 아기의 보행을 장려하도록 가르쳐왔다. 그리하여 요즘에는 일찍부터 걷게 하는 것이 일반화되었다. 어머니는 끈으로 둥글게 고리를 만들어 아기의 겨드랑이에 매거나 손으로 몸을 받쳐서 보행을 돕는다. 그러나 여전히 아기들은 걷기보다 말을 먼저 하는 경향이 있다. 어른들은 아기의 흥을 돋우며 놀아주고는 하는데, 아기의 말은 단어를 사용하기 시작하면서 점차 뚜렷한 목적을 가지게 된다. 일본인은 아기의 언어 습득을 우연한 모방으로 방치하지 않는다. 그들은 아기에게 단어를 가르치고 문법을 가르치며 경어도 가르쳐준다. 그리고 아기도 어른도 모두 그러한 놀이를 즐긴다.

일본 가정에서는 아이들이 걸을 수 있게 되면 여러 가지 장난을 친다. 이를테면 손가락으로 장지문에 구멍을 뚫기도 하고 마루 한가운데

142 * Geoffrey Gorer 또한 Themes in Japanese Culture, Transactions of the New York Academy of Science, Vol. 5, pp.106~124, 1943에서 일본인의 용변 교육의 역할을 강조하고 있다.

에 마련해놓은 화로 속에 떨어지기도 한다. 그 정도로 그치지 않을 때도 있어 일본인은 과장해서 집이 무너진다고 표현한다. 일본에서 문턱을 밟는 것은 '위험한' 일이라고 해서 엄격하게 금지되어 있다. 일본의 가옥에는 지하실이 없는데, 장선을 받쳐 집이 지면에서 올려져 있다. 가령 아이라 하더라도 문턱을 밟거나 하면 집 전체가 기울게 된다고 그들은 진짜로 믿고 있다. 그뿐 아니라 아이가 다다미의 이음새를 밟거나 그 위에 앉는 것도 금지한다. 다다미는 크기가 정해져 있어서 방을 '다다미 석 장 크기의 방' 이나 '다다미 열두 장 크기의 방' 이라는 식으로 부른다. 때로 아이들은 무사들이 바닥 밑에 숨어 있다가 다다미 이음새로 칼을 넣어 올려서 방 안의 사람을 찔렀다는 옛날이야기를 듣기도 한다. 오직 다다미의 두텁고 부드러운 부분만이 안전을 보장해줄 뿐, 이음새의 틈은 위험한 것이다. 어머니가 아기를 나무랄 때 자주 쓰는 "위험하다", "안 된다"라는 말에는 이런 감정이 담겨 있다. 세 번째로 자주 쓰는 훈계의 말은 바로 "더럽다"라는 말이다. 일본의 집은 정연하게 정리되어 있고 구석구석 깨끗이 청소가 되어 있기로 유명한데, 아기는 이런 점을 중시하도록 교육받는다.

일본의 아이는 대개 동생이 태어날 때까지 젖을 떼지 않는다. 그러나 최근에 들어 《어머니의 잡지》에서는 8개월째에 젖을 떼는 것이 좋다고 주장하고 있다. 중류층 어머니 중에서는 이에 따르는 사람도 있지만 일본 전체의 일반적인 관습이 되기에는 아직 먼 것 같다. 수유는 어머니의 커다란 즐거움이라고 여기는 일본인은 점차 습관으로 자리잡고 있는 수유 기간의 단축을, 아기의 행복을 위해 어머니가 희생하는 것으로 생각한다. "오랜 기간 젖을 먹은 아이는 몸이 허약하다"라는 새로운 설을 인정하는 사람들은 젖을 떼지 않는 어머니를 자제심이 없다고 비난한다. "저 여자는 아기가 젖을 떼지 못한다고 하는데, 그건 자기 결심이 약해서 그런 거야. 저렇게 계속 젖을 물리고 싶은 거지. 자기가 즐거우니까 말이야." 이러한 태도이니, 8개월째에 젖을 떼는 풍습이 일반적으로 정착되지 않는 것도 무리는 아니다. 그리고 또 한 가지, 젖을 떼는 것이 늦어지는 실제적인 이유가 있다. 일본인은 젖을 막 뗀 아이가 먹을 만한 특별한 음식을 마련하는 관습이 없다. 빨리 젖을 뗀 아기는 죽을 먹는데, 대개 모유에서 갑작스럽게 어른이 먹는 음식으로 옮겨 가는 것이다. 우유는 일본인의 식사에 포함되어 있지 않다. 또한 그들에게는 아기에게 먹일 만한 특별한 야채도 없다. 이러한 실정에서 볼 때 "오랜 기간 젖을 먹은 아이는 몸이 허약하다"라고 가르치는 정부의 지도가 과연 옳은 것인지 사람들이 의심하는 것도 당연하다.

보통 아이들은 자기에게 던져지는 말을 이해할 수 있게 된 후에야 젖을 뗀다. 그 이전부터 식사 때에는 어머니의 무릎 위에 앉아 조금씩 음식을 받아먹는다. 그리고 젖을 뗀 후에는 먹는 음식의 양이 늘어난다. 아이 중에는 모유 이외에는 먹으려 하지 않아서 애를 태우는 경우도 있다. 그럴 때는 동생이 태어났기 때문에 젖을 떼야 한다고 설명하면 아이를 쉽게 이해시킬 수 있다. 어머니는 가끔 과자를 주어 젖을 조르는 아이를 달랜다. 때로는 젖꼭지에 후추를 발라놓는 어머니도 있다. 그러나 여느 어머니가 다들 사용하는 방법으로는 다음과 같은 것이 있다. 아이가 젖을 달라고 하면 아직도 아기 티를 못 벗었다며 아이를 놀리는 것이다. "사촌인 누구누구를 보렴. 그 애는 이제 다 큰 것 같더라. 너처럼 작은데도 젖 달라는 말은 전혀 안 하거든"이라고 하거나 "저것 봐. 저 애가 보고 웃잖니? 넌 이미 형이 되었는데도 아직도 젖을 달라고 하니까 말이야"라고 한다. 두세 살, 혹은 네 살이 되어도 젖을 찾는 아이도 자기보다 큰 아이가 다가오는 발소리를 들으면 황급히 젖가슴에서 떨어져서 모른 척 딴청을 부린다.

이처럼 아이를 놀려 빨리 어른이 되도록 부추기는 것은 젖을 떼는 때만의 이야기는 아니다. 아이가 자신에게 하는 말의 의미를 이해할 수 있게 되고 나서부터는 어떤 경우에든 자주 쓰이는 것이다. 남자 아이가 울고 있으면 어머니는 "네가 계집애니?"라든가 "넌 사내잖아"라고 말한다. 또는 "저 애를 보렴. 저 애는 울지 않잖아?"라고 한다. 손님이 아기를 데려온 경우에는 어머니는 아이 앞에서 일부러 손님의 아기를 예뻐하는 척하면서 이렇게 말한다. "이 아기 우리 집에서 키워야겠다. 엄마는 이렇게 말 잘 듣고 귀여운 아기가 좋아요. 너는 다 컸는데도 자꾸 쓸데없는 짓만 하니까." 그러면 이 말을 들은 아이는 어머니의 품에 달려들어 가끔은 자그마한 주먹으로 콩콩 치면서 "싫어, 싫어. 아기 우리 집에 오지 말라고 해. 이젠 나도 엄마 말 잘 들을 거란 말이야"라고 하면서 울먹인다. 한두 살 먹은 아이가 떠들거나 말을 잘 듣지 않는 경우에 어머니는 남자 손님에게 "이 애 좀 어디 데려가 주시겠어요? 우리 집엔 필요 없거든요"라고 한다. 손님은 그런 연극을 한층 도와서 아이를 밖으로 데리고 나가려는 시늉을 한다. 아이는 소리치며 어머니에게 도움을 청하고, 격렬하게 울부짖는다. 어머니가 봐서 이 정도면 충분하다고 생각되면 태도를 누그러뜨리고 아이를 다시 데려와, 울먹이는 아이에게 앞으로는 말을 잘 듣겠다는 약속을 하게 한다. 이 작은 연극은 때로는 대여섯 살 먹은 아이에게도 연출된다.

아이를 놀려주는 것은 다른 형태를 취할 때도 있다. 어머니는 남편 옆에서 아이를 향해 이렇게 이야기한다. "엄마는 너보다 아빠가 훨씬 좋단다. 아빠는 좋은 사람이거든." 그러면 아이는 완전히 샘이 나서는 아버지와 어머니 사이를 갈라놓으려고 한다. 어머니가 "아빠는 너처럼 집안을 시끄럽게 하면서 돌아다니거나 방 안에서 뛰어다니지 않으시는걸"이라고 하면 아이는 흥분해서 "아니야, 아니야. 나도 그런 짓 안 해. 나도 착한 아이란 말이야. 응? 엄마, 엄마는 나도 예뻐하지, 그렇지?"라고 말한다. 이렇게 해서 어느 정도 만족스럽게 연극이 진행되면 어머니와 아버지는 서로 얼굴을 마주 보며 살짝 웃는다. 그들은 남자 아이뿐 아니라 여자 아이도 이런 식으로 놀려준다.

이러한 경험은 성인이 된 일본인에게서 두드러지게 보이는 조소와 따돌림에 대한 공포심을 키우는 비옥한 토양이 된다. 자신이 놀림을 당하고 있다는 것을 알게 되는 것이 몇 살 때부터인지는 판단하기 어렵지만, 여하튼 언젠가는 놀림을 당하고 있다는 것을 깨닫게 된다. 그렇게 되면 이번에는 비웃음을 당하고 있다는 느낌이 모든 안전한 것, 친근했던 것을 잃어버리게 되는 것은 아닐까 하는 아이의 커다란 공포와 하나로 엮이게 된다. 남의 비웃음을 받았을 때 느꼈던 어린 날의 공포가 어른이 된 후에도 어딘가에 따라붙어 남아 있게 되는 것이다.

이러한 놀림이 두 살에서 다섯 살에 걸쳐 아이의 마음에 커다란 공포를 불러일으키는 것은 가족이 정말로 안전을 보장해주고 아이의 어리광을 받아주는 안식처가 되어주기 때문이다. 부모 사이에는 육체적으로나 감정적으로 충분한 분업이 이루어져 있기 때문에 아이의 눈에 경쟁자로 보이는 일은 거의 없다. 어머니나 할머니는 집안일을 담당하고 아이를 양육하며 아버지를 떠받들어 섬긴다. 가정 내 계층의 순서는 명확히 정해져 있다. 아이는 이미 연장자에게 특권이 주어져 있다는 것, 남자는 여자에게 없는 특권을, 형은 동생에게 없는 특권을 각각 가지고 있다는 것을 알고 있다. 그러나 아이가 꼬마일 때에는 가족의 누구나가 관대하게 대해준다. 남자 아이일 경우는 더욱 그러하다. 아들이든 딸이든 자녀에 대해서 어머니는 어떠한 일이라도 원하는 걸 들어주지만 세 살짜리 남자 아이의 경우, 그는 맹렬한 분노까지도 마음껏 어머니에게 퍼부을 수가 있다. 아버지에게는 반항의 기색을 보이지 않지만, 어머니나 할머니에게는 발끈 성을 내어 부모에게 놀림을 받았을 때 느꼈던 모든 감정, 또한 "다른 집에 주어버릴 거다"라는 말을 들었을 때의 울분을 모두 쏟아내는 경우가 있다. 물론 어린 남자 아이 모두가 성질을 부린다는 것은 아니다. 그러나 이것은 시골에서든 상류 계급의 가정에서든 세 살에서 여섯 살까지의 아이들이 일반적으로 나타내는 면이라고 보여진다. 아이는 어머니를 주먹으로 때리며 울부짖고 떼를 쓰다가 결국에는 예쁘게 빗어 올린 어머니의 머리조차 엉망으로 만들어버리곤 한다. 어머니는 여자며 아이는 겨우 세 살이지만 그는 틀림없는 남자인 것이다. 아이는 어머니에게는 제멋대로 대들기도 한다.

아버지에 대해서 아이는 한결같이 존경의 태도를 보인다. 아버지는 아이에게 있어서 높은 계층적 지위를 대표하는 훌륭한 모범이다. 자주 이용되는 일본의 표현을 빌려서 말하자면 아이는 '훈련을 통해' 아버지에게 알맞은 경의를 표현하는 방법을 배운다. 아버지는 서양의 어떤 아버지보다도 자녀 교육에 간섭하는 일이 드물다. 자녀 교육은 여자의 손에 맡겨져 있다. 아버지가 자신의 생각을 자녀에게 전하고 싶을 때는 대개 그저 묵묵히 노려보거나 간단히 훈계하는 정도로 그친다. 그리고 그런 일도 자주 있는 편은 아니라서 아이는 그 자리에서 아버지의 말에 귀를 기울인다. 아버지는 아이가 걸을 수 있게 되고 나서도 한참 동안 아이를 안거나 등에 업고 다닌다. 이런 점은 어머니도 마찬가지다. 그리고 이 나이 정도의 아이를 위해서 아버지는 때때로 미국의 아버지라면 보통 어머니에게 떠맡길 만한 육아의 임무를 다하기도 한다.

아이에게 할아버지와 할머니는 마음대로 어리광을 부려도 되는 존재인 동시에 가장 큰 존경의 대상이다. 그러나 조부모는 아이를 훈육하는 역할은 담당하지 않는다. 부모가 아이를 키우는 방법이 못마땅하다고 해서 조부모가 스스로 그 역할을 떠맡는 일도 없지 않지만 그것은 상당한 충돌을 초래하는 원인이 된다. 할머니는 거의 하루 종일 아이 옆에 있다. 그리고 아이를 둘러싼 시어머니와 며느리 사이의 갈등은 일본 가정에서는 극히 일반적인 일이 되어 있다. 아이 입장에서 보면 양쪽의 비위를 맞춰야 되는 것이다. 시어머니는 며느리를 제압하기 위해 가끔 손자를 이용하기도 한다. 아이의 어머니인 며느리에게는 시어머니의 마음에 드는 것이 인생에서 가장 큰 의무이기 때문에 조부모가 아무리 자신의 아이를 버릇없이 키워도 불평을 할 수가 없다. 할머니는 어머니가 이젠 더 안 준다고 말한 직후에 일부러 손자에게 과자를 건네준다. 그리고 "할머니가 준 과자는 독이 아니란다"라며 비꼬는 것이다. 많은 가정에서 할머니는 어머니가 손에 넣을 수 없는 물건을 아이에게 준다. 또한 아이의 놀이 상대가 되어줄 시간적 여유도 어머니보다 더 많이 가지고 있다.

손위 형제들은 동생의 기분을 잘 맞춰주도록 가르침을 받는다. 일본인은 동생이 태어나는 순간부터 그 자신은 우리가 곧잘 표현하듯 '찬밥 신세'가 된다는 것을 알고 있다. 새로 태어난 아기를, 자신이 어머니의 젖과 어머니의 옆자리를 포기해야 한다는 사실과 연결하여 생각하는 것이다. 갓난아이가 태어나기 전에 어머니는 아이를 향해 이번엔

'가짜' 아기가 아닌 살아 있는 진짜 인형이 생긴다고 말해준다. 그리고 이제는 어머니가 아니라 아버지와 함께 자야 한다는 것을 마치 특권인 양 들려준다. 아이는 새로운 아기를 위한 여러 가지 준비에 흥미를 보인다. 일반적으로 갓난아이가 태어나면 흥분하고 기뻐하지만 그것도 얼마 가지 않아 식어버리게 된다. 그러나 이것은 충분히 예상되는 일이어서 그다지 특별하게 우려할 바는 아니라고 여겨진다. 주인공 자리에서 밀려난 아이는 갓난아이를 안아서는 어디론가 데려가려고 한다. 그리고 어머니를 향해서 "이 아기 다른 데에 줘버려요"라고 말한다. 어머니는 "안 돼, 이 애는 우리 아기란다. 그러니까 귀여워해 줘야지. 아기가 널 얼마나 좋아하는데. 아기 볼 때 네가 도와주면 참 좋겠다"라고 대답한다. 때로는 이러한 갈등이 꽤 장기간에 걸쳐 반복되기도 하는데, 어머니는 별로 신경을 쓰지 않는다. 아이가 많은 가정에서는 이런 사태를 해결하는 하나의 대책이 자동적으로 만들어진다. 그것은 아이들이 각각 한 사람 건넌 손위 혹은 손아래 형제와 친하게 되는 것이다. 이를테면 첫째 아이는 셋째와, 둘째는 넷째와 가장 마음이 맞는 사이가 된다. 동생들도 바로 위의 형이나 누나보다 그 위의 형제를 더 잘 따른다. 이것은 남녀 상관없이 아이들이 일고여덟 살이 될 때까지는 공통적으로 나타나는 모습이다.

일본의 아이들은 누구나 장난감을 가지고 있다. 부모나 친척, 또는 아는 사람이 인형과 인형에 부속되는 소품들을 직접 만들거나 사서 아이에게 주는 것이다. 어려운 형편의 가정에서는 장난감에 돈을 들이지 않는다. 어린아이들은 인형이나 그 외의 장난감을 가지고 소꿉놀이나 결혼식 놀이, 명절 놀이를 하면서 논다. 아이들은 이러한 놀이를 시작하기에 앞서 어떻게 해야 어른들이 하는 식으로 '바르게' 할 수 있는지 철저하게 의논한다. 그리고 때로 결말이 나지 않으면 결국 어머니에게 가서 판단을 받기도 한다. 싸움이 시작되면 어머니는 자주 노블레스 오블리주를 내세워 큰 아이에게 작은 아이의 말을 들어주도록 권한다. 그때 자주 이용되는 표현이 "지는 게 이기는 거라고 하잖니?"라는 것이다. 어머니가 말하는 "지는 게 이기는 것"이라는 말의 의미는 세 살짜리 어린아이도 곧 깨닫게 된다. 즉, 큰 아이가 동생에게 장난감을 양보하면 동생은 신나게 가지고 놀다가 얼마 지나지 않아 싫증을 내고 다른 것에 관심을 가질 것이다. 그러면 큰 아이는 포기해야 했던 자신의 장난감을 그때 되찾을 수 있다는 것이다. 혹은 주인과 머슴 놀이에서 만일 전혀 인기가 없는 역할을 맡게 되었다 하더라도, 그 덕분으로 모두가 즐겁게 놀 수 있고 자신도 그런 즐거운 분위기에 함께할 수 있기 때문에 절대로 손해를 보는 것은 아니라는 것이다. "지는 게 이기는 것"이라는 논리는 어른이 되어서도 일본인의 생활 속에서 크게 존중되는 논리다.

훈계와 놀림 외에 아이를 가르치는 데 중요한 지위를 차지하는 수단은 아이의 정신을 분산시켜서 그 주의를 다른 곳으로 돌리는 것이다. 일본인은 때를 가리지 않고 아이에게 과자를 주곤 하는데, 그것도 일반적으로는 주의를 환기하는 수단의 하나로 생각된다. 아이가 취학 연령에 가까워지면 여러 가지 '치료법'이 동원된다. 아이가 짜증을 내거나 말을 잘 듣지 않거나 시끄럽게 굴면, 어머니는 아이를 신사나 절에 데리고 간다. 어머니는 "자, 같이 가서 도움을 받아보자"라는 태도를 취한다. 그것은 흔히 아이에게 즐거운 소풍이 된다. 그곳에서 만난 신관神官이나 승려는 엄숙한 태도로 아이와 이야기를 나누면서 아이의 태어난 날과 나쁜 버릇 등을 묻는다. 그리고 나서 그는 안으로 들어가

기도를 하고 잠시 후에 돌아와서는 병이 나았다고 일러준다. 때로는 아이가 장난치기를 좋아한 것은 벌레가 있었기 때문이며 그 벌레를 지금 잡았으니 이제는 얌전해질 것이라고 말한다. 그는 아이를 정결케 하고 완전히 병을 낫게 한 후 집으로 돌려보낸다. 일본인은 이러한 방법이 "한동안은 효과가 있다"고 한다. 아이가 받는 가장 엄격한 벌은 '약'을 쓰는 것으로, 아이 피부 위에 작은 원반을 올려놓고 그 원반에 뜸쑥을 놓아 태우는 방법이다. 그 흔적은 평생 남게 된다. 뜸은 오래전부터 동아시아 일대에 널리 행해지던 요법으로 일본에서도 전통적으로 여러 질병을 고치는 데에 쓰여왔다. 이것은 신경질이나 완고한 고집을 고치기도 한다. 예닐곱 살의 남자 아이는 이런 식으로 어머니나 할머니로부터 '치료'를 받는다. 잘 고쳐지지 않는 경우에는 같은 방법을 반복할 때도 있지만, 단지 아이의 장난기 때문에 뜸질을 세 번 반복해 사용하는 경우는 거의 드물다. 뜸질은 미국에서 "또 이런 짓을 하면 엉덩이를 때려줄 거야"라고 말하는 것과 같은 의미의 벌은 아니다. 그러나 엉덩이를 맞는 아픔은 비교도 되지 않을 정도로 심한 고통을 준다. 그래서 아이는 장난을 치면 반드시 벌을 받는다는 것을 깨닫게 된다.

제어가 되지 않는 아이를 다루는 위와 같은 수단 이외에, 필요한 신체상의 기능을 가르치는 관습도 몇 가지 있다. 이 경우 가르치는 사람이 자신의 손으로 아이의 몸을 받치고 그 동작을 하게 하는 것에 가장 큰 역점이 두어진다. 아이들은 그대로 몸을 맡겨야 한다. 아이가 두 살이 채 되기 전에 아버지는 아이에게 무릎을 구부려 발등을 바닥에 대고 꿇어앉는 방법을 가르친다. 처음에는 아이가 뒤로 넘어지지 않도록 하는 것이 무척 어렵다. 앉기 교육에서 빠뜨릴 수 없는 요소는 몸이 흔들려서는 안 된다는 것인데, 이 때문에 더욱 힘이 든다. 아이는 꼼지락거리거나 자세를 흐트러뜨려서는 안 된다. 이 자세를 익히는 방법은 몸에서 힘을 빼고 수동적인 자세를 취하는 것이라고 일본인은 말한다. 그리고 그 수동성은 아버지가 아들의 다리를 바른 위치에 놓아줌으로써 더욱 강조된다. 배워야 할 것은 앉는 자세만이 아니다. 자는 자세도 익혀야 한다. 일본 여성이 자는 모습을 보이기를 꺼리는 것은 미국 여성이 나체를 보이는 것을 부끄러워하는 것과 마찬가지로 대단한 일이다. 정부가 외국의 인정을 받기 위한 운동의 하나로서, 그것은 부끄러워해야 할 일이라고 귀가 따갑도록 선전하기 전까지만 해도 일본인은 벌거벗고 목욕하는 것을 남이 보아도 전혀 신경 쓰지 않았다. 그런데 자는 모습을 보이는 것은 상당히 꺼리며 부끄러워한다. 남자 아이는 어떠한 모습으로 자도 상관없지만 여자 아이는 다리를 가지런히 모으고 몸을 똑바로 해서 자야 한다. 이것이 교육에 있어 남녀를 구별하는 최초의 규칙 중 하나다. 일본에서 다른 모든 요구가 그러하듯이 이 요구도 하층 계급보다 상류 계급에서 훨씬 엄격하다. 스기모토라는 한 일본 여성은 자신이 경험한 무사 가정의 교육에 대해 다음과 같이 말하고 있다. "철이 들고 나서부터 나는 밤에 잘 때 작은 목침 위에 조용히 눕도록 애를 썼다. (중략) 무사의 딸은 어떤 경우에도, 가령 잠을 자고 있을 때에도 심신을 흐트러뜨려서는 안 된다고 가르침을 받는다. 남자 아이는 큰 대大 자로 팔다리를 뻗고 자도 전혀 상관이 없지만 여자 아이는 조심스럽고 품위 있게 약간 구부린 자세로 자야 한다. 그것은 '자제력의 정신'을 나타내는 것이다."[143] 나는 일본 부인들로부터 밤에 잠자리에 들 때 그녀들의 어머니나 유모가 그들의 손발을 가지런히 놓도록 해주었다는 이야기를 들은 적이 있다.

전통적인 서예 교습 때에도 교사는 아이들의 손을 잡고 글씨를 써 보였다. 그것은 아이들에게 '감촉을 알게 해주기 위해서' 였다. 아이들은 글씨를 쓰기는커녕 아직 읽지도 못하는 때에 이미 절제 있고 리듬 있는 손의 움직임을 체득한 것이다. 현대와 같이 많은 학생을 한꺼번에 교육하면서부터는 이러한 교육법도 전만큼 눈에 띄지는 않게 되었지만 그래도 가끔 행해지고 있다. 인사 예절, 젓가락 사용법, 활 쏘는 법, 또 갓난아이 대신에 베개를 등에 업고 배우는 아기 업는 방법까지 모두 아이의 손을 잡고 움직이거나 아이의 몸을 움직여서 바른 자세를 잡도록 하여 가르친다.

상류 계급의 경우를 제외하고, 일반적으로 아이들은 학교에 가기 전에 동네 친구들과 함께 자유롭게 논다. 동네에서 아이들은 세 살이 되기 전부터 작은 또래 집단을 만든다. 또한 좀 더 큰 마을이나 도시에서도 아이들은 차가 다니는 곳이든 아니든 사람이 많은 거리에서 활개치며 옆에서 보기에 겁이 날 정도로 자유롭게 뛰어논다. 그들은 특권을 가진 존재들이다. 가게 앞을 어슬렁거리면서 어른들의 이야기를 엿듣기도 하고 돌차기나 공 던지기를 하기도 한다. 그들은 근처의 신사에 모여 마을 수호신의 보호를 받으면서 논다. 학교에 들어가기 전까지는, 또는 들어가서도 2, 3년간은 남자 아이와 여자 아이가 어울려 함께 논다. 그러나 동성, 그중에서도 같은 나이의 친구들 사이에서 아주 긴밀한 연대가 맺어지는 경우가 많다. 이와 같은 또래(도넨同年) 집단은 특히 농촌에서 평생 이어지는 것으로, 다른 어떠한 집단보다 오래 지

143 * Sugimoto Inagaki Etsu, A Daughter of the Samurai, Doubleday Page and Company, 1926, pp.15, 24.

속된다. "성적 관심이 쇠퇴하면 동년배 친구들만이 인생의 낙으로 남는다. 스에무라 사람들은 '도넨 친구는 아내보다 연이 깊다' 라고 말한다."[144]

이런 미취학 아동은 친구들과 무척 허물없이 지낸다. 그들은 서양인 눈에서 보면 상당히 저속해 보이는 놀이도 거리낌 없이 한다. 아이들이 성에 관한 지식을 가지고 있는 것은 어른들이 아무렇지도 않게 외설적인 이야기를 하기 때문이며, 또한 좁은 집 안에 가족들이 함께 살고 있기 때문이다. 더욱이 어머니는 아이를 목욕시킬 때 아이와 장난을 치면서 아이의 음부陰部, 특히 남자 아이의 음부에 대해 이야기를 하곤 한다. 일본인은 좋지 않은 장소에서 좋지 않은 친구와 함께하는 경우를 제외하고는 아이의 성적 유희에 대해 나무라지 않는다. 자위행위도 위험한 일이라고 생각하지 않는다. 그리고 아이들은 친구들 사이에서 상당히 무례한 욕—어른이라면 아마도 모욕이라고 느낄 만한 욕—도 곧잘 주고받는다. 또한 어른이라면 심각하게 수치심을 불러일으킬 수 있는 자랑을 하기도 한다. 그런 경우, 일본인은 부드러운 미소를 눈가에 띄우면서 "아이들은 도대체 부끄러움(하지)을 모른다니까"라고 말한다. 그리고 "그러니까 저렇게 행복할 수 있지"라고 덧붙인다. 이것이 아이와 어른의 근본적인 차이이다. 어른에게 "저 사람은 수치를 모른다"라고 하는 것은 그 사람이 아주 파렴치한 사람이라는 의미가 되는 것이다.

이 나이의 아이들은 서로의 가정이나 재산에 대해서 험담을 하며 특히 자기 아버지의 자랑을 자주 한다. "우리 아빠는 너희 아빠보다 힘이

144 * John F. Embree, Suye Mura, p.190.

세다"라든가, "우리 아빠는 너희 아빠보다 똑똑해"라고 말하는 것은 흔한 일이다. 그들은 각자 자기 아버지의 편을 들다가 주먹다짐을 하기도 한다. 이러한 말은 미국인에게는 마음에 담아둘 가치도 없는 것이라고 생각되지만, 일본에서 그것은 실제로 아이들이 자신을 둘러싼 환경에서 듣게 되는 대화와는 너무나 큰 대조를 이루는 것이다. 어른들은 모두 자신을 낮추고 타인을 공경한다. 이를테면 자신의 집을 가리켜서는 '누추한 집'이라고 하며 남의 집을 가리켜서는 '존귀한 댁'이라고 한다. 또 자신의 가정을 '보잘것없는 가족'이라고 하며 남의 가정을 '고귀한 가정'이라고 한다. 일본인은 누구나 유소년기의 몇 년 동안—또래 집단이 생기는 때부터 초등학교 3학년, 즉 아홉 살 정도까지—아이들이 자기중심적인 주장을 한다는 것을 인정한다. 그것은 어떤 때는 "난 왕을 할 테니까 넌 신하를 해", "싫어, 신하 따윈 하고 싶지 않아. 내가 왕을 할 거야"라는 식으로 나타나기도 하고, 때로는 자기 자랑을 하면서 남을 무시하는 형태를 취하기도 한다. "아이들은 무엇이든지 말하고 싶은 대로 말한다. 커가면서 그들은 하고 싶은 말을 다 하고 살 수는 없다는 것을 깨닫게 된다. 그러면 남이 물어보기 전까지는 자신의 의견을 잘 드러내지 않게 되며 또한 자기 자랑도 하지 않게 된다."

아이들은 가정에서 초자연적인 것에 대한 태도를 배운다. 신관이나 승려는 아이를 '가르치는' 일은 하지 않는다. 그리고 일반적으로 아이가 조직화된 종교에 접하는 것은 가끔 축제에 가서 참배자들과 함께 간누시神主[145]가 뿌리는 정화수를 몇 방울 맞는 정도일 뿐이다. 그중에

145 신에게 드리는 제사에서 주된 역할을 맡는 신관.

는 불교의 예불에 따라가는 아이도 있지만 그 역시 특별한 축제가 행해지는 경우에 한한다. 아이들이 지속적이면서도 가장 강렬한 종교적 경험을 하는 것은 항상 자신의 집에 놓여 있는 불단과 가미다나神棚[146]에서 행해지는 가정 의식을 통해서다. 그중에서 가장 눈에 띄는 것은 가족의 위패를 모시는 불단인데, 그 앞에는 꽃이나 나뭇가지를 놓거나 향을 피운다. 매일 음식이 바쳐지며, 가족 중 연장자가 일가에 일어난 모든 일을 조상에게 보고하고, 매일 불단 앞에서 머리를 숙여 절한다. 저녁에는 자그마한 등을 밝힌다. 사람들은 다른 곳에 가서 자는 것은 이렇게 집을 지켜주는 존재를 느낄 수 없기 때문에 불안해서 꺼려진다고들 한다. 가미다나는 보통 이세신궁伊勢神宮의 부적을 모시고 있는 간단한 선반을 가리킨다. 그 외에도 여러 가지 공물을 갖춰놓는다. 그리고 부엌에는 그을음을 뒤집어쓴 부엌 신神이 있고 문이나 벽에는 많은 부적이 붙어 있다. 이것들은 모두 재앙으로부터 집안을 지켜주며 보호해준다. 마을에서는 절이 가장 안전한 장소다. 마찬가지로 자비로운 신들이 그곳에 자리 잡아 마을을 지켜주기 때문이다. 어머니는 아이가 이런 안전한 곳에서 놀기를 바란다. 아이가 경험하는 일 중에는 신들을 무서워하거나 인간을 심판하고 감시하는 신들의 뜻에 자신의 행위를 맞추는 일은 없다. 신들로부터 받은 은혜에 대해 감사하는 마음으로 그들은 신들을 정중하게 받들 뿐이다. 신들 또한 권위주의자가 아니다.

아이를 일본 성인의 그 신중한 생활의 틀에 맞추는 중대한 작업이 본격적으로 시작되는 것은 아이가 학교에 들어가고 나서 2, 3년이 지

146 일본에서 집 안에 신위를 모셔두고 제사 지내는 선반.

난 후부터다. 그 이전까지 아이는 자신의 몸을 다스리는 법을 배운다. 제어가 안 되는 심한 개구쟁이의 경우, 그의 장난기는 '치료' 되고 그의 관심은 다른 데로 돌려진다. 그를 '치료' 하기 위해 주변에서는 조심스럽게 타이르기도 하고 놀리기도 한다. 그러나 그의 어리광은 주변에서 받아들여지고 아이는 어머니에게 폭력을 휘두르는 일도 있다. 그렇게 그의 작은 자아는 조장되어가는 것이다. 학교에 들어갔다고 해서 갑작스레 달라지는 것은 없다. 처음 3년간은 남녀공학이다. 그리고 교사는 남자 교사도 여자 교사도 모두 아이들을 귀여워해주며 그들과 함께 어울린다. 그러나 가정에서나 학교에서나 '곤란한' 상황에 발을 들여놓을 위험에 대해서는 이전보다 많이 강조한다. 아이들은 아직 어려서 '수치심' 을 느낄 나이는 아니지만 '곤란한' 처지에 빠지는 것은 피하도록 가르침을 받는다. 이를테면 늑대가 나타나지 않은 상황에서 "늑대다! 늑대가 나타났다!"라고 외친 이야기 속의 소년은 "다른 사람을 속인 것이다. 만일 여러분이 그러한 일을 한다면 아무도 여러분을 신용하지 않게 될 것이다. 그건 정말로 곤란한 일이다"라는 식으로 말이다. 많은 일본인이 말하기를, 자신이 잘못을 저질렀을 때 가장 먼저 그를 비웃은 것은 교사나 부모가 아닌 학교 친구들이었다고 한다. 사실 이럴 때 어른이 할 일은 아이에게 조소를 퍼붓는 것이 아니라, 남으로부터 조소를 받는다는 사실과 세상에 대한 기리에 따라 행동해야 한다는 도덕적 교훈을 서서히 엮어가도록 하는 것이다. 아이가 여섯 살 정도가 되면 충견의 헌신적인 일화에서 보여지는 의무가―앞서 인용했던 충직한 개가 주인의 온恩에 보답하는 이야기는 여섯 살 아이들이 읽는 책에 나오는 것이다―이제 점차 여러 형태의 구속으로 다가오게 된다. 연장자는 아이에게 "이러이러한 일을 하면 사람들의 웃음거리가 된다"라는 것을 들려준다. 그 규칙은 개별적으로 독립하여 각각의 상황에 따라 정해진다. 그중 대부분은 우리가 예절이라고 부르는 사항에 해당된다. 이 규칙은 자신의 의지를 점차 증대하여 이웃, 가족, 그리고 나아가 나라에 대한 의무에 복종할 것을 요구한다. 아이들은 자신을 억제해야 하며 자신이 빚을 지고 있다는 것을 인정해야 한다. 그리고 그 빚을 갚기 위해 조심스럽게 처신해야 하는 채무자의 입장으로 차차 바뀌어가는 것이다.

이러한 지위의 변화는 어릴 때의 놀림이라는 형태를 새롭게, 그러나 심각한 형태로 확장하여 성장기의 청소년이 경험하도록 한다. 아이는 여덟아홉 살이 되면 정말로 가족들로부터 소외당할 수가 있다. 아이는 선생님으로부터 반항적이며 불손한 행동을 한다는 보고와 함께 품행에 낙제점이라도 받게 되면 가족들에게서 외면을 당하게 된다. 가게 주인에게서 나쁜 짓을 했다는 비난을 받기라도 하면 그것은 '가문의 이름을 더럽힌' 것이 된다. 가족은 똘똘 뭉쳐 아이에게 비난과 공격의 화살을 돌린다. 내가 알고 있는 두 일본인은 여덟 살이 되기도 전에 아버지로부터 두 번 다시 집 안에 발을 들이지 말라며 내쫓긴 경험이 있다고 했다. 그들은 창피해서 친척들의 집에도 갈 수가 없었다고 한다. 그들이 쫓겨난 이유는 학교에서 선생한테서 벌을 받았기 때문이었다. 두 사람 모두 헛간에서 날을 지냈다. 그리고 그들을 찾아낸 어머니의 도움으로 겨우 집으로 돌아갈 수 있었다. 초등학교의 고학년 아이들은 긴신勤愼, 즉 '회개'를 하기 위해 집에 갇히는데, 그런 때에는 일본인의 고정관념이기도 한 일기 쓰기에 전념해야 한다. 어떤 경우에든 가족들은 세상을 향해 그 아이가 집안의 대표라도 되는 듯한 태도를 취하고, 아이가 세상의 비난을 받았다는 이유로 그 아이를 책망한다. 그는 세상에 대한 기리에 어긋난 일을 한 것이다. 그는 가족들이 편을 들어주리라 기대해서는 안 된다. 또한 또래 친구들이 힘이 되어줄 것을 바랄 수도 없다. 그의 학교 친구들은 잘못을 한 그를 따돌릴 뿐이다. 그는 사죄를 하고 다시는 그러지 않겠다는 맹세를 한 후에 다시 그들 사이로 돌아갈 수 있다.

제프리 고어가 말했다. "특기할 만한 것은 이러한 일이 사회학적으로 보았을 때 아주 드물 정도로 철저히 이루어지고 있다는 점이다. 대가족제도, 또는 그 외에 부분적 사회집단이 활동하고 있는 대부분의 사회에서는 집단의 한 구성원이 다른 집단의 구성원으로부터 비난이나 공격을 받으면 소속 집단이 단결해서 그를 보호하는 것이 일반적이다. 자신의 집단이 존속하고 있는 한 어떠한 경우에도 속한 집단의 전면적인 지지를 받을 수 있을 것이라는 확신으로 인해 그는 외부 사람들에게 강경히 대항할 수 있는 것이다. 그러나 일본에서는 정반대다. 즉, 자신의 집단의 지지를 얻을 수 있다는 확신은 다른 집단으로부터도 인정을 받았을 때에 한해서 가질 수 있다. 만일 외부 사람들이 옳지 않다고 비난한다면 당사자를 비난한 집단이 그 주장을 철회할 때까지 그가 속한 집단은 그를 소외시키며 그에게 처벌을 가한다. 이러한 구조로 되어 있기 때문에 '외부 세계'의 인정은 다른 사회에서는 찾아볼 수 없을 정도로 크나큰 중요성을 가진다."[147]

여자 아이에 대한 교육도 초등학교 고학년까지는 남자 아이와 그다지 다를 바가 없다. 다만 세부적으로 약간의 차이가 있다. 여자 아이는

147 * Geoffrey Gorer, Japanese Character Structure, The Institute for International Studies, 1943, p.27.

남자 아이보다 가정 내에서 더 크게 제한을 받는다. 할 일도 훨씬 많다. 남자 아이도 아기를 돌보는 일을 할 때가 있지만, 선물을 받을 때나 귀여움을 받는 데 있어서는 여자 아이는 뒷전이기 일쑤다. 여자 아이는 또한 남자 아이의 특성인 신경질을 부리지 않는다. 그러나 아시아의 소녀치고는 놀라울 정도로 자유로운 생활을 한다. 빨간 원색의 옷을 입을 수 있으며, 남자 아이들과 어울려 밖에서 놀거나 싸움을 하기도 하는 것이다. 싸움을 할 때는 얌전히 지고 있는 것이 아니라 자신의 목적을 끝까지 밀고 나가는 경우도 많다. 또한 남자 아이와 마찬가지로 어릴 때에는 '수치심을 모른다'. 여섯에서 아홉 살 때까지는 대체적으로 남자 아이와 비슷한 경험을 하면서 차차 세상에 대한 기리를 익혀나간다. 아홉 살이 되면 반이 남녀로 갈리는데, 이제 남자 아이들은 새로이 알게 된 남자 친구들끼리의 집단을 중시하게 된다. 그들은 여자 아이와 말하는 것을 남에게 보이기 싫어, 여자 아이를 배제시킨다. 여자 아이들도 어머니로부터 남자 아이와 어울려서 안 된다는 이야기를 듣게 된다. 이 즈음의 여자 아이는 툭하면 심통을 부리고 혼자만의 세계에 빠져버리기 때문에 가르치기가 쉽지 않다고 한다. 일본의 여자들은 그것이 '어린이다운 장난'을 할 수 있는 마지막 시기라고 말한다. 여자 아이의 유년기는 남자 아이의 생활에서 밀려나면서 그 끝을 맞이하게 된다. 그리고 앞으로 수년, 혹은 수십 년 동안 '자중에 자중을 거듭하는 길' 밖에 남지 않게 된다. 이 교훈은 언제까지나, 즉 약혼을 하거나 시집을 가서도 지속되는 것이다.

남자 아이는 '자중'과 세상에 대한 기리를 익히는 것만으로는 아직 일본 성인 남자가 져야 할 의무를 다 익혔다고 볼 수 없다. 일본인은 "남자 아이는 열 살 무렵부터 이름에 대한 기리를 배운다"라고 말한다. 그것은 물론 모욕에 대해 분노하는 것이 덕이라는 것을 배운다는 의미다. 또한 어떠한 경우에 적을 직접 공격하며, 어떠한 경우에 간접적 수단을 사용하여 오명을 벗는가에 대한 규칙을 배운다. 그러나 나는 이름에 대한 기리를 배운다는 것이 모욕을 당했을 때 반드시 상대에게 앙갚음을 하는 것을 배우는 것이라고는 생각하지 않는다. 이미 어릴 적부터 어머니에게 폭력을 행사하는 것이 허용되었고, 또래와의 싸움에서 잡다한 비방과 항변으로 문제를 해결해온 소년이 열 살이 되었다고 해서 새삼스레 공격하는 법을 배울 필요는 없기 때문이다. 말하자면 소년은 이제 스스로도 그 조항을 적용받게 됨과 동시에 타인의 공격을 일정한 공식적 틀 안에서 처리하는 특정한 방법을 이름에 대한 기리라는 규칙으로 제공받게 되는 것이다. 앞서 말한 바와 같이 일본인은 때때로 타인에게 폭력을 행사하는 대신 그 공격을 자기 자신에게 돌리는 일이 있는데, 소년도 예외는 아니다.

6년제 초등학교를 마친 후 학업을 계속하는 소년—인구의 약 15%(1945년 기준)이며 그 비율은 남자 쪽이 더 높다—은 이 무렵이 되면 이름에 대한 기리를 책임질 시기가 되었다고 볼 수 있는데, 그것은 중학교 입학시험의 치열한 경쟁과 많은 과목에서 서로 등수 싸움을 해야 하는 시기와 일치한다. 그들은 조금씩 경험을 쌓아오다가 이런 사태를 맞이하는 것이 아니다. 경쟁은 초등학교에서도 가정에서도 가능한 한 피하도록 되어 있어 사실 거의 없다고 해도 될 정도다. 따라서 경쟁은 갑작스럽고도 아주 새로운 경험일 뿐 아니라 상당히 신경을 써야 하는 상황이다. 석차 경쟁과 편애에 대한 신경전은 치열하게 벌어진다. 그러나 일본인의 추억담을 들어보면 그들의 기억에 가장 또렷하게 남은 것은 이런 경쟁 이야기가 아니라, 중학교에서 상급생이 하급생을 괴롭히는 관습에 대한 것이다. 상급생은 하급생을 부려먹으면서 온갖 수단을 다해 못살게 군다. 그들은 하급생에게 굴욕적이며 터무니없는 바보 같은 일을 시키기도 한다. 이런 일을 겪은 하급생은 거의 모두가 마음 속에 깊은 원망을 품게 된다. 일본의 소년은 이런 상급생의 심술을 재미로 받아들이지 않기 때문이다. 상급생 앞에서 바닥에 엎드려 기어야 했고, 이상한 심부름으로 동분서주해야 했던 하급생은 자신을 괴롭힌 상급생에 대해 증오를 느끼고 복수를 계획하게 된다. 그 자리에서 바로 앙갚음을 할 수 없기 때문에 더욱 복수에 열을 올린다. 복수는 이름에 대한 기리며 그것은 덕행으로 여겨진다. 때로는 집안의 연줄을 이용해서 몇 년이나 지난 후에 자신을 괴롭힌 상대가 겨우 정착한 직장에서 쫓겨나도록 만드는 경우도 있다. 또 유도나 검술의 실력을 갈고 닦아서 졸업 후 거리 한복판에서 공공연히 상대방의 얼굴에 먹칠을 하기도 한다. 그러나 여하튼 언젠가는 앙갚음을 하지 않으면 '무엇인가 아직 다하지 못한 일이 남은 듯한 느낌'이 가시지 않는다. 그리고 그 느낌이야말로 일본인의 모욕에 얽힌 갈등의 핵심이라 할 수 있다.

중학교에 진학하지 않는 소년은 군대교육에서 비슷한 경험을 한다. 평시에는 청년 네 명 중 한 명이 입대를 한다. 그리고 군대에서 일등병이 이등병을 괴롭히는 것은 중학교 이상의 학교에서 일어나는 상급생의 하급생 괴롭히기에 비교해보면 훨씬 더 극단적인 것이다. 장교들은 거기에 전혀 관여하지 않는다. 하사관도 역시 특별한 경우를 제외하고는 관여하지 않는다. 일본인 규칙에서 장교에게 그런 일을 호소하는 것은 자신의 체면을 깎는 일이다. 그것은 병사들끼리 해결해야 할 문제다. 장교는 그것을 병사를 '단련시키는' 방법의 하나라고 생각하여 관여하지 않는다. 일등병은 지난 1년 동안 쌓이고 쌓였던 울분을 이등병에게 터뜨린다. 이등병을 괴롭힐 갖가지 교묘한 방법을 생각해내서는 자신의 '숙련'의 정도를 보여준다. 징집병은 흔히 군대교육을 마치고 제대한 후에 완전히 딴사람이 된 듯이 '진정 맹목적인 애국자'가 된다고들 한다. 그러한 변화는 그들이 전체주의적 국가 이론을 배워서도 아니고, 확실하게 천황에 대한 주忠를 주입받았기 때문도 아니다. 고참들로부터 굴욕적인 경험을 맛봐야 했던 쪽이 훨씬 큰 원인이 되는 것이다. 가정에서 일본식 교육을 받아왔으며 엄청나게 자존심이 강한 청년이라면 그런 상황에 처했을 때 완전히 이성을 잃고 잔인해지기 쉽다. 또 놀림거리가 되는 것을 견디지 못한다. 그들이 배척이라고 해석하는 이런 상황은 그의 차례에는 그를 악랄한 고문자로 만든다.

근대 일본의 중학교나 군대에서 볼 수 있는 이런 상황이 위와 같은 성격을 띠게 되는 것은 조소나 모욕에 관한 일본의 오랜 습관에서 기인한다는 것은 말할 것도 없다. 중학교나 그보다 상위 학교, 또는 군대가 위에서 예로 들었던 여러 상황에 대한 일본인의 반응을 처음 만들어낸 것은 아니다. 일본에서 이름에 대한 기리라는 전통적인 규칙이, 아랫사람을 괴롭히는 습관을 미국에서보다 훨씬 잔인한 것으로 만들었다는 것은 쉽게 이해할 수 있다. 선배에게 괴롭힘을 당한 집단이 곧 순서에 따라 다음 피해자 집단에 고통을 가하게 되는데, 그럼에도 불구하고 괴롭힘을 당한 소년은 어떻게 해서든지 자신을 실제로 괴롭힌 당사자에게 앙갚음을 하려고 전념하는 것은 또한 옛날부터의 틀에 일치하고 있다. 울분을 다른 사람에게 전가하는 것은 서양의 많은 나라에서 계속해서 거듭되어온 풍습이다. 그러나 일본에서는 그렇지 않다. 예를 들면 폴란드에서는 자신이 선배에게 당한 것을 갓 들어온 제자나 젊은 일꾼에게 되갚는다. 물론 일본의 소년도 이런 식으로 분풀이를 하기도 하지만 그들이 가장 관심을 가지는 것은 당사자에게 직접 복수하는 것이다. 괴롭힘을 당한 사람은 자신을 괴롭혔던 사람에게 복수를 끝냈을 때에야 '속이 시원하다' 고 느낀다.

일본 재건에 있어서 자국의 장래를 걱정하는 지도자들은 사춘기 후반부를 보내는 학교나 군대에서 일어나는 이러한 폭행과 소년들에게 바보 같은 짓을 시키는 습관에 특별한 주의를 기울일 필요가 있다. 그들은 상급생과 하급생 사이의 차별을 철폐하기 위해 애교심을 강조하고 '그리운 동창들과의 끈끈한 정情' 을 강조해야 한다. 군대에서도 이등병에 대한 이러한 폭행을 금지해야 한다. 가령 기존의 여러 계급의 일본 장교들이 그랬던 것처럼 스파르타식 훈련을 강요하는 것은 일본에서는 모욕이 아니지만, 일등병이 이등병을 괴롭히는 것은 모욕이다. 만일 학교에서나 군대에서나 상급생이 하급생으로 하여금 개처럼 꼬리를 흔들어보라고 한다든지, 매미의 흉내를 내도록 시킨다든지, 또는 다른 사람이 식사를 하고 있는 동안에 물구나무서기를 하게 하는 것을 처벌한다면, 그것은 천황의 신성神性을 부정하거나 교과서에서 국가주의적인 내용을 삭제하는 것보다 일본의 재교육이라는 점에서 훨씬 더 효과 있는 변화를 일으킬 것이라고 본다.

여자는 이름에 대한 기리의 규칙을 배우지도 않고 남자처럼 중학교나 군대교육이라는 근대적 경험을 하지도 않는다. 물론 그와 비슷한 경험도 하지 않는다. 여자의 일생은 남자에 비교하면 훨씬 변화가 적다. 철이 드는 시기부터 여자는 어떤 일에서든 남자 아이가 우선시되고 여자 아이가 받지 못하는 배려나 선물을 남자 아이는 받게 된다는 사실을 받아들이도록 교육받는다. 여자가 존중해야 하는 처세술이란 자기주장을 할 특권을 부인하는 것이라고는 하지만, 갓난아이 때나 유년기에는 여자도 남자 아이와 함께 일본 어린아이의 특권적인 생활을 누린다. 특히 어린 소녀는 빨간색 옷을 입는데, 어른이 되면 그러한 색상의 옷은 제2의 특권적 시기가 시작되는 60세까지는 다시 입을 수 없다. 가정 내에서는 남자 아이와 마찬가지로 갈등 관계에 있는 어머니와 친할머니가 서로 여자아이의 비위를 맞춰줄 때도 있다. 더욱이 동생들은 가족 누구에게나 그렇게 말하지만 특히 누나나 언니에게 자기와 '가장' 친하게 지내달라고 조른다. 가장 친한 사이니까 잠도 같이 자야 한다고 요구한다. 그래서 여자 아이는 할머니에게서 받은 물건을 두 살짜리 동생과 나누기도 한다. 일본인은 혼자서 자는 것을 좋아하지 않는다. 밤에 아이들 잠자리를 그 아이가 가장 잘 따르는 연장자의 이불 옆에 붙여서 마련해주는데, "누구누구가 나랑 제일 친해"라는 증거가 바로 잠자리를 붙이는 것일 때가 상당히 많다. 여자 아이는 아홉 살이나 열 살이 되어 또래의 남자 아이들에게서 따돌림을 당할 즈음에도 그 대가를 얻는다. 그녀는 새로운 방식으로 머리를 땋게 되어 뛸 듯이 기뻐한다. 열네 살에서 열여덟 살까지의 소녀들의 머리는 상당히 공을 들여 땋아야 하는 스타일이다. 무명천 대신에 비난을 입을 수 있는 연령, 즉 용모가 돋보이도록 옷을 차려입기 위해 많은 노력을 기울이는 연령이 되는 것이다. 이런 식으로 해서 소녀들에게도 어느 정도 만족감이 주어진다.

그래도 여자 아이는 여러 제약을 따라야 한다. 그 의무를 이행하는 책임은 아이 자신에게 있다. 하고 싶은 대로 권력을 휘두르는 부모의 손에 있는 것이 아니다. 부모는 아이에게 체벌을 가하기보다, 딸이 부모의 말대로 잘 따라줄 것이라는 조용하고 흔들림 없는 기대를 가짐으로써 자신의 친권을 행사한다. 아래에 소개하는 일화는 그러한 교육법의 극단적인 예다. 비교적 관대하게 아이의 특권을 인정하는 자녀 교육의 특성을 가진 곳에서 생기는 비권력주의적 압력이라는 것이 대개 어떠한 성질을 띠는가를 잘 보여주기에 인용하고자 한다. 이나가키[148] 에쓰는 여섯 살 때부터 어느 학식이 풍부한 유학자로부터 한문 읽기를 배우고 있었다.

두 시간의 수업 동안 선생님은 손과 입술 외에 미동도 하지 않으셨다. 나는 다다미 위에서 선생님과 마찬가지로 꼼짝도 하지 않은 채 선생님과 마주 앉아 있었다. 언젠가 한번 내가 몸을 조금 움직인 적이 있었다. 한창 수업 중이었는데, 웬일인지 그날은 가만히 있지 못하고 몸을 움직여 꿇고 있던 다리를 옆으로 약간 펴서 앉은 것이다. 잠시 놀라는 듯한 기색이 선생님의 얼굴을 스쳤다. 조용히 책을 덮으신 선생님은 온화하게, 하지만 엄격한 어조로 이렇게 말씀하셨다. "아가씨, 오늘은 아무래도 공부에 집중이 안 되는 모양이군요. 그만 방에 돌아가 묵상을 하십시오." 소심한 나로서는 너무나 부끄러워서 숨이 끊어질 것만 같았다. 어떻게 할 수가 없었다. 나는 우선 공자님의 초상화에 절을 하고 연이어 선생님께도 정중히 절을 했다. 그리고 공손하게 그 방에서 물러나 수업이 끝나면 항상 그랬던 것처럼 아버지가 계신 곳으로 천천히 갔다. 아버지는 아직 끝날 시간이 아니었기에 놀라신 듯 했다. 그리고 아무렇지 않게 "공부가 일찍 끝났구나"라고 말씀하셨다. 그 말씀은 마치 죽음을 알리는 종소리처럼 귓가에 울렸다. 그때 일을 떠올리면 지금도 상처

148 스기모토 부인의 결혼 전 성(姓).

가 쑤시는 듯이 마음이 아프다.[149]

스기모토 부인은 다른 대목에서 할머니에 대한 이야기도 쓰고 있는데, 그 속에는 일본 부모의 특징 있는 태도가 가장 간결하게 묘사되어 있다.

> 할머니는 매우 차분하게 누구나가 할머니 생각대로 움직여주기를 기대하셨다. 나무라거나 언쟁을 하는 일은 없었지만, 할머니의 비단같이 부드러우면서도 강인한 기대감으로 인해 몇 안 되는 가족은 모두 할머니가 옳다고 생각하시는 길로 따르고 있었다.

이 "비단같이 부드러우면서도 강인한 기대감"이 그렇게 효과를 얻을 수 있었던 이유 중 하나는 가정교육이 그만큼 각 구성원의 역량에 맞추어 잘 이루어졌기 때문이다. 각자가 배우는 것은 습관이지 규칙이 아니다. 유아기에 배우는 젓가락 사용법이나 방 안에서의 예절, 조금 커서 배우는 다도茶道나 안마하는 법 등 모든 동작은 하나하나 어른의 지도에 따라 저절로 몸에 익을 때까지 몇 번이고 반복하는 것이다. 어른들은 때가 되면 아이가 바른 습관을 '혼자서 익힐 것'이라고 생각하지 않는다. 스기모토 부인은 열네 살에 약혼을 한 후 약혼자를 위해 '가게젠陰膳'[150]을 차렸을 때의 일을 쓰고 있다. 그녀는 그때까지 한 번도 미래의 남편과 만난 적이 없었다. 약혼자는 미국에 체재하고 있었

149 * Sugimoto Inagaki Etsu, A Daughter of the Samurai, Doubleday Page and Company, 1926, p.20.

150 여행 등으로 집을 비운 사람이 객지에서 굶는 일이 없기를 기도하는 마음으로 차려놓는 밥상.

으며 그녀는 에치고[151]에 있었다. 그것은 한두 번에 그치는 일이 아니다. "어머니와 할머니의 감독하에서 나는 오라버니가 마쓰오 씨가 좋아하는 음식이라고 일러준 요리를 내 손으로 직접 만들었다. 남편의 밥상을 내 옆에 놓고 항상 밥도 내 것보다 먼저 퍼 담았다. 이렇게 나는 내 미래의 남편에게 기쁨을 줄 수 있도록 배려하는 법을 배웠다. 할머니도 어머니도 언제나 마쓰오 씨가 눈앞에 있는 것처럼 말씀을 하셨다. 그리고 나도 남편이 실제로 방에 함께 있는 것처럼 복장이나 행동거지에 신경을 썼다. 이렇게 해서 나는 점차 남편을 존경하게 되었고 그의 아내로서의 내 지위도 존중하게 되었다."[152]

남자 아이도 실전과 모방을 통해 세심하게 습관에 대한 훈련을 받는다. 물론 여자 아이와 같이 엄격하지는 않지만 말이다. 습관을 '익힌' 후에는 어떠한 변명도 받아들여지지 않는다. 그러나 사춘기 이후부터 그는 자신의 생활의 중요한 분야에 있어서는 대부분 자발성을 가지게 된다. 연장자는 그에게 구애의 관습을 가르치지 않는다. 가정은 드러내어 호색적인 표현이나 행동을 하는 것이 금지된 구역이다. 그리고 그가 아홉 내지 열 살 정도부터는 아무런 관계가 없는 남녀 간의 격리는 극단적으로 이루어지게 된다. 일본인은 남자 아이가 성에 흥미를 느끼기 이전에 부모가 그의 결혼을 준비하는 것을 이상적으로 여긴다. 따라서 남자 아이는 여자 아이를 대할 때 '수줍어' 하는 것이 바람직한 태도다. 시골에서는 이런 일을 두고 주변에서 이러쿵저러쿵 말이 많기 때문에 그것이 소년으로 하여금 더욱 '수줍게' 만드는 경우도 많다.

151 지금의 일본 중부 니가타 현.

152 * 앞의 책, p.92.

그래도 소년들은 어떻게든 여자에 대해 배우고 싶어한다. 옛날, 그리고 최근에 들어서도 도회지에서 제법 떨어져 있는 마을에서는 많은 처녀가, 때로는 마을 대부분의 처녀가 시집을 가기 전에 임신을 했다. 결혼 전의 이런 경험은 인생의 중대한 문제에 속하지 않는 '자유로운 영역' 의 일이었다. 부모는 이러한 일을 염두에 두지 않고, 그대로 혼담을 진행해나갔다. 그러나 오늘날에는 스에무라의 한 일본인이 엠브리 박사에게 말한 것처럼 "하녀들도 처녀성을 지켜야 한다는 것을 알 정도의 교육은 받고 있다". 중학교에 진학하는 소년들이 받는 교육에서도 이성 교제는 어떤 형태이든 절대적으로 금하고 있다. 일본의 교육이나 여론도 모두 혼전 남녀 간의 친밀한 관계를 막고자 노력하고 있다. 일본의 영화를 보아도 그들은 젊은 여성에게 허물없이 대하는 청년을 '불량' 청년으로 보며, 사랑스러운 소녀에게, 미국인의 입장에서 보자면 냉담하다 못해 오히려 실례가 될 정도의 태도를 취하는 청년을 '좋은' 청년이라고 생각하고 있다. 여자에게 허물이 없다는 것은 그 청년이 평소 '방탕한 생활을 했다' , 즉 게이샤나 창녀, 다방 여자들의 뒤꽁무니를 쫓아다녔다는 것을 의미한다. 게이샤 집은 여러 가지 외설직인 것을 배우기에 '가장 좋은' 장소다. "게이샤는 많은 것을 가르쳐준다. 남자는 그저 편안하게 보고 있기만 하면 된다." 그리고 그는 자신의 꼴사나운 모습을 남에게 들킬까 봐 겁낼 필요가 없다. 그렇다고 그 게이샤와 성적 관계를 맺는 것은 아니다. 더욱이 일본 젊은이 중에서 게이샤 집에 갈 만큼 경제적 여유를 가진 사람은 그다지 많지 않다. 대부분의 젊은이는 다방에 가서 남자가 여자에게 허물없이 대하는 모습을 보고 배운다. 그러나 그러한 관찰이란 그들이 다른 분야에서 당연히 받을 것으로 예상되는 훈련과 전혀 성격을 달리하는 것이다. 남자는 이러한 성적 호기심에 대한 두려움을 오랫동안 품는다. 성행위는 생활에서 무엇인가 새로운 종류의 행동을 배워야 할 때, 신뢰할 수 있는 연장자가 직접 손을 잡고 가르쳐주지 않는 극소수의 영역 중 하나다.

격식 있는 가정에서는 결혼을 앞둔 한 쌍의 남녀에게 여러 자세를 자세히 그려놓은 그림책을 '신부 참고서'로서 건네준다. 한 일본인은 "책을 보고 배울 수가 있다. 그것은 마치 정원을 만드는 법을 익히는 것과 같다. 아버지는 일본풍의 정원 만드는 법을 가르치지 않는다. 그것은 나이 들어서 스스로가 익혀가는 도락道樂이다"라고 말했다. 책을 통해 익힌다는 것으로 성행위와 조원술造園術을 결부시키는 것이 흥미롭기만 하다. 원래 일본의 젊은 남자들은 책 이외의 방법으로 성행위를 배우는데 말이다. 어쨌든 그들은 성인으로부터 세심하고 철저한 지도를 받아 성행위를 하는 것이 아니다. 이러한 훈련상의 차이가 청년들 마음속에, 성은 연장자가 지휘하거나 통괄하고, 애써 습관을 훈련받아야 하는 인생의 중대한 일과는 무관한 별도 영역이라는 일본인의 신조를 더욱 굳혀준다. 그것은 당혹스러운 두려움과 함께 점차 숙달되어서 자기 정욕을 만족시켜가는 영역이다. 훈련상의 차이를 가진 이 두 영역은 서로 다른 규칙을 가지고 있다. 남자는 결혼 후 공공연히 성적 쾌락을 가정 밖에서 추구하며 사는데, 그것은 전혀 아내의 권리를 침해하거나 안정된 결혼 생활을 위협하는 것이 아니다.

아내는 그렇지 않다. 동일한 특권을 가지지도 못하면서 남편에 대해 정숙할 의무를 가지고 있다. 만일 남편 이외의 남자와 정을 통하고자 한다면 남의 눈을 피해 은밀히 해야 한다. 더욱이 유혹을 받았다 하더라도 비밀리에 정사를 진행할 만큼의 생활을 하고 있는 여자는 일본에서는 비교적 소수에 지나지 않는다. 신경과민이나 정서 불안으로 보여지는 여성에 대해 일본인은 '히스테리'라고 일컫는다. "자주 볼 수 있는 여성의 어려움은 사회생활에서가 아니라 성생활과 관계가 있다. 많은 정신이상의 증상 또는 대부분의 히스테리(신경과민, 정서 불안)는 성적 화합의 결여에서 일어나는 것이 확실하다. 여성은 남편이 주는 성적 만족만을 받아들여야 한다."[153] 스에무라의 농민들은 여성 질환의 대부분이 '자궁에서 시작되어' 머리 쪽으로 올라간다고 말한다. 남편이 다른 여자에게 빠져서 돌아봐 주지 않을 때에는 아내는 일반적으로 용인되어 있는 관습인 자위행위로 스스로를 달래기도 한다. 그리고 아래로는 농촌의 평범한 가정에서부터 위로는 고귀한 가정에 이르기까지 부인들은 이런 목적으로 만들어진 전통적인 도구를 숨겨두고 있다. 게다가 시골에서는 아내가 아이를 낳은 후라면 상당히 에로틱한 언동도 허용된다. 어머니가 되기 전에는 성에 관한 농담을 한 마디도 하지 않지만 어머니가 되고 나서나 점점 나이가 듦에 따라 남녀가 함께하는 연회석에서의 대화는 그러한 성적인 농담으로 가득 차게 된다. 부인들은 야한 노래에 맞춰서 허리를 앞뒤로 흔들고, 전혀 거리낌없이 외설스러운 춤을 추면서 술자리의 흥을 돋운다. "이러한 여흥은 반드시 큰 웃음을 유발한다." 스에무라에서는 징집되었던 사람이 제대하고 돌아오면 마을 전체가 어귀까지 마중을 나가는데, 그때 남장을 한 여자들이 야한 농담을 던지며 젊은 처자를 범하는 흉내를 내기도 한다.

이렇게 일본의 여성은 성적인 부분에서도 어느 정도 자유가 보장되어 있다. 출신이 천하면 천할수록 더 큰 자유가 주어진다. 여자는 일생

153 * John F. Embree, Suye Mura, p.175.

의 대부분을 많은 제약 속에서 보내야 하지만 성적인 측면을 잘 알고 있다는 것을 부정하도록 요구하는 금기는 없다. 남자를 기쁘게 해줄 수 있다면 여자는 음탕해지기도 하고 무성無性이 되기도 한다. 한창 때가 되면 여자는 금기 사항을 내던져 버린다. 낮은 계층의 여자일수록 남자 못지않게 음란해진다. 일본인은 서양의 '순결한 여성'과 '창녀'처럼 한번 낙인이 찍히면 변하지 않는 기준을 가진 것이 아니라 각각의 연령과 상황에 맞춰서 행동을 하는 것을 목적으로 한다.

남자 쪽도 제약이 많은 영역이 있는가 하면 또 틀에서 완전히 벗어나도 되는 영역이 있다. 남자는 남자들끼리 어울려, 특히 게이샤를 불러 술을 마시는 것을 가장 큰 즐거움으로 생각한다. 일본인은 취기를 즐긴다. 그리고 술에 취해 주정을 부려서는 안 된다는 법도도 없다. 두세 잔의 술이 들어가면 딱딱한 자세를 풀고 편안하게 앉는다. 그리고 서로에게 기대서는 허물없이 즐기기를 좋아한다. 술에 취했을 때 소수의 '상종하기 힘든 부류'는 곧잘 싸움을 걸기도 하지만, 그런 사람을 제외하고는 주정을 부리거나 시비를 거는 일은 거의 없다. 음주라는 '자유로운 영역'을 빼고는 사람은 결코 기대에 어긋나는 행동을 해서는 안 된다고 일본인은 말한다. 누군가가 생활의 중요한 부분에서 기대에 어긋나는 행동을 했다는 말은 '바보'라는 말을 제외하고 일본인이 사용하는 가장 심한 욕이다.

기존의 모든 서양인이 묘사한 일본인의 모순된 성격은 일본인의 자녀 교육법을 보면 납득할 수 있다. 그것은 일본인의 인생관에 이원성을 만들어냈고, 그 이원성은 어느 측면도 무시할 수 없는 것이다. 유아기의 특권과 편안한 경험을 가졌던 때부터 그 후에 온갖 훈련을 받은 뒤에도 그들은 여전히 '수치를 몰랐던' 때의 편안한 삶의 기억을 잊지 않는다. 그래서 그들은 천국을 미래에서 꿈꿀 필요가 없다. 그들은 천국을 과거에 가지고 있는 것이다. 사람은 원래부터 선한 존재며, 신들은 자비롭고, 일본인으로서 태어난 것은 다시없이 바람직한 일이라고 설교하는 것은 일본인의 어린 시절을 다른 말로 표현한 것이다. 유아기의 경험은 그들이 모든 인간에게는 '부처가 될 가능성'이 있다고 하거나 인간은 누구나 죽음과 동시에 '가미神'가 된다고 하는 극단적인 해석에 쉽게 연결 짓도록 해준다. 그것은 그들에게 자신의 명분을 끝까지 주장할 수 있는 고집스러움과 일종의 자신감을 부여한다. 그리고 어떤 직업에 종사하게 되든지, 또 그들의 능력을 훨씬 뛰어넘는 어려운 일에 놓이더라도 몸으로 부딪쳐 나가는 태도의 밑바탕을 이룬다. 그것은 또한 그들이 정부에 대해서 반대의 입장을 취하여 싸울 때 자기의 입장을 명백히 하기 위해 자살도 마다하지 않는 태도의 근본이 된다. 어떤 경우에 그것은 그들에게 집단적 과대망상증에 빠질 가능성을 주기도 한다.

예닐곱 살 이후부터는 점차 조심스럽게 행동하며 '수치를 알아야 할' 책임이 주어진다. 더욱이 그것은 그 책임을 다하지 못하면 자신의 가족에게서조차 배척을 당하는 가장 강력한 강제력으로 유지된다. 이 압력은 독일의 군국주의적인 교육만큼은 아니지만 피할 길이 없는 것이다. 이러한 교육이 발전해갈 수 있는 소지는 특권적인 유아기 때부터 이미 집요하게 반복되어 도저히 빠져나갈 수 없는 용변 습관과 바른 자세의 교육을 통해, 또는 부모가 아이를 버릴 것이라고 놀리는 것을 통해 철저히 준비되어온 것이다. 이러한 어린 시절의 기억은 '세상 사람들'에게 웃음거리가 되고 버림받을 것이라는 말을 들을 때마다 아이가 자기에게 부과된 구속에 만족하고 수용하도록 만들어간다. 그는 어렸을 때에 그토록 거리낌없이 밖으로 표출했던 충동을 하나하나 억제한다. 이는 그러한 충동이 나빠서가 아니라 이제는 그것을 표현하기에는 적합하지 않기 때문이다. 그는 이제 진지한 삶 속에 발을 들여놓게 되었다. 차차 유아기의 특권이 부인되고 그는 어른의 유희를 허락받게 된다. 그러나 유아기의 경험이 완전히 사라지는 것은 아니다. 그의 인생 철학에서 그는 그 경험을 크게 의지한다. 그는 '인정人情'을 시인하는 태도를 취함으로 유아기의 경험으로 돌아간다. 그리고 성인의 시기 동안 생활의 '자유로운 영역'에서 그것을 다시 체험한다.

하나의 두드러진 연속성이 아이들 생활의 전반기와 후반기를 연결하는데, 그것은 바로 또래 친구들에게 인정받는 것을 대단히 중요하게 여긴다는 것이다. 이는 아이들의 심리에 심어지는데, 절대적인 덕의 표준은 아니다. 어린 시절의 전반기에 아이가 어머니에게 무엇인가를 조를 수 있을 정도로 자라면 어머니는 아이를 자기 잠자리에서 재워준다. 아이는 자기가 받는 과자와 형제들이 받는 과자를 비교해서 어머니가 자신을 몇 번째로 귀여워해주는지를 가늠해본다. 따돌림을 당하기라도 하면 예민하게 받아들여 손위 누이에게 "누나는 나를 '제일' 귀여워하지?" 하고 묻기도 한다. 후반기에 아이는 점차 많은 개인적 만족을 포기할 것을 요구받는다. 그에 대한 보상이란 '세상 사람들'에게 인정받고 받아들여진다는 것이고, 반대로 벌은 '세상 사람들'의 웃음거리가 된다는 것이다. 이것은 아이의 교육에 있어서 대개의 문화가 크게 의지하는 강제력이기도 한데, 다른 곳에서는 그 예를 찾아볼 수 없을 정도로 일본에서는 이것에 크게 무게를 둔다. '세상 사람들'에게서 버림받는다는 것이 어떠한 것인지는 이미 부모로부터 밖에 내다 버릴 것이라고 협박당했던 기억으로 아이의 뇌리에 생생히 새겨져 있다.

일본인의 일생에서 주변으로부터 소외당한다는 것은 폭력보다도 더 두려운 일이다. 그는 조소나 배척이라는 위협에 대해서, 단지 그것을 머릿속에 떠올리는 것만으로도 비정상적인 예민함을 보인다. 또한 실제로 일본 사회에서 사생활의 비밀을 지킨다는 것은 거의 불가능하기 때문에, '세상' 이라는 것은 그가 하는 모든 행동을 알고 있는 존재며 만일 '세상' 이 옳지 않다고 판단하면 그가 소외당할 가능성은 결코 적지 않다. 무엇보다 일본의 가옥 구조—소리란 소리는 모두 새어 나가게 되어 있는 데다가 한낮에는 훤히 열려 있는 얇은 벽을 가진—만 보더라도 칸막이와 마당만을 두었을 뿐인 그들에게 사생활이란 완전히 공개되어 있는 것과 다름이 없다.

일본인이 사용하는 몇몇 상징은 아이들 교육의 불연속성에서 생겨난 그들의 이중적인 성격을 밝히는 데 도움을 준다. 가장 이른 시기에 형성되는 측면은 '수치심을 모르는 자아' 다. 그들은 '수치심을 모르는 자아' 를 어느 정도로 보존하고 있는가를 알아보기 위해 자신의 얼굴을 거울에 비춰본다. 그들은 거울이란 물체는 "영원한 순결성을 비춘다" 라고 말한다. 그것은 허영심을 키우는 것도 아니며 '방해하는 자아' 를 비추는 것도 아니다. 그것은 영혼의 깊은 곳을 비추어낸다. 인간은 거기에서 자신의 '수치심을 모르는 자아' 를 발견해내야 한다. 사람은 거울 속에서 영혼의 '문' 인 자신의 눈을 본다. 그렇게 거울은 '수치심을 모르는 자아' 로 살아가는 데 도움을 준다. 이런 목적을 위해서 언제나 거울을 몸에 지니고 다니는 사람들의 이야기도 자주 들린다. 그중에는 집에 모셔둔 불단에 그 특별한 거울을 두었다는 사람도 있다. 그는 '스스로를 받들어 자신을 숭배하는' 것이다. 이것은 확실히 드문 일이기는 하지만, 이 사람이 하는 행위는 일본인이 보통 하고 있는 것에서 한

발짝 앞으로 내딛은 정도에 지나지 않는다. 각 가정의 가미다나에는 거울이 성스러운 물건으로 비치되어 있다. 제2차세계대전 중에 일본의 라디오는, 자기 돈으로 거울을 사서 학교 교실에 놓아둔 여학생들을 칭송하는 노래를 일부러 만들어 방송하기도 했다. 그것을 허영심의 발로라고는 생각하는 사람은 아무도 없었다. 그것은 영혼 깊은 곳에 자리 잡은 어떤 잔잔한 목적을 위해 여학생들이 새로이 다지는 헌신의 마음으로 묘사되었다. 거울을 본다는 것은 여학생들의 고귀한 정신을 증명하는 외면적인 행사였다.

일본인의 거울에 대한 이러한 감정은 어린아이의 마음속에 아직 '보는 자아'가 심어지기 전에 만들어진다. 그들은 거울 속에서 '보는 자아'를 보는 것이 아니다. 거기에 비치는 그들의 자아는 일찍이 유아기 때 그러했던 것처럼 '수치심'이라고 하는 스승 없이도 원래가 선량한 존재다. 그들이 거울에 부여하는 상징적인 의미는 '숙련'이라는 자기 수양에 대한 사고방식의 바탕이기도 하다. 그들은 '보는 자아'를 제거하고 아기 때의 직접적인 성격으로 돌아가기 위해 쉬지 않고 자기를 훈련한다.

이렇게 특권적인 유아기의 생활이 일본인에게 여러 가지로 영향을 미치고 있음에도 불구하고 수치심이 도덕의 기초가 되는 유아기 이후의 구속에 대해, 일본인은 단지 특권이 박탈된 것일 뿐이라고는 생각하지 않는다. 앞서 지적한 대로 자기희생이라는 개념은 일본인이 이따금 공격을 퍼부었던 기독교적인 개념의 하나로, 그들은 자신이 스스로를 희생시키고 있다는 사고 자체를 거부한다. 극단적인 경우에서도 일본인은 주忠나 고孝, 또는 기리의 빚을 갚기 위해 '자기 스스로' 죽는 것이라고 한다. 그리고 이것은 자기희생의 범주에 들어간다고 생각하지 않는다. 그렇게 자진하여 죽음으로써 자기가 원하는 목적을 달성할 수가 있다고 그들은 말한다. 만일 그렇지 않다면 그것은 '개죽음' 이나 다름없다. '개죽음' 이란 일본인에게는 값어치 없는 죽음이란 뜻으로, 영어의 'dog' s death' 가 의미하는 것처럼 사회의 밑바닥까지 굴러 떨어져 죽는 것을 의미하지는 않는다. 영어권에서는 '자기희생' 이라고 불리는, 그다지 극단적이지 않은 몇몇 행위도 일본어에서는 오히려 자중自重의 범주에 속한다. 자중은 늘 자제를 의미하며, 자제는 자중과 마찬가지로 아주 소중한 것이다. 큰일이란 자제함으로써만 달성할 수 있는 법이다. 미국인은 목적 달성의 필요조건으로서 자유를 강조했지만 생활 체험이 달랐던 일본인은 그것만으로는 결코 충분하지 않다고 생각해왔다. 그들은 자제를 통해 자아를 한층 더 가치 있는 존재로 만들 수 있다는 사고를 그들 도덕률의 주요한 신조의 하나로 인정한 것이다. 그렇지 않다면 그 무거운 속박에서 뛰쳐나와 올바른 생활의 터를 무너뜨릴지 모를 갖가지 충동을 안고 있는 위험천만한 자아를 어떻게 통제할 수 있단 말인가? 한 일본인은 다음과 같이 쓰고 있다.

몇 년에 걸쳐서 목판 위에 꼼꼼하게 입힌 옻칠의 층이 두꺼우면 두꺼울수록 완성품은 고가의 제품이 된다. 민족에 대해서도 마찬가지로 말할 수 있다. (중략) 러시아인에 대해 "러시아인의 껍질을 벗겨내면 타타르인이 튀어나온다"라고들 하는데, 일본인에 대해서도 말하자면 "일본인의 껍질을 긁어내서 옻칠을 벗겨보면 해적이 튀어나온다"라고 할 수 있다. 그러나 잊어서는 안 될 것이 하나 있다. 일본에서 옻칠은 고급스런 제작이며 수공업의 보조적 수단이라는 것이다. 옻칠에는 속임수가 있을 수 없다. 그것은 흠을 감추기 위한 덧칠이 아니다. 옻칠한 제품은 적어도 아름답게 손질된 목재와 동일한 가치를 가진다.[154]

서양인을 놀라게 하는 일본 남성의 모순된 행동은 어린 시절 교육의 불연속성에서 생겨난 것이다. '옻칠'을 한 다음에도 그들의 의식 속에는 그들이 자신의 작은 세계에서 작은 신이었던 시절, 마음대로 투정을 부릴 수 있었던 시절, 어떤 소망이든 이루어질 수 있다고 생각했던 시절의 깊은 흔적이 남아 있다. 이렇게 마음속 깊은 곳에 이중성이 심겨 있기 때문에 그들은 어른이 된 후에도 낭만적인 연애에 빠지는가 하면 갑자기 손바닥을 뒤집듯 가족의 의견에 무조건적으로 복종할 수 있는 것이다. 쾌락에 빠져 들고 안락을 탐하는가 하면 극단적인 자신의 의무를 다하기 위해 어떤 일도 서슴없이 해치운다. 신중의 필요성을 강조하는 가정교육이 그들을 때때로 겁 많은 국민으로 만들기도 하지만, 그러면서도 그들은 어떤 때는 저돌적으로 보일 만큼 용감하기도 하다. 그들은 계층 제도에 근거하여 복종이 요구되는 상황에서 완전히 순종하는 태도를 보이지만, 그러면서도 상부의 통제에 잘 따르지 않을 때도 있다. 그들은 열렬한 보수주의자이지만, 한편으론 중국의 습관이나 서양의 학문을 채용하는 데 보였던 것처럼 새로운 생활양식 도입에 마음을 쏟는다.

성격의 이중성은 긴장을 초래한다. 그 긴장에 대해 일본인은 사람마다 각각 다른 반응을 보이는데, 그것은 사실 자기가 원하는 대로 행동하는 것이 허락되었던 아기 때의 경험과 그 후 생활의 안정을 약속하

154 * Nohara Komakichi, The True Face of Japan. London, 1936, p.50.

는 속박을 조화시키는, 모두에게 동일하게 안겨진 주요한 문제에 대해 각자가 나름대로 해답을 도출해낸 것에 불과하다. 많은 사람이 이 문제를 해결하는 데 어려움을 느낀다. 일부 융통성 없는 사람은 자신의 생활을 규칙으로 가득 메워놓고 자발적인 행동을 두려워하기도 한다. 자발성이란 것이 가공의 환상이 아니라 그들이 일찍이 실제로 경험했던 것인 만큼 그 공포는 더욱 크다. 그들은 높은 곳에 머물러 그들이 스스로 만든 규칙을 엄수함으로써, 마치 자신이 권위를 가지고 사람들에게 명령할 수 있는 존재가 된 듯한 착각에 빠지기도 한다. 어떤 사람은 인격분열에 빠진다. 그들은 마음속에 억누르고 있는 자신의 반항심에 공포를 느끼며 표면적으로는 온화한 태도를 취하여 그것을 애써 감춘다. 때로 그들은 자신의 진짜 감정을 의식하는 것을 막기 위해 쓸데없는 일에 몰두한다. 그들은 훈련을 통해 몸에 익힌 일상의 자질구레한 의무를, 사실 그것이 그다지 의미 있는 것이 아님에도 불구하고 의무적으로 수행한다. 또 어떤 사람은 한층 더 깊이 유아기 생활에 사로잡힌 탓에 어른이 되고 나서도 무엇인가 해야 할 사명에 부딪히면 전신이 깎여나가는 듯한 심한 불안을 느낀다. 그리고 이제는 남에게 의지해서는 안 될 나이인데도 더욱 주변 사람에게 의지하려고 든다. 그들은 실패를 권위에 대한 반역이라고 느끼며 행동 하나하나로 인해 굉장한 동요 속으로 빠져 든다. 정해진 순서에 따라 기계적으로 처리할 수 없는 예상 외의 상황은 그들에게는 상당한 공포가 된다.[155]

155 * 이러한 사례는 전쟁 중 일본인 격리 수용소에서 도로시아 레이튼 박사가 실시한 로르샤흐(Rorschach) 검사에 기초를 둔 것이다. 로르샤흐 검사란 스위스의 정신의학자 로르샤흐가 시작한 것으로, 피험자에게 흑백 또는 채색을 한 여러 좌우대칭의 도형을 제시하고 해석을 물어 그 성격을 판단하는 방법이다.

앞서 쓴 내용은 소외나 비난을 지나치게 두려워할 경우에 일본인이 빠지기 쉬운 특별한 위험이다. 지나친 압박을 느끼지 않는 경우 그들은 생활을 즐기는 능력을 발휘하며, 어린아이 때에 교육으로 심어진 능력인 타인의 감정을 상하지 않게 하는 세심한 면을 보인다. 이것은 참 대단한 일이다. 그들은 유아기에 자기주장을 관철하는 태도를 배웠다. 그 시절에 마음을 괴롭히는 죄의식은 각성되지 않았다. 그 이후 여러 가지 속박이 가해지지만 그것은 친구들과의 결속이라는 명목하에 강요되었던 것으로 그런 의무는 상호적이었다. 어떤 종류의 일에서는 타인에게 자기의 희망을 저지당하기도 하지만, 여전히 생각한 대로 충동적 생활을 영위할 수 있는 '자유로운 영역' 이 주어져 있다. 일본인은 예부터 항상 순수함으로부터 얻는 즐거움, 이를테면 벚꽃이나 달, 국화, 첫눈, 집 안에 채집 망을 달고 벌레의 노래를 듣거나 짧은 시구를 읊는 것, 정원을 가꾸거나 꽃꽂이나 다도를 즐기는 것으로 유명하다. 이러한 즐거움은 일반적으로 깊은 불안감과 반항심을 품고 있는 국민이 하는 행동이 아니다. 더욱이 그들이 슬픈 얼굴로 그것을 즐기는 것도 아니다. 일본이 아직 그 비참한 '사명' 에 매진하기 이전의 행복했던 시대에는 일본의 농촌 사람들은 현대 어느 나라의 국민에 비해도 뒤지지 않을 정도로 기분 좋게, 그리고 쾌활하게 여가를 즐겼다. 그리고 일을 할 때에는 어느 국민보다 열심히 했다.

그러나 일본인은 스스로에게 지나친 요구를 한다. 세상 사람들로부터 따돌림당하고 욕을 먹는 심각한 위협을 피하기 위해 그들은 애써 맛을 익힌 개인적인 즐거움을 버려야 한다. 그들은 인생의 중대사에 있어서는 당연히 그러한 충동을 억제해야 한다. 이러한 틀을 위반하는 일부 사람은 스스로를 존중하는 마음을 상실하는 위험에 빠지는 것이다. 스스로를 존중하는 인간은 '선' 이냐 '악' 이냐가 아니라, '기대에 부응하는 인간' 이 되느냐 '기대에 어긋나는 인간' 이 되느냐 하는 것을 목표로 삼아 진로를 정하며, 세상 사람들의 '기대' 에 부응하기 위해 자신의 개인적 요구를 버린다. 이러한 사람이야말로 '수치(하지)를 아는' 참으로 신중하고 훌륭한 인간이다. 이러한 사람은 작게는 자기 가정에, 나아가서는 자기 마을과 자기 나라에 명예를 안겨준다. 이렇게 하여 빚어지는 긴장은 상당한 것으로, 일본을 동양의 지도자이자 세계의 일대 강국으로 만들고자 하는 대망으로 드러난다. 그러나 이러한 긴장은 개인에게는 너무나 무거운 부담이다. 사람은 실패하지 않도록, 또 자기희생을 감수해야 하는 여러 행위가 누구로부터도 무시되지 않도록 노력해야 한다. 때로는 참고 참았던 울분을 터뜨려 극도로 공격적인 행동을 취하는 경우도 있다. 그들이 그렇게 공격적 태도를 취하는 것은 미국인처럼 자신의 주의나 주장, 자유가 도전을 받았을 때가 아니라 모욕을 당했거나 비방당했다고 판단했을 때다. 그때 그들의 위험한 자아는 가능한 경우 비방한 사람을 향해, 그렇지 않으면 자기 자신을 향해 폭발한다.

일본인은 자신들의 생활양식을 위해 엄청난 대가를 지불해왔다. 그들은 미국인에게는 공기를 호흡하는 것처럼 당연한 자유를 스스로 거부해왔다. 일본인은 전쟁에서 패한 지금 민주화로 향하고 있다. 우리는 순진하고도 천진난만하게 자신이 원하는 대로 행동하는 것이 얼마나 일본인을 기쁘게 했던가를 떠올려야 한다. 그 기쁨을 누구보다 잘 표현한 사람은 스기모토 부인이다. 그녀는 영어를 배우기 위해 입학한 도쿄의 한 미션스쿨에서 무엇이든 자신이 좋아하는 것을 심을 수 있는 정원을 배당받았을 때의 감동을 묘사하고 있다. 교사는 학생 한

명 한 명에게 약간은 거친 땅을 주면서 학생이 원하는 씨앗도 함께 건네주었다.

> 무엇을 심어도 좋은 이 정원은 나에게 개인의 권리라는, 아직까지 한 번도 경험해본 적 없는 전혀 새로운 감정을 맛보게 했다. (중략) 그런 행복이 인간의 마음속에 존재할 수 있다는 것 자체가 나에게는 커다란 놀라움이었다. (중략) 지금까지 한 번도 법도를 어긴 일이 없고, 가문의 명예를 더럽힌 일도 없고, 부모님이나 선생님이나 마을 사람들의 비난을 산 일이 없는, 이 세상 누구에게도 피해를 준 적이 없는 내가 지금 내 마음대로 할 수 있는 자유를 부여받은 것이다.[156]

다른 학생들은 모두 꽃을 심었다. 그러나 스기모토가 심고자 했던 것은 감자였다.

> 이런 바보 같은 행동을 통해 내가 얻은 무모한 자유의 감정은 누구도 이해할 수 없을 것이다. (중략) 자유의 정신이 나의 문을 두드렸다.

그것은 스기모토에게 새로운 세계였다.

> 우리 집에는 정원 한쪽에 자연 그대로를 방치해둔 듯한 장소가 있었다. (중략) 그러나 사실 누군가가 항상 소나무를 손질하고 산울타리를

156 * Sugimoto Inagaki Etsu, A Daughter of the Samurai, pp.135~136.

다듬어놓았던 것이다. 그리고 매일 아침이면 정원사 할아버지가 디딤돌을 깨끗이 씻어내고 소나무 밑도 청소한 뒤에 숲에서 모아 온 솔잎을 조심스럽게 뿌려두었던 것이다.

그렇게 만들어진 자연은 그녀에게 있어서 그녀가 그때까지 받아온 교육과 위장된 의지의 자유를 상징하는 것이었다. 더욱이 일본의 곳곳에는 이러한 위장이 가득 차 있다. 일본의 정원에 반쯤 파묻힌 커다란 바위들은 어느 것이나 신중하게 선택되고 운반되어, 자갈을 깐 땅 위에 올려진 것이다. 돌의 위치는 연못, 건물, 나무와의 관계를 신중하게 고려하여 정해진다. 국화도 이와 마찬가지로 화분에 심어 매년 일본 각지에서 개최되는 국화 품평회에 출품하기 위해 손질되는데, 그 멋진 꽃잎은 한 잎 한 잎 재배자가 손으로 다듬거나 때로는 살아 있는 꽃 속에 눈에 띄지 않는 자그마한 철사로 고리를 만든 뒤 그것을 끼워 바른 위치로 고정시킨다.

이 철사 고리를 떼어낼 기회를 얻은 스기모토 부인의 흥분은 행복하고도 순수한 것이었다. 여대까지 좁디란 화분 속에서 재배되어 그 꽃잎 한 장까지도 면밀하게 다듬어지던 국화가 자연으로 돌아가는 과정에서 그녀는 순수한 기쁨을 발견해낸 것이다. 그러나 오늘날의 일본인에게 '기대에 어긋난' 행동을 하고 '수치심'의 강제력에 의혹을 품게 하는 자유는 그들 생활양식의 미묘한 균형을 흔들 우려가 있다. 그들은 새로운 국면 속에서 새로운 강제력을 습득해야 할 것이다. 변화에는 값비싼 대가가 따른다. 새로운 가정假定을 설정하여 새로운 도덕을 수립하는 것은 쉬운 작업이 아니다. 서양의 여러 나라는 일본 국민이 서양의 도덕을 슬쩍 훑어보고 그대로 채용함으로써 진정한 그들의 것으로 만들 수 있으리라고 생각해서는 안 되며, 또한 일본은 보다 자유롭고 보다 관대한 윤리를 만들어가는 것이 불가능하다고 여겨서는 안 된다. 미국에 사는 일본인 2세는 이미 일본 도덕의 지식도 실천도 상실해버린 상태다. 그들의 피 속에는 부모의 나라인 일본의 습관을 엄격하게 지키게 할 것이 무엇 하나 존재하지 않는다. 그와 마찬가지로 일본 본국에 있는 일본인도 새로운 시대를 맞이하여 옛날처럼 개인의 자제력이라는 의무를 요구하지 않는 생활양식을 수립할 가능성을 가지게 되었다. 국화는 철사 고리를 떼어내고 그렇게 철저한 손질을 하지 않아도 꽤 아름다운 꽃을 활짝 피워낼 수 있는 것이다.

정신적 자유가 증폭되고 있는 이러한 과도기에 직면하여, 일본인은 몇몇 오랜 전통적 덕목에 의지하여 균형을 유지함으로써 무사히 풍파를 헤쳐나갈 수 있을 것이다. 그 하나는 그들이 '몸에서 나온 녹'은 자신이 처리한다는 말로 표현하고 있는 자기 책임의 태도다. 이 비유는 자신의 신체와 칼을 동일시하고 있다. 칼을 차고 있는 인간에게는 칼이 빛나는 광채를 유지하도록 해야 하는 책임이 있는 것과 마찬가지로, 사람은 각자 자기 행동의 결과에 대해 책임을 져야 한다. 사람은 자신의 약점, 지속성의 결여, 실패 등에서 생겨난 당연한 결과를 인정하고 받아들여야 한다. 일본에서는 자기 책임에 대해, 자유로운 미국보다 훨씬 더 적극적인 해석을 하고 있다. 이러한 일본적인 의미에서 칼은 공격의 상징이 아니다. 그것은 이상적이며 훌륭하게 자신의 행위를 책임지는 인간상의 비유다. 개인의 자유를 존중하는 시대에 이러한 덕은 가장 훌륭한 평형의 역할을 하게 될 것이다. 이 덕과 일본의 아이 교육, 그리고 행위 철학은 일본 정신의 일부분을 이루어 일본인의 마음에 심어져 왔다. 오늘날 일본인은 서양적인 의미로 '칼을 버릴 것(항복)'을 자청했다. 그러나 이는 일본적인 의미로 보면 녹이 슬어버릴 우려가 있는 마음속의 칼에 녹이 슬지 않도록 주의를 기울이겠다는 뜻으로도 해석할 수 있다는 것에 강점이 있다. 그들의 도덕적 어법을 빌리자면, 칼은 보다 자유롭고 보다 평화로운 세계에서도 여전히 보존될 수 있는 일본인의 상징인 것이다.

제13장

패전 후의 일본인

미국은 일본과의 전쟁에서 이긴 이후 일본을 관리하면서 맡아온 스스로의 역할에 대해 자랑스럽게 여길 충분한 이유가 있다. 국무성, 육군성, 해군성의 공동 지령에 의해 정해진 미국의 정책은 8월 29일 라디오를 통해 전해지고, 이후 맥아더[157] 장군에 의해 치밀하게 실시되었다. 그러나 그런 자긍심의 훌륭한 근거는 미국의 신문과 라디오의 정략에 의한 칭찬과 비난으로 흐지부지되기 일쑤였다. 또한 어떤 정책이 바람직하고 그렇지 못한지에 대해서 확신을 가지고 판단할 수 있을 만큼 일본 문화에 대한 지식을 가지고 있는 사람이 거의 없었다.

일본이 항복했을 당시 중대 문제는 어떠한 성격의 점령을 할 것인가

[157] 1880~1964. 미군 내 극동 전문가로 알려졌던 그는 극동군 사령관으로 있을 때 제2차세계대전을 겪었으며 종전 후에는 일본 점령군 최고사령관을 역임했다.

하는 것이었다. 전승국은 천황을 포함한 기존의 정부를 이용할 것인가, 아니면 기존 정부는 해체시킬 것인가? 미국 군정 관리의 지도하에 각 도시와 지방별로 이루어진 행정을 실시해야 할 것인가? 이탈리아와 독일에서의 점령 방법은 전투부대의 필수 요건으로 각 지역에 AMGAllied Millitary Government(연합국 군정부) 본부를 설치하고 지방행정권을 연합국 행정관이 장악하는 것이었다. 전쟁이 끝났을 당시 태평양 지역의 AMG 담당자는 일본에서도 그러한 지배 체제가 시행될 것이라고 예상하고 있었다. 일본 국민 역시 자신들에게 행정에 대한 책임이 어느 정도까지 허락될지 알지 못했다. 포츠담선언에는 단지 "연합국에 의해 지정될 일본 영역 내의 지점들은 우리가 여기에 밝힌 근본 목적을 확보하기 위해 점령되어야 한다"라는 것과 "일본 국민을 기만하고 이들을 세계 정복을 꾀하는 길로 이끌어 과오를 범하게 한 권력 및 세력은 영원히 제거되어야 한다"라는 것만 기술되어 있을 뿐이었다.

맥아더 장군에게 내려진 국무성, 육군성, 해군성의 공동 지령은 이러한 상황에 관한 중대한 결정을 구체적으로 표시한 것으로, 그 결정은 맥아더 장군 사령부의 전면적인 지지를 얻었다. 즉, 일본 국민이 자국의 행정 및 재건의 책임을 지는 것이었다. "최고사령관은 미국의 목적을 만족시키는 것에 한해서 일본 정부 기구 및 천황을 포함한 각 기관을 통해 그 권력을 행사할 것이다. 일본 정부는 최고사령관의 지령 아래서 내정에 관해서는 정상적인 정부 기능의 행사를 허락받을 것이다." 따라서 맥아더 장군에 의한 일본 관리 체제는 독일이나 이탈리아의 관리와는 전혀 다른 성격을 가졌다. 그것은 위에서 아래까지의 일본인 관리를 이용하는 하나의 사령부 조직에 지나지 않았다. 그것은 일본 정부를 향해 통첩을 한 것이지, 일본 국민이나 마을, 지방의 주민을 향해 명령을 내린 것은 아니었다. 그 임무는 일본 정부의 활동 목표를 정하는 것이었다. 만약 어느 일본 장관이 그 목표는 실현 불가능하다고 생각한다면 그에 사임을 표명할 수도 있지만 그의 주장이 옳다면 지령을 수정할 수도 있었다.

이런 관리 방식은 대담한 조치였다. 미국의 입장에서 보면 이 정책의 이점은 아주 분명한 것이었다. 당시 힐드링 장군은 아래와 같이 언급했다.

> 일본 정부를 이용함으로 얻는 이익은 막대하다. 만약 일본 정부를 이용할 수 없다면 우리는 인구 7천만의 나라를 관리하기 위해 필요하고도 복잡한 기구를 전부 우리의 손으로 직접 운영해야 할 것이다. 일본인은 우리와 언어, 습관, 태도가 모두 다르다. 일본의 정부 기구를 정화하여 이를 이용함으로써 우리는 시간과 인원과 재력을 절약할 수 있다. 바꾸어 말하면 우리는 일본인에게 자신들의 손으로 자기 나라의 대청소를 하도록 요구하는 것이다. 그리고 그 지시는 우리가 하나하나 전달하는 것이다.

그러나 이 지령이 워싱턴에서 작성되고 있던 무렵 미국에는 일본인에 대해 우려하는 사람이 많았다. 일본인은 아마도 반항적이며 적대적인 태도를 나타낼 것이고, 호시탐탐 복수의 기회를 노리는 국민이니 평화적인 계획을 방해할지도 모른다고 생각했던 것이다. 이러한 우려는 그 후의 실제 사실에 비춰볼 때 전혀 근거가 없는 것으로 밝혀졌다. 그 이유는 패전 국민이나 패전국의 정치 경제에 관한 보편적인 진리에 있다기보다 일본의 특이한 문화 내에 있었다. 일본이 아닌 다른 나라였다면 아마도 이러한 신의에 근거한 정책은 이만큼 성공을 거두지 못했을 것이다. 일본인의 눈으로 보면 이 정책은 패전이라는 냉엄한 사실에서 굴욕의 상징을 제거하고 그들에게 새로운 국가정책의 실시를 촉구하는 것이었다. 그리고 그들이 새로운 정책을 수용할 수 있었던 이유는 그야말로 특이한 문화에 의해 형성된 일본인의 특이한 성격으로 인한 것이라고밖에 할 수 없다.

미국에서 우리는 강화 조건을 엄격하게 할 것인가, 관대하게 할 것인가에 대해 끝도 없는 논쟁을 거듭했다. 그러나 문제는 엄격한가 관대한가에 있지 않다. 문제는 넘치지도 모자라지도 않게, 낡고 위험한 침략적 성질의 틀을 타파하고 새로운 목표를 세우기에 지극히 적당한 정도의 엄격함을 사용하는 것에 있다. 어떠한 수단을 선택할 것인가 하는 것은 국민의 성격이나 그 나라의 전통적 사회질서에 따라 정해진다. 프로이센의 강권주의가 가정생활과 일상 시민 생활 안에 깊이 뿌리내리고 있는 독일에는 독일에 맞는 강화 조건이 필요하다. 현명한 평화 정책이라면 일본에서는 독일과는 다른 조건을 정할 것이다. 독일인은 일본인처럼 자신을 사회와 조상에게 빚진 존재로 생각하지 않는다. 그들은 한도 끝도 없는 부채를 갚기 위해 노력하는 것이 아니라 희생자가 되는 것을 피하기 위해 노력한다. 다른 사람보다 높은 지위를 가진 사람들이 모두 그렇듯이 아버지는 권위적인 인물이며 '존경을 강제로 요구하는' 존재다. 독일인은 아버지에 대해 흔히들 그렇게 말한다. 아버지는 사람들에게 존경받지 못하면 불안을 느낀다. 독일인의 생활에서 아들은 청소년기에 권위적인 아버지에게 반기를 든다. 그리고 나중에 자신도 어른이 되면 결국 부모의 생활에서 보았던 무미건조

하고 아무런 감동도 없는 생활에 굴복하게 된다고 생각한다. 그들의 일생을 통해 생활이 가장 활기를 띠는 것은 청소년기의 반항의 시기인 질풍노도Sturm und Drang의 몇 년간이다.

일본 문화에서는 지나친 강권주의는 문제가 되지 않는다. 아버지는 거의 모든 서양인 관찰자가 느껴온 것처럼 서양의 경험 속에서는 좀처럼 볼 수 없을 정도의 배려와 애정을 가지고 아이를 대한다. 일본의 아이들은 아버지와의 사이에 일종의 진정한 우애 관계가 존재한다는 것을 당연하게 여긴다. 또 확실히 아버지를 자랑스럽게 생각하고 있으므로 아버지는 단지 언성을 높이는 것만으로도 아이에게 자신이 원하는 행동을 하게 할 수 있다. 그러나 아버지는 결코 어린 자식에게 양심의 가책도 없이 엄격한 훈련을 시키는 사람이 아니다. 또한 청소년기는 결코 부모의 권력에 대해 반항하는 시기도 아니다. 오히려 청소년기는 아이가 순종하는 대표자로서 일가의 책임을 느끼고 세상의 판단 앞에 서게 되는 시기다. 그들은 일본인이 말하듯 '연습을 위해', '훈련을 위해' 아버지에게 경의를 표한다. 즉, 아버지는 현실적인 인격을 떠난 계층 제도와 바른 처세의 상징이다.

아이가 아주 어릴 때 아버지와의 경험을 통해 학습하는 이러한 태도는 일본 사회의 모든 면에 통하는 틀이 된다. 자신의 계층적 지위로 인해 최고의 경의를 받는 사람조차 스스로 원하는 대로 권력을 휘두르는 일은 없으며, 계층 제도의 으뜸을 차지하는 관리가 실권을 행사하지 않는다는 것이 일본의 독특함이다. 천황을 비롯하여 백성에 이르기까지 조언자와 숨은 세력이 배후에서 이를 움직이고 있다. 흑룡회黑龍會[158]와 같은 초超국수주의적 단체의 한 지도자가 1920년대 초기에 도쿄의 영자 신문 기자에게 한 말은 일본 사회의 이런 일면을 가장 정확히 설명하고 있다. "(일본) 사회는 한쪽 끝을 압정으로 고정해놓은 삼각형이다."[159] 바꿔 말하면 삼각형은 책상 위에 있어 모든 사람이 볼 수 있다. 압정은 보이지 않는다. 삼각형은 오른쪽으로 치우칠 때가 있는가 하면 왼쪽으로 치우칠 때도 있다. 그것은 결코 정체를 알 수 없는 축을 중심으로 움직인다. 서양인이 종종 사용하는 표현을 빌려 말하자면 모든 것은 "거울을 써서" 이루어진다. 전제적인 권력이 겉으로 드러나는 것을 최소화하고 실제의 권력 행사와 동떨어진 상징적 지위에 대한 충성의 의사 표시를 보이기 위해 온갖 노력을 기울인다. 그래도 정작 가면이 벗겨져 권력의 원천이 밝혀졌을 때는 일본인은 그것을 사채업자나 나리킨(벼락부자)을 대하듯이, 사리사욕을 추구하는 것이자 자신들의 제도와 어울리지 않는 것으로 생각한다.

일본인은 그들의 세계를 이런 식으로 보고 있기 때문에, 사리사욕과 부정에 대해 저항하지만 결코 혁명가는 되지 않는다. 그들은 절대로 자신들의 세계를 갈기갈기 찢으려 하지 않는다. 그들은 일찍이 메이지 시대에도 그랬던 것처럼 제도 자체는 조금도 비난하지 않으면서 가장 철저한 개혁을 실현할 수 있다. 그들은 그것을 복고, 즉 과거에 "복귀하는 것"이라고 이름지었다. 그들은 혁명가가 아니다. 일본의 이데올로기적인 대중운동에 희망을 두고 있던 서양의 지식인들, 전쟁 중 일본의 지하 세력을 과대평가하여 일본이 항복하면 그들이 지도권을 잡을 것이라고 기대했던 지식인들, 또한 일본 패전의 날 이후에는 선거

---

158 1901년에 결성된 일본의 대표적 우익 단체. 대(大)아시아 주의, 대륙 진출을 제창했으며 각 지역을 현지 조사하여 지도를 편찬하는 등 제국주의적 아시아 연구의 선구자 역할을 했다.

159 * Upton Close, Behind the Face of Japan, 1942, p.136에서 인용.

에서 급진적인 정책이 승리를 거둘 것이라고 예언했던 많은 지식인은 사태를 엄청나게 오해하고 있었던 것이다. 그들의 예언은 적중하지 않았다. 보수파인 시데하라 기주로[160] 수상이 1945년 10월 내각 조직 당시에 행한 연설은 일본인의 참모습을 정확하게 전하고 있다.

> 새로운 일본 정부는 전 국민의 뜻을 존중하는 민주주의적인 형태를 취한다. (중략) 예부터 천황께서는 국민의 의지를 당신의 의지로 삼아 오셨다. 이것이 메이지 천황의 헌법 정신이며, 내가 여기서 말하는 민주적 정치란 바로 이 정신을 구현한 것이라고 할 수 있다.

이와 같은 민주주의에 대한 설명은 미국인 독자에게는 전혀 무의미하게 여겨지겠지만, 일본이 낯선 서양적 이데올로기 위에 세워지기보다 과거와 통하는 기초 위에 세워지는 편이 한층 쉽게 시민적 자유의 범위를 확대하며 국민 복지를 형성해나갈 수 있다는 점은 의심할 여지가 없다.

물론 일본은 서양식 민주주의적 정치기구에 대한 실험을 할 것이다. 그러나 더 좋은 세계를 만들기 위한 도구로 서양적인 제도는 미국에서만큼 신뢰받지는 못할 것이다. 보통선거와 그 선거에서 뽑힌 사람들로 구성된 입법기관의 권위는 여러 가지를 해결해주기도 하겠지만 동시에 많은 어려움을 만들어낼 것이다. 그러한 어려움이 커질 때 일본인은 우리가 민주주의를 이루어내기 위해 의존해온 방법을 수정하고자

160 1872~1951. 전쟁 이전 외무 대신 시절 시노하라 외교라고 불리던 친영미 정책을 취하여 군부와 우익으로부터 힘없는 외교라는 비난을 받았으나 패전 후에는 새로운 내각을 이끌고 신헌법 초안 작성을 담당했다.

할 것이다. 그러면 미국인은 무엇 때문에 전쟁을 했는가 하며 불평을 토로할 것이다. 우리는 우리 도구의 정당성을 믿는다. 그러나 아주 순조롭게 진행된 최상의 경우를 생각해보아도 보통선거는 장래에 영원히 일본을 평화 국가로 재건하는 데 그다지 중요한 요인은 되지 못할 것이다. 일본은 자기들이 처음 선거를 시험해본 1890년대 이후로 근본적으로 바뀐 것이 없다. 따라서 당시 라프카디오 헌[161]이 쓴 것처럼 고질적인 문제가 되풀이될 염려가 없다고는 할 수 없다.

> 생활의 많은 부분을 희생해가며 임했던 격렬한 선거전에 사실 개인적인 증오는 조금도 없었다. 또한 때때로 폭력을 휘둘러 외국인을 놀라게 하는 의회에서의 저 맹렬한 토론에서도 개인적인 반목은 거의 볼 수 없었다. 실제로 정당 싸움은 개인 간의 싸움이 아닌 번藩 상호 간 또는 당파 간의 이해 싸움이었다. 각 번이나 각 당파의 열렬한 추종자는 새로운 정치를 단순히 새로운 종류의 싸움으로, 지도자의 이익을 위한 충성의 싸움으로밖에 이해하지 않고 있었다.[162]

비교적 최근인 1920년대의 선거에서도 시골 사람들은 투표에 앞서 "내 목은 잘리기 위해 깨끗이 씻어두었다"라고 말하고는 했다. 이 말에서 그들이 선거전을 옛날 특권층 무사가 서민에게 가하던 공격과 동일시하고 있었음을 알 수 있다. 일본의 선거가 함축하고 있는 여러 의

---

161 1850~1904. 수필가이자 비평가. 영국에서 태어난 그는 1890년에 일본으로 건너와 구미에 일본을 소개하는 활동 중 1896년 이름을 고이즈미 야쿠모로 바꾸고 귀화했다. 『마음』, 『영(靈)의 일본』 등의 저서가 있다.

162 * Japan : An Interpretation, 1904, p.453.

의는 오늘날에도 미국과는 다를 것이다. 또 이것은 일본이 위험한 침략적 정책을 수행했는가의 여부와는 전혀 관계없이 진실일 것이다.

일본이 평화 국가로 재건되는 데 이용 가능한 일본의 진정한 강점은, 하나의 행동 방침에 대해 "그것은 실패로 끝났다"라고 한 후에는 바로 다른 방향으로 노력을 기울일 수 있는 능력이다. 일본의 윤리는 이것 아니면 저것이라는 대안적 윤리다. 그들은 전쟁으로 '제자리'를 얻고자 했다. 그러나 패했다. 지금의 그들로서는 그 방침을 버릴 수 있다. 왜냐하면 이때까지 받아온 모든 훈련이 그들을 방향 전환이 가능한 인간으로 만들었기 때문이다. 더 강력한 절대주의적 윤리를 가진 국민이라면 신념을 위해 싸우고 있다는 확신이 있어야 한다. 승자에게 항복했을 때 그들은 "우리의 패배와 함께 정의는 사라졌다"라고 말한다. 그리고 그들의 자존심은 다음번에 이 '정의'가 승리할 수 있도록 노력할 것을 요구한다. 그렇지 않으면 가슴을 치며 자신의 죄를 참회한다. 그러나 일본인은 그 어느 쪽도 필요성을 느끼지 못한다. 연합국이 승리한 지 5일째 되던 날, 아직 미군이 한 명도 일본에 상륙하지 않고 있던 그때에 도쿄의 유력한 신문인 〈마이니치신문〉은 패배와 패전이 가지고 올 정치적 변화를 논하면서 "하지만 그러한 모든 것은 일본의 궁극적인 구원에 도움이 되었다"라고 말했다. 이 논설은 일본이 완전히 패했다는 것을 한시라도 잊어서는 안 된다고 강조했다. 일본을 무력에만 의지하여 건설하려고 했던 노력이 완전한 실패로 돌아갔기 때문에 앞으로 일본인은 평화 국가로서의 길을 가지 않으면 안 된다고 했다. 또 다른 유력 신문인 〈아사히신문〉도 같은 주간에 최근 일본의 '군사력 과신過信'은 일본 국내 정책 및 국제 정책에 있어서 '중대한 오류'라고 하며, "얻은 것은 너무나 적고 잃은 것은 너무나 많은 기존의 태도를 버리고 국제 협조와 평화 애호에 뿌리를 내리는 새로운 자세를 가져야 한다"라고 논했다.

서양인은 자신들이 보기에 이데올로기의 변경이라고밖에 볼 수 없는 이러한 변화를 바라보며 의문을 품는다. 하지만 그것은 개인적인 관계든 국제적인 관계든 일본인의 처세법에서 필수 불가결한 하나의 요소다. 일본인은 어떤 특정한 행동 방침을 채택하여 목표를 달성하는 것이 불가능한 경우에는 '잘못'을 저질렀다고 생각한다. 어떤 행동이 실패했을 때 일본인은 그 행동 방침을 패배의 원인으로 판단하여 폐기한다. 그들은 언제까지고 집요하게 패배의 원인을 고수하는 성질은 가지고 있지 않다. 일본인은 "배꼽을 물어도 소용없다"라고 한다. 1930년대에는 군국주의가 일반적으로 받아들여지던 수단이었다. 그들은 무력에 기초한 자신들의 군국주의를 통해 세계로부터 칭송을 얻을 수 있다고 생각했다. 그리하여 그러한 계획이 요구하는 모든 희생을 감수했다. 그러나 1945년 8월 14일 일본 지상 최고의 존재로 인정받고 있던 천황이 그들에게 패전을 고했다. 그들은 패전 사실이 의미하는 모든 결과를 받아들였다. 그것은 미군의 주둔을 의미했다. 그들은 미군을 환영했다. 그것은 그들의 침략 계획의 실패를 의미했다. 거기에서 더 나아가 그들은 전쟁을 포기하는 헌법 입안에 착수했다. 패전의 그 날로부터 열흘 후 일본의 한 신문인 〈요미우리호치〉는 '새로운 예술과 새로운 문화의 발족'이라는 제목으로 다음과 같은 논설을 실었다. "우리는 마음속에 군사적 패배는 한 나라의 문화의 가치와는 아무런 관계가 없는 것이라는 확고한 신념을 가져야 한다. 군사적 패배를 하나의 전환점으로 활용해야 한다. (중략) 일본 국민이 진정으로 생각을 세계에 떨치며 사물을 있는 그대로 객관적으로 볼 수 있기 위해서는 국가적인 패배라는 어마어마한 희생이 필요했던 것이다. 지금까지 일본인의 사고를 왜곡시키고 있었던 모든 비합리성은 정직한 분석에 의해 제거해야 한다. (중략) 이 패전을 냉엄한 사실로 직시하려면 용기가 필요하다. (하지만 우리는) 내일의 일본 문화를 신뢰해야 한다." 그들은 하나의 행동 방침을 시행했다가 실패했다. 이제부터는 하나의 평화적인 처세술을 시행해보자고 하는 것이다. 일본의 각 신문의 논설은 "일본은 세계 여러 나라 사이에서 존경받아야 한다"라는 것을 거듭 논했다. 그리고 이 새로운 기초 위에서 존경받는 인간이 되는 것이 일본 국민의 의무라고 했다.

이러한 신문 논설은 단순히 소수 지식인 계층만의 소리는 아니었다. 도쿄의 거리, 벽지 한촌의 일반 대중도 그와 같은 전적인 방향 전환을 했다. 일본 점령 부대의 미군은 이렇게 우호적인 국민이 죽을 때까지 죽창을 가지고 싸울 것을 맹세했었다는 사실이 믿어지지 않았다. 일본인의 윤리에는 미국인이 꺼리는 요소가 많이 포함되어 있지만, 지금까지 일본 점령의 임무를 수행하면서 미국인이 얻은 여러 가지 경험은 이질적인 윤리 속에도 좋은 면이 꽤 있다는 것을 증명해주었다.

맥아더 장군의 지휘 아래에서 이루어진 미국의 일본 관리 체제는 일본인의 새로운 진로로 바꾸는 능력을 받아들였다. 일본인에게 굴욕을 주는 수단을 강행함으로써 그 진로를 방해하는 일은 하지 않았다. 서양식 윤리에 따르자면 만약 우리가 그런 수단을 강행했다 하더라도 그것은 문화적으로 허용됐을 것이다. 왜냐하면 서양의 윤리에서 모욕과 형벌이란 나쁜 짓을 한 사람에게 죄를 자각시키는 유효한 사회적 수단이기 때문이다. 그렇게 죄를 자인하게 하는 것이 그 사람을 갱생시키는 첫걸음이 된다. 일본인은 앞에서 말했듯이 이 점에 대해 다른 사고방식을 가지고 있다. 그들의 윤리에서는 사람은 자기 행위의 결과로 생기는 모든 사태에 대해 책임을 져야 한다. 그리고 어떤 과오의 당연한 결과로 인해 그 행위가 잘못되었음을 깨달아야 한다. 이 당연한 결과 속에는 총력전에서의 패배와 같은 엄청난 사건까지도 포함된다. 하지만 이러한 당연한 결과는 일본인이 굴욕적이라고 분개해야 할 사태는 아니다. 일본인의 사전에 따르면 한 개인 또는 국가가 다른 개인이나 국가에 굴욕감을 주는 것은 비방과 조소, 모욕, 경멸, 불명예라는 징표를 강요할 때라고 한다. 일본인이 모욕을 받았다고 느꼈을 때에는 복수가 덕이 된다. 서양 윤리가 이러한 신조를 아무리 격렬하게 비난해도 미국의 일본 점령이 효과를 거둘 수 있는가 하는 것은 미국이 이러한 점에 대해 신중을 기하느냐 기하지 않느냐에 달려 있다. 일본인은 그들이 매우 분노하는 모욕당하는 것과, 항복 조건에 따라 모든 군비를 빼앗기고 거기에 가혹한 배상 의무까지 진다는 내용을 포함한 '당연한 결과' 를 구별하기 때문이다.

일본은 이전에 한차례 강국을 상대로 대승을 거뒀을 때, 적이 결국 항복하고 또 그 적국이 일본을 조소한 적이 없다고 판단한 경우에는 패배한 적에게 모욕을 주지 않으려 세심하게 배려한 전례가 있다. 1905년에 뤼순에서 러시아군이 항복했을 때 찍은, 일본인이라면 누구나 알고 있는 유명한 사진이 있다. 그 사진을 보면 러시아군은 칼을 차고 있다. 러시아군은 무기를 박탈당하지 않았기 때문에 승자와 패자는 군복으로 겨우 구분될 뿐이다. 일본인에 의해 전해지는 유명한 뤼순 함락 전투 이야기에 의하면 러시아군 사령관인 스토예셀 장군이 일본 측으로부터 제시된 항복 조건을 수락하는 의사를 표명했을 때 일본인 대위 한 명과 통역사가 스토예셀 장군의 사령부에 식량을 가지고 갔다고 한다. "스토예셀 장군의 말만 남기고 다른 말은 전부 잡아서 먹으려던 상황이었기 때문에 일본인이 가지고 간 50마리의 닭과 100개의 계란은 진심 어린 환영을 받았다." 스토예셀 장군과 노기[163] 장군의 회견은 이튿날 행하기로 결정되었다. "두 장군은 악수를 했다. 스토예셀 장군은 일본군의 무예와 용맹함을 칭찬하고 (중략) 노기 장군은 러시아군의 장기간에 걸친 용감한 방어전을 칭송했다. 스토예셀 장군은 노기 장군이 이번 전투에서 두 아들을 잃은 것에 대해 동정 어린 말을 건넸다. (중략) 스토예셀 장군은 노기 장군에게 자신의 훌륭한 아랍종 백마를 선물했는데, 노기 장군은 그 말을 받고 싶은 마음은 굴뚝같지만 우선 그것을 천황에게 헌상해야 한다고 말했다. 그러나 그것은 반드시 다시 천황으로부터 하사될 것이니 만약 자신의 수중에 돌아오면 원래부터 자신의 애마였던 것처럼 소중히 하겠다고 약속했다."[164] 일본인은 누구나 노기 장군이 스토예셀 장군의 애마를 위해 자택 정원에 세운 마구간을 알고 있다. 그 마구간은 종종 노기 장군 자신의 집보다 더 훌륭하다는 말을 듣곤 했다. 그리고 장군이 죽은 후에는 노기 신사의 일부가 되었다.

러시아 항복 때부터 파괴와 학살을 닥치는 대로 행한 저 유명한 필리핀 점령에 이르기까지 수년 동안 일본인의 성격이 완전히 바뀌어버린 것이라고 말하는 사람도 있다. 하지만 일본인처럼 극단적인 기회주

163 1849~1912. 육군 대장이었던 그는 청일전쟁, 러일전쟁을 전방에서 지휘했으며 학습원 원장을 역임했다. 메이지 천황의 장례식 날 부인과 함께 자결했다.

164 * Upton Close, Behind the Face of Japan, 1942, p.294의 일본 이야기에서 인용. 이 러시아군의 항복 이야기는 문자 그대로는 진실인지 아닌지 모르지만 문화적으로 중요한 가치를 지니고 있음에는 틀림없다.

의적 윤리를 가진 국민에게는 그러한 결론이 반드시 필연적인 것은 아니다. 우선 첫째로 일본의 적은 바탄반도 전투 후에도 항복하지 않았다. 단지 국지적인 투항이 있었을 뿐이다. 그 후 일본군이 필리핀에서 항복했던 때에도 일본군은 변함없이 전투를 계속했다. 둘째로 일본인은 20세기 초 러일전쟁에서 러시아인이 그들을 '모욕했다'고는 생각하지 않았다. 이와는 반대로 1920년대 및 30년대에는 일본인은 한 명도 남김없이 미국 정책을 "일본을 무시하는 것", 또는 그들의 표현을 빌리자면 "일본을 똥처럼 취급한다"라고 생각하게끔 교육받았다. 이것은 배일排日 식민법에 대한, 그리고 포츠머스조약과 여러 차례 행해진 군축조약에서 미국이 맡은 역할에 대한 일본의 반응이었다. 일본인은 극동에서의 미국의 경제적 역할 증대와 전 세계 유색인종에 대해 인종적 편견을 가진 미국의 태도에 대해서도 같은 생각을 가지고 있었다. 따라서 러시아에 대한 승리와 필리핀에서의 미국에 대한 승리는 모욕이 개입된 경우와 그렇지 않은 경우에 일본인이 보여주는 행동의 극단적인 양면을 명백히 나타냈다.

미국의 최종적인 승리는 일본인의 사태를 다시 변화시켰다. 일본인은 궁극적인 패배에 접하자 그들의 생활 습관에 따라서 지금까지 취해왔던 방침을 포기했다. 그 독특한 윤리 덕분에 일본인은 오래된 원망의 기록을 장부에서 지워버릴 수 있었다. 미국의 정책 및 맥아더 장군의 점령 정책은 모처럼 깨끗해진 장부 위에 새로운 모욕의 표시를 기입하는 것을 피하여, 일본인의 눈에 패전의 '당연한 결과'로 비춰지는 것만 수행한다는 태도를 취했다. 이것은 효과를 거두었다.

천황제의 보존은 매우 중대한 의미가 있었다. 그것은 교묘하게 처리되었다. 먼저 맥아더 장군이 천황을 방문한 게 아니라 천황이 맥아더 장군을 방문했다. 그리고 이 사실은 서양인은 이해하기 힘들지만 일본인에게서는 큰 효과를 낳은 실물교육이었다. 천황에게 신성을 부인하도록 권고했을 때 천황은 처음부터 가지고 있지도 않았던 것을 버리라니 곤혹스럽다며 이의를 제기했다. 천황은 말하길 일본인이 생각하는 천황은 서양인이 생각하는 의미의 신과는 다르다고 했다. 실로 그러했다. 하지만 맥아더 사령부는 서양인은 천황이 지금도 변함없이 신성을 주장하고 있다고 생각하고 있으며 그 문제가 일본의 국제적 평판을 나쁘게 하고 있다고 천황을 설득했다. 그래서 천황은 곤혹스러움을 참고 신성을 부인하는 성명을 낼 것을 허락했다. 천황은 새해 첫날에 성명을 발표했다. 그리고 그의 메시지에 대한 세계 각국의 신문 논평을 남김없이 다 번역해서 보여달라고 의뢰했다. 논평을 읽은 천황은 맥아더 사령부에 전갈을 보내 만족의 뜻을 전했다. 분명 외국인은 그 이전에는 이해하지 못하고 있었던 것이다. 천황은 성명을 내길 잘했다고 생각했다.

미국의 정책은 더 나아가 일본인에게 일종의 만족을 허용하고 있다. 국무성, 육군성, 해군성의 공동 지령은 "노동, 공업, 농업에서 민주적인 기초 위에 조직된 단체들의 발전에 대해서는 장려하며 호의를 표해야 한다"라고 분명히 기록하고 있다. 일본의 노동자는 많은 산업에서 조직화되었다. 게다가 1920년대 및 30년대에 활발히 활동했던 옛 농민조합이 다시금 등장했다. 많은 일본인이 그들이 지금 이렇게 스스로의 노력으로 자신들의 생활 상태를 개선할 수 있게 된 것은 일본이 이번 전쟁의 결과로서 어쨌든 무언가를 획득한 증거라고 여기고 있다. 미국의 한 특파원은 도쿄의 파업 참가자 한 명이 미국인의 얼굴을 쳐다보며 미소를 띠고 "일본이 이겼다. 그렇지 않나?"라고 말했다는 일화를 전하고 있다. 오늘날 일본의 파업은 예전의 농민 폭동과 유사한 점이 많다. 폭동을 일으킨 백성의 탄원은 늘 그들에게 부과된 연공과 부역이 생산 활동에 지장을 준다는 것에 있었다. 농민 폭동은 서양에서와 같은 계급투쟁이 아니었다. 또한 제도 그 자체를 변혁하려는 시도도 없었다. 오늘날 일본 각지에서 일어나는 파업 역시 생산 속도를 둔화시키지는 않는다. 흔히 취해지는 형태는 다음과 같다. "노동자가 공장을 점거해서 작업을 계속하고 생산을 증대함으로써 경영자의 체면을 손상시킨다. 파업에 들어간 한 미쓰이 계열 탄광의 노동자들은 경영을 담당하는 직원을 전부 탄광에서 몰아내고, 일일 생산량을 250톤에서 620톤으로 올렸다. '파업' 하는 와중에도 작업을 한 아시오 동광의 노동자들도 생산을 늘려 자신들의 임금을 두 배로 올렸다."[165]

물론 어떤 나라든지 패전국의 행정은 난관을 겪는다. 이것은 수락된 정책이 아무리 사려 깊은 것이라 해도 달라지지 않는다. 일본에서도 식량, 주택, 국민 재교육의 문제는 절대로 피해 갈 수 없는 절실한 문제다. 이러한 문제는 만약 일본 정부의 공무원을 이용하지 않고 점령 행정을 시행했다고 해도 마찬가지로 절실한 문제였을 것이다. 귀환 군인 문제는 전쟁 종료 전 미국의 정치가들이 매우 우려했던 문제였는데, 확실히 이 문제는 일본 관리를 그 지위에 두지 않았더라면 훨씬 더 곤란했을 것이다. 그래도 이 문제의 해결은 역시 쉽지 않다. 일본인은 그 어려움을 알고 있다. 1945년 가을 일본의 신문은 목숨을 걸고 싸웠던 군인들에게 패전의 쓴잔이 얼마나 괴로울 것인가 하는 것을 감정적인 어조로 서술하고, 그들이 이로 인해 '판단' 을 그르치지

165 * Time, February 18, 1946.

않도록 해야 한다고 호소했다. 귀환 군인은 지금까지 대개 뛰어난 '판단력' 을 보여주었지만, 그중에는 실업과 패전으로 인해 국가주의적인 목표를 추구하는 구식 비밀결사단에 뛰어드는 이도 일부 있다. 그들은 자칫하면 자신들의 현재 위치에 분노를 느낄 우려가 있다. 일본인은 이제 그들에게 옛날과 같은 특권적인 지위를 부여하지 않는다. 이전에 상이군인은 백의를 걸쳤으며 사람들은 거리에서 그들을 만나면 고개를 숙였다. 평시의 입대자에게조차도 마을 사람들은 환송회를 베풀었다. 술과 맛있는 요리가 있었으며 춤이 함께 어우러졌다. 그리고 그는 상좌에 앉혀졌다. 하지만 지금 귀환 군인은 그런 정중한 대우를 받지 못한다. 그의 가족은 그를 기쁘게 맞아주지만 그것으로 끝이다. 그는 많은 도시와 마을에서 냉대를 당한다. 이렇게 돌변한 일본인의 태도를 그들이 얼마나 씁쓸하게 여기고 있을지를 안다면 일본의 명예가 군인의 손에 맡겨졌던 옛 시대를 회복하기 위해 이전의 전우들과 작당을 꾸미는 것에 그들이 얼마나 만족을 느낄지도 쉽게 알 수 있을 것이다. 더욱이 그들의 전우 가운데에는 그들에게, 운 좋은 일본군은 이미 자바와 산시 성, 만주 등지에서 연합군과 싸우고 있다고 말하는 사람도 있을 것이다. 그들은 "절망할 것 없다네. 자네도 곧 다시 전쟁에 임할 수 있을 거야"라고 말할 것이다. 국가주의적인 비밀결사단은 예부터 줄곧 일본에 있어왔던 단체로서 이러한 단체가 일본의 '오명을 씻어왔던' 것이다. 완전한 복수를 위해 아직 무엇인가 할 일이 남아 있는 동안에는 '세상이 뒤집어졌다' 는 식으로 생각하는 성격의 사람은 언제나 그런 비밀결사의 가맹 지원자가 될 가능성이 있었다. 그러한 단체, 이를테면 흑룡회와 현양사[166] 등이 행한 폭력은 일본의 윤리가 명예에 대한 기리로서 허용하고 있는 폭력이다. 따라서 이 폭력을 배제하고자 한다면 일본 정부는 이제까지 오랫동안 계속되어왔던 명예에 대한 기리를 누르고 기무를 강조하는 노력을 앞으로도 몇 년간 계속해야 할 것이다.

그러기 위해서는 단순히 '판단'에 호소하는 것으로 그쳐서는 안 된다. 일본의 경제를 재건하여 현재 20, 30대의 사람들에게 생계를 위한 자원과 '알맞은 위치'를 부여해주어야 한다. 일본인은 경제적 고난에 부딪히면 언제나 자신이 태어난 고향인 농촌으로 돌아간다. 그러나 빚을 지고 있고 이곳저곳에서 소작료의 독촉을 받고 있는 좁은 논밭으로는 도저히 많은 식구를 부양할 수 없다. 공업 또한 활성화해야 한다. 왜냐하면 재산을 차남 이하에게 분할하는 것을 반대하는 뿌리 깊은 감정이 남아 있어서 그로 인해 마을에 남는 것은 장남뿐이며, 그 외의 형제들은 모두 성공의 기회를 찾아서 도시로 나가기 때문이다.

일본인은 분명히 앞으로 긴 역경의 길을 가야 한다. 하지만 재군비再軍備에 국비를 사용하지 않는다면 그들은 국민의 생활 수준을 향상시킬 기회를 가질 수 있다. 진주만 전쟁에 이르기까지의 약 10년간 군비를 비축하고 군대를 유지하기 위해 세입의 반을 소비하고 있던 일본과 같은 나라는, 만약 그런 지출을 없애고 농민에게 거두는 조세를 서서히 경감해간다면 건전한 경제의 기초를 쌓을 수 있다. 앞에서도 말했듯이 일본의 농산물 배분 방식은 경작자에게 60%가 돌아가고 40%는 조세 및 소작료로 지불되는 것이었다. 이것은 같은 쌀 생산국인 버마나 태국에 비하면 큰 차이가 있다. 이들 나라에서는 90%가 경작자에

166 메이지에서 쇼와에 걸쳐 활동한 초국가주의 단체. 대륙 진출을 주장했던 이들은 일본의 한국 국권 침탈에 일조했다.

게 돌아가는 것이 전통적인 배분법이었다. 결국 일본의 군사비 지출은 경작자에게 부과되는 이 막대한 세금으로 가능했던 것이다.

유럽 또는 아시아의 어느 나라에서도 앞으로 10년간 군비를 정비하지 않는 나라는 군비를 정비하는 나라를 능가할 가능성이 있다. 그러한 나라는 나라의 부를 건전하고 번영하는 경제를 위해 사용할 수 있기 때문이다. 미국에서는 아시아 정책 및 유럽 정책을 수행할 때, 이러한 사정을 거의 안중에 두지 않는다. 우리는 미국에서 거액을 필요로 하는 국방 계획을 실시한다 하더라도 그로 인해 나라가 빈곤에 빠지지는 않는다는 것을 알고 있다. 미국은 전쟁의 피해를 입지 않았다. 농업을 근본으로 하는 국가도 아니다. 우리의 중대한 문제는 공업의 과잉생산이다. 우리는 대량생산과 기계 설비를 완전한 경지에 도달시켰다. 그 결과로 만약 우리가 대규모의 군비나 사치품 생산, 또는 복지 및 조사 연구 사업의 계획을 실시하지 않으면 국민이 직업을 얻을 수 없는 상태까지 이르게 되었다. 미국 외의 나라는 사정이 전혀 다르다. 심지어 서유럽에서도 그렇다. 재군비가 허락되지 않는 독일은 아무리 많은 배상 요구를 당한다 해도 앞으로 10년 내외로, 프랑스의 정책이 강대한 군사력을 구축하는 것에 있다면 프랑스에서는 아마 불가능할, 건전하면서도 풍요로운 경제의 기초를 쌓을 수 있을 것이다. 일본 또한 중국에 대해 같은 강점을 충분히 활용할 수 있을 것이다. 중국에서는 군국화라는 것이 당면 목표로 설정되어 있고, 중국의 야망은 미국에 의해 지지를 받고 있다.[167] 일본은 만약 군국화라는 것을 그 예산안에 포

167 이 책이 발간된 1946년 당시 중국 본토는 미국의 지지를 받는 장제스 총통이 정권을 잡고 있었다.

함하지 않는다면, 또는 그럴 의지가 있다면 머지않아 스스로의 번영을 위한 준비를 할 수 있을 것이다. 또한 동양의 통상에서 빠져서는 안 될 존재가 될 것이다. 그 경제를 평화의 이익 위에 구축하여 국민의 생활 수준도 높일 수 있을 것이다. 그렇게 평화로운 나라가 된 일본은 세계 각국 사이에서 명예로운 지위를 획득할 수 있을 것이다. 그리고 미국이 이후로도 계속해서 평화 유지의 세력을 이용하여 이러한 계획을 지지한다면 일본에 큰 도움이 될 것이다.

미국이 할 수 없는—그 어떤 나라도 할 수 없는—것은 명령으로 자유롭고 민주적인 일본을 만드는 것이다. 그러한 방법은 지금까지 어떤 피지배국에서도 성공한 예가 없다. 어떤 외국인도 자기와 같은 습관과 가정假定을 가지지 않은 국민에게 그의 생각대로 생활할 것을 명령할 수 없다. 법률의 힘으로 일본인에게 선거로 뽑힌 사람들의 권위를 인정하게 하고 그들의 계층 제도에서 정해져 있는 '제자리'를 무시하게 할 수는 없다. 법률의 힘으로 일본인에게 우리 미국인에게는 익숙한 여러 가지 태도, 즉 허물없이 사람을 대하는 태도나 어떻게든 자유와 독립을 요구하지 않고는 못 배기는 심정, 그리고 각자가 가지고 있는 정열, 곧 자기 스스로 친구와 직업, 살 집, 짊어져야 할 의무를 선택하는 정열을 받아들이게 할 수는 없다. 그렇지만 일본인은 스스로 아주 명백하게 이 방향으로 변화할 필요성을 인정하고 있다는 것을 기술하고 있다. 패전의 그날 이후 그들의 공직자들은 일본이 국민으로 하여금 누구나가 각자 자신의 생활을 누리고 자신의 양심을 신뢰하도록 장려해야 한다고 했다. 물론 그들은 확실히 입 밖으로 소리 내어 말하지는 않지만, 일본인은 누구라도 그들이 일본에서의 '수치심(하지)'의 역할에 의문을 품고 있다는 점, 그리고 그들이 국민 사이에서 새로운 자유, 즉 '세상'의 비난과 추방을 두려워하는 공포로부터의 자유가 자라나기를 희망하고 있다는 점을 잘 이해하고 있다.

그도 그럴 것이 일본에서는 사회적 압력이, 설사 일본인 스스로가 원해서 그것을 감수하는 것이라 해도 개인에게 너무나 많은 희생을 요구하기 때문이다. 그것은 그에게 감정을 감추고 욕망을 버리며 가족과 공동체, 또는 국민의 대표로서 세상의 비판대 앞에 설 것을 요구한다. 일본인은 그러한 방침이 요구하는 모든 자기 훈련을 견딜 수 있다는 것을 증명해왔다. 하지만 그들에게 과해지는 부담은 엄청나게 무겁다. 그들은 지나치게 참아야 하며, 따라서 절대로 자기 행복을 얻을 수 없다. 과감하게 자신들의 정신에 그렇게 많은 희생을 요구하지 않는 생활을 할 용기를 가지지 못했고 군국주의자들에게 이끌려 끊임없이 희생을 거듭하는 길을 걸어야 했다. 그처럼 값비싼 대가를 치렀기에 그들은 독선적인 인간이 되어버렸고 비교적 관용적인 윤리를 가진 사람들을 멸시해왔던 것이다.

일본인은 침략 전쟁을 '오류'이자 패배한 안案으로 간주함으로써 사회적 변혁을 향한 커다란 첫발을 내딛었다. 그들은 어떻게 해서든지 다시 평화로운 국가들 사이에서 존경받는 지위를 회복하기를 희망하고 있다. 그러기 위해서는 세계 평화가 실현되어야 한다. 만약 러시아와 미국이 앞으로 수년간 공격을 위한 군비 확충에 전념한다면 일본도 군사 지식을 이용해서 전쟁에 참가할 것이다. 하지만 그 확실성을 인정한다고 해서 내가 일본이 본래 평화 국가가 될 가능성을 가지고 있었음을 의심하는 것은 결코 아니다. 일본의 행동 동기는 기회주의적이다. 일본은 만약 사정이 허락한다면 평화로운 세계 속에서 그 위치를 찾을 것이다. 만약 그렇지 않다면 무장된 진영으로 조직된 세계 속에서 자신의 위치를 찾을 것이다.

(1946년) 현재, 일본인은 군국주의를 실패로 끝난 광명이라고 생각하고 있다. 그들은 군국주의는 과연 세계의 다른 나라들에서도 실패했는가를 알기 위해 타국의 움직임을 주시할 것이다. 만약 실패하지 않은 나라가 있다고 하면 일본은 스스로 호전적인 열정을 다시금 불태워 일본이 전쟁에서 얼마나 크게 공헌할 수 있는가를 보여줄 것이다. 만약 다른 나라들에서도 실패했다고 한다면 일본은 제국주의적인 침략 기도가 결코 명예에 도달하는 길이 아니라는 교훈을 얼마나 철저하게 익혔는가를 증명할 것이다.

옮긴이 김승호

연세대 정치외교학과 및 동 대학원 졸업.
파리1대학 소르본 국제정치학 박사.
중앙아프리카, 코트디부아르, 리비아, 모로코 왕국 주재 한국대사 역임.
이화여대, 한양대, 한국외국어대 겸임교수 역임.
한국정치학회, 한국국제정치학회 명예이사.
번역서로 『아들아 후회 없는 인생을 살아라』, 저서로 『나는 천재, 달리의 생애와 예술』 『아랍 중개자, 중동의 미래와 전망』 등이 있다.

국화와 칼

—

개정판 1쇄 2017년 11월 15일
개정판 4쇄 2019년 8월 27일
지은이 루스 베니딕트
옮긴이 김승호
펴낸이 김영재
펴낸곳 책만드는집

—

주소 서울 마포구 양화로3길 99, 4층 (04022)
전화 3142-1585·6
팩스 336-8908
전자우편 chaekjip@naver.com
출판등록 1994년 1월 13일 제10-927호

—

* 잘못 만들어진 책은 구입하신 서점에서 바꾸어 드립니다.

—

ISBN 978-89-7944-634-0 (03910)

2020.